高职高专

会展策划与管理
专业系列教材

U0623289

高职高专会展策划与管理专业系列教材

会展政策与法规 （第2版）

主　编　杨朝晖
副主编　曹　勇　江　涛

重庆大学出版社

内容提要

本书既介绍了与会展业相关的通用性法律法规,又联系实际着重分析了会展业的专门性法律法规。其内容从会展业的发展、立法进程和法律体系入手,从3个层面具体剖析会展主体、会展客体以及会展市场运行与管理的法律制度。

本书具有理论性、实用性和操作性,可作为高职高专会展策划与管理专业和旅游管理类专业的学生教材,也可作为各类会展从业人员的学习培训用书。

图书在版编目(CIP)数据

会展政策与法规/杨朝晖主编.—2版.—重庆:
重庆大学出版社,2013.9(2022.9重印)
高职高专会展策划与管理专业系列教材
ISBN 978-7-5624-4142-7

Ⅰ.①会… Ⅱ.①杨… Ⅲ.①展览会—管理—法规—
中国—高等职业教育—教材 Ⅳ.①D922.16

中国版本图书馆 CIP 数据核字(2013)第 125027 号

高职高专会展策划与管理专业系列教材
会展政策与法规
(第 2 版)
主 编 杨朝晖
副主编 曹 勇 江 涛
责任编辑:尚东亮 版式设计:尚东亮
责任校对:谢 芳 责任印制:张 策
*
重庆大学出版社出版发行
出版人:饶帮华
社址:重庆市沙坪坝区大学城西路 21 号
邮编:401331
电话:(023)88617190 88617185(中小学)
传真:(023)88617186 88617166
网址:http://www.cqup.com.cn
邮箱:fxk@ cqup.com.cn(营销中心)
全国新华书店经销
重庆市联谊印务有限公司印刷
*
开本:720mm×960mm 1/16 印张:24.5 字数:427千
2013 年 9 月第 2 版 2022 年 9 月第 9 次印刷
印数:21 001—21 500
ISBN 978-7-5624-4142-7 定价:59.00 元

编委会

总　序

　　进入 21 世纪以来,随着中国社会经济的飞速发展,综合国力的不断增强,国际贸易发展的风驰电掣,会展经济随之迅速成为中国经济的新亮点,在中国经济舞台上扮演着越来越重要的角色,正逐渐步入产业升级的关键时期。这一时期,会展业持续快速发展的关键是需要大量的优秀专业人才作为支撑,而目前市场还存在很大的会展专业人才供给缺口。为了适应国内对会展人才需求日益增长的需要,我国各类高校纷纷开设了会展专业或专业方向。据不完全统计,截止到 2011 年 7 月,在全国范围内(不含港澳台)开设会展专业的高校达 96 所,涵括专业方向的高校(包括本科、高职高专院校)则已超过百所,这在一定程度上缓解了我国会展人才紧缺的现状。但是由于我国会展教育起步较晚,在课程体系设计、教材建设和师资队伍建设等方面还有待完善,培养出来的学生在知识结构、职业素养和综合能力等方面往往与市场需求不对称。尤其是目前国内会展教材零散、低层次重复并且缺乏系统性的状况比较突出,很大程度上制约了我国会展教育和会展业的发展。因此,推出一套权威科学、系统完善、切合实用的全国高职高专会展策划与管理专业系列教材势在必行。

　　中国的会展教育发展刚刚超过 10 年时间,但我国的会展教育经过分化发展,已经形成了学科体系的基本雏形。如今,会展专业已经形成中等职业教育、高职高专、普通本科和研究生教育完整的教育层次体系,这展示了会展教育发展的历程和成果,同时也提出了学科建设中的一些迫切需要解决和面对的问题。其中最重要的一点,就是如何在不同教育层次和不同的教育类型上对会展教育目标和教育模式进行准确定位。为此,重庆大学出版社策划组织了国内众多知名高等院校的著名会展专家、教授、学科带头人和一线骨干教师参与编写了这套全国高职高专会展策划与管理专业系列教材,以适应中国会展业人才培养的需要。本套教材的修订出版旨在进一步完善全国会展专业的高等教育体系,总结中国会展产业发展的理论成果和实践经验,推进中国会展专业的理论发展和学科建设,并希望有助于提高中国现代会展从业人员的专业素养和理论功底。

本套教材定位于会展产业发展人才需求数量最多和分布面最广的高职高专教育层次,是在对会展职业教育的人才规格、培养目标、教育特色等方面的把握和对会展职业教育与普通本科教育的区别理解以及对发达国家会展职业教育的借鉴基础上编写而成的。另外,重庆大学出版社推出的这套全国高职高专会展策划与管理专业规划教材,其意义将不仅仅局限在高职高专教学过程本身,而且还会产生巨大的牵动和示范效应,将对高职高专会展策划与管理专业的健康发展产生积极的推动作用。

在重新修订出版这套教材的过程中,我们力求系统、完整、准确地介绍会展策划与管理专业的最新理论成果,围绕培养目标,通过理论与实际相结合,构建会展应用型高职高专系列教材特色。本套教材的内容,有知识新、结构完整、重应用等特点。教材内容的要求可以概括为"精、新、广、用"。"精"是指在融会贯通教学内容的基础上,挑选出最基本的内容、方法及典型应用;"新"指尽可能地将当前国内外会展产业发展的前沿理论和热点、焦点问题收纳进来以适应会展业的发展需要;"广"是指在保持基本内容的基础上,处理好与相邻及交叉学科和专业的关系;"用"是指注重理论与实际融会贯通,突出职业教育实用型人才的培养定位。

本套教材的编写出版是在教育部高等学校工商管理类学科专业教学指导委员会旅游与会展专业组的大力支持和具体指导下,由中国会展教育的开创者和著名学者、国内会展旅游教育界为数仅有的国家级教学成果奖获得者和国家级精品课程负责人,教育部高等学校工商管理类学科专业教学指导委员会旅游与会展专业组组长、中国会展经济研究会创会副会长马勇教授担任总主编。参与这套教材编写的作者主要来自于上海旅游高等专科学校、上海工程技术大学、上海新侨职业技术学院、湖北大学、武汉职业技术学院、湖北经济学院、湖北职业技术学院、浙江旅游职业学院、桂林旅游高等专科学校、广西国际商务职业技术学院、金华职业技术学院、昆明冶金高等专科学校、昆明学院、沈阳职业技术学院、广东交通职业技术学院、顺德职业技术学院、深圳职业技术学院等全国

40 多所知名高校。在教材的编写过程中,重庆大学出版社还邀请了全国会展教育界、政府管理界、企业界的知名教授、专家学者和企业高管进行了严格的审定,借此机会再次对支持和参与本套教材编审工作的专家、学者和业界朋友表示衷心的感谢。

本套教材的第一批选题已于 2007 年 7 月后陆续出版发行了 21 本,被全国众多高职院校以及会展企业选作学生教材和培训用书,得到广大师生和业界专家的广泛认可和积极使用。这套教材中一部分已被列选为国务院国资委职业技能鉴定和推广中心全国"会展管理师"培训与认证的唯一指定教材,以及全国会展策划与管理专业师资培训用书,等等。本套教材的作者队伍大多是国内会展学科领域的带头人和知名专家,涉及的专业领域十分广泛,包括了经济学、管理学、工程学等多方面;参与编写的会展业界人士,不仅长期工作在会展管理领域的第一线,而且许多还是会展业界精英。另外,作为国内高校第一套全国高职高专会展策划与管理专业规划教材,在选材内容和教材体系方面都是动态开放的。随着中国会展业的持续健康发展,为确保系列教材的前沿性和科学性,我们也会不断对该套教材进行再版修订,以及增补新的选题,欢迎各高校会展学科的学术带头人和骨干教师积极申报选题并参与编撰!

本套教材由于选题涉及面广、加之编写修订时间紧,因而不足和错漏之处在所难免,恳请广大读者和专家批评指正,以便我们不断完善。最后,我们期待这套新修订出版的全国高职高专会展策划与管理专业规划教材能够继续得到全国会展专业广大师生的欢迎和使用,能够在会展教育方面,特别是在高职高专教育层次的人才培养上起到积极的促进作用,共同为我国会展业的发展作出贡献。

全国高职高专会展策划与管理专业系列教材
编 委 会
2013 年 2 月

第2版前言

　　随着北京奥运会、上海世博会的成功举办，北京、上海等城市已明确将会展业纳入重点扶持的都市型产业，会展经济已经成为新的经济增长点。为了适应会展业快速发展的需要，反映会展法规的新变化，我们对2007年8月出版的《会展政策与法规》教材进行了全面的修订。在内容上，融合了国家最新颁布的相关法规并进行修改；在结构上，为了力求准确系统地介绍会展政策与法规的基础理论知识，有些章节作了较大变动与调整，使逻辑体系更加严密；在风格形式上，考虑到高职院校学生学习的特点和教师灵活组织教学的需要，设计了章前导读、关键词汇、案例导入，章中穿插知识链接、案例分析，章后设计了内容小结、测试题，力求文风活泼新颖，语言通俗简明。

　　本书第2版编写人员也略有调整，具体分工如下：杨朝晖担任主编，曹勇、江涛担任副主编，负责大纲制定和统稿定稿工作。杨朝晖（武汉职业技术学院）编写第1章、第9章、附录；王英哲（武汉职业技术学院）编写第2章；张欣（昆明学院）编写第3章、第4章；曹勇（重庆文理学院）编写第5章、第6章；王珏（浙江旅游职业学院）编写第7章；江涛（浙江旅游职业学院）编写第8章、第10章。

　　本书自2007年8月出版以来，深受广大院校师生的青睐，在此深表感谢，并希望本书修订后能够获得一如既往的支持。在此次教材的修订过程中，我们还得到了湖北大学马勇教授、厦门会展业界资深专家夏桂年、林大飞的热情帮助，他们提供了宝贵的资料和建议，在此也表示诚挚的敬意和谢意！

编　者

2013 年 3 月

第 1 版前言

20 世纪 90 年代以来,我国会展业发展势头强劲,成为地方经济发展的"助推器"和新亮点。然而与之相适应的会展组织、管理模式、管理体制、法制建设等却明显滞后。为了确保会展业的健康有序发展,完善会展法律体系,"依法治展",并加强会展管理学科建设,我们编写了《会展政策与法规》一书。

本书以法学基础理论为依托,结合会展管理的实践需要,既介绍与会展业联系紧密的通用性法律法规,又联系实际着重分析了会展业的专门性法律法规,其内容从会展业的发展、立法进程和法律体系入手,从 3 个层面具体剖析会展主体、会展客体以及会展市场运行与管理的法律制度。

本书由杨朝晖担任主编,江涛、赵鹏担任副主编,负责大纲制定和统稿定稿工作。全书编写分工如下:武汉职业技术学院旅游学院杨朝晖副教授编写第 1 章(第 3 节),第 2 章(第 7 节),第 10 章,附录;浙江旅游职业学院导游教研室主任江涛副教授编写第 4,9,11 章;上海新侨职业技术学院赵鹏教师编写第 5,6,7 章;武汉职业技术学院旅游学院王英哲教师编写第 1 章(第 1、2 节),第 3 章;武汉民政职业技术学院梁俊华教师编写第 2 章(第 1 至 6 节);浙江旅游职业学院王珏教师编写第 8 章。

本书作者都是多年从事有关法律法规研究的专家,尤其在高等职业旅游和会展等政策法规教育领域中有一定建树,并在行业中取得一定资质的"双师型"教师。他们既具备扎实的法学理论功底,又拥有多年丰富的会展教学、科研、考试培训等方面的经验。各位专家严谨治学、呕心沥血、精诚合作,在会展资料有限的前提下,通过自身多年在行业及教学过程中所累积的经验，自行进行撰写工作，共同打造了这本高质量、高水平、高实训的会展教材。

　　在本书的编写和出版过程中，我们参考、借鉴了国内外许多著作和文献资料，并得到了重庆大学出版社的大力支持，在此谨向有关作者、出版社致以诚挚的谢意。另外，由于时间仓促，水平有限，书中疏漏之处在所难免，敬请业内专家和各位读者不吝赐教，以使该书不断得到完善。

编　者

2007 年 3 月

目 录 CONTENTS

第 1 章
会展业法律制度概述

【本章导读】

20 世纪 90 年代以来,我国会展业得到了强劲发展并成为地方经济发展的"助推器"和新亮点。在会展业的快速发展中,会展组织、管理模式和管理体制逐渐形成,然而也存在不少问题。为了确保会展业的健康有序发展,有关会展法规相继出台。本章主要介绍会展业的法制建设状况及会展法律体系。

【关键词汇】

会展　会展法　会展管理模式　会展管理体制　会展业法律体系

【案例导入】

"法眼"冷看会展热

"如果在一个城市开一次国际会议,就好比有一架飞机在城市上空撒钱。"一位世界展览业巨头如此评说会展经济的重要性。会展业具有强大的产业带动效应,不仅能给城市带来场租费、搭建费、广告费、运输费等直接收入,还能创造住宿、餐饮、通信、旅游、购物、贸易等相关收入。更为重要的是,会展能汇聚巨大的信息流、技术流、商品流和人才流,会对一个城市或地区的国民经济和社会进步产生难以估量的影响和催化作用。

因此,近年来,会展热在全国范围内兴起,你方唱罢我登场,好不热闹,但是经济的发展需要法律的保驾护航,如果没有适合的法律来保证经济的发展,那么经济的发展是不会有长久性的。在会展热兴起的情况下,我们更应该通过"法眼"冷静地看待其中的一些民事法律权利义务关系。在 2007 年 9 月,安徽首起会展合同纠纷案一审尘埃落定后,我们对于这一点是深有体会,同时我们对于会展合同的认识不得不加深了。对于会展我们很熟悉,可是很多人对于会展合同却不甚了解。

会展是一种经济活动,需要大量的民事法律规范来调整。在我国会展法律法规还很不完善的情况下,会展活动中各参与主体之间所订立的合同,对于调整各方之间的利益关系,明确各方的权利义务关系,防止纠纷的产生,妥善处理会展中的问题,起着至关重要的作用。

资料来源:2008 年 11 月 15 日《中国经营报》

问题:请从法律的角度思考会展业发展过程中各类纠纷中存在的问题。

【案例分析】

在安徽首起会展合同纠纷案中,因为安徽国际会展中心没有遵守签订的排他性协议才引起合同纠纷。在我国目前活跃的会展市场上,会展组织者和参展商比较缺乏法律意识,不重视合同,或者即便是订立合同,也是极其简单的一纸空文,合同仅仅约定展品的种类、展览的起止日期、展位价格等基本要素。很多会展的组织者和参展商之间的约定,就是一张"参展通知书"而已。会展合同订立的水平还不够高,考虑的问题还不够细致,很多问题没有事先作出约定,以至于会展纠纷难以解决。这是远远不够的。会展合同应当是许多约定的综合体,甚至是许多合同的综合体。会展组织者除提供必要的服务设施外,还应该对参展商负有其他的义务和责任。

在国外一个运作成熟的展览会往往会发布一个章程。对本展览中所涉及的事项一一予以说明,参展商参加展会必须同意该章程的规定。这种章程类的规定是展览完善且成熟的标志。它直接决定展览能否顺利举行。

在会展热的形势下,我们只有冷静地思考法律问题,才能让会展经济更好更快地走下去。

1.1　会展法概述

1.1.1　会展与会展业的概念

1)会展的概念

会展是以追求经济效益为主要目的、以企业化运作提供社会化服务、以口头交流信息或者以集中陈列展示物品为主要方式的集体性和综合性活动。会展是以会议和展览为基本形式,同时具有综合性特点的经济活动。

2)会展业的概念

会展业是会议业和展览业的总称,隶属于服务业,即通过举办各种形式的会议和展览,包括大型国际博览会、展览会、交易会、运动会、招商会、经济研讨会等,吸引大量商务客和游客,促进产品市场的开拓、技术和信息的交流、对外贸易和旅游观光,并以此带动交通、住宿、商业、餐饮、购物等多项相关产业的发展,被称为"无烟工业"。据考证,世界上第一个样品展览会于 19 世纪末在德国的莱比锡举办。会展业经过一个多世纪的发展,其形式、内容、功能和举办方式都发生了巨大变化,它已表现为一种经济形式,成为各国经济结构中不可缺少的组成部分。

1.1.2　会展业发展现状及存在的问题

当今世界,会展经济已成为一个令世人瞩目的新型经济形式。国际会展业的发展,已成为拉动经济增长的重要手段。在欧洲流行的说法是"会展是城市的面包"。现代会展业滚动着商品流、物资流、信息流、资金流,会展业的发展完全可能成为一个城市、一个地区、一个行业的经济增长点,构成表征城市竞争力的一个重要部分,同时也说明了该城市的竞争力水平。

在我国,随着社会主义市场经济体制的建立和完善,会展经济的作用亦愈来愈为国人所关注。从20世纪80年代起,会展经济在我国也迅速发展起来,并以年均近20%的速度递增,创造了巨大的经济效益和社会效益,成为国民经济新的增长点。近年来,会展活动空前活跃,会展经济发展迅猛。会展业作为"朝阳产业",在我国崛起并迅速壮大,在国民经济发展中发挥着举足轻重的作用。我国会展业在促进经贸、科技、文化交流和合作方面的作用越来越明显,已成为国民经济中增长快、发展潜力大的行业之一,不仅直接促进了经贸、科技、文化、体育等事业的发展,而且有力地带动了信息通信、交通运输、城市建设、旅游休闲、餐饮住宿、广告印刷等相关服务行业的发展。

从展览业来看,我们取得的进步是有目共睹的。自20世纪90年代,中国的展览业就在全球展览业中异军突起,形成了一个新兴的展览业市场。从展览的项目数、规模、总体水平和影响看,中国已成为亚洲的展览大国,并逐步成为亚洲地区的区域性"展览中心"。我国现在已经拥有一批具有国际水平的现代化展览场馆,形成了若干具有一定实力的展览集团公司,也培训了一批水平高、影响比较大的名牌展览会。日益繁荣的会议展览活动不仅对引导相关产业发展、提升制造业水平、促进生产要素流动、优化资源配置发挥了重要作用,而且有力地推动、配合了中国企业发挥比较优势、走向国际市场、参与国际商品供应链,实现了良好的经济效益和良好的社会效益。

会展业的发展不仅是数量、规模的粗放增长,更要有质量、档次、效益的集约化发展。然而,由于我国会展经济发育时间较短,经验不足,专业人才少,更重要的是因为我国会展行业管理体制不健全,立法远远滞后于会展业的发展,因而导致我国会展业从主承办单位的资质到具体展览的审批,从招商、招展、场馆租赁到展后评估与统计,从展品运输保险到知识产权保护等都存在诸多问题。这些问题具体表现在以下几个方面:

1)会展主体多元化

因为缺少对会展业的准入、会展主办者资质的明确规定,目前国务院各部委及其对口管理的工贸公司、外贸公司、协会、商会、中国贸促会及其行业分会和地方分会、地方政府或省、市级外贸主管部门等都可以举办展览,各种机构一拥而上纷纷办展,致使展会质量不高,专业性不强,根本无法打造有影响力的品牌展会。有的展会甚至搞成了摆地摊、大杂烩,严重损害了我国会展业的行业声誉。

2) 会展审批权限分散

由于体制瓶颈造成管理混乱,会展审批机构数量过多,审批权分散,审批机构的利益冲突导致我国会展市场混乱。国内会展业既没有一个统一的行业管理机构进行管理,又没有全国性的行业协会进行行业自律和协调。多头审批、重复办展、同名办展的混乱现象屡屡出现,极大地损害了参展商的利益,造成了资源的极大浪费,阻碍了会展市场的健康发展。此外,由于政府掌握展览的审批权力,外资企业与国内民营企业必须与拥有展览经营报批权的国有展览公司合作才能办展,使得高效率的市场资本难以进入,而一些国有展览公司仅仅靠出卖"展览牌照"就可以获取丰厚利润。

3) 质量评估制度缺乏专业性和权威性

多数展会缺乏明确定位,组织管理模式也比较落后,这是我国的展览业相对封闭、单一、服务水平低的一个重要原因。

4) 运行缺乏规范化

我国会展业缺乏规范,表现在展览规模小,国外参展厂商少,效果差,档次低;展会的地点选择、展馆的使用频率约束机制缺位。另外,展览场地、运输、各种公共服务的费用标准、境内外招商程序及费用标准、消防、安全、环境卫生等验收事项的规范化程度等都很低。这些问题都对展览业的发展带来许多不利影响。

管理规范化是竞争规范化的基础。在市场经济发达的国家,会展业已是一个成熟的服务业,有一套比较完善的管理体制、行业体系和运行规范,拥有一批具有国际竞争力的会展公司和国际知名品牌的大型展会。目前我国会展活动的行政管理体制和大多数会展活动的组织方式、管理方式与市场经济的要求相距甚远。因此我国会展业要想在国际会展市场竞争中占有一席之地,必须熟悉并逐步适应国际会展业的运行规范,与之接轨。

5) 市场竞争呈现无序状态

这主要是因为我国没有专业的、唯一的审批部门。为了改变这种情况,国务院办公厅下发文件,规定从2001年1月1日起,所有的出展一律由中国国际贸易促进委员会审批管理,再由中国国际贸易促进委员会会同外经贸部制定出国展览的管理办法。但是,这只是对出国展作了规定,国内展依然是"群雄纷争",所以成立全国展览业的行业协会迫在眉睫。

据中国国际贸易促进委员会提供的资料显示,2002年全国各地以医疗仪器设备为主题的国际展览有14个,除了北京和广州,其余展览的展出面积都没有达到1万平方米。仅在沈阳科学宫会议展览中心,该年4月和8月就有两个类似主题的展览会。这些资料表明,现在国内重复办展的情况十分严重,同题目的展览过多,其直接的后果就是恶性竞争,最终导致展会不成规模,水平质量偏低,资源的极大浪费,以及很多展览会互相模仿、拆台。这种现象的产生很大程度上是我国市场转型期管理审批程序混乱和"利益主体多元化"的一种反映。目前,我国对展览业实行的是分级管理和分类管理。原外经贸部(现商务部)、中国国际贸易促进委员会、国家科委和国家经贸委有权审批各自负责范围内的展览,各省、市也有了当地展览会的审批权。而市场开放后,地方、民营、外国企业都积极地进入会展业市场。由于他们各自的利益需求和价值取向不尽一致,也就必然产生各种利益矛盾和利益冲突。只有各个独立的利益主体都有发展的空间,才能达到利益的平衡和有序地发展。

6)知识产权保护日益突出

展会是知识产权保护的重要领域。当前国内一些大型展会上,展会组织者对参展商只收费或乱收费而不对其资质和信誉进行审查,涉嫌侵犯知识产权的纠纷与投诉不断出现,这不仅损害了我国知识产权保护形象,破坏了展览会的正常交易秩序,也影响了展览业的健康发展。随着会展行业的快速发展,中国绝大多数商品的交易都是通过在展览会上看样、订货进行的。然而,由于会展行业部分从业人员素质不高,经常会有部分企业浑水摸鱼携带知识产权侵权产品参展,知识产权纠纷和诉讼案件时有发生,"展览会"在中国已成为知识产权侵权行为"集中表现"的场所。根据知识产权相关立法的规定,对于展览会上的侵权行为,知识产权权利人可以依法请求知识产权相关行政管理部门进行处理,并可请求司法保护。但是由于展览会的临时性和流动性等特点,在实际操作上,知识产权相关行政管理部门很难按照知识产权及有关法规规章规定的办案程序处理知识产权侵权纠纷。

由此可见,我国会展业的运作需要进一步加强行业管理,亟待健全法律法规,通过法律制度对会展业涉及的相关问题进行规范,促进会展业健康运行与发展,避免重复办展和恶性竞争,促进行业自律机制的形成。

1.2 会展法与会展法律关系

1.2.1 会展法的概念与调整对象

1)会展法的概念

会展法是随着会展业的发展而发展的。会展法是调整会展业活动领域中各种社会关系的法律规范的总称。

2)会展法的调整对象

不同的部门法各有其特定的调整对象,即特定的社会关系。法律正是通过对这些特定的社会关系所进行的规范性调整,实现国家相应的管理意图。由于各种法律规范所确认、调整的社会关系和具体规定的权利义务不同,因而法律关系也有不同的种类。如,国家行政机关相互之间或国家行政机关与公民、法人之间基于行政法规形成的行政法律关系;公民之间或公民与集体、国家之间,由于财产关系和人身关系,基于民法而形成的民事法律关系;犯罪人因做出侵害他人人身或财产行为,基于刑法而形成的国家或被害人同罪犯之间的刑事法律关系等。

会展法的调整对象,主要是指在会展业活动中形成的各种特定的社会关系。这些社会关系主要包括:政府有关管理部门和会展组织者之间的关系;政府有关管理部门和参展商之间的关系;政府有关管理部门和会展场馆经营者之间的关系;会展组织者与参展商之间的关系;会展组织者和会展代理服务商之间的关系;会展组织者与参观者之间的关系;参展商之间的关系;参展商与参观者之间的关系。

1.2.2 会展法律关系

1)法律关系的概念和特征

法律关系是法律规范在调整人们行为的过程中形成的权利、义务关系。法律关系是社会关系的一种特殊形态,与一般的社会关系相比,有三个最重要的特征。

（1）法律关系是以法律为前提而产生的社会关系

在社会生活中，人们之间不可避免地要发生多方面的联系，产生各种社会关系。如果没有法律规定，那么人们之间的关系，就不具有法律关系的性质。如，经济关系、政治关系、道德关系、家庭关系、友谊关系等，就不具备法律上的权利义务的性质。因此，法律关系是法律调整社会关系而出现的一种状态。法律规定是法律关系产生的基础。没有法律的存在，就不可能形成与之相应的法律关系。

（2）法律关系是以法律上的权利、义务为内容而形成的社会关系

法律关系是法律在调整人们行为过程中所形成的一种权利义务关系，是法律在实际生活中的具体体现。也就是说，只有在人们按照（或违反）法律规定进行活动，形成具体的权利义务关系时，才构成某种特定的法律关系。一般地说，法律规范本身并不产生具体的法律关系。法律关系与其他社会关系的重要区别，就在于它是法律化的社会关系，当事人之间按照法律或约定分别享有一定的权利或承担一定的义务，以权利和义务为内容连接人们之间的关系。法律调整社会关系的基本方式是设置一定的行为模式，从而把人们的行为纳入法制的轨道上来。

（3）法律关系是以国家强制力作为保障手段的社会关系

在法律规范中，一个人可以做什么、不得做什么和必须做什么的行为模式反映的是国家意志，体现了国家对各种行为的态度。某种社会关系一旦被纳入法律调整的范围之内，即成为法律关系，就意味着它要受到国家的保障，不得任意违反或破坏。如，合同关系一旦依法成立，任何一方不得自行变更或解除。如果当事人一方不经对方同意，擅自变更或解除，对方就有权请求合同主管机关或人民法院责令其履行合同并赔偿损失。

2）会展法律关系的构成

任何法律关系都是由主体、客体和内容三个要素构成的。

（1）会展法律关系的主体

法律关系的主体是指法律关系的参加者，即在法律关系中享有权利和承担义务的人，又称为权利主体和义务主体。法律上所称的"人"主要包括自然人和法人。在法律关系中必须有两个或两个以上的当事人，法律关系方能成立。法律关系主体参加法律关系有资格上的限制，在法学上称为权利能力和行为

能力。

　　按照有关会展法律法规的规定,在我国能够作为会展法律关系主体的当事人主要有国家有关管理部门、会展组织者、会展场馆经营者、参展商、会展服务代理商、参观者。

　　(2)会展法律关系的客体

　　法律关系的客体是指权利和义务所指向的对象,又称权利客体和义务客体。它是将法律关系主体间的权利和义务联系在一起的中介,没有法律关系的客体作为中介,就不可能形成法律关系。因此客体是构成任何法律关系都必须具备的一个要素。客体一般包括物、行为、智力成果和人身权益。

　　会展法律关系中的客体:

　　①物。物是存在人身之外、能够被法律关系主体支配,并能产生一定物质利益的物质财富,包括一切可以称为财产权利对象的自然之物和人造之物。在会展法律关系中,物主要包括会议或展览场馆、展览品、销售物等。如香港钟表展、上海国际模具展、北京国际机床展、国际汽车展等。但是并非所有的物都能成为会展法律关系的客体,如文物等。国家文物局制定的《文物出国(境)展览管理规定》,对文物出国(境)展览的类型、可展文物和展览方式以及管理部门都作了规定。

　　②行为。行为指的是权利和义务所指向的作为和不作为。会展法律关系主体的行为主要是作为,包括服务行为和管理行为。归纳起来主要有三类:一是给付财产的行为,如展览期间的交易行为;二是完成一定工作并交付工作成果的行为,如展台的设计、搭建、拆除,承办展览代理事项等;三是提供劳务或服务,如展品的保管、展品的运输、展品出入境报关等。

　　③智力成果。作为客体的智力成果指的是人们在智力活动中所创造的精神财富,其表现形式有科学发明、工业设计、专利、商标和服务标记、专有技术等。

　　④人身利益。包括人格利益和身份利益,是人格权和身份权的客体。

　　(3)会展法律关系的内容

　　法律关系的内容是指法律关系主体间在一定条件下依照法律或约定所享有的权利和承担的义务,是人们之间利益的获得或付出的状态。对权利义务可以从不同的角度,按照不同的标准进行分类。根据权利和义务所体现的社会内容的重要性,可以把权利义务分为基本的权利义务和普通的权利义务;根据权利和义务的适用范围不同,可以把权利义务分为一般的权利义务和特殊的权利义务。

【典型案例】

草率签约　两败俱伤

山西某科技公司(以下简称科技公司)开发了一种新型家居报警器,在第五届高交会展出之后,被深圳一家建材公司(建材公司)看中。因该项技术已申请专利但尚未授权,双方签订了一份合作生产及销售报警器的合同,由科技公司提供技术,建材公司投入资金和厂房,组织生产和销售。建材公司须先向科技公司支付一笔技术使用费,然后按年度支付使用费。合同签订之后,建材公司对报警器的技术含量产生了怀疑,拒绝履行合同。由于合同设计不严谨,双方对合同的理解产生了很大的分歧。

资料来源:http://www.wxlawyer.com

问题:参展企业在选择合作对象时,应该做好哪些准备?

【案例分析】

参加高交会的大多数企业都是中小型企业,它们往往法律意识淡薄,或者由于资金的限制,不愿花钱聘请专业机构参与项目融资或技术交易。而一旦融资受挫之后,这些企业可能就不再参加高交会了。

技术成果交易不像普通商品买卖,交易的标的看不见、摸不着,只能靠合同来限定,因此合同的设计显得非常重要。高交会为技术成果交易提供了一个良好的平台,但这仅仅是一个硬件平台,如果软件服务跟不上,将会直接影响企业参展最终成交的效果。按照国际惯例,大公司在选择投资项目时通常都会聘请律师进行调查,融资方也会聘请律师进行资质审查和谈判。因此,参展企业在选择合作对象时,一般应聘请专业人员对合作对象的资质进行评估。

1.3　我国会展法律体系

1.3.1　会展业立法现状

1)我国会展业立法现状

我国会展业立法较晚。与我国会展业的快速发展相比,我国会展业的法制进程却十分缓慢。20世纪80年代末,会展仅仅被当作中介服务机构而没有被当作行业发展。进入90年代,随着会展业作为行业的快速发展,才有相关法规的出台。

我国会展立法工作尚处于初期阶段。从立法内容上看,展览业立法主要在于明确展览业的管理部门、管理办法、展览活动的主体以及各方面的权利义务,增强展览活动的透明度,规范展览市场,为经营者创造一个法治的市场环境。从立法机构和立法效力来看,目前我国会展业的立法基本上是由国务院制定和颁布的行政法规、国务院所属各部委等颁布的行政规章以及地方性法规或规章,并且大都以办法、通知等形式出现,法律效力较低。因此,还应该推进会展业法制建设,加强对会展业的法律规制。

我国会展业加入WTO并参与了《服务贸易总协定》(GATS)下中国会展业的承诺以后,参与国际竞争并且有序健康发展的关键是要健全会展业法律法规,加强宏观调控和行业自律。要逐步明确展会市场的准入机制、办展主体的资格条件、展览会的知识产权、展会质量评估,理顺会展主体、会展客体、会展行为与会展责任之间的关系,并根据以上关系确立会展立法的层级、会展的主管部门、会展的备案监控程序、会展纠纷处理机制,用明确、详细、具有可操作性和权威性的法规条例和相关政策来克服多头管理、无序竞争的弊端,明确行业发展的管理规范,有效地规避会展业经营风险。随着2008年北京奥运会和2010年上海世博会的成功举办,我国已稳步进入世界会展大国之列。会展业健康发展的根本保障就是要加快完善会展业立法。

2)国际会展业立法现状

不同会展业发展程度决定了国家或地区会展业立法的成熟与否。会展立法最初出现在会展发展比较成熟的一些发达国家和地区,如德国、法国、美国、中国香港等。这些国家和地区在会展业立法过程中进行了较多的尝试,现已经形成了完善的会展业法律体制。从国际条约层面看(参见表1.1),这些条约分为展览类国际条约、会议类国际条约、奖励旅游类条约以及与会展服务类条约。这些国际条约除了有国家加入之外,还有许多行业协会、展览公司及会展经理等加入,全方位对国际会展业进行系统规制。而且这些条约吸纳了各国会展业的先进经验,总结了展会的运营模式,展望了会展业发展的前景,明确了自身的使命,为国际性展会的壮大作出了重大的贡献。同时,会展业作为一项服务贸易也受到世贸组织贸易服务总协定的规制,应当遵守其有关规定。此外,会展业作为一个关联性极高的产业,也受到其相关方面国际条约规定,如会展业的知识产权保护也受到巴黎公约、马德里协定、伯尔尼公约等条约的保护。

表 1.1　国际会展条约

	条约名称	国际组织	时　间
展览类	国际博览会公约	国际博览会联盟(UIF)	1925 年
	国际展览会公约及其下属16 项规章	国际展览局(BIE)	1928 年
	国际展览管理公约	国际展览管理协会(IAEM)	1928 年
	贸易博览会国家参加组织者公约	贸易博览会国家参加组织者展会协会	1955 年
会议类	国际协会联盟章程	国际协会联盟(UIA)	1951 年
	国际会议协会公约	国际会议协会(ICCA)	1963 年
	国际专业会议组织者协会行为守则	国际专业会议组织者协会(IAPCO)	1968 年
	会议专业工作者协议	会议专业工作者国际联盟(MPI)	1972 年
奖励旅游类	奖励旅游管理公约	奖励旅游管理协会(SITE)	1955 年
会展服务类	国际场馆经理协议	国际场馆经理协会(ISMC)	1924 年
	国际展览服务协议	国际展览服务联合会(IFES)	1984 年
	国际展览运输公约	国际展览运输协会(IETA)	1996 年
	世界场馆管理公约	世界场馆管理委员会(WCVM)	1997 年
	ICE8000 国际信用监督体系会展名称注册与保护规则	国际信用评估与监督协会(ICASA)	2007 年

1.3.2　我国会展业法律体系

我国会展业的法律规范是与会展经济的发展历程相对应的,可分为三个阶段。第一阶段是从 1979—1981 年,这一阶段我国对于会展活动尚无明确具体的规定,一般性的涉外展览都依照现有的外事管理权限进行管理,不涉外的展览活动按照行政管理范围自行办理。第二阶段是从1982—2001年,这一阶段是由国务院授权有关部门对会展业进行管理。第三阶段是从2002年至今,在加入世贸组织以后我国为满足世贸组织对于会展管理要求而进行了相关的改革。

我国会展业法律体系的特点是由两类多层次法律法规组成。我国目前有两类法律法规调整着会展领域的社会关系。一类是通用性的法律法规,即各领域通用的调整一些基础社会关系的法律法规。会展业涉及的通用性的法律法规,主要有合同法、公司法、保险法、知识产权法、文物保护法、广告法、产品质量法、反不正当竞争法、消费者权益保护法、海关法、民事诉讼法、仲裁法等。尽管这些法律法规从立法意图上不是专门针对会展领域社会关系而制定的,但也可以适用于会展领域。第二类是专门性的法律法规,即专门针对会展业制定的法律法规。根据我国法律规定,拥有立法权的机关主要包括:全国人民代表大会及其常务委员会、国务院及其各部委、地方人大和地方政府。它们分别制定不同层次、不同效力的法律法规,形成规范会展业的法律体系。

1)全国人民代表大会及其常务委员会制定的《会展法》

它根据宪法规定行使国家立法权,是专门的国家立法机关。只有全国人大及其常委会才有权制定法律。

《会展法》属于我国会展法律体系中的"宪法",是各级、各类会展立法的渊源和依据。然而,我国目前制定会展基本法的基础不够扎实,时机还不够成熟,因此,会展法的制定尚未提上议事日程。

2)国务院针对会展业制定的行政法规

根据宪法规定,国务院有权根据宪法和法律制定行政法规,发布有关决定和命令。国务院发布的决定和命令属于规范性文件的,同样具有行政法规的效力。

1997年7月31日,国务院办公厅以国办发〔1997〕25号文件下发《关于对在我国境内举办对外经济技术展览会加强管理的通知》,这是迄今为止唯一由国务院发布的与会展有关的行政法规,也是目前会展业最高级别的法律文件。

3)国务院各部委就会展的专门问题制定的部门规章

根据法律规定,国务院各部委可以在本部门的权限内发布命令、指示和规章。我国会展业的法律法规主要是国务院及各部委对会展业颁布的一系列管理规定。

会展业是综合性、关联性和互动性很强的行业,其发展必然会牵涉到许多部门和行业。这些部门主要有原对外贸易经济合作部(后并入新成立的商务部)、国家工商行政管理局、科学技术委员会、海关总署、文物局、国家知识产权局、国家版权局、国家商标局、国家外汇总局、国家税务总局、原经济贸易委员会等,它们先后单独或联合颁布了一系列的管理规定,涉及会展审批、会展举办者主体资格、展品进出关及运输等相关方面的管理规定,主要有:原对外贸易经济合作部制定的《在境内举办对外经济技术展览会管理暂行办法》《关于重申和明确在境内举办对外经济技术展览会有关管理规定的通知》《关于举办来华经济技术展览会审批规定》《关于出国(境)举办招商和办展等经贸活动的管理办法》《关于审核出国(境)举办经济贸易展览会组办单位资格的通知》《关于进一步加强出国举办经济贸易展览会管理工作有关问题的通知》《关于祖国大陆举办对台湾经济技术展览会管理暂行办法》《关于在各类对外经济贸易展览会期间加强商标管理工作的通知》《专业性展览会等级的划分与评定》等;中国国际贸易促进委员会、原对外贸易经济合作部共同制定的《出国举办经济贸易展览会审批管理办法》等。

海关总署制定的《中华人民共和国海关进出口货样、广告监管办法》《中华人民共和国海关暂准进口单证册项下进出口货物监管办法》《中华人民共和国海关进口展品监管办法》《中华人民共和国进出口商品检验法》《中华人民共和国海关暂时进出境货物管理办法》等;国家工商行政管理局制定的《商品展销会管理办法》;国家科学技术委员会制定的《国家科委关于加强技术交易会管理的通知》等;国家税务总局制定的《国家税务总局关于外国企业来华参展后销售展品有关税务处理问题的批复》等;国家外汇总局制定的《国家外汇总局关于调整出口收汇核销和外汇账户管理政策的通知》等;科学技术部、外交部、海关总署、国家工商行政管理局联合制定的《国际科学技术会议与展览管理暂行办法》等;商务部制订的《设立外商投资会议展览公司暂行规定》及补充规定;商务部会同国家工商总局商标局、国家版权局、国家知识产权局共同起草的《展会知识产权保护办法》等。

以上部门规章构成规范会展业的法规体系的主要内容。根据这些规定内容的不同,可以分为以下几类:

①关于会展审批的管理规定;

②关于会展举办者主体资格的管理规定；

③关于展品进出关、运输等管理的规定；

④其他有关会展管理的规定。

4）地方人大和地方政府制定的地方法规或规章

根据宪法和有关法律规定，省、自治区、直辖市以及省级人民政府所在地的市和经国务院批准的较大市的人民代表大会及其常务委员会，在不与宪法、法律、行政法规相抵触的情况下，有权制定地方法规，在本地区实施。地方国家权力机关及其常设机关和地方国家行政机关还有权分别发布决议、决定和命令，其中属于规范性文件的，同样具有地方法规的效力。

会展业具有"经济发展助推器"的作用，各个地方都对会展业的发展非常重视。随着会展业在各省的蓬勃发展，各地纷纷推出了规范地方会展业发展的规范性文件，包括地方会展业的管理条例、暂行办法、通知和意见。如《广州市举办展销会管理条例》《大连市展览会管理暂行办法》《上海市展览业管理办法》《武汉市工商行政管理局关于加强商品展销会管理的通告》《江苏省关于对本省举办的大型会展实施知识产权监督管理的意见》《石家庄会展业管理办法》《南宁市会展业管理办法》《广州市展会知识产权保护办法》等。

除了以上国内法表现形式之外，我国关于会展业法律法规体系还涉及国际法的相关内容，主要表现为国际条约下中国的义务。在会展业中，我国不仅应当遵守诸如《国际展览公约》等国际性会展业公约，而且同时应当遵守其他与会展业相关的国际公约，诸如GATS下中国在会展业方面的承诺；在知识产权国际公约下对于会展业知识产权的保护等。

【本章小结】

本章介绍会展业发展现状中存在的问题，分析会展、会展业、会展法的概念，会展法调整对象，会展法律关系的构成要素，阐述我国会展业立法状况及法律体系，呼吁加强会展业的法制建设，从而确保我国会展业持续、健康地发展。

【测试题】

一、单选题

1.法律关系的构成要素不包括(　　　)。
　A.主体　　　　　　　　　　　B.客体
　C.内容　　　　　　　　　　　D.调整对象

2.根据我国法律规定,拥有专门立法权的机关是(　　　)。
　A.全国人大会及其常务委员会　B.国务院
　C.地方人大　　　　　　　　　D.地方政府

3.我国会展业法律体系的特点是由(　　　)法律法规组成。
　A.统一性　　　　　　　　　　B.多层次
　C.一元多层次　　　　　　　　D.两类多层次

4.有权制定《会展法》的国家机关是(　　　)。
　A.全国人大会及其常务委员会　B.国务院
　C.地方人大　　　　　　　　　D.地方政府

5.我国在1993年4月加入的国际性法律法规是(　　　)。
　A.《国际博览会联盟章程》
　B.《德国展览协会章程》
　C.《国际展览会公约》
　D.《出国举办经济贸易展览会审批管理办法》

6.由国务院发布的行政法规是(　　　)。
　A.《在境内举办对外经济技术展览会管理暂行办法》
　B.《关于对在我国境内举办对外经济技术展览会加强管理的通知》
　C.《展会知识产权保护办法》
　D.《商品展销会管理办法》

二、判断题

1.会展法的调整对象包括政府管理部门、会展组织者、参展商、会展场馆经营者、参观者等。　　　　　　　　　　　　　　　　　　　　　(　　　)

2.任何法律关系都是由主体、客体和内容三个要素构成的。　　　（　　）

3.法律关系的客体是指权利所指向的对象。　　　　　　　　　（　　）

4.行为指的是权利和义务所指向的作为。　　　　　　　　　　（　　）

三、简答题

1.简述会展法的调整对象。

2.简述会展法律关系的构成。

3.简述我国会展法律体系的特点和内容。

四、实训题

请收集国内外会展业法制建设的资料。

第 2 章
会展组织者审批与管理法律制度

【本章导读】

　　本章主要介绍了会展举办单位的资格和主要职责、会展举办的申报和审批程序、会展业务的检查监督以及违反会展法规的法律责任等内容,使读者了解和掌握我国会展业的管理现状以及相关情况,从而使我国会展业在法律法规的保障下,得以持续健康的发展。

【关键词汇】

　　会展组织者　审批　管理　法律责任

【案例导入】

武汉某光缆设备有限公司的项目经理张先生,接到一家来自上海展览公司打来的电话,邀请他们参加2012上海关于光缆工程技术与设备的一个展览会。由于公司需要展会来推广自己的产品,张先生查看了该公司相关资料后,便定了一个27平方米的展位,租金3.84万元。2012年1月10日,他和同事一起到展会现场。让他们没想到的是原来宣传有几百家参展商参展,现在却只有20多家。他们在展会绕了一圈,发现参展的并不仅限于光缆设备,有焊接设备、交通设施、通信设备的,甚至还有厨具的。他们连续参展三天,共花费4万多元,没有签下一笔订单。他们打电话给上海那家公司,对方一直关机。找到展馆租赁方,相关工作人员表示可以给每家参展商场地费的30%作为补偿。参展商为了减少损失只好接受。

问题:1.上述这种骗展现象为什么会发生?

2.造成骗展现象的主要原因是什么?

【案例分析】

现在会展业的骗展现象屡屡发生,已经成为会展的诟病。骗展现象为什么会时常发生? 一是招展信息不透明。从案例中我们可以看出,参展商只是听组展商说有几百家参展商来参展,实际具体是多少他们也不得而知,到了展会上他们才知道自己被骗了。二是会展业是一个典型的高收入、高利润的行业。一个组展商花几十万元租赁场地,然后划分一百或几百个展位,一个展位以几千元或几万元的价钱卖给参展商。他们能够从中获取几十万元,甚至上百万元的利润。骗展现象其根本属于会展管理问题。

导致这种现象的主要原因,一是政府审批制度的门槛较低。目前,我国审批制度门槛不高,这直接导致一部分不够资格和条件的会展公司能够办展。二是会展行业协会的监管不到位。行业协会对会展公司进行核实和监管的力度不到位,也是直接导致这种现象发生的一个因素。

2.1 会展组织者的审批

近20年来,会展业在我国蓬勃发展,但与之相适应的有关会展行业管理法律法规尚不健全,会展行业成熟有效的监督管理和评估体系尚未建立起来。虽然一直以来,我国无论是出国办展,还是在国内办展,组展单位都要严格按照会展行业实施的资质审核制度来办理资质审批手续,但会展行业协会目前还无法充分发挥其行业自律作用。因此,我国政府尚不能完全淡出会展市场。出国办展和国内办展仍应当继续严格按照规定办理资质申报和项目审批备案手续。

2.1.1 会展组办单位的资格

与会展业的快速发展相比,我国会展业的法制进程却十分缓慢,直到 20 世纪 90 年代,一些规范会展行业的法规才相继出台。随后,为规范会展行业,促进我国会展业朝着健康有序的方向发展,国务院及各部委也对会展业颁布了一系列管理规定。如有关会展举办者主体资格的管理规定《设立外商投资会议展览公司暂行规定》《关于审核出国(境)举办经济贸易展览会组办单位资格的通知》等,对我国各类会展的组办单位资格都有严格的规定。

1) 出国(境)举办展览会组办单位资质规定

原对外贸易经济合作部下发的《关于审核出国(境)举行经济贸易展览会组办单位资格的通知》(简称《通知》)以及《出国举办经济贸易展览会审批管理办法》(简称《办法》)对出国(境)举办经济贸易展览会组办单位的资格作了明确规定。

(1) 出国(境)举办经济贸易展览会组办单位的界定

出国(境)举办展览会组办单位,是指组织国内企业赴国(境)外举办经济贸易展览会或参加国(境)外举办的国际贸易展览会、博览会的单位。根据规定,各省、自治区、直辖市和计划单列市外经贸主管部门,各省、自治区、直辖市和单列市贸促分会、各行业贸促分会,全国性进出口商会、中国外商投资企业协会均可出国(境)办展。此外,其他出国(境)办展单位必须具有对外贸易经济合作部审核批准的出国(境)办展组办单位资格。

出国(境)举办经贸展览会包括:

①出国举办单独展,是指在国外单独举办经贸展览会、友好省市经贸展览会和以商品展览形式举办经贸洽谈会。

②组织企业参加国外举办的国际贸易展览会和博览会。

（2）有关申请出国办展组办单位资格

凡具备以下条件的单位均可申请出国（境）办展组办单位资格：

①企业

a. 具有独立的企业法人资格，具备承担举办展览的民事责任能力和组织招商能力；b. 设有专门从事办展的部门或机构，并有相应的展览专业（包括策划、设计、组织、管理及外语）人员，具有完善的办展规章制度；c. 具有境内举办对外经济技术展览会主办单位资格；d. 具有因公临时出国（境）任务审批权（尚未与行政机关脱钩的企业除外）；e. 获得流通领域进出口经营权 5 年以上，且上一年度进出口额达 1 亿美元以上。

②事业单位和社会团体

a. 成立 3 年以上，具有独立的事业法人或社团法人资格，具备承担举办展览的民事责任能力和组织招商招展能力；b. 设有专门从事办展的部门或机构，并有相应的展览专业（包括策划、设计、组织、管理及外语）人员，具有完善的办展规章制度；c. 开办经费或注册资金不少于 300 万元人民币；d. 具有行业代表性；e. 具有境内举办对外经济技术展览会主办单位资格；f. 事业单位或社会团体本身或其上级主管部门具有因公临时出国（境）任务审批权。

（3）有关组办单位的组展范围

《通知》和《办法》对各组办单位的组展范围规定如下：

①贸促会负责以国家名义组织参加国际展览局登记或认可的世界博览会，并代表国家出国办展，可邀请国务院各部门、各地方人民政府及组织各地方、行业企业、经济团体参展。

②全国性进出口商会和贸促会行业分会可出国办展，但不得跨行业组展。为配合地方政府间经贸活动，需要以地方政府名义出国办展，由各省、自治区、直辖市、计划单列市（含原计划单列市）及经济特区外经贸主管部门组织实施，但不得跨地区组展。

③各省、自治区、直辖市和计划单列市外经贸主管部门可指定或设立一至两家展览机构，专门组织本地区内的企业出国（境）办展。该机构须具有独立的法人资格，具备承担举办展览的民事责任能力和组织招商招展能力，并有相应的展览专业（包括策划、设计、组织、管理及外语）人员，具有完善的办展规章制度。

2）对国外来华举办经济技术展览会的组办单位资格的规定

根据《对外贸易经济合作部关于兴办来华经济技术展览会审批规定》,对国外单位来华举办经济技术展览会的组办单位资格进行了界定："国外来华经济技术展览会应由各级国际贸易促进委员会及其所属展览公司(中心)及经对外贸易经济合作部及其授权单位批准有举办国外来华经济技术展览会经营范围的公司主办。各类学会、协会,无外贸经营权的企业、事业单位,均不得自行举办国外来华经济技术展览会。国家级双边经济技术展会原则上由中国国际展览中心主办。"

3）对台经济技术展览会组办单位资格的规定

对外贸易经济合作部发布的《在祖国大陆举办对台湾经济技术展览会暂行管理办法》中,强调了对台经贸展览会组办单位的特殊要求,其具体内容包括:
①以台湾经济技术展览会的举办单位(包括主办单位和承办单位)的责任、资格和展览行为按照对外贸易经济合作部《在境内举办对外经济技术展览会管理暂行办法》的规定执行。
②台湾民间机构在祖国大陆举行对台湾经济技术展览会,须联合或委托大陆具有主办资格的单位举办。在大陆的招商招展由大陆主办单位负责。
③台湾的主办单位,应是具有相当规模和办展实力、信誉良好的展览机构、大型公司、经济团体或组织(包括经济贸易促进机构、同业公会、行业协会等)。

4）国内商品展销会举办单位资格的规定

根据《商品展销会管理办法》规定,商品展销会的举办单位应当具备下列条件:
①具有法人资格、能够独立承担民事责任;
②具有与展销规模相适应的资金、场地和设施;
③具有相应的管理机构、人员、措施和制度。
从上述条件来看,对于国内的普通商品交易会或展销会的组办单位资格,国家并没有进行严格控制,目的是充分发挥市场的调节作用,以市场为导向进行资源配置,促进展会之间的竞争,进而通过竞争提高国内展会的竞争力。但对于涉及国外参展单位参展的对外经贸展览会及在国外参展、办展的组办单位

资格,国家却有着严格的规定。

2.1.2 会展举办的申报

在我国任何单位举办任何形式(出国办展和国内办展)的展会,在其举办之前,都要向各级主管部门进行申报,如中央企工委所属企业直接向外经贸部提出申请;中央企工委所属企业下属单位通过中央企工委所属企业向外经贸部提出申请;国务院各部门、各直属机构所属单位通过国务院各部门或直属机构向外经贸部提出申请;地方各申请单位通过省级外经贸主管部门向外经贸部提出申请。申报材料包括:

①上级主管部门的申报文件;

②申请单位的申请和资格申请表;

③企业法人营业执照副本复印件(需加盖原登记机关印章)、事业单位法人证书复印件或社团法人登记证副本复印件;

④设置专门从事办展部门(机构)的文件及办展部门(机构)的人员组成、办展规章制度;

⑤境内举办对外经济技术展览会主办单位资格批准文件复印件;

⑥进出口企业资格证书复印件(企业提供);

⑦同意赋予因公临时出国(境)任务审批权的文件复印件;

⑧当地海关出具的上年度进出口额证明(企业提供);

⑨专业人员资格证书等有关材料;

⑩其他需要提供的材料。

可以进行申报的单位主要有主办单位的主管部门、会展举办地的工商行政管理部门等。

1)向主办单位的主管部门申报

在我国,会展的主要组办单位是商务部(原对外贸易经济合作部)下属的各级及各类贸易主管部门或单位。为此原对外贸易经济合作部国内贸易局于1996年1月实施了《各类商品和技术交流活动管理试行办法》(以下简称《办法》),在展销会的申报问题上做出了如下说明:

①《办法》第五条规定:"本部各类展销交流活动实行归口管理和计划申报制度。"该条款强调了原对外贸易经济合作部国内贸易局下属的各级及各类贸

易主管部门或单位举办的各类展销及交流活动,必须报送国内贸易局进行归口管理和计划审批。

②举办全国综合性的技术展销交流活动,需于筹展前半年向国家科委提出申请。申办单位的展销交流活动方案报部科技质量局审核后,由综合计划司统一向国家科委办理申报文件。举办行业性技术展销交流活动,按本办法的审批程序办理,审批文件报国家科委备案。

③赴国(境)外举办各类商品、技术展销交流活动,由申办单位提出方案报综合计划司,经部领导批准后,按外经贸部《关于出国(境)举办招商和办展等经贸活动的管理办法》办理。

④其他部门或地方举办的有关展销交流活动,凡邀请我部以国内贸易局名义协办、名誉赞助的,主办单位应提出书面申请并提供有关的交流活动资料,由综合计划司向有关司局提出审核意见,报部领导批准后正式函复邀请单位。

2)向会展举办地工商行政管理机关申报

《商品展销会管理办法》对国内举办的商品展销会向工商行政管理机关申报作了如下规定:

①举办单位应当向举办地工商行政管理机关申请办理登记。若干个单位联合举办的,应当由其中一个具体承担商品展销会组织活动的单位向举办地工商行政管理机关申请办理登记。

②县级人民政府举办的商品展销会,应当向举办地地级工商行政管理机关申请办理登记;地、省级人民政府举办的商品展销会,应当向举办地、省级工商行政管理机关申请办理登记。上一级工商行政管理机关可以委托举办地工商行政管理机关对商品展销会进行监督管理。

③对于异地举办商品展销会的,经申请举办单位所在地工商行政管理机关核准,依照以上规定向工商行政管理机关申请办理登记。

3)申报应提交的材料

①证明举办单位具备法人资格的有效证件。

②举办商品展销会的申请书。内容包括展销会的名称、起止日期、地点、参展商品类别、举办单位银行账号、举办方负责人员名单、联系电话及筹备办公室

地址等。

③商品展销会场地使用证明。

④商品展销会组织实施方案。

⑤其他需要提交的文件。如提交主管单位的批准文件,若是两个以上的单位还要提交联合举办的协议书。

举办一般规模的会展活动应提前6个月申请报批,举办规模较大的会展活动应提前12个月申请报批。

2.1.3　会展举办的审批程序

不同类型的展会由于其性质、内容及其涉及的地域、部门等都有所不同,其审批的主管部门、内容及程序也不同。例如,中国国际贸易促进会(简称贸促会)负责出国办展的审批和管理;外经贸部负责出国办展的宏观管理,对组展单位进行资格审查,对出国办展工作进行监督检查。因此,根据《出国举办经济贸易展览会审批管理办法》《对外经济贸易合作部关于出国(境)举办招商和办展等经贸活动的管理办法》《对外经济贸易合作部关于祖国大陆举办对台湾经济技术展览会管理暂行办法》《商品展览会管理办法》等,需要分别加以说明。

1) 出国举办经济贸易展览会的审批管理

(1) 审批管理部门

2000年年末,在国务院下发的《国务院办公厅关于出国举办经济贸易展览会审批管理工作有关问题的函》中就有关出国举办经济贸易展览会的问题作了如下说明:

①从2001年1月1日起,各地区、各单位出国举办经贸展览会(以下简称"出国办展")一律由贸促会会签外贸部后审批;贸促会代表国家出国办展,仍由贸促会会签外经贸部、外交部、财政部后报国务院审批。

②各级外事、外经贸、海关、出入境检验检疫和外汇管理部门凭贸促会的批准文件办理有关展品、人员出国等手续。各出展组办单位要严格执行出国办展的审批和管理制度,未经批准,任何单位不得出国办展。

③各出展组办单位要坚持正确的出国办展方针,不能盲目追求办展数量,不得借机搞变相公费旅游,严禁假冒伪劣产品和侵犯知识产权的商品参展。

（2）审批和备核的程序

2001 年国家贸促会、经贸部联合下发了《出国举办经济贸易展览会审批管理办法》的通知，对国内各单位出国举办经贸展览会的审批程序及要求作了详细说明。

①赴展览会集中举办国和未建交国家办展，实行审批管理；赴其他国家（以下简称备核管理国家）办展，实行备核管理。展览会集中举办国包括德国、意大利、法国、英国、西班牙、瑞士、俄罗斯、以色列、阿联酋、日本、韩国、泰国、新加坡、埃及、南非、美国、巴西、澳大利亚等。

②赴审批管理国家办展，组展单位应在每季度前两个月且不迟于展览会开幕前 6 个月向贸促会报送办展计划，并填写出国办展申请表。

③贸促会于每季度最后一个月对组展单位报送的办展计划进行审批（原则上 6 月份集中审批第二年度上半年计划，9 月份集中审批第二年度下半年计划，12 月份审批补报的第二年度计划，3 月份审批当年补报的计划），并核发出国办展批准件。无特殊情况不增加审批次数。

④贸促会审批出国办展计划前，将拟审批同意的计划送外经贸部会签。外经贸部在收到该计划后 10 个工作日内予以会签。赴未建交国家办展计划同时送外交部会签。

⑤赴审批管理国家办展，组展单位还应在展览会开幕前 3 个月向贸促会报送办展计划，并填写出国办展申请表。贸促会在收到该表后 10 个工作日内予以复核，并核发出国办展复核参展人员复核件。复核件抄送外经贸部。

⑥赴复核管理国家办展，组展单位应至少于展览会开幕前 3 个月向贸促会报送办展计划，并填写出国办展申请表。贸促会在收到该表后 10 个工作日内予以复核，并核发出国办展复核参展人员复核件。复核件抄送外经贸部。

⑦各级外经贸主管部门凭贸促会核发的出国办展批准件或出国办展备核件，核发展品出境有关证件；各地海关、出入境检验检疫机构凭贸促会核发的出国办展批准件或出国办展备核件及展品出境有关证件，对展品实行查验放行；各级外汇管理部门和外汇指定银行凭贸促会核发的出国办展批准件或出国办展备核件办理相关外汇使用及核销手续。

⑧各级外经贸、外事、外汇管理部门和外汇指定银行凭贸促会核发的参展人员复核件或出国办展备核件，办理参展人员出国、外汇使用及核销手续。

表2.1 出国举办经济贸易展览会申请表

组展单位			
申请函文号			
国 别		城 市	
展(博)览会名称(中文)			
展(博)览会名称(英文)			
展出周期		展览会性质	博览会( ) 单独展( )
展出时间	年 月	展 期 （天）	在外停留 （天）
参展面积	（平方米）	摊位数 （个）	参展人数 （人）
是否组织参加过该展	是( ) 否( ) （请在括号内打钩）		
展出内容			
已征得我驻		使(领)馆同意(同意函附后)	
博览会主办单位或单独展接待单位名称			
地 址		联系人	
电 话		传 真	
组展单位地址			
电 话		联系人	
邮 编		传 真	
E-mail			

（组展单位盖章）

年 月 日

表2.2 出国举办经济贸易展览会复核申请表

组展单位	
组展单位申请函文号	
出展计划批准件文号	贸促展管审〔200 〕 号
展(博)览会名称（须与批准件名称一致）	
展出时间	年 月 日 展 期 （天）

续表

实际参(办)展面积 (须附外方确认参 办展面积文件)	(平方米)	摊位数	(个)
实际参展人数合计	(人)		

参展单位地址：
电话：　　　　　　　　　　　　传　真：
邮编：　　　　　　　　　　　　联系人：

参展公司名称	摊位数(个)	参展人数(人)

（组展单位盖章）

年　　月　　日

(3)审批的依据和要求

对于审批的依据和要求,《出国举办经济贸易展览会审批管理办法》作了如下说明:

①审批出国办展的依据是:我国外交、外经贸工作需要,赴展国政治、经济情况,赴某一国家或地区办展集中与否,展(博)览会展出效果,组展单位办展情况及企业参展情况,我驻赴展国使领馆意见等。

②组展单位应制定切实可行的年度出国办展计划,并须征得我驻赴展国使领同意。

③各省、自治区、直辖市、计划单列市(含原计划单列市)及经济特区外经贸主管部门单独展,一年内通常不应超过两个。

④团人员原则上按每个标准摊位(3 米 × 3 米)2 人计算,在外天数按实际展出天数前后最长各加 4 天计算,不得擅自增加人员和延长天数。

⑤未经批准,任何单位不得组展和出国办展;办展计划一经批准,不得随意更改或取消;确有变动,组展单位须在展览会开幕前 3 个月通报审批部门和我国有关驻外使领馆。

2)来华经济技术展览会的审批

根据《对外贸易经济合作部关于举办来华经济技术展览会审批规定》中对来华经济技术展览会的审批程序进行了如下说明:

由中国国际展览中心举办的国外来华经济技术展览会报中国国际贸易促进委员会批准并报对外贸易经济合作部备案。其他有举办国外来华经济技术展览经营范围的企业、事业单位及各外贸总公司、工贸总公司举办国外来华经济技术展览会报对外贸易经济合作部批准。各外贸总公司、工贸总公司为配合进口订货举办的展出场地面积在 500 平方米以下的小型技术交流会、国外样品展示会,由公司自主办理,免办批准手续。

各省、自治区、直辖市、计划单列市国际贸易促进委员会及所属展览公司,以及有举办国外来华经济技术展览经营权的企业、事业单位举办展览会,报各省、自治区、直辖市、计划单列市人民政府或其授权单位批准,并报对外贸易经济合作部备案。

3)在我国境内举办对外经济技术展览会的审批

(1)项目审批

2004 年 2 月 19 日中华人民共和国海关总署和中华人民共和国商务部联合发文《海关总署、商务部关于在我国境内举办对外经济技术展览会有关管理事宜的通知》,对我国境内举办国际展的项目审批事宜作了明确规定:

①展览面积在 1 000 平方米以上的对外经济技术展览会,可实行分级审批管理。即对于不同类型、级别的展览会归口到不同部门进行审批和管理。

a.确需以国务院部门或省级人民政府名义主办的国际展览会、博览会等,须报国务院批准。对国务院已批准的以国务院部门或省级人民政府名义主办的对外经济技术展览会,如需要再次举办,由商务部受理申请,对符合国家产业政策及当地产业特点,达到一定办展规模和办展水平,企业反映良好且取得较好社会经济效益的,由商务部直接审批,并报国务院备案;经审核不宜或不宜再次举办的,由商务部提出处理意见,报国务院审批后函复主办单位。

b.国务院部门所属单位主办的,以及境外机构主办的对外经济技术展览会,报对外贸易经济合作部审批。在北京以外地区举办的,主办单位须事先征得主办地外经贸主管部门同意。

c.对省级外经贸主管部门主办的和各省(自治区、直辖市)联合主办的对外经济贸易洽谈会和出口商品交易会,由对外贸易经济合作部审批。地方其他单位主办的对外经济技术展览会,由所在省、自治区、直辖市外经贸主管部门审批,并报对外贸易经济合作部备案。

d.以科研、技术交流、研讨为内容的展览会,由国家科学技术委员会负责审批。

e.中国国际贸易促进委员会系统举办的对外经济技术展览会,由中国国际贸易促进委员会审批并报对外贸易经济合作部备案。对其在北京以外地区举办的,主办单位应事先征得举办地外经贸主管部门同意。

f.对外经济技术展览会凡涉及台湾地区厂商或机构参展的,应报对外贸易经济合作部审批,报国务院台湾事务办公室备案。海峡两岸的经济技术展览会,由对外贸易经济合作部会同国务院台湾事务办公室审批。

②面积在 1 000 平方米以下的国际性展会的审批管理。

具有对外经济技术展览会主办资格的单位,可自行举办面积在 1 000 平方米以下的对外经济技术展览会,但须报有关主管单位备案,海关凭主管部门备案证明办理相关手续。

(2)审批程序

1998 年 10 月 1 日起实行的《对外贸易经济合作部关于在境内举办对外经济展览会管理暂行办法》,对在境内举行对外经济展览会的审批程序作了说明。具体内容如下:

①举办展览面积在 1 000 平方米(指展位总面积)以上的对外经济技术展览会必须经批准,并实行分级审批。

②举办对外经济技术展览会由主办单位申请报批。属于两个或两个以上单位联合主办的,由承担办展民事责任的主办单位申请报批。境外机构联合或委托境内有主办资格的单位举办国际展览会,由境内单位申请报批。

表2.3　境内举办对外经济技术展(博)览会申请表

来函文件号		
主办单位		
承办单位		
协办单位		
接待单位		
展(博)览会名称	中文	
	英文	
届次		
展出时间		
展出地点		
展出面积		
展出内容		
抄送单位		
联系人	电话	
传真	邮编	
地址		
展览会官网网址		

(单位盖章)

填表日期:　　　　年　　月　　日

③审批对外经济技术展览会需审查的主要内容:a.主办单位和承办单位资格。境外机构主办或与境内单位联合主办的,需审查境外机构资信及有关情况。b.展览会名称、内容、规模、时间、地点,组织招商招展的方案和计划,办展的可行性报告,主办单位与承办单位的协议。两个或两个以上单位联合主办的,需审查联合主办的协议(包括各主办单位的职责分工,承担办展民事责任的单位等)。境外机构联合或委托境内单位举办的,需审查其联合或委托办展协议。c.国务院部门所属单位及贸促会系统单位在北京以外地区主办的,需审查是否征得当地外经贸主管部门的同意。

④申请报批的单位按审批对外经济技术展览会需审查的内容和要求,向审

批部门申报并提交有关文件和资料。申请报批时间原则上应提前 12 个月。

⑤对外经济技术展览会批准文件的主要内容:a. 展览会名称。b. 主办单位(主办单位如有境外机构应注明国别或地区)。c. 展览会的主要业务内容、规模、举办地点、时间。d. 其他需要批准或备注事项。以上内容变更,应办理批准手续。

⑥批准文件抄送办展地外经贸主管部门和海关。

4) 对台湾经济技术展览会的审批

为使中国大陆举办的对台湾经济技术展览会规范有序地进行,促进海峡两岸经贸关系的发展,商务部于 1998 年 12 月发布了《在祖国大陆举办对台湾经济技术展览会暂行管理办法》(以下简称《暂行管理办法》),对在中国大陆举办的对台湾经济技术展览会的审批事宜进行了严格规定。

(1) 对台展会的审批部门

对台展会的审批部门主要是外经贸部和国务院台湾事务办公室。根据《暂行管理办法》第五条规定,举办海峡两岸的经济技术展览会,由外经贸部会同国务院台湾事务办公室审批。除此之外,举办其他对台湾经济技术展览会,由对外贸易经济合作部负责审批,报国务院台湾事务办公室备案。

(2) 审批的主要内容

根据《暂行管理办法》,审批举办对台湾经济技术展览会需审查的主要内容有:

①政治内容。举办对台湾经济技术展览会,不得出现"台湾独立""两个中国""一中一台"等政治问题。台湾厂商参展的宣传品、杂志、电子出版物等资料中不得有代表"中华民国"的字样、图片、音乐等。

②展览会名称、展品内容、展出面积、时间、地点、筹组方案和计划等。祖国大陆与台湾省联合举办的经济技术展览会,则应分别冠以该省(市、区)与台湾省联合举办的经济技术展览会,则应分别冠以该省(市、区)与台湾省之名(如:"闽台××展览会""沪台××展览会"等)。

展品应符合国家知识产权保护法和国家产业政策,具有先进水平,有利于扩大海峡两岸经贸交流与合作。

(3) 申报单位应提交的资料

申请报批的单位应按要求向外经贸部提交有关文件和资料,根据相关文件规定,主要包括以下几方面的资料:

邀请台湾厂商参展的国际性及全国性展览会、博览会,应提交有关主管单位的批件、参展台湾厂商的名单(中文)、展品内容、展出面积等详细清单,并提前一个月申报报批;举办海峡两岸的经济技术展览会、对台湾出口商品贸易会、台湾商品展览会,应提交展览会的筹组计划和方案、可行性研究报告、参展企业及其展品的有关情况等,并提前 6 个月申请报批。

5)国内商品展销会的审批

(1)主管部门的审批

《各种商品和技术交流活动管理试行办法》在展销及交流活动的审批程序问题上作了如下规定:

①各申办单位在每年 11 月底前提出下年度举办展销交流活动的计划,说明办展理由、条件、名称、内容、规模、时间地点等,属专业性的展销交流活动报专业主管司局,由专业主管司局初审汇总后于 12 月底前送综合计划司;属综合性的展销交流活动,直接报综合计划司审批。

②综合计划司对各单位的申报计划,进行汇总和复审,并适时组织有关专业司召开协调会议,统筹安排全年的展销交流活动计划。计划报经部领导批准后,向申办单位发出审批通知。

③各申办单位接到审批通知后方可进行筹展工作在办展前 3 个月将整个展销交流活动的具体实施方案连同《各类商品技术展销交流活动审批表》报有关司局审核后,送综合计划司统一办理批复文件。主办单位凭批复文件,办理工商、税务等有关手续。

(2)当地工商行政管理部门的审批

根据国家工商总局发布的《商品展销会管理办法》,主办单位在会展举办之前应向当地工商行政管理部门进行申报,对于组办单位的申报,该办法第 11 条规定:"工商行政管理机关应当自接到申请之日起 15 日内,做出准予登记或者不予登记的决定。准予登记的,发给《商品展销会登记证》;不准予登记的,书面通知申请人并说明理由。《商品展销会登记证》应当载明商品展销会名称、举办单位名称、商品展销会负责人、参展商品类别、商品展销会地点及起止日期等内容。"

举办单位领取《商品展销会登记证》后,方可发布文告进行招商。

2.2　会展组织者的职责

会展业是一个涉及范围广、涵盖领域宽泛的综合性服务行业,在展台及庆典活动的背后,诸多单位和部门都在行使着各自的职责,从展会的申报展会结束后的总结分析,组办单位、协办单位及参展单位始终都在进行着大量复杂的管理工作,因此对展会的管理不是一个简单问题,在这方面也涉及诸多相关的法律规范。

【知识链接】

国际会展组织

在国际展览业中,现有众多的国际性行业协会和国际会展组织,这些行业协会和国际组织作为世界范围内会展行业的非营利性组织,在培训会员、信息交流、加强会员合作、推动会展行业发展方面起到了十分重要的作用。

▲国际展览联盟

国际展览联盟(UFI)成立于1925年,是博览会和展览会行业唯一的世界性组织。其宗旨是通过其成员进一步促进国际贸易,并通过研究有关问题,发展其成员主办的展会,使博览会和展览会这一重要媒介在为世界贸易服务中起到更有效的作用。国际展览联盟是国际展览业的权威机构,某一个展览会一旦经过它的认证,则说明它已经在规模、档次、服务质量上达到了一定的层次。世界各地的展商和消费者在参加展览会时,选择的一个重要标准就是看展览会是否具有UFI的标志。

国际展览联盟对展览会的审批、展会主办方的服务水平、办展的质量、展会参展商和观众的比例构成等都有着严格的要求。例如,展览面积、参展观众的人数20%来自海外,展览会主办机构收入的20%用于广告宣传的展会,才可由主办机构申请,由国际展览联盟审查后,授予UFI标志。UFI还定期和不定期地对其成员和其所举办的展会的质量和水平进行考查,如发现有不符合条件的会员和展会,则取消其会员或展会的UFI资格认证,以保证其展会的整体水平。

目前,中国已有16个展览取得了UFI的资格认证,有10家单位成为UFI的会员,它们包括:中国国际展览中心(CIEC)、中国仪器仪表协会(CIS)、中国机床工具工业协会(CMTBA)、上海国际展览公司(SIEC)等。

▲国际展览管理协会

国际展览管理协会,International Association for Exhibition Management 简称(IAEM),成立于1928年,总部设于美国达拉斯。该协会在国际展览界享有盛誉,被认为是目前展览业中最重要的行业组织。它与国际展览联盟结成全球战略伙伴,共同促进国际展览业的发展和繁荣。IAEM 的宗旨和任务是以促进国际展览业的发展与交流为己任,每年定期举办国际展览界的交流合作会议、短期提高课程及专题会议,出版相关刊物和买家指南,提高展览组织者的管理水平。

中国国际展览中心于1995年加入 IAEM,成为 IAEM 的第一个中国机构会员,目前中国内地有近10家专业展览机构获准成为 IAEM 成员。

▲国际展览局

国际展览局(BIE)成立于1939年,总部设在法国巴黎,是负责协调管理世界博览会事务的国际性组织,主要负责《国际展览公约》的运用和管理,制订国际博览会的举办计划并加以认可,对博览会的运作进行指导和监督。国际展览局现有正式成员国47个,中国国际贸易促进委员会于1993年以国家的名义加入《国际展览会公约》,成为其正式成员。

▲国际大会及会议协会

国际大会及会议协会(ICCA),创建于1963年,是全球国际会议最主要的机构组织之一,是会务业最为全球化的组织。ICCA 在全球拥有92个成员国家或地区,其首要目标是通过对实际操作方法的评估以促使旅游业大量地融入日益增长的国际会议市场,同时为他们对相关市场的经营管理交流实际的信息。作为会议产业的领导组织,ICCA 为所有会员提供最优质的组织服务,为所有会员间的信息交流提供便利,为所有会员最大限度地发展提供商业机会,并根据客户的期望值提高和促进专业水准。目前我国有14家单位加入 ICCA。

除了以上的几个组织外,还有如亚洲太平洋地区展览会及会议联合会(APECC)、欧洲展览馆管理协会(EMECA)、国际展览运输商协会(IELA)、意大利国际展览组织(IIES)、德国贸易展览协会(AUMA)、国际会议协会(ICCA)、目的地管理者协会(ADME)、会议中心国际协会(IACC)、国际博览会协会(IAFE)、国际节庆活动协会(IFEA)、专业会议管理协会(PCMA)、奖励旅游管理学会(SITE)等。目前能否加入这些世界性协会或联盟,已成为衡量一个国家会展业是否已经融入世界会展业的一个重要标志。

目前国际性的会议一般以会议为主,但是会议的同期总要结合一些商业化的展览活动;而国际性的展览虽然以展览为主,但展出期间研讨会、专题会等会议越来越多。地区经济发展的不平衡对会展业也有一定的影响。但是,由于会展业属于一种前瞻性经济,能够反映经济发展的未来趋势,因而一些亚洲和非洲国家的会展业在国际会展业中的地位变得越来越重要,甚至将成为国际会展业今后一段时间继续保持高速发展的关键因素。

2.2.1　会展举办单位的主要职责

会展举办单位是指符合会展举办单位资格的会展组办单位、协办单位及组展单位等。对于国内普通的商品展销会、在境内举办的对外经济展览会及出国举办的经贸展览会,其举办单位的主要职责是不同的。

1)出国举办经贸展览会举办单位的主要职责

(1)贸促会及其在组织出国办展方面的主要职责

根据《出国举办经济贸易展览会审批管理办法》规定,贸促会负责出国办展的审批和管理。贸促会是出国举办经济贸易展览会的最主要的组展单位,其主要职责是:贸促会负责以国家名义组织参加由国际展览局登记或认可的世界博览会,并代表国家出国办展,可邀请国务院各部门、各地方人民政府组织各地方、各行业企业、经济团体参展。

(2)组展单位在国外参展活动的职责要求

《出国举办经济贸易展览会审批管理办法》对我国组展单位在国外参展的一系列活动及其职责提出了具体的要求,其主要内容如下:

①组展单位应严格遵守我国的法律、法规,信守承诺,注重服务,合理收费。

②组展单位应鼓励企业选择高新技术、高附加值和适销对路的商品参加展出,严禁假冒伪劣、侵犯知识产权的商品参展。

③组展单位应注重贸易成交效果,积极组织企业开展市场调研和贸易洽谈。

④组展单位应加强对出国人员的管理,组织参展人员进行出国前外事纪律、保密制度、涉外礼仪等方面的学习;严禁借出国办展之机公费旅游。

⑤组展单位应制定严格的展团管理措施,切实加强对展团的领导;组织参展企业做好布展工作,注重展团对外形象;展出期间,参展人员不得擅离展位。

⑥组展单位应接受我驻赴展国使领馆的领导,及时向使领馆汇报办展情况;严格遵守赴展国法律、法规,尊重当地习俗,遵守展(博)览会的各项规定。

⑦对参加同一展(博)览会且组展单位多、展出规模大的展览团,贸促会视

情况协调有关组展单位制定相应规则予以管理。

⑧组展单位须在展览会结束后 1 个月内将出国办展情况调查表及总结报贸促会和外经贸部。贸促会会同外经贸部于每年 3 月底前将上年度出国办展情况报送国务院。

2) 在境内举办对外经济展览会举办单位的主要职责

对外经济技术展览会的举办单位,包括主办单位和承办单位。根据《对外贸易经济合作部关于在境内举办对外经济展览会管理暂行办法》(以下简称《暂行办法》)规定,主办单位主要负责制定并实施举办对外经济技术展览会的方案和计划,组织招商招展,负责财务管理,并承担举办展览的民事责任。承办单位主要负责布展、展览施工、安全保卫及会务事项。为了更好地履行职责,《暂行办法》要求主办单位和承办单位的展览行为必须规范,要维护参展位的合法权益。为此,《暂行办法》强调了以下几方面的内容:

①主办单位与承办单位之间,以及主办单位之间(即有两个或两个以上的单位联合主办),必须签订规范的办展协议,明确职责分工及承担办展民事责任单位等事项。

② 招商招展由主办单位负责。除以国务院部门和省级人民政府名义主办的国际展览会,其他均不得以组委会或筹委会名义招展。

③严格控制办展数量,避免重复浪费,鼓励和推动联合办展,鼓励举办专业性展览会。对同类展览,原则上在同一省、自治区、直辖市及副省级市,每年不超过 2 个。

④招展文件或招展(参展)合同必须明确主办单位和参展单位的权利义务,明确承担办展民事责任的单位。

⑤举办以国际展为名称的对外经济技术展览会,境外参展商(不包括境内外商投资企业)比例必须达到 20% 以上。

⑥组织招商招展必须以企业自愿为原则,不得通过行政干预招展,举办对外经济技术展览会的广告、宣传材料必须真实可靠。未经同意不得将其他单位列为支持(赞助)单位。

⑦主办单位在办展结束后 1 个月之内,向审批部门报送举办展览总结。对由境外机构主办并境内单位承办的展览,由承办单位报送。

⑧审批部门要加强对主办单位、承办单位办展活动的管理,维护正常的办展秩序。对国务院部门(含中国国际贸易促进委员会)所属单位在外地主办的展览,由当地外经贸主管部门管理。

3) 国内商品展销会举办单位的主要职责

根据《商品展销会管理办法》规定,国内商品展销会举办单位、参展经营者的主要职责是:

①举办单位负责商品展销会的内部组织管理工作,对参展经营者的参展资格进行审查,并将审查情况报告该商品展销会的登记机关备案。

②举办单位应当与参展经营者签订书面合同,明确双方的权利和义务。

③参展经营者的经营行为损害消费者合法权益的,消费者可以向参展经营者或者举办单位要求赔偿。举办单位为两个以上的,消费者可以向具体承担商品展览会组织活动的举办单位要求赔偿,其他举办单位承担连带责任。

④参展经营者必须具有合法的经营资格,其经营活动应当符合国家法律、法规、规章的规定。

⑤未经国务院有关行政主管部门批准,商品展览会名称不得使用"中国""全国"等字词。

《各类商品和技术交流活动管理试行办法》第 15 条、第 16 条还规定,主办单位应具有独立法人资格,其主要职责则根据国内商品市场发展的需要结合本行业、本单位业务实际,制定并负责向部申报展销交流活动计划,审核承办单位活动方案,监督检查活动效果;展销交流活动的承办单位必须是信誉好、有招商能力的部属企事业单位、社会团体。承办单位的主要职责是:根据主办单位的要求和有关规定,负责具体组织办理招商、设计布展、运送展品、展览管理、广告宣传、安全保卫、食宿交通、收取费用等工作。

2.2.2　会展审批部门的主要职责

会展的审批部门主要包括举办地所属工商行政管理机关、会展组办单位上级审批及领导机构,涉外的展会还要通过贸促会、商务部(原外经贸部)及外交部等部门的会审。

1) 各级工商行政管理机关的审批职责

根据《商品展销会管理办法》规定,各级工商行政管理机关对商品展销会进行登记和监督管理。举办商品展销会,应当经工商行政管理机关核发《商品展销会登记证》后,方可进行。未经登记,不得举办商品展销会。

根据《商品展销会管理办法》规定,工商行政管理机关应当自接到申请之日起 15 日内,做出准予登记或者不准予登记的决定。准予登记的,发给《商品展销会登记证》。不准予登记的,书面通知申请人并说明理由。《商品展销会登记证》应当载明商品展销会名称、举办单位名称、商品展销会负责人、参展商品类别、商品展销会地点及起止日期等内容。

2)贸促会及商务部(原外经贸部)的审批职责

对于涉外的经贸展览会,特别是出国举办的经贸展览会,贸促会及商务部是最主要的审批管理部门。

(1)贸促会的管理职责规定

根据《国务院办公厅关于出国举办经济贸易展览会审批管理工作有关问题的函》及《出国举办经济贸易展览会审批管理办法》的有关规定,从2001年1月1日起,各地区、各单位出国举办经贸展览会(以下简称"出国办展"),一律由贸促会会签外经贸部后审批;贸促会代表国家出国办展,仍由贸促会会签外经贸部、外交部、财政部后报国务院审批;中国国际贸易促进委员会(以下简称贸促会)负责出国办展的审批和管理。

对于出国举办经济贸易展览会,贸促会是最主要的审批单位,其在审批出国办展方面的主要职责是:贸促会负责以国家名义组织参加由国际展览局登记或认可的世界博览会,并代表国家出国办展,可邀请国务院各部门、各地方人民政府组织各地方、各行业企业、经济团体参展。

根据《出国举办经济贸易展览会审批管理办法》规定,贸促会必须坚持公平、公正的原则,做好出国办展的审批工作,并切实加强对出国办展活动的管理:不能只批不管,更不能只抓出展不管效果。外经贸部要认真履行宏观管理职能,严格进行对出展组办单位资格的审查和出国办展工作的监督检查。贸促会和外经贸部要大力协同,密切配合,确保出国办展工作健康有序地开展。具体的审批和管理办法,由贸促会会同外经贸部制定印发。

各级外事、外经贸、海关、出入境检验检疫和外汇管理部门凭贸促会的批准文件办理有关展品、人员出国等手续。各出展组办单位要严格执行出国办展的审批和管理制度,未经批准,任何单位不得出国办展。

(2)商务部的管理职责规定

根据《对外贸易经济合作部关于在境内举办对外经济展览会管理暂行办法》规定,商务部(原外经贸部)对于在境内举办对外经济展览会的审批、组织及管理上具有主导作用。其中规定:

①审批部门负责对主办单位、承办单位办展活动进行管理和监督,检查办

展质量,维护正常的办展秩序。对国务院部门所属单位及贸促会系统单位在北京以外地区主办的展览,由当地外经贸主管部门进行管理和监督检查。

②由外经贸部(现商务部)牵头,会同科学技术部、贸促会等单位,以召开联席会议的形式,定期通报审批和举办对外经济技术展览会情况,调整和公布《对外经济技术展览会分类目录》,对外发布展览信息;研究对外展览业发展过程中出现的情况和问题,及时采取有效措施,加强协调管理;维护办展单位和参展单位的合法权益,保障对外展览业的健康发展;推动和扶持举办有特色、有规模、有影响的对外经济技术展览会。

③对外贸易经济合作部(现商务部)负责出国办展的宏观管理,对组展单位进行资格审查,对出国办展工作进行监督检查。因此,其对于涉外会展活动的主要职责是负责对组展单位的资格审查及对出国办展活动进行监督和检查。

在《出国举办经济贸易展览会审批管理办法》中规定了当前出国办展实行审批管理的国家,它们是:①展览会集中举办国:德国、意大利、法国、英国、西班牙、瑞士、俄罗斯、以色列、阿联酋、日本、韩国、泰国、新加坡、埃及、南非、美国、巴西、澳大利亚。②未建交国家。

2.2.3　会展业务的检查监督

为规范会展市场秩序,促进我国会展业的有序发展,国家各级管理机关在各类会展法规中对会展的申报、审核、组织、管理及检查监督都有严格规定。

1)出国举办经济贸易展览会的检查与监督管理

《对赴国(境)外举行招商和办展等经贸活动加强管理有关通知的要求》第四章对出国办理的检查与监督管理工作做了如下主要说明:

①各主办单位在招商和办展活动结束后的一个月内,将总结报告报送外经贸部。招商活动中达成的合作意向项目,主办单位要定期检查,促进项目进展,并在半年后向外经贸部报送一次项目落实情况。以上两项材料将作为审批下次活动的参考。外经贸部每年向国务院报告一次本年度赴国(境)外招商和办展活动举办情况及下年度的审批情况。

②主办单位应根据自己的组织能力拟定活动计划,不得举办超出自身组织能力的大型招商和办展经贸活动。严禁买卖或变相买卖招商和办展的批准文件。

③招商引资及经贸合作项目,要符合国家产业政策和吸收外资导向。国内配套条件应基本落实。涉及国家行业主管部门归口管理的项目和实行配额许可证管理项目,在立项前后应征得国家主管部门同意,方可对外洽谈。

④举行办展活动应严格把好展品质量关,严禁假冒伪劣商品混入展览会。各参展、办展单位必须携带丰富的展品参展,充分利用出展机会扩大宣传和扩大贸易,要根据企业情况,尽量选择高技术含量、高附加值展品参展。参展展品要符合当地市场销售特点和规定。

⑤在国(境)外举办招商和办展活动应遵守当地的有关规定。除当地法律允许外,原则上不举办展销会,不在展览会上销售展样品。严禁个人携带展样品私卖私分。在外期间,要贯彻节约办事原则,不得以任何形式搞铺张浪费。

⑥主办单位要根据国家有关保密规定,做好资料、图片、展品、模型的审查工作,严防泄密。

⑦各驻外使、领馆对出国(境)的招商和办展活动,要进行指导并监督检验,对每项活动要做出鉴定并报外经贸部等。

《关于进一步加强出国举办经济贸易展览会管理工作有关问题的通知》就出国展览的监督和管理有关问题又提出了下列要求:

①各地区要严格执行出国展览审批和管理制度,加强对相关文件精神的学习和宣传,使出国展览各项管理规定落到实处。

②各单位出国展览计划一律由贸促会会签商务部后审批。未经批准,任何单位不得组团出国参加或举办展览会。

③出国展览组办单位应具有商务部审校批准的出国展览组办资格。不具备组办资格的单位不得组团出国参加或举办展览会。任何单位或个人不得以其他名义组团出国从事展览活动。

④各级外事、外经贸、海关、出入境检验检疫和外汇管理部门凭贸促会的批准文件,办理有关展品及参展人员的出国手续。公安机关出入境管理部门要加强对以出国展览名义申领护照的审核。

⑤各地海关要加强对出国展品的监管和验放。出国展览组办单位要严格遵守海关对展品出境的各项规定。任何单位不得借一般贸易出口方式办理品报关手续。

⑥各驻外使领馆要加强对出国展团工作的指导,发现问题及时与国内相关管理部门联系,并采取有效措施,防止事态扩大。

2)在境内举办对外经济展览会的检查与监督管理

根据《对外贸易经济合作部关于在境内举办对外经济展览会管理暂行办法》的有关规定,国务院和外经贸部(现商务部)将从以下几方面对在境内举办对外经济展览会进行检查、监督与协调管理。

（1）加强协调管理，规范展览行为

举办对外经济技术展览会，由对外贸易经济合作部负责协调和管理。各有关部门要充分发挥职能作用，加强配合，共同做好对外经济技术展览会的管理工作。由对外贸易经济合作部牵头，会同国家科学技术委员会、中国国际贸易促进委员会等单位，以召开联席会议的形式，定期通报审批事宜和对外经济技术展览会举办情况，对外发布展览信息；研究对外展览业发展过程中出现的情况和问题，及时采取有效措施，加强协调管理；维护办展单位和参展单位的合法权益，保障对外展览业的健康发展；推动和扶持举办有特色、有规模、有影响的对外经济技术展览会。此外，还要规范各种展览活动及其管理行为：

①以国际展为名称的对外经济技术展览会，境外参展商必须占20%以上。

②组织招商招展必须以企业自愿为原则，不得通过行政干预招展；有关广告、宣传材料必须真实可靠。

③主办单位应在办展结束后1个月之内，按照对外贸易经济合作部规定的内容和要求，向审批单位提交展览情况的总结报告。

④审批部门要加强对主办单位、承办单位办展活动的管理，维护正常的办展秩序。对国务院部门（含中国国际贸易促进委员会）所属单位在外地主办的展览，由当地外经贸主管部门进行管理。

（2）严格审批办法，避免重复办展

严格控制同类展览的数量，鼓励和推动联合办展，鼓励举办专业性展览会。对申请举办较多的同类展览，审批部门要加强协调，并对照《对外经济技术展览会分类目录》按以下原则审批：

①同类展览，原则上在同一省、自治区、直辖市及副省级市，每年不超过两个。

②优先批准规模大、影响大、定期举办的展览。

③优先批准具有行业优势和办展经验的单位举办的展览。

（3）境外展览品的监管

①境外展览品监管由海关按照《中华人民共和国海关对进口展览品监管办法》执行。对1 000平方米以上展览的境外展览品监管及留购，由办展地海关凭本办法规定的审批单位的批准文件办理；对1 000平方米以下的，海关凭主办单位申请按规定办理。

②对外经济技术展览会的境外展览品不得擅自零售。对确需零售的，须事先报外经贸部批准，海关凭外经贸部批件按规定办理，并照章征收进口关税和其他税费。

3) 对国内普通商品展销令的检查与监督

《各类商品和技术交流活动管理试行办法》对会展活动的监督和管理提出了下列要求：

①展销交流活动的批复文件是申办单位办展,全部行政机关监督、检查、指导整个展销交流活动过程的依据。申办单位应严格按照批复文件办展,不得擅自更改,如有变更事项,必须事先请示并经批准。

②展销交流活动结束后,主办单位或承办单位要在1个月内将展销活动的工作总结以书面形式报综合计划司及有关专业司局。全国行业性科技展销交流活动的总结报告同时报送国家科委备案。综合计划司负责向主管部长报告本年度展销交流活动的举办情况。

③举办展销交流活动,承办单位要严格把关,认真审查,严防假冒伪劣商品进入展销交流活动。

④举办展销交流活动,必须坚持社会效益为主的原则,不得以单纯赢利为目的,要严格执行有关财经纪律,参照展销交流活动所在地政府的有关规定合理收取费用。

⑤必须严禁下列行为：

a. 未按审批程序报批,自行决定举办展销交流活动。

b. 未经过批准擅自冠以"国内贸易部和国内贸易部主办"字样。

c. 申办单位以转包的形式委托其他单位承办。

d. 承办单位以转包的形式委托其他单位承办。

e. 借机向企业摊派,拉赞助,搞集资或变相收取高额费用。

f. 未经批准,擅自在展销交流活动期间搞各种评奖活动。

此外,《商品展销会管理办法》第5条还规定："举办商品展销会,应当经工商行政管理机关核发《商品展销会登记证》后,方可进行。未经登记,不得举办商品展销会。"《商品展销会登记证》由国家工商行政管理局统一管理。《商品展销会管理办法》第16条又规定：未经国务院有关行政主管部门批准,商品展销会名称不得使用"中国""全国"等字词。

【典型案例】

中国展览专业委员会在北京宣告成立。它聚集了全国80多家组展单位,标志着中国展览组织者第一次有了一个全国性的组织。该组织系由行业内的龙头企业发起,会员自愿参与,其执行机构及主任、副主任、常务委员、秘书长等职务均由民主选举产生。该组织系属社会团体性质的自律组织,它的成立弥补了全国性展览业协会缺位的遗憾;同时也将对展览产业链上其他专业组织的成立起到示范作用。

问题:如何理解中国展览专业委员会作为会展组织者的法律性质?

【案例分析】

考察在我国举办比较成功的一些国际性展览,无不发现有一个共同的特点,那就是主办者都是中国的行业协会,而非行业协会主办的同类展览一般都不如协会主办的展览有规模、有影响力。这与国外有很大的不同。在国外一个有实力、有信誉的展览公司在其他条件具备时,就可能培育出一个高水平的名牌展览,而在中国离开了行业组织就很难实现。以上案例即是一个实证。行业协会利用其行业信息全面、办展有针对性、有庞大的会员网络系统以及容易得到政府和国际行业组织的支持和帮助等优势,在我国会展业的发展中充分发挥着"领头雁"的作用。而行业协会在法律上的定性即是社会团体。

2.3 违反会展法规的法律责任

为促进我国会展业持续健康地发展,国家各级部门在各项会展法规中还对破坏社会主义市场经济秩序,扰乱会展市场发展的各种不良组展及参展行为或活动制定了相应的惩罚措施,并追究其法律责任。

1) 出国举办经济贸易展览会违反法规行为的处理

根据《出国举办经济贸易展览会审批管理办法》规定,出国举办经济贸易展览会违反法规的应承担下列法律责任:

①组展单位有如下行为之一且情节较轻的,贸促会给予通报批评。

a. 未经批准,出国办展;

b. 转让批件;

c. 借出国办展名义公费旅游;

d. 擅自增加展团人数或延长在外天数;

e. 侵犯参展企业利益;

f. 其他较轻的违规行为。

②组展单位在筹展过程中出现严重违规行为的,贸促会可中止已批准的出

国办展计划。

③组展单位有如下行为之一的,贸促会暂停 1 年受理出国办展计划申请。

a. 未经批准出国办展,造成严重后果;

b. 涂改、倒卖批件或多次转让批件;

c. 严重违反外事和财经纪律,造成不良影响;

d. 侵犯参展企业利益,屡遭投诉;

e. 其他情节较重的违规行为。

④组展单位有如下行为之一的,外经贸部给予撤销出国办展资格的行政处罚。

a. 未经批准,多次出国办展;

b. 伪造批件或多次涂改、倒卖批件;

c. 在外严重损害我国对外形象;

d. 两年内多次受到贸促会处罚;

e. 其他严重违规行为。

⑤对在出国办展中触犯法律的有关人员,依法追究法律责任。

此外,对外贸易经济合作部下发的《对赴国(境)外举行招商和办展等经贸活动加强管理有关通知的要求》第 35 条也明确规定:"有违反本办法者,要追究主办单位、承办单位领导及主要办事人员的责任,由活动主办单位的上级部门按照中央纪委、国务院有关规定严肃处理,并将结果报外经贸部。外经贸部将根据情节轻重予以通报批评、停止该次活动、临时停止或取消主办单位、承办单位出国(境)招商或办展活动资格的处理。触犯法律的,依法追究法律责任。"

2) 在境内举办对外经济展览会违反法规行为的处理

《对外贸易经济合作部关于在境内举办对外经济展览会管理暂行办法》第 21 条规定,对违反本办法规定举办对外经济技术展览会以及在办展过程中有乱摊派、损害参展单位合法权益等违反法律法规行为的,由外经贸部依据有关规定,取消其主办资格,并由有关部门依法查处。

对不具备主办或承办对外经济技术展览会资格而擅自办展的,盗用其他单位名称办展的,或转让、转卖展览批准文件的,由各级外经贸主管部门和工商行政管理机关依法查处。对违反海关规定的,由海关依法处理。

3) 对国内商品展销会违反法规行为的处理

《商品展销会管理办法》第 15 条规定:"参展经营者的经营行为损害消费者

合法权益的,消费者可以依照《消费者权益保护法》第38条的规定,向参展经营者或者举办单位要求赔偿。举办单位为两个以上的,消费者可以向具体承担商品展销会组织活动的举办单位要求赔偿,其他举办单位承担连带责任。"

根据《商品展销会管理办法》第17条规定,举办单位、参展经营者有下列行为之一的,由工商行政管理机关予以处罚:

①举办单位未经登记擅自举办商品展销会,或者在登记中隐瞒真实情况、弄虚作假的,责令其改正,并视情节轻重处以人民币3万元以下罚款。

②举办单位未领取《商品展销会登记证》,擅自发布广告进行招商的,责令改正,并处以人民币5 000元以下罚款。广告经营者违反规定,为举办单位刊播广告的,处以人民币5 000元以下罚款。

③举办单位伪造、涂改、出租、出借、转让《商品展销会登记证》的,视情节轻重处以人民币3万元以下罚款。

④举办单位负责商品展销会的内部组织管理工作,对参展经营者的参展资格进行审查,并将审查情况报告该商品展销会的登记机关备案。举办单位违反此规定的,视情节轻重处以人民币1万元以下罚款。

⑤参展经营者必须具有全法的经营资格,其经营活动应当符合国家法律、法规、规章的规定。参展经营者违反此规定的,依据国家有关法律、法规、规章予以处罚。

2.4　其他展会组织者的法律规制

2.4.1　社会团体

根据1998年国务院制定的《社会团体登记管理条例》(以下简称《条例》)的规定,社会团体是指中国公民自愿组成,为实现会员共同意愿,按照其章程开展活动的非营利性社会组织。国家机关以外的组织可以作为单位会员加入社会团体。但下列团体不属于该条例规定登记的范围:

①参加中国人民政治协商会议的人民团体;

②由国务院机构编制管理机关核定,并经国务院批准免于登记的团体;

③机关、团体、企业事业单位内部经本单位批准成立、在本单位内部活动的团体。

社会团体应当具备法人条件,即依法设立、有自己的名称组织机构和营业场所、有独立的财产或经费、能独立地承担民事责任。

1）成立社会团体的资格

（1）社会团体的成立条件

成立社会团体，应当具备下列条件：

①有50个以上的个人会员或者30个以上的单位会员；个人会员、单位会员混合组成的，会员总数不得少于50个。

②有规范的名称和相应的组织机构。社会团体的名称应当符合法律、法规的规定，不得违背社会道德风尚。社会团体的名称应当与其业务范围、成员分布、活动地域相一致，准确反映其特征。全国性的社会团体的名称冠以"中国""全国""中华"等字样的，应当按照国家有关规定经过批准，地方性的社会团体的名称不得冠以"中国""全国""中华"等字样。

③有固定的住所。

④有与其业务活动相适应的专职工作人员。

⑤有合法的资产和经费来源，全国性的社会团体有10万元以上活动资金，地方性的社会团体和跨行政区域的社会团体有3万元以上活动资金。社会团体的资产来源必须合法，任何单位和个人不得侵占、私分或者挪用社会团体的资产。社会团体的经费，以及开展章程规定的活动按照国家有关规定所取得的合法收入，必须用于章程规定的业务活动，不得在会员中分配。

⑥有独立承担民事责任的能力。

（2）登记管理机关及其职责

《条例》规定，成立社会团体，应当经其业务主管单位审查同意，并依照规定进行登记。

国务院民政部门和县级以上地方各级人民政府民政部门是本级人民政府的社会团体登记管理机关。登记管理机关履行下列监督管理职责：

①负责社会团体的成立、变更、注销的登记或者备案；

②对社会团体实施年度检查；

③对社会团体违反《条例》的问题进行监督检查，对社会团体违反规定的行为给予行政处罚。

国务院有关部门和县级以上地方各级人民政府有关部门、国务院或者县级以上地方各级人民政府授权的组织，是有关行业、学科或者业务范围内社会团体的业务主管单位。业务主管单位履行下列监督管理职责，但不得向社会团体收取费用：

①负责社会团体筹备申请、成立登记、变更登记、注销登记前的审查；

②监督、指导社会团体遵守宪法、法律、法规和国家政策，依据其章程开展活动；

③负责社会团体年度检查的初审；

④协助登记管理机关和其他有关部门查处社会团体的违法行为；

⑤会同有关机关指导社会团体的清算事宜。

全国性的社会团体，由国务院的登记管理机关负责登记管理；地方性的社会团体，由所在地人民政府的登记管理机关负责登记管理；跨行政区域的社会团体，由所跨行政区域的共同上一级人民政府的登记管理机关负责登记管理。

登记管理机关、业务主管单位与其管辖的社会团体的住所不在一地的，可以委托社会团体住所地的登记管理机关、业务主管单位负责委托范围内的监督管理工作。

2）社会团体的主要职责

国家保护社会团体依照法律、法规及其章程开展活动，任何组织和个人不得非法干涉。但同时，社会团体必须履行以下职责：

①必须遵守宪法、法律、法规和国家政策，不得反对宪法确定的基本原则，不得危害国家的统一、安全和民族的团结，不得损害国家利益、社会公共利益以及其他组织和公民的合法权益，不得违背社会道德风尚。

②不得从事营利性经营活动。

③接受捐赠、资助，必须符合章程规定的宗旨和业务范围，必须根据与捐赠人、资助人约定的期限、方式和合法用途使用。应当向业务主管单位报告接受、使用捐赠、资助的有关情况，并应当将有关情况以适当方式向社会公布。

④必须执行国家规定的财务管理制度，接受财政部门的监督；资产来源属于国家拨款或者社会捐赠、资助的，还应当接受审计机关的监督。社会团体在换届或者更换法定代表人之前，登记管理机关、业务主管单位应当组织对其进行财务审计。

⑤应当于每年3月31日前向业务主管单位报送上一年度的工作报告，经业务主管单位初审同意后，于5月31日前报送登记管理机关，接受年度检查。工作报告的内容包括：本社会团体遵守法律法规和国家政策的情况、依照规定履行登记手续的情况、按照章程开展活动的情况、人员和机构变动的情况以及财务管理的情况。

3)社会团体的法律责任

①社会团体在申请登记时弄虚作假,骗取登记的,或者自取得《社会团体法人登记证书》之日起1年未开展活动的,由登记管理机关予以撤销登记。

②社会团体有下列情形之一的,由登记管理机关给予警告,责令改正,可以限期停止活动,并可以责令撤换直接负责的主管人员;情节严重的予以撤销登记;有违法经营额或者违法所得的,予以没收,可以并处违法经营额1倍以上3倍以下或者违法所得3倍以上5倍以下的罚款;构成犯罪的,依法追究刑事责任。

a.涂改、出租、出借《社会团体法人登记证书》,或者出租、出借社会团体印章的;

b.超出章程规定的宗旨和业务范围进行活动的;

c.拒不接受或者不按照规定接受监督检查的;

d.不按照规定办理变更登记的;

e.擅自设立分支机构、代表机构,或者对分支机构、代表机构疏于管理,造成严重后果的;

f.从事营利性的经营活动的;

g.侵占、私分、挪用社会团体资产或者所接受的捐赠、资助的;

h.违反国家有关规定收取费用、筹集资金或者接受、使用捐赠、资助的。

③社会团体的活动违反其他法律、法规的,由有关国家机关依法处理;有关国家机关认为应当撤销登记的,由登记管理机关撤销登记。

④未经批准,擅自开展社会团体筹备活动,或者未经登记,擅自以社会团体名义进行活动,以及被撤销登记的社会团体继续以社会团体名誉进行活动的,由登记管理机关予以取缔,没收非法财产;构成犯罪的,依法追究刑事责任,尚不构成犯罪的,依法给予治安管理处罚。

2.4.2　其他企业法人

1)合伙企业

(1)合伙企业的设立资格

设立合伙企业,应当具备以下资格:

①有两个以上合伙人,并且都是依法承担无限责任者;

②有书面合伙协议；

③有各合伙人实际缴付的出资；

④有合伙企业的名称，名称中不得使用"有限"或者"有限责任"字样；

⑤有经营场所和从事合伙经营的必要条件。

（2）合伙企业的职责

①合伙企业的财产管理

合伙企业及其合伙人的财产和合法权益受法律保护。合伙企业存续期间，合伙人的出资和所有以合伙企业名义取得的收益均为合伙企业的财产。合伙企业的财产由全体合伙人依法共同管理和使用。

合伙企业存续期间，合伙人向合伙人以外的人转让其在合伙企业中的全部或者部分财产份额时，须经其他合伙人一致同意。合伙人之间转让在合伙企业中的全部或者部分财产份额时，应当通知其他合伙人。合伙人依法转让其财产份额的，在同等条件下，其他合伙人有优先受让的权利。

合伙人以其在合伙企业中的财产份额出资的，须经其他合伙人一致同意。未经其他合伙人一致同意，合伙人以其在合伙企业中的财产份额出资的，其行为无效，或者作为退伙处理；由此给其他合伙人造成损失的，依法承担赔偿责任。

②合伙企业的事务执行

各合伙人对执行合伙企业事务享有同等的权利，可以由全体合伙人共同执行合伙企业事务，也可以由合伙协议约定或者全体合伙人决定，委托一名或者数名合伙人执行合伙企业事务。执行合伙企业事务的合伙人，对外代表合伙企业。

由一名或者数名合伙人执行合伙企业事务的，应当依照约定向其他不参加执行事务的合伙人报告事务执行情况以及合伙企业的经营状况和财务状况，其执行合伙企业事务所产生的收益归全体合伙人，所产生的亏损或者民事责任，由全体合伙人按照合伙协议约定的比例承担；没有约定的，由各合伙人平均承担。合伙人为了解合伙企业的经营状况和财务状况，有权查阅账簿。

合伙企业的下列事务必须经全体合伙人同意：

处分合伙企业的不动产；改变合伙企业名称；转让或者处分合伙企业的知识产权和其他财产权利；向企业登记机关申请办理变更登记手续；以合伙企业名义为他人提供担保；聘任合伙人以外的人担任合伙企业的经营管理人员；依照合伙协议约定的有关事项。

（3）合伙企业的法律责任

①入伙。新合伙人入伙时，应当经全体合伙人同意，并依法订立书面入伙协议。订立入伙协议时，原合伙人应当向新合伙人告知原合伙企业的经营状况和财务状况。

入伙的新合伙人与原合伙人享有同等权利，承担同等责任。入伙协议另有约定的，从其约定。入伙的新合伙人对入伙前合伙企业的债务承担连带责任。

合伙企业登记事项因入伙而发生变更或者需要重新登记的，应当于作出变更决定或者发生变更事由之日起 15 日内，向企业登记机关办理有关登记手续。

②退伙。合伙协议约定合伙企业的经营期限的，有下列情形之一时，合伙人可以退伙：

合伙协议约定的退伙事由出现；经全体合伙人同意退伙；发生合伙人难以继续参加合伙企业的事由；其他合伙人严重违反合伙协议约定的义务。

合伙协议未约定合伙企业的经营期限的，合伙人在不给合伙企业事务执行造成不利影响的情况下，可以退伙，但应当提前 30 日通知其他合伙人。

合伙人有下列情形之一的，当然退伙：

a. 死亡或者被依法宣告死亡；

b. 被依法宣告为无民事行为能力人；

c. 个人丧失偿债能力；

d. 被人民法院强制执行在合伙企业中的全部财产份额。

合伙人有下列情形之一的，经其他合伙人一致同意，可以决议将其除名：

a. 未履行出资义务；

b. 因故意或者重大过失给合伙企业造成损失；

c. 执行合伙企业事务时有不正当行为；

d. 合伙协议约定的其他事由。

③解散。合伙企业有下列情形之一时，应当解散：

合伙协议约定的经营期限届满，合伙人不愿继续经营的；合伙协议约定的解散事由出现；全体合伙人决定解散；合伙人已不具备法定人数；合伙协议约定的合伙目的已经实现或者无法实现；被依法吊销营业执照；出现法律、行政法规规定的合伙企业解散的其他原因。

合伙企业解散后应当进行清算，并通知和公告债权人。合伙企业解散后，原合伙人对合伙企业存续期间的债务仍应承担连带责任，但债权人在 5 年内未向债务人提出赔偿请求的，该责任消灭。

2) 个人独资企业

(1) 个人独资企业的设立资格

个人独资企业,是指依照《中华人民共和国个人独资企业法》(1999 年制定)在中国境内设立,由一个自然人投资,财产为投资人个人所有,投资人以其个人财产对企业债务承担无限责任的经营实体。设立个人独资企业应当具备下列条件:

①投资人为一个自然人;

②有合法的企业名称;

③有投资人申报的出资;

④有固定的生产经营场所和必要的生产经营条件;

⑤有必要的从业人员。

申请设立个人独资企业,应当由投资人或者其委托的代理人向个人独资企业所在地的登记机关提交设立申请书、投资人身份证明、生产经营场所使用证明等文件。委托代理人申请设立登记时,应当出具投资人的委托书和代理人的合法证明。

登记机关应当在收到设立申请文件之日起 15 日内,对符合《个人独资企业法》规定条件的,予以登记,发给营业执照;对不符合规定条件的,不予登记,并应当给予书面答复,说明理由。个人独资企业的营业执照的签发日期,为个人独资企业成立日期。

(2) 个人独资企业的职责

①个人独资企业的投资人

法律、行政法规禁止从事营利性活动的人,不得作为投资人申请设立个人独资企业。

个人独资企业投资人对本企业的财产依法享有所有权,其有关权利可以依法进行转让或继承。

个人独资企业投资人在申请企业设立登记时明确以其家庭共有财产作为个人出资的,应当依法以家庭共有财产对企业债务承担无限责任。

②个人独资企业的事务管理

个人独资企业投资人可以自行管理企业事务,也可以委托或者聘用其他具有民事行为能力的人负责企业的事务管理。受托人或者被聘用的人员应当履行诚信、勤勉义务,按照与投资人签订的合同负责个人独资企业的事务管理。

投资人委托或者聘用的管理个人独资企业事务的人员不得有下列行为：

　　a. 利用职务上的便利,索取或者收受贿赂;

　　b. 利用职务或者工作上的便利侵占企业财产;

　　c. 挪用企业的资金归个人使用或者借贷给他人;

　　d. 擅自将企业资金以个人名义或者以他人名义开立账户储存;

　　e. 擅自以企业财产提供担保;

　　f. 未经投资人同意,从事与本企业相竞争的业务;

　　g. 未经投资人同意,同本企业订立合同或者进行交易;

　　h. 未经投资人同意,擅自将企业商标或者其他知识产权转让给他人使用;

　　i. 泄露本企业的商业秘密;

　　j. 法律、行政法规禁止的其他行为。

（3）个人独资企业的法律责任

①个人独资企业的解散

个人独资企业有下列情形之一时,应当解散:

　　a. 投资人决定解散;

　　b. 投资人死亡或者被宣告死亡,无继承人或者继承人决定放弃继承权;

　　c. 被依法吊销营业执照,法律、行政法规规定的其他情形。

个人独资企业解散的,财产应当按照下列顺序清偿:

　　a. 所欠职工工资和社会保险费用;

　　b. 所欠税款;

　　c. 其他债务。

个人独资企业解散后,原投资人对个人独资企业存续期间的债务仍应承担偿还责任,但债权人在 5 年内未向债务人提出偿债请求的,该责任消灭。个人独资企业财产不足以清偿债务的,投资人应当以其个人的其他财产予以清偿。

②个人独资企业的清算

个人独资企业解散,由投资人自行清算或者由债权人申请人民法院指定清算人进行清算。投资人自行清算的,应当在清算前 15 日内书面通知债权人,无法通知的,应当予以公告。债权人应当在接到通知之日起 30 日内,未接到通知的应当在公告之日起 60 日内,向投资人申报其债权。

个人独资企业清算结束后,投资人或者人民法院指定的清算人应当编制清算报告,并于 15 日内到登记机关办理注销登记。

【本章小结】

本章主要介绍的是会展组织者审批与管理法律制度,会展组织者的审批,会展举办单位的资格,会展举办的申报和审批程序,会展组织者的职责(主要是会展举办单位的主要职责和会展审批单位的主要职责),会展业务的检查监督,违反会展法规的法律责任,其他展会组织者的法律规制等主要内容。

【测试题】

一、单选题

1. 企业申请出国(境)办展必须获得(　　)流通领域进出口经营权。

　　A.1 年以上　　　　B.3 年以上　　　　C.5 年以上　　　　D.7 年以上

2. 赴复核管理国家办展,组展单位应至少于展览会开幕前(　　)向贸促会报送办展计划。

　　A.1 个月　　　　B.3 个月　　　　C.6 个月　　　　D.10 个月

3. 举办以国际展为名称的对外经济技术展览会,境外参展商(不包括境内外商投资企业)比例必须达到(　　)以上。

　　A.20%　　　　B.30%　　　　C.40%　　　　D.50%

4. 组展单位有如下行为之一的,贸促会暂停 1 年受理出国办展计划申请。(　　)

　　A.未经批准出国办展,造成严重后果

　　B.未经批准,多次出国办展

　　C.伪造批件或多次涂改、倒卖批件

　　D.两年内多次受到贸促会处罚

5. 成立社会团体,应当有(　　)以上的个人会员。

　　A.20 个　　　　B.30 个　　　　C.40 个　　　　D.50 个

6. 登记机关应当在收到设立申请文件之日起(　　)日内,对符合《个人独资企业法》规定条件的,予以登记,发给营业执照。

　　A.5　　　　B.10　　　　C.15　　　　D.20

二、判断题

1. 国家级双边经济技术展会原则上由中国国际展览中心主办。 （ ）

2. 对于国内普通的商品展销会、在境内举办的对外经济展览会及出国举办的经贸展览会,其举办单位的主要职责是相同的。 （ ）

3. 对不具备主办或承办对外经济技术展览会资格而擅自办展的,由各级外经贸主管部门和工商行政管理机关依法查处。 （ ）

4. 有合伙企业的名称,名称中不得使用"有限"或者"有限责任"字样。

（ ）

三、简答题

1. 在祖国大陆对台经济技术展览会的审批有哪些规定?

2. 来华经济技术展览会的审批有哪些规定?

3. 贸促会在组织出国办展方面的主要职责是什么?

四、实训题

讨论当骗展发生时,如何实际解决参展商的损失赔偿问题。

第3章
公司法律制度

【本章导读】

公司法律制度是现代企业制度的重要法律基石,它规范公司的组织和行为,随着改革开放的深入和市场经济的兴起,特别是《中华人民共和国公司法》(以下简称《公司法》)的颁布和实施,"公司"一词越来越为人们熟悉和广泛运用。

【关键词汇】

有限责任公司　股份有限公司　股东　注册资本

【案例导入】

吴某与上海辉虹会展服务有限公司股东知情权纠纷案

吴某与案外人陈蓉珍共同出资人民币 50 万元设立上海辉虹会展服务有限公司。同年 6 月,案外人陈蓉珍将其所有的辉虹公司 50% 股份以 25 万元的价格转让于沈家录,并由其担任法定代表人。此后,辉虹公司的法定代表人阻挠吴某参与公司的管理,导致吴某无法行使股东权利。后吴某向上海市徐汇区人民法院起诉,请求对辉虹公司的财务经营知情,得到法院的支持。然而,此后辉虹公司的法定代表人依旧阻挠吴某参与对辉虹公司的管理与知情。法院对吴某主张的事实予以确认。

法院认为,《中华人民共和国公司法》第 34 条规定:"股东有权查阅、复制公司章程、股东会会议记录、董事会会议决议、监事会会议决议和财务会计报告。"吴某作为辉虹公司依法登记的股东,享有《公司法》赋予的股东对公司的知情权。股东只有在获取公司经营信息的基础上,才能行使对公司的监督权,从而维护股东自身的利益,而股东对公司的会计账簿、会计记录等财务文件的查阅权是实现其股东知情权的重要保障。吴某作为股东,对辉虹公司的出资额占到辉虹公司注册资金的 50% ,欲行使上述权利并不会对辉虹公司的正常经营带来不便,且辉虹公司亦自愿提供有关资料,故吴某的诉讼请求原审法院予以支持。双方对查阅资料的期限达成一致意见,并未违反法律,法院予以准许。遂依法判决,辉虹公司应于判决生效后 14 日内向吴某提供相关所有的财务会计报告,并对吴某查阅公司财务月报表、资产负债表、损益表、税单及总账等财务资料的要求作出合理的安排。一审案件受理费 50 元,由辉虹公司负担。

资料来源:http://www.110.com/panli/panli_80394.html

问题:我国法律规定会展公司的股东知情权是什么?

【案例分析】

《中华人民共和国公司法》第 34 条规定,股东有权查阅、复印股东会议记录和财务会计报告。作为辉虹公司的股东之一,吴某依法享有法律赋予的股东知情权,通过查阅公司的财务会计报告等材料,了解公司的经营情况,以维护自己的股东利益。吴某的诉讼请求依法有据,法院应予支持。

3.1　公司法概述

3.1.1　公司的概念和特征

1) 公司的概念

公司是指依照《公司法》设立的,全部资本由股东共同出资,并以股份形式构成的以营利为目的的企业法人。

2) 公司的法律特征

(1) 法人性

公司是企业法人,有独立的法人财产,享有法人财产权。其法人性主要通过以下几方面体现出来:

①公司依法成立。设立公司,应当依法向公司登记机关申请设立登记。

②公司有独立的法人财产。独立的财产是公司存在的物质基础和独立承担民事义务、享有民事权利的前提。所谓独立财产,是指法人拥有的独立于其他社会组织、自己成员和创立人(包括国家)的财产。

③公司能够独立承担民事责任。公司以其全部财产对公司的债务承担责任。有限责任公司的股东以其认缴的出资额为限对公司承担责任;股份有限公司的股东以其认购的股份为限对公司承担责任。

(2) 营利性

营利性,是指公司必须从事经营活动,而经营活动的目的在于获取利润,并将利润分配给股东。这是公司区别于非营利性法人的重要特征。

(3) 集合性

集合性,是指公司通常都是由两个以上股东共同出资组成的统一体。

3.1.2　公司的分类

根据不同的标准,可以将公司划分为不同的种类:

①以公司股东的责任范围为标准,公司可分为无限责任公司、有限责任公

司、股份有限公司、两合公司和股份两合公司。

无限责任公司,是指由两个以上股东组成,全体股东对公司债务负连带无限责任的公司。

有限责任公司,是指股东仅以其出资额为限对公司承担责任,公司以其全部资产对公司债务承担责任的公司。

股份有限公司,是指公司全部资本分为等额股份,股东以其所持股份对公司承担责任,公司以其全部资产对公司债务承担责任的公司。

两合公司,是指由无限责任公司和有限责任公司共同组成,前者对公司债务负连带无限责任,后者仅以出资额为限承担责任的公司。

股份两合公司,是指由无限责任公司和股份有限公司共同组建的公司。

我国公司法只规定了有限责任公司和股份有限公司。

②以公司之间的关系为标准分类,将公司分为总公司与分公司、母公司与子公司。

总公司又称本公司,是指依法设立并管辖公司全部组织的具有企业法人资格的总机构。公司可以设立分公司。

分公司是总公司所管辖的分支机构,在业务、资金、人事诸方面受到总公司管辖。分公司不具有法人资格,其民事责任由总公司承担。

母公司,是指拥有其他公司一定数额的股份或根据协议能够控制、支配其他公司的人事、财务、业务等事项的公司。

子公司,是指一定数额的股份(通常为半数以上,但有时无须达到半数)被另一公司控制或依照协议被另一公司实际控制、支配的公司。公司可以设立子公司,子公司具有法人资格,依法独立承担民事责任。这是子公司与分公司的本质区别。

③以公司的信用基础为标准分类,将公司分为人合公司、资合公司和人合兼资合公司。

人合公司,是指公司的经营活动以股东个人信用而非公司资本的多寡为基础的公司。人合公司的对外信用主要取决于股东个人的信用状况,故人合公司的股东之间通常存在特殊的人身信任或人身依附关系。无限责任公司是典型的人合公司。

资合公司,是指公司的经营活动以公司的资本规模而非股东个人信用为基础的公司。由于资合公司的对外信用和债务清偿保障主要取决于公司的资本总额及其现有财产状况,因此,为防止公司由于资本不足而损害公司债权人利益,各国法律都对资合公司的设立和运行作了较严的规定,如强调最低注册资本额、法定公示制度等。股份有限公司是典型的资合公司。

人合兼资合公司，是指公司的设立和经营同时依赖于股东个人信用和公司资本规模，从而兼有两种公司的特点。两合公司、股份两合公司和有限责任公司均属此类公司。

会展公司，是指依法设立并以营利为目的的，从事会展经营活动或会展服务的企业法人。会展公司作为企业法人，根据政府的有关规定主办或承办会展业务，是会展产品的主要销售者。自20世纪80年代以来，会展公司越来越多，在会展业中发挥着重大的作用。

3.1.3 公司法的制定

新中国成立以来，我国制定过一些有关公司的单行法规、规章，为了适应我国建立现代企业制度的需要，规范公司的组织行为，保护公司、股东和债权人的合法权益，维护社会经济秩序，促进社会主义市场经济的发展，1993年12月29日第八届人大第五次常委会正式通过了《中华人民共和国公司法》，自1994年7月1日起施行，它是我国新中国成立后颁布的第一部公司法典，也是我国第一部公司法典。1999年12月25日第九届全国人民代表大会常务委员会第十三次会议做出《关于修改〈中华人民共和国公司法〉的决定》，对公司法进行了第一次修订。后又根据2004年8月28日第十届全国人民代表大会常务委员会第十一次会议《关于修改〈中华人民共和国公司法〉的决定》进行了第二次修订。2005年10月27日由第十届全国人大常委会通过的新的《中华人民共和国公司法》对1993年公司法进行了全面的修订完善，具有里程碑的意义。

【知识链接】

新修订的公司法相对于旧公司法所修改的主要内容：
①强化股东自治，弱化政府管制。
②强调市场主体平等，废除国有企业的"特别待遇"。
③确立"公司法人格否认"制度，加强债权人保护。
④改革公司资本制度，降低投资门槛。其一，改革资本制度，将原来的法定资本制度改为现行的折中资本制。其二，降低法定最低资本额。其三，放宽出资形式限制。其四，放松无形资产出资比例限制。此外，新《公司法》还承认了定向募集的设立方式，废弃了公司"转投资"限制规定。
⑤全面承认"一人公司"，避免歧视待遇。

⑥完善股东权保护机制。

⑦完善公司内部治理机制,提高公司控制和决策效率。

⑧强化控股股东及董事的责任,规范关联交易。

⑨规定了中介机构的聘请程序和赔偿责任。

资料来源:王成,《浅析新公司法修改的主要内容》,载于华律网。

3.2 有限责任公司

3.2.1 有限责任公司的概念和特征

1) 有限责任公司的概念

有限责任公司,又称有限公司,是指依法设立的,由一定人数股东组成的,股东以其出资额为限对公司承担责任,公司以其全部资产对公司债务承担责任的企业法人。

2) 有限责任公司的特征

①股东人数有最高额限制。在我国,有限责任公司由 50 个以下股东出资设立。

②股东以其出资额为限对公司承担责任,公司则以其全部资产对外承担责任。有限责任公司是以股东出资为基础建立起来的法人组织、股东仅以其出资额为限对公司承担间接的、不连带的有限责任。

③公司组织、经营上的非公开性。公司组织、经营上的非公开性表现为:a.有限责任公司在组织、设立上具有不公开性。有限责任公司只能发起设立,公司资本只能由法定数额内的发起人认购,不得向社会公开发行。b.股东的出资转让受严格限制。c.公司的经营情况及财务会计状况不需要向社会公开。有限责任公司的财务会计报告只需按公司章程规定送交各股东确认,无需进行公告。

④公司的封闭性。有限责任公司一般属于中小规模的公司,与股份有限公司相比,其在组织与经营上具有封闭性或非公开性。具体表现为:一是设立程序不公开;二是公司的经营状况不向社会公开。

⑤公司的规模可大可小,适应性强,且公司的设立程序简单,组织机构

灵活。

3.2.2　有限责任公司的设立

设立有限责任公司,应当具备下列条件:

1)股东符合法定人数

有限责任公司由 50 个以下股东出资设立。

2)股东出资达到法定资本最低限额

有限责任公司注册资本的最低限额为人民币 3 万元。股东可用货币出资,也可用实物、知识产权、土地使用权等可以用货币估价并可以依法转让的非货币财产作价出资。全体股东的货币出资金额不得低于有限责任公司注册资本的 30%。

3)股东共同制定公司章程

设立公司必须依法制定公司章程。公司章程对公司、股东、董事、监事、高级管理人员具有约束力。有限责任公司章程应当载明下列事项:
①公司名称和住所;
②公司经营范围;
③公司注册资本;
④股东的姓名或者名称;
⑤股东的出资方式、出资额和出资时间;
⑥公司的机构及其产生办法、职权、议事规则;
⑦公司法定代表人;
⑧股东会会议认为需要规定的其他事项。股东应当在公司章程上签名、盖章。

4)有公司名称

公司建立了符合有限责任公司要求的组织机构。依照公司法设立的有限责任公司,必须在公司名称中标明"有限责任公司"或者"有限公司"字样。公司的名称通常由四部分组成:①地名;②字号;③经营业务;④法律性质等。公司名称应当符合国家有关规定,公司只能使用一个名称。经公司登记机关核准登记的公司名称受法律保护。

5）有公司住所

公司的住所是公司主要办事机构所在地，是公司章程载明的地点和必要记载事项，具有公示效力。经公司登记机关登记的公司的住所只能有一个，且应当在其公司登记机关辖区内。

3.2.3 有限责任公司的组织机构

1）股东会

股东会是公司的最高权力机构，由公司全体股东组成。依照公司法行使职权。股东会行使下列职权：

①决定公司的经营方针和投资计划；

②选举和更换非由职工代表担任的董事、监事，决定有关董事、监事的报酬事项；

③审议批准董事会的报告；

④审议批准监事会或者监事的报告；

⑤审议批准公司的年度财务预算方案、决算方案；

⑥审议批准公司的利润分配方案和弥补亏损方案；

⑦对公司增加或者减少注册资本作出决议；

⑧对发行公司债券作出决议；

⑨对公司合并、分立、解散、清算或者变更公司形式作出决议；

⑩修改公司章程；

⑪公司章程规定的其他职权。

对以上所列事项股东以书面形式一致表示同意的，可以不召开股东会会议，直接作出决定，并由全体股东在决定文件上签名、盖章。

首次股东会会议由出资最多的股东召集和主持，依照公司法规定行使职权。股东会会议分为定期会议和临时会议。定期会议应当依照公司章程的规定按时召开。代表 1/10 以上表决权的股东，1/3 以上的董事，监事会或者不设监事会的公司的监事提议召开临时会议的，应当召开临时会议。召开股东会会议，应当于会议召开 15 日前通知全体股东；但是，公司章程另有规定或者全体股东另有约定的除外。

股东会应当对所议事项的决定作成会议记录，出席会议的股东应当在会议记录上签名。股东会会议作出修改公司章程、增加或者减少注册资本的决议，以及公司合并、分立、解散或者变更公司形式的决议,必须经代表 2/3 以上表决权的股东通过。

2) 董事会(执行董事)及经理

董事会是公司的业务执行机构。有限责任公司设董事会,其成员为 3～13 人;但是,股东人数较少或者规模较小的有限责任公司,可以设 1 名执行董事,不设董事会。执行董事可以兼任公司经理。董事会设董事长 1 人,可以设副董事长。董事长、副董事长的产生办法由公司章程规定。董事任期由公司章程规定,但每届任期不得超过 3 年。董事任期届满,连选可以连任。董事会对股东会负责,行使下列职权:

①召集股东会会议,并向股东会报告工作;

②执行股东会的决议;

③决定公司的经营计划和投资方案;

④制订公司的年度财务预算方案、决算方案;

⑤制订公司的利润分配方案和弥补亏损方案;

⑥制订公司增加或者减少注册资本以及发行公司债券的方案;

⑦制订公司合并、分立、变更公司形式、解散方案;

⑧决定公司内部管理机构的设置;

⑨决定聘任或者解聘公司经理及其报酬事项,并根据经理的提名决定聘任或者解聘公司副经理、财务负责人及其报酬事项;

⑩制定公司的基本管理制度;

⑪公司章程规定的其他职权。

董事会会议由董事长召集和主持;董事长不能履行职务或者不履行职务的,由副董事长召集和主持;副董事长不能履行职务或者不履行职务的,由半数以上董事共同推举一名董事召集和主持。董事会的议事方式和表决程序,除《公司法》有规定的外,由公司章程规定。董事会应当对所议事项的决定作成会议记录,出席会议的董事应当在会议记录上签名。董事会决议的表决,实行一人一票。

经理是董事会的助理机构。有限责任公司可以设经理,由董事会决定聘任或者解聘。经理对董事会负责,行使下列职权:

①主持公司的生产经营管理工作,组织实施董事会决议;

②组织实施公司年度经营计划和投资方案;

③拟订公司内部管理机构设置方案;

④拟订公司的基本管理制度；

⑤制定公司的具体规章；

⑥提请聘任或者解聘公司副经理、财务负责人；

⑦决定聘任或者解聘除应由董事会决定聘任或者解聘以外的负责管理人员；

⑧董事会授予的其他职权。

公司章程对经理职权另有规定的，从其规定。经理列席董事会会议。

股东人数较少或者规模较小的有限责任公司，可以设一名执行董事，不设董事会。执行董事可以兼任公司经理。执行董事的职权由公司章程规定。

3) 监事会

监事会是公司的监督机构。有限责任公司设监事会，其成员不得少于3人。股东人数较少或者规模较小的有限责任公司，可以设1~2名监事，不设监事会。

监事会应当包括股东代表和适当比例的公司职工代表，其中职工代表的比例不得低于1/3，具体比例由公司章程规定，监事会中的职工代表由公司职工通过职工代表大会、职工大会或者其他形式民主选举产生。监事会设主席1人，由全体监事过半数选举产生。监事会主席召集和主持监事会会议；监事会主席不能履行职务或者不履行职务的，由半数以上监事共同推举1名监事召集和主持监事会会议。

董事、高级管理人员不得兼任监事。监事的任期每届为3年。监事任期届满，连选可以连任。监事会、不设监事会的公司的监事行使下列职权：

①检查公司财务；

②对董事、高级管理人员执行公司职务的行为进行监督，对违反法律、行政法规、公司章程或者股东会决议的董事、高级管理人员提出罢免的建议；

③当董事、高级管理人员的行为损害公司的利益时，要求董事、高级管理人员予以纠正；

④提议召开临时股东会会议，在董事会不履行本法规定的召集和主持股东会会议职责时召集和主持股东会会议；

⑤向股东会会议提出提案；

⑥依照公司法的规定，对董事、高级管理人员提起诉讼；

⑦公司章程规定的其他职权。

监事可以列席董事会会议，并对董事会决议事项提出质询或者建议。监事会、不设监事会的公司的监事发现公司经营情况异常,可以进行调查;必要时,可以聘请会计师事务所等协助其工作,费用由公司承担。

监事会每年度至少召开一次会议,监事可以提议召开临时监事会会议。监事会的议事方式和表决程序,除公司法有规定的外,由公司章程规定。监事会决议应当经半数以上监事通过。监事会应当对所议事项的决定作成会议记录,出席会议的监事应当在会议记录上签名。监事会、不设监事会的公司的监事行使职权所必需的费用,由公司承担。

3.2.4　有限责任公司的股权转让

有限责任公司的股东之间可以相互转让其全部或者部分股权。股东向股东以外的人转让股权,应当经其他股东过半数同意。股东应就其股权转让事项书面通知其他股东征求同意,其他股东自接到书面通知之日起满30日未答复的,视为同意转让。其他股东过半数以上不同意转让的,不同意的股东应当购买该转让的股权;不购买的,视为同意转让。经股东同意转让的股权,在同等条件下,其他股东有优先购买权。两个以上股东主张行使优先购买权的,协商确定各自的购买比例;协商不成的,按照转让时各自的出资比例行使优先购买权。公司章程对股权转让另有规定的,从其规定。

人民法院依照法律规定的强制执行程序转让股东的股权时,应当通知公司及全体股东,其他股东在同等条件下有优先购买权。其他股东自人民法院通知之日起满20日不行使优先购买权的,视为放弃优先购买权。

3.2.5　一人有限责任公司

一人有限责任公司,又称独资公司,或独股公司,是指只有一个自然人股东、或者一个法人股东的有限责任公司。一人有限责任公司的设立和组织机构的特征:

①公司资本。一人有限责任公司的注册资本最低限额为人民币10万元。股东应当一次足额缴纳公司章程规定的出资额。

②设立主体。一个自然人只能投资设立一个一人有限责任公司。该一人有限责任公司不能投资设立新的一人有限责任公司。

③登记事项。一人有限责任公司应当在公司登记中注明自然人独资或者法人独资,并在公司营业执照中载明。

④公司章程。一人有限责任公司章程由股东制定。

⑤组织机构。一人有限责任公司不设股东会。股东行使职权并作出决定时,应当采用书面形式,并由股东签名后置备于公司。

⑥股东责任。一人有限责任公司的股东不能证明公司财产独立于股东自己的财产的,应当对公司债务承担连带责任。

3.2.6 国有独资公司

国有独资公司,是指国家单独出资、由国务院或者地方人民政府授权本级人民政府国有资产监督管理机构履行出资人职责的有限责任公司。

1)国有独资公司的主要特征

①国有独资公司为有限责任公司;
②国有独资公司股东的唯一性;
③国有独资公司股东的法定性,即必须是国家授权的投资机构或者国家授权的部门。

2)国有独资公司的组织机构

国有独资公司不设股东会,由国有资产监督管理机构行使股东会职权。国有资产监督管理机构可以授权公司董事会行使股东会的部分职权,决定公司的重大事项,但公司的合并、分立、解散、增加或者减少注册资本和发行公司债券,必须由国有资产监督管理机构决定;其中,重要的国有独资公司合并、分立、解散、申请破产的,应当由国有资产监督管理机构审核后,报本级人民政府批准。

国有独资公司设董事会,依照公司法的规定行使职权。董事每届任期不得超过3年。董事会成员中应当有公司职工代表。董事会成员由国有资产监督管理机构委派;但是,董事会成员中的职工代表由公司职工代表大会选举产生。董事会设董事长1人,可以设副董事长。董事长、副董事长由国有资产监督管理机构从董事会成员中指定。

国有独资公司设经理,由董事会聘任或者解聘。经理依照公司法的规定行使职权。经国有资产监督管理机构同意,董事会成员可以兼任经理。

国有独资公司监事会成员不得少于5人,其中职工代表的比例不得低于1/3,具体比例由公司章程规定。监事会成员由国有资产监督管理机构委派;但是,监事会成员中的职工代表由公司职工代表大会选举产生。监事会主席由国有资产监督管理机构从监事会成员中指定。监事会行使公司法规定的职权和国务院规定的其他职权。

3.3 股份有限公司

3.3.1 股份有限公司的概念和特征

1）股份有限公司的概念

股份有限公司,是指依照公司法设立,全部资本分为等额股份,股东以其所持股份为限对公司承担责任,公司以其全部资产对公司的债务承担责任的企业法人。

2）股份有限公司的特征

股份有限公司除具有一般公司的各种基本特征外,还有以下特征:

①股份有限公司股东人数较多,没有上限规定;

②股东均负有限责任;

③公司的全部资本划分为等额股份;

④股份有限公司的设立,可以采取发起设立或者募集设立的方式,募股集资公开;

⑤注册资本的最低限额一般要高于其他种类公司,且设立程序复杂。

组织机构的设置较其他种类公司更严格,股东大会、董事会和监事会都是股份有限公司的必设机构。

3.3.2 股份有限公司的设立

设立股份有限公司,应当具备下列条件:

1）发起人符合法定人数

设立股份有限公司,应当有 2 人以上 200 人以下为发起人,其中须有半数以上的发起人在中国境内有住所。

2）发起人认购和募集的股本达到法定资本最低限额

股份有限公司注册资本的最低限额为人民币 500 万元。法律、行政法规对注册资本的最低限额有较高规定的,从其规定。股份有限公司采取发起设立方式设立的,注册资本为在公司登记机关登记的全体发起人认购的股本总额。采取募集方式设立的,注册资本为在公司登记机关登记的实收股本总额。

3)股份发行、筹办事项符合法律规定

我国公司法规定,公司全体发起人的首次出资额不得低于注册资本的20%,其余部分由发起人自公司成立之日起 2 年内缴足;其中,投资公司可以在5 年内缴足。在缴足前,不得向他人募集股份。

4)发起人制订公司章程,采用募集方式设立的经创立大会通过

股份有限公司章程应当载明下列事项:
①公司名称和住所;
②公司经营范围;
③公司设立方式;
④公司股份总数、每股金额和注册资本;
⑤发起人的姓名或者名称、认购的股份数、出资方式和出资时间;
⑥董事会的组成、职权和议事规则;
⑦公司法定代表人;
⑧监事会的组成、职权和议事规则;
⑨公司利润分配办法;
⑩公司的解散事由与清算办法;
⑪公司的通知和公告办法;
⑫股东大会会议认为需要规定的其他事项。

5)有公司名称

建立符合股份有限公司要求的组织机构。

6)有公司住所

3.3.3　股份有限公司的组织机构

1)发起人和股东

发起人,是指倡议和筹建公司,并对公司设立承担责任的公司创建人。股

份有限公司成立后,发起人即为股东。

2)股东大会

股东大会是股份有限公司的权力机构,其职权同有限责任公司的职权相同。股份有限公司的股东大会分为定期会议与临时股东大会两种。股东大会应当每年召开一次年会。

召开股东大会会议,应当将会议召开的时间、地点和审议的事项于会议召开 20 日前通知各股东;临时股东大会应当于会议召开 15 日前通知各股东;发行无记名股票的,应当于会议召开 30 日前公告会议召开的时间、地点和审议事项。单独或者合计持有公司 3% 以上股份的股东,可以在股东大会召开 10 日前提出临时提案并书面提交董事会;董事会应当在收到提案后 2 日内通知其他股东,并将该临时提案提交股东大会审议。临时提案的内容应当属于股东大会职权范围,并有明确议题和具体决议事项。

有下列情形之一的,应当在 2 个月内召开临时股东大会:

①董事人数不足本法规定人数或者公司章程所定人数的 2/3 时;

②公司未弥补的亏损达实收股本总额 1/3 时;

③单独或者合计持有公司 10% 以上股份的股东请求时;

④董事会认为必要时;

⑤监事会提议召开时;

⑥公司章程规定的其他情形。

股东出席股东大会会议,所持每一股份有一表决权。但公司持有的本公司股份没有表决权。

股东大会作出决议,必须经出席会议的股东所持表决权过半数通过。但股东大会作出修改公司章程、增加或者减少注册资本的决议,以及公司合并、分立、解散或者变更公司形式的决议,必须经出席会议的股东所持表决权的 2/3 以上通过。

股东可以委托代理人出席股东大会会议,代理人应当向公司提交股东授权委托书,并在授权范围内行使表决权。

3)董事会、经理

股份有限公司的董事会由 5~19 人组成,对股东大会负责。董事会设董事长一人,可以设副董事长。董事长和副董事长由董事会以全体董事的过半数选举产生。董事长召集和主持董事会会议,检查董事会决议的实施情况。副董事长协助董事长工作,董事长不能履行职务或者不履行职务的,由副董事长履行职务;副董事长不能履行职务或者不履行职务的,由半数以上董事共同推举一名董事履行职务。董事会成员中可以有公司职工代表。董事会中的职工代表由公司职工通过职工代表大会、职工大会或者其他形式民主选举产生。

董事会每年度至少召开两次会议,每次会议应当于会议召开10日前通知全体董事和监事。董事会会议应有过半数的董事出席方可举行。作出的决议必须经全体董事的过半数通过。董事会决议的表决,实行一人一票。董事会会议,应由董事本人出席;董事因故不能出席,可以书面委托其他董事代为出席,委托书中应载明授权范围。

董事应当对董事会的决议承担责任。董事会的决议违反法律、行政法规或者公司章程、股东大会决议,致使公司遭受严重损失的,参与决议的董事对公司负赔偿责任。但经证明在表决时曾表明异议并记载于会议记录的,该董事可以免除责任。

股份有限公司设经理,由董事会决定聘任或者解聘。公司董事会可以决定由董事会成员兼任经理。

4) 监事会

股份有限公司设监事会,其成员不得少于3人。监事会应当包括股东代表和适当比例的公司职工代表,其中职工代表的比例不得低于1/3,具体比例由公司章程规定。监事会设主席1人,可以设副主席。监事会主席和副主席由全体监事过半数选举产生。监事会主席召集和主持监事会会议董事、高级管理人员不得兼任监事。监事会行使职权所必需的费用,由公司承担。监事会每6个月至少召开一次会议监事可以提议召开临时监事会会议。监事会的议事方式和表决程序,除公司法有规定的外,由公司章程规定。监事会应当对所议事项的决定作成会议记录,出席会议的监事应当在会议记录上签名。

3.3.4　股份有限公司的股份发行和转让

1) 股份发行

公司的股份采取股票的形式,股票是公司签发的证明股东所持股份的凭证。股份的发行,实行公平、公正的原则,同种类的每一股份应当具有同等权利同次发行的同种类股票,每股的发行条件和价格应当相同;任何单位或者个人所认购的股份,每股应当支付相同价额。股票发行价格可以按票面金额,也可以超过票内金额,但不得低于票面金额。股票采用纸面形式或者国务院证券监督管理机构规定的其他形式。发行的股票,可以为记名股票,也可以为无记名股票。

股票应当载明下列主要事项:

①公司名称;

②公司登记成立日期;

③股票种类、票面金额及代表的股份数;

④股票的编号。

股票由法定代表人签名,公司盖章。发起人的股票,应当标明发起人股票字样。

2)股份转让

股份转让实行自由转让的原则。每个股东都有权依公司法的规定,转让自己的股份。但是,股份转让是有限制的,主要包括:

(1)场所的限制

股东转让其股份,应当在依法设立的证券交易场所进行或者按照国务院规定的其他方式进行。

(2)对发起人持有本公司股份转让的限制

即发起人持有的本公司股份,自公司成立之日起1年内不得转让。公司公开发行股份前已发行的股份,自公司股票在证券交易所上市交易之日起1年内不得转让。

(3)对董事、监事、高级管理人员持有本公司股份转让的限制

即公司董事、监事、高级管理人员应当向公司申报所持有的本公司的股份及其变动情况,在任职期间每年转让的股份不得超过其所持有本公司股份总数的25%;所持本公司股份自公司股票上市交易之日起1年内不得转让。上述人员离职后半年内,不得转让其所持有的本公司股份。公司章程可以对公司董事、监事、高级管理人员转让其所持有的本公司股份作出其他限制性规定。

(4)对公司收购自身股份的限制

公司不得收购本公司的股票,但为了减少公司注册资本;与持有本公司股份的其他公司合并;将股份奖励给本公司职工;股东因对股东大会作出的公司合并、分立决议持异议,要求公司收购其股份的情形除外。

（5）对股票质押的限制

公司不得接受本公司的股票作为质押权的标的。

3.4 公司的合并、分立与组织变更

3.4.1 公司的合并

公司合并是指两个或者两个以上的公司依照公司法规定的程序,通过协商一致,以订立书面协议的方式合并为一个公司的法律行为。

公司的合并,是经济联合的方式之一。它对于扩大公司规模、提高公司的管理水平和增强公司的竞争能力等,均有积极意义。但是,公司联合超过了一定的限度,也会形成垄断,从而妨碍竞争。因此,公司的合并,必须首先要遵循我国有关经济联合与竞争方面的法律规定。

1）公司合并的形式

公司合并可以采取吸收合并和新设合并两种形式。其中一个公司吸收其他公司为吸收合并,被吸收的公司解散;两个以上公司合并设立一个新的公司为新设合并,合并各方解散。前者包括了一个公司解散程序,后者包括了公司解散和公司设立两个程序。公司合并时,合并各方的债权、债务,应当由合并后存续的公司或者新设的公司承继。

2）公司合并的程序及效力

首先,公司的合并,由公司的股东（大）会决议,有限责任公司合并必须经代表 2/3 以上表决权的股东通过;股份有限公司合并,必须经出席股东大会会议股东所持表决权的 2/3 以上通过,并且必须经国务院授权的部门或者省级人民政府批准。

其次,应当由合并各方签订合并协议,并编制资产负债表及财产清单。公司应当自作出合并决议之日起 10 日内通知债权人,并于 30 日内在报纸上公告。债权人自接到通知书之日起 30 日内,未接到通知书的自公告之日起 45 日内,可以要求公司清偿债务或者提供相应的担保。

再次,公司合并时,合并各方的债权、债务,应当由合并后存续的公司或者新设的公司承继。

最后,公司合并,登记事项发生变更的,应当依法向公司登记机关办理变更登记;设立新公司的,应当依法办理公司设立登记。

3.4.2 公司的分立

公司的分立是指一个公司按照一定的方式,分成两个或者两个以上的公司的法律行为。

1) 公司分立的形式

公司分立也有两种方式,即派生分立和新设分立。前者是指从原公司中分立出新公司,原公司仍然存在;后者是指新设立两个以上公司,原公司解散。派生分立包括了一个公司设立程序,而新设分立则包括了公司解散和公司设立两个程序。

2) 公司分立的程序和效力

首先,公司的分立,由公司的股东(大)会决议,有限责任公司分立必须经代表 2/3 以上表决权的股东通过;股份有限公司分立,必须经出席股东大会会议的股东所持表决权的 2/3 以上通过,并且必须经国务院授权的部门或者省级人民政府批准。

其次,公司分立,其财产应作相应的分割。公司应当编制资产负债表及财产清单。再次,公司应当自作出分立决议之日起 10 日内通知债权人,并于 30 日内在报纸上公告。债权人自接到通知书之日起 30 日内,未接到通知书的自公告之日起 45 日内,有权要求公司清偿债务或者提供相应的担保。

再次,公司分立前的债务按所达成的协议由分立后的公司承担。

最后,公司分立,登记事项发生变更的,应当依法向公司登记机关办理变更登记;设立新公司的,应当依法办理公司设立登记。

3.4.3 公司的组织变更

1) 概念

公司的组织变更是指在保持公司法人人格持续性的前提下,将公司从一种形态转变为另一种形态的行为。我国《公司法》对有限责任公司变更为股份有限公司,作了具体规定。

2)有限责任公司变更为股份有限公司的程序及效力

首先,由股东会决定,并且必须经代表 2/3 以上表决权的股东通过。其次,应当符合《公司法》规定的股份有限公司的条件,并且依照该法有关设立股份有限公司的程序办理。再次,有限责任公司依法经批准变更为股份有限公司时,折合的股份总额应当相等于公司净资产额。有限责任公司依法经批准变更为股份有限公司,为增加资本向社会公开募集股份时,应当依照《公司法》有关向社会公开募集股份的规定办理。最后,有限责任公司依法变更为股份有限公司的,原有限责任公司的债权、债务由变更后的股份有限公司承继。

3.5 公司的解散与清算

3.5.1 公司的解散

1)公司解散的概念

公司解散,是指公司因法律或公司章程规定的解散事由出现,停止其生产经营活动并经过清算,最后消灭其法律主体资格的法律行为。

2)公司解散的原因

我国《公司法》第 181 条规定了公司自愿解散的具体原因:

①公司章程规定的营业期限届满或者公司章程规定的其他解散事由出现时;

②股东会或者股东大会决议解散;

③因公司合并或者分立需要解散;

④依法被吊销营业执照、责令关闭或者被撤销;

⑤公司经营管理发生严重困难,继续存续会使股东利益受到重大损失,通过其他途径不能解决的,持有公司全部股东表决权 10% 以上的股东,可以请求人民法院解散公司。

公司章程规定的营业期限届满或者公司章程规定的其他解散事由出现的情况下,可以通过修改公司章程而存续。在这种情况下,有限责任公司须经持有 2/3 以上表决权的股东通过,股份有限公司须经出席股东大会会议的股东所持表决权的 2/3 以上通过。

3.5.2　公司的清算

1)公司清算的概念

公司清算,是指公司解散后,依照一定程序了解公司事务,收回债权,清偿债务并分配财产,最终使公司终止消灭的程序。公司除因合并或分立而解散外,其余原因引起的解散,均须经过清算程序,且应当在 15 日内成立清算组,开始清算。

2)公司清算组的组成及其职责

(1)公司清算组的组成

公司清算组,是指在公司解散清算的过程中,具体从事公司财产及债权债务清理事务活动的组织或个人。在公司解散、清算过程中,由于公司的法律主体资格并没有丧失,而公司原有的权利能力又受到限制,因此,需要有专门的机构负责公司的清算活动。清算组就是在公司决定解散后成立的,具体执行财产管理和处分等清算事务的临时性执行机构。清算组的法律地位,相当于公司原有的执行机构,是公司法律主体资格的代表机构,它在清算过程中实施的各种行为都是公司的行为。

公司清算组的组成,是指公司清算组成员的选任和确定。公司清算组的具体组成方式,依公司清算种类的不同而不同。

公司清算组由公司章程或股东会决定的方式选任组成。根据我国《公司法》的有关规定,有限责任公司的清算组由股东组成,股份有限公司的清算组由董事或者股东大会确定的人员组成。逾期不成立清算组进行清算的,债权人可以申请人民法院指定有关人员组成清算组进行清算。人民法院应当受理该申请,并及时组织清算组进行清算。

(2)公司清算组的职责

清算组在清算期间行使下列职权:

①清理公司财产,分别编制资产负债表和财产清单;

②通知、公告债权人;

③处理与清算有关的公司未了结的业务;

④清缴所欠税款以及清算过程中产生的税款；

⑤清理债权、债务；

⑥处理公司清偿债务后的剩余财产；

⑦代表公司参与民事诉讼活动。

我国《公司法》第190条规定，清算组成员应当忠于职守，依法履行清算义务。清算组成员不得利用职权收受贿赂或者其他非法收入，不得侵占公司财产。清算组成员因故意或者重大过失给公司或者债权人造成损失的，应当承担赔偿责任。

3）公司的清算程序

公司的清算程序，是指在公司解散清算的过程中，按照有关法律、法规的规定应该经过的具体步骤。根据我国《公司法》及有关法律、法规的规定，公司的清算程序主要包括以下几个步骤：

（1）清理公司的财产，编制资产负债表和财产清单

在公司清算过程中，根据我国《公司法》的有关规定，公司清算组成立后，就应由公司的清算人员清理公司财产，编制资产负债表和财产清单。

（2）公告和通知公司债权人

公司的解散会直接影响公司债权人的利益。我国《公司法》规定：公司清算组应自成立之日起10日内通知债权人，并于60日内在报纸上公告。债权人应当自接到通知书之日起30日内，未接到通知书的自公告之日起45日内，向清算组申报其债权。

（3）登记债权、编制清算方案

清算组应当就公司债权人申报的债权分别进行登记，并在清理公司财产、编制资产负债表和财产清单后，制订清算方案，并报股东会、股东大会或者人民法院确认。

（4）收取债权、清偿债务，分配剩余财产

公司的清算方案，经股东会或有关主管机关确认后，公司清算组即可按照我国《公司法》及有关法律、法规的规定，按清算方案收取债权、清偿债务，分配公司的剩余财产。

公司财产能够清偿公司债务的，应按下列顺序清偿债务：

①支付清算费用；

②职工工资；

③社会保险费用;

④法定补偿金;

⑤缴纳所欠税款;

⑥清偿公司债务。

公司财产在分别支付清算费用、职工的工资、社会保险费用和法定补偿金,缴纳所欠税款,清偿公司债务后的剩余财产,有限责任公司按照股东的出资比例分配,股份有限公司按照股东持有的股份比例分配。

清算期间,公司存续,但不得开展与清算无关的经营活动。公司财产在未依照规定清偿前,不得分配给股东。

(5)制作清算报告,进行公司注销登记

公司清算结束后,清算组应当制作清算报告,报股东会、股东大会或者人民法院确认,并报送公司登记机关,申请注销公司登记,公告公司终止。

3.6　违反公司法的法律责任

3.6.1　民事责任

依照我国《公司法》的规定,有限责任公司和股份有限公司是企业法人,享有由股东投资形成的全部法人财产权,依法享有民事权利,承担民事责任。公司法关于民事责任的规定,除在法律责任一章中作了规定外,还分散规定在其他有关章节中。具体来说,违反公司法应承担的民事责任主要包括:

1)发起人或者股东的出资责任

按约足额缴纳出资是公司股东的一项基本义务。对此公司法规定了有限责任公司股东以下的两种民事责任:

(1)出资违约责任

依照公司法的规定,发起人或者股东应当按期足额缴纳公司章程中规定的各自所认缴的出资额;发起人或者股东不按照规定按期缴纳认缴的出资的,除应当向公司足额缴纳外,应当向已按期足额缴纳出资的股东承担违约责任。

(2)填补出资差额责任

依照公司法的规定,公司成立后,发现作为非货币财产的实际价额显著低于公司章程所定价额的,应当由交付该出资的发起人或者股东补交其差额,公司设立时的其他发起人或者股东对其承担连带责任。

　　2)公司发起人的设立责任

　　发起人是股份有限公司的筹建负责人,在公司的设立过程中具有十分重要的地位和作用。为此,我国公司法对发起人的设立责任作了明确规定。
　　①在公司不能成立时,对设立行为所产生的债务和费用负连带责任。
　　正在设立中的公司没有权利能力,当公司未能成立时,发起人作为正在设立中的公司负责人,理应对其设立行为所产生的债务和费用承担连带责任。
　　②在公司不能成立时,对认股人已缴纳的股款,负返还股款并加算银行同期存款利息的连带责任。
　　认股人在发起人制作的认股书上填写有关法定内容后,即同发起人之间建立了一种合同关系,如公司不能成立,发起人对认股人已经缴纳的股款,自应承担连带责任。
　　③在公司设立过程中,由于发起人的过失致使公司利益受到损害的,应当对公司承担赔偿责任。
　　发起人是正在设立中公司的执行机关,故依法应对设立公司尽"善良管理人之注意义务"。若因其疏忽致使公司遭受经济损失的,理应承担损害赔偿责任。

　　3)公司董事、监事、高级管理人员的损害赔偿责任

　　董事、监事、高级管理人员应当遵守法律、行政法规和公司章程,对公司负有忠实义务和勤勉义务。董事、监事、高级管理人员不得利用职权收受贿赂或者其他非法收入,不得侵占公司的财产。《公司法》第150条规定:"董事、监事、高级管理人员执行公司职务时违反法律、行政法规或者公司章程的规定,给公司造成损失的,应当承担赔偿责任。"

　　4)公司清算组成员的赔偿责任

　　公司清算事务主要是由清算组来完成的,清算组及其成员负有重要职责。公司终止清算时,清算组成员应当忠于职守,依法履行清算义务。为了确保清算工作的顺利进行,防止清算组成员滥用职权、徇私舞弊,我国公司法明确规定,清算组成员因故意或者重大过失给公司或者债权人造成损失的,应当承担赔偿责任。

5) 承担资产评估、验资或者验证的机构的赔偿责任

承担资产评估、验资或者验证的机构因其出具的评估结果、验资或者验证证明不实,给债权人造成损失的,除能够证明无过错的外,应当在其评估或者证明不实的范围内承担赔偿责任。

3.6.2　行政责任

《公司法》着重对违反法定义务应受到行政处罚的具体形式作了明确规定。主要包括以下几种形式:

1) 罚款

罚款,是指国家行政机关依法对违法行为人强行征收一定数额货币的处罚。《公司法》规定了给予罚款处罚的,主要有以下几种行为:

①虚报注册资本、提交虚假材料或者采取其他欺诈手段隐瞒重要事实取得公司登记的;

②公司的发起人、股东虚假出资的,未交付或未按期缴付货币或者非货币财产的;

③公司的发起人、股东在公司成立后,抽逃其出资的;

④公司违反本法规定,在法定的会计账簿以外另立会计账簿的;

⑤公司向有关主管部门提供的财务会计报告等材料,作虚假记载或者隐瞒重要事实的;

⑥公司不按照规定提取法定公积金的;

⑦公司在合并、分立、减少注册资本或者进行清算时,不按照法律规定通知或者公告债权人的;

⑧公司在进行清算时,隐匿财产,对资产负债表或者财产清单作虚伪记载或者未清偿债务前分配公司财产的;

⑨清算组利用职权徇私舞弊、谋取非法收入或者侵占公司财产的;

⑩承担资产评估、验资或者验证的机构提供虚假材料的,或者因过失提供有重大遗漏报告的;

⑪未依法登记为有限责任公司或者股份有限公司,而冒用有限责任公司或者股份有限公司名义的;

⑫公司登记事项发生变更时,未按照法律规定办理有关变更登记,经责令限期登记,仍逾期不登记的。

此外,《公司法》还对擅自在中国境内设立分支机构的外国公司等,也规定了罚款。

2）没收违法所得

它是指国家行政机关对违法行为人强行没收其违法所得的金钱或其他财产的处罚。公司法规定了给予没收违法所得处罚的行为主要有以下几种:

①清算组成员利用职权徇私舞弊,谋取非法收入或者侵占公司财产的;

②公司在清算期间擅自开展与清算无关的经营活动的;

③承担资产评估、验资或者验证的机构提供虚假材料的。

3）责令停业或者关闭

它是指国家行政机关强迫违法行为人停止营业。《公司法》规定,承担资产评估、验资或者验证的机构提供虚假材料或者因过失提供有重大遗漏的报告的,可由有关主管部门依法责令该机构停业。对于擅自在中国境内设立分支机构的,由公司登记机关责令改正或者关闭。

4）取消资格

它是指国家行政机关对违法者取消其从事某种行为的资格的处罚。这主要包括以下几种情况:

①承担资产评估、验资、验证的机构提供虚假材料或者因过失提供有重大遗漏的报告的,可由有关主管部门依法吊销直接责任人员的资格证书或者吊销营业执照;

②违反法律规定,办理公司登记时虚报注册资本、提交虚假材料或者采取其他欺诈手段隐瞒重要事实取得公司登记,情节严重的,撤销公司登记或者吊销营业执照;

③未依法登记为有限责任公司或者股份有限公司,而冒用有限责任公司或者股份有限公司名义的,责令改正或者予以取缔;

④公司成立后无正当理由超过6个月未开业的,或者开业后自行停业连续6个月以上的,由公司登记机关吊销其营业执照;

⑤利用公司名义从事危害国家安全、社会公共利益的严重违法行为的,吊销营业执照。

5）责令纠正违法行为

它是指国家行政机构强迫违法行为人纠正违法行为的处罚。这方面的规定在《公司法》中比较多,如:公司的发起人、股东虚假出资,未交付或未按期交付作为出资的货币或者非货币财产的,由公司登记机关责令改正;公司登记事项发生变更时,未按照法律规定办理变更登记的,责令限期登记;公司不按照法律规定提取法定公积金的,责令如数补足应当提取的金额;公司违反规定,在法定的账册之外另立会计账册的,责令改正;清算组不依照本法规定向公司登记机关报送清算报告,或者报送清算报告隐瞒重要事实或者有重大遗漏的,由公司登记机关责令改正;清算组成员利用职权徇私舞弊、谋取非法收入或者侵占公司财产的,由公司登记机关责令退还公司财产;等等。

6)行政处分

我国公司法规定的行政处分方式的适用情形主要有:

①公司登记机关对不符合公司法规定的登记申请予以登记,情节严重的,对直接负责的主管人员和其他直接责任人员,依法给予行政处分。

②公司登记机关的上级部门强令公司登记机关对不符合公司法规定条件的登记申请予以登记的,或者对违法登记申请进行包庇的,对直接负责的主管人员和其他直接责任人员依法给予行政处分。

3.6.3　刑事责任

违反公司法应承担的刑事责任,是指实施了违反公司法的行为构成犯罪的单位或个人应当受到的刑罚制裁。公司是最重要的企业组织形式,为了确保公司法的贯彻实施,维护社会经济秩序,各国公司法中大多规定了刑事责任的内容。我国《公司法》在法律责任一章中作了原则规定:违反本法规定,构成犯罪的,依法追究刑事责任。2002年12月28日第九届全国人大第三十一次会议修订的《中华人民共和国刑法》具体规定了违反公司法的有关犯罪行为及其刑事责任。主要包括以下几个方面:

1)虚报注册资本罪

本罪是指申请公司登记使用虚假证明文件或者采取其他欺诈手段虚报注册资本,欺骗公司登记主管部门,取得公司登记,虚报注册资本数额巨大、后果严重或者有其他严重情节的行为。本罪具有以下特征:

①构成本罪的主体为申请公司登记的单位或者个人;

②本罪在客观方面必须是虚假出资或者抽逃出资数额巨大、后果严重或者有其他严重情节;

③本罪在主观方面表现为故意。

2）虚假出资或者抽逃出资罪

本罪是指公司发起人、股东违反公司法的规定,未交付货币、实物或未转移财产权,采用欺骗手段出资,或者在公司成立后,又将其出资抽逃,数额巨大、后果严重或者有其他严重情节的行为。本罪具有以下特征:

①本罪的主体为公司的发起人和股东,包括自然人与单位;

②本罪主观方面是故意;

③本罪在客观方面表现为违反公司法的规定,未交付货币、实物或未转移财产权,虚假出资,或者在公司成立后抽逃出资,数额巨大、后果严重或者有其他严重情节的行为。

3）提供虚假财务报告罪

本罪是指公司向股东和社会公众提供虚假的或者隐瞒重要事实的财务会计报告,严重损害股东或者其他人利益的行为。本罪具有以下特征:

①本罪的主体只能是公司中有关的主管人员和直接责任人员;

②本罪在主观方面表现为故意;

③本罪在客观方面表现为有向股东和社会公众提供虚假的或者隐瞒重要事实的财务会计报告,且严重损害了股东或者其他人权利的行为。

4）中介组织人员提供虚假证明文件罪

中介组织人员提供虚假证明文件罪是指承担资产评估、验资、验证职责的中介组织的人员故意提供虚假证明文件,情节严重的行为。本罪具有以下特征:

①主体是承担资产评估、验资、验证职责的机构及其人员;

②在主观方面,表现为故意;

③在客观方面,前者表现为提供虚假证明文件的行为。

5）中介组织人员出具文件重大失实罪

中介组织人员出具文件重大失实罪,是指承担资产评估、验资、验证职责的中介组织的人员,严重不负责任,出具的证明文件有重大失实,造成严重后果的行为。此两罪的特征是:

①主体是承担资产评估、验资、验证职责的机构及其人员;

②在主观方面,表现为过失;

③在客观方面,体现为严重不负责任,出具的证明文件有重大失实,造成严重后果的行为。犯此罪的,处3年以下有期徒刑或者拘役,并处或者单处罚金。单位犯此罪的,对单位处罚金,对其直接负责的主管人员和其他直接责任人员,处5年以上或者10年以下有期徒刑,并处罚金。

6) 妨害清算罪

本罪是指公司进行清算时隐匿财产,对资产负债表或者财产清单作虚伪记载,或者在未清偿债务前分配公司财产,严重损害债权人或者其他人利益的行为。本罪具有以下特征:

①本罪的主体为公司中有关的主管人员和直接责任人员;

②本罪在主观方面表现为行为人有逃避债务或者获取不法之财的目的;

③本罪在客观方面表现为有在清算时隐匿财产或者在未清偿债务前分配公司财产,严重损害他人利益的行为。

7) 公司、企业人员受贿罪

本罪是指公司的工作人员利用职务上的便利,索取他人财物或者非法收受他人财物,为他人谋取利益且数额较大的行为。本罪具有以下特征:

①本罪的主体为公司的工作人员;

②本罪在主观方面表现为故意;

③本罪在客观方面表现为利用职务上的便利,收受贿赂或者索取贿赂且数额较大的行为。

8) 对公司、企业人员行贿罪

本罪是指为谋取不正当利益,给予公司的工作人员以财物且数额较大的行为。本罪具有以下特征:

①本罪的主体为个人或者单位;

②本罪在主观方面表现为故意;

③本罪在客观方面表现为有为谋取不正当利益,给予公司的工作人员以财物且数额较大的行为。

9) 侵占罪

本罪是指公司的工作人员,利用职务上的便利,将本公司的财物非法占为

己有,数额较大的行为。本罪具有以下特征:

①本罪的主体只能是个人;

②本罪在主观上表现为以非法占有公司财物为目的;

③本罪在客观方面表现为将公司财物非法占为己有且数额较大的行为。

10)挪用资金罪

本罪是指公司的工作人员,利用职务上的便利,挪用公司资金归个人使用或者借贷给他人,数额较大,超过 3 个月未还的,或者虽未超过 3 个月,但数额较大,进行营利活动的,或者进行非法活动的行为。本罪具有以下特征:

①本罪的主体为公司中的工作人员;

②本罪在主观方面表现为故意;

③本罪在客观方面表现为利用职务之便,挪用公司资金的严重行为。

3.7 外商投资会展公司

3.7.1 我国外商投资企业法律制度概述

1)外商投资企业的概念

外商投资企业是指外国投资者(包括我国香港、澳门和台湾地区)依照中华人民共和国有关法律的规定,在中国大陆境内与中国投资者共同投资或由外国投资者单独投资设立的企业。

我国外商投资企业的特点如下:

(1)外商投资企业是外商直接投资举办的企业

直接投资是投资者直接将资金投入企业,直接参与企业的决策经营,并直接通过企业的赢利分配获取投资利润的投资方法。相对于间接投资而言,直接投资不仅具有更大的稳定性,而且能在引进外国资本的同时,把外国的先进技术、先进的管理经验一同吸引到中国来。

(2)外商投资企业是吸引外国私人投资举办的企业

私人投资是指以个人、公司或其他经济组织的名义进行的投资。我国的外商投资企业就是外商以私人名义投资的企业,它具有民间经济技术合作的色彩。

（3）外商投资企业是中国企业

我国对外商投资企业的设立采取许可主义，任何外商投资企业的设立都必须经我国政府批准。因此，外商投资企业是依据中国法律、经中国政府批准、在中国境内设立的中国企业。

2）外商投资企业的种类

根据现有法律，目前我国的外商投资企业主要包括中外合资经营企业、中外合作经营企业、外资企业。

（1）中外合资经营企业

中外合资经营企业是指中国合营者与外国合营者依照中华人民共和国法律的规定，在中国境内共同投资、共同经营，并按出资比例分享利润、分担风险与亏损的股权式企业。中外合资经营企业（以下简称合营企业）具有以下特征：合营企业有中外合营者共同举办；合营企业是股权式的企业；合营企业是有限责任公司；外商在企业注册资本中的比例有法定要求；中外合资经营企业的最高权力机构是董事会。

根据《合营企业法》的有关规定，合营企业的组织形式是有限责任公司。根据《公司法》规定，有限责任公司的组织机构应当包括股东会、董事会（董事）、监事会（监事）。由于合营企业的合营者（股东）人数较少，为了提高管理效率，降低管理成本，《合营企业法》没有采用通常的做法，而是确定合营企业的组织机构是董事会及其经营管理机构，又称董事会领导下的总经理负责制，即董事会制。董事会是合营企业的最高权力机构，决定合营企业的一切重大问题。

（2）中外合作经营企业

中外合作经营企业（以下简称合作企业）是指中国合作者与外国合作者依照中国法律的规定，在中国境内共同举办的，按合作企业合同的约定分配收益或者产品、分担风险和亏损的契约式企业。

根据《合作企业法》的规定，中国合作者包括中国的企业或者其他经济组织，外国合作者包括外国的企业、其他经济组织或者个人。

与合营企业相比，合作企业具有自己的特点，具体如下：

①合营的方式不同。合营企业是股权式的合营，合营者的权利和义务必须围绕股权来确定。合作企业是契约式的合营，有关合作经营的重大问题，如出资、分配、风险承担、经营管理的方式、合作企业终止的财产归属等均可依法在

合同中约定,合作各方给予合同的约定享受权利、承担义务。相比之下,合作经营的方式显得更加灵活。

②组织形式不同。合营企业是有限责任公司,必须具有法人资格;而合作企业可以是法人,也可以不是法人。法律规定取得法人资格的是有限责任公司,合作各方以其投资或者提供的合作条件为限对企业承担责任;不具有法人资格的,则由合作各方对企业的债务承担连带责任。企业采取灵活的组织管理、利润分配、风险负担方式。

③出资的计价不同。在合营企业中,合营各方的出资必须作价,必须以货币的方式计算出他们在注册资本中所占的比例。在合作企业中,合营各方可以以现金、实物、土地使用权、工业产权、非专利技术和其他财产权等出资,但他们可约定投资,也可以约定提供合作条件,投资也可不必折算成比例份额。外商在企业注册资本中的份额无强制性要求。

④分配方式不同。合营企业是有限责任公司,其分配方式是法定的,合营各方必须严格按照各自的出资比例分配利润、分担风险;而合作企业的分配、风险和亏损的承担是约定的,合作者可以是分配利润、分配产品或者合作各方共同商定其他的分配方式。相对而言,合作企业的分配方式更加灵活。

⑤经营管理方式不同。合营企业实行董事会制,即董事会领导显得总经理负责制;合作企业则根据不同情况可采用董事会制、联合管理制或委托管理制。

⑥财产的归属不同。合营企业期满后,企业的剩余资产按出资比例分配给合营者各方。合作企业合同可以约定合作企业财产的归属。合作企业合同中如果约定外方合营者在合作期内可以先行回收投资的,则可以约定合作期满时合作企业的全部固定资产归中方所有。

合作企业的组织形式有两种:法人型的合作企业和非法人型的合作企业。

根据《合作企业法》第12条规定,合作企业应当设立董事会或者联合管理机构,依照合作合同或章程的规定,决定合作企业的重大问题。董事会或联合管理机构是合作企业的最高权力机构。

（3）外资企业

外资企业是依照中国法律、经中国政府批准、在中国境内设立的全部资本由外国投资者投资的企业,但不包括外国企业和其他经济组织在中国境内设立的分支机构。外国投资者可以是外国的企业和其他经济组织,也可以是外国的个人。

外资企业具有以下特征:

①外资企业的全部资本是由外国投资者投资的;

②外资企业是外国投资者依照中国法律在中国境内设立的；

③外资企业由外国投资者独立经营、自负盈亏。

我国保护外商投资企业及投资者的一切合法权益。外资企业一旦在我国设立，便受中国法律管辖与保护，其资本输出国无权管辖。中国政府对外资企业利益的保护主要体现在：

①外资企业在批准经营范围内自主经营管理，不受干涉。

②外资企业的税后利益可以自由汇出。

③外资企业和合营、合作企业一样，在税收方面享受一定的优惠待遇。

④我国政府与相关国家订立保护投资协定。

⑤中国政府承诺对外资企业不实行国有化和征收；在特殊情况下，根据社会公共利益的需要，对外资企业可以依照法律程序实行征收，并给予相应的补偿。

外企企业的组织形式为有限责任公司，经批准也可以为其他责任形式。外资企业为有限责任公司的，外国投资者对企业的责任以其认缴的出资额为限。外资企业为其他责任形式的，外国投资者对企业的责任适用中国有关法律、法规的规定。

3）外商投资企业的法律地位和管辖

外商投资企业是依据中国法律、经中国政府批准、在中国境内设立的中国企业，因此，外商投资企业的法律地位、法律保护、司法管辖等均有中国法律规定。

（1）外商投资企业的法律地位

根据外商投资企业法的规定，外商投资企业符合中国法人条件的，可以具有中国法人资格。其中，合营企业是有限责任公司，必须具有法人资格才能成立；合作企业和外资企业可以具有法人资格，也可以不具有法人资格。

（2）外商投资企业的法律管辖和保护

外商投资企业是中国企业，必须遵守中国法律，受中国法律管辖和保护。

外商投资企业法明确规定，外商投资企业必须遵守中国的法律、法规，不得损害中国的社会公共利益；国家有关机关依法对外商投资企业实行管理和监督。同时，为了保护外商的合法权益，国家对外商投资企业不实行国有化和征收；在特殊情况下，根据社会公共利益的需要，对外商投资企业可以依照法律程序实行征收，并给予相应的补偿。我国台湾、香港和澳门地区的企业、个人回内地投资,参照执行外商投资企业法的有关规定,他们与外商一样享受我国吸引外资的各项优惠政策与措施。

4)我国外商投资企业法的立法概况

(1)外商投资企业法的概念

外商投资企业法是调整有关外商投资企业在经济运行过程中发生的社会关系的法律规范的总称。

(2)外商投资企业法的调整对象

我国外商投资企业法主要调整以下社会关系:

①外商投资企业中投资者之间的关系;

②外商投资者与中国政府之间的关系;

③外商投资企业与中国政府之间的关系;

④外商投资企业的中外投资者之间的关系。

(3)我国外商投资企业法的立法概况

我国自改革开放以来,国家为适应引进外资和技术的需要,制定了一系列涉及外商投资方面的法律、法规。其中主要有《中华人民共和国中外合资经营企业法》《中华人民共和国中外合作经营企业法》《中华人民共和国外资企业法》。除此之外,有关外商投资企业的立法还有很多,如《国务院关于鼓励外商投资的规定》《中外合资经营企业合资各方出资的若干规定》《中外合资经营企业注册资本与投资总额比例的暂行规定》《中外合资经营企业合营期限暂行规定》《外商投资企业清算办法》《中外合资经营企业劳动管理规定》《中外合资经营企业会计制度》《外商投资产业指导目录》《指导外商投资方向暂行规定》《中华人民共和国外商投资企业和外国企业所得税法》及其实施细则、《关于外商投资企业和外国企业适用增值税、消费税、营业税等税收暂行条例的规定》等。

从广义的角度看,《中华人民共和国合同法》《中华人民共和国工会法》《中华人民共和国仲裁法》等法律文件中也有适用于外商投资企业的规定。

《公司法》实施后,其一般性规定也适用于中外合资经营企业,但《合资企业法》的规定与《公司法》相冲突的,适用《合资企业法》及其实施细则的特殊规定。

3.7.2 外商投资会展公司的法律规定

为鼓励外国公司、企业和其他经济组织(以下简称外国投资者)在中国境内设立外商投资会议展览公司,举办具有国际规模和影响的对外经济技术展览会和会议,中华人民共和国商业部根据《中华人民共和国中外合资经营企业法》《中华人民共和国中外合作经营企业法》《中华人民共和国外资企业法》及其他相关法律法规,于2004年1月12日第一次部务会议审议通过了《设立外商投资会议展览公司的暂行规定》(以下简称《暂行规定》),并于颁布之日起30日后生效。首次允许"外国投资者可以以外商独资的形式在中国境内设立外商投资会议展览公司","外商投资会议展览公司可以在中国境内主、承办各类经济技术展览会和会议"。也就是说,以前只能在中国境内寻求合作伙伴的外资展览公司获得了在中国境内独立办展权。该规定共14条,对国家设立外商投资会议展览公司的目的、主管机关、外商投资会议展览公司的业务范围、设立的条件和程序、主体变更、进口展览品的监管等作了特别规定。

1)设立外资会展公司的目的

根据《中华人民共和国中外合资经营企业法》《中华人民共和国中外合作经营企业法》《中华人民共和国外资企业法》及其他相关法律法规,且国家鼓励引进国际上先进的组织会议展览和专业交流方面的专有技术设立外商投资会议展览公司,促进我国会展业的发展,创造良好的社会和经济效益。外商投资会议展览公司在中国境内的正当经营活动和合法权益受中国法律的保护。

目前,我国展览业的国际化程度还很低,展览业的国际化尚有很长一段路要走。据中国贸促会对全国42个主要展览馆举办的1 064个展览会进行的统计分析表明,这些展览会中参展商总量为34万,其中国际参展商为3.1万,约占参展商总数的9%;参观总人数1.2亿人次,其中国际参观者人数为55万人次,占参观总人数的0.44%。这些数字反映出我国展览业的国际化程度普遍不高。

2)设立外商投资会议展览公司的形式和条件

《暂行规定》的第5条规定,允许外商投资者根据本规定,在中国境内以外商独资的形式设立外商投资会议展览公司或与中国的公司、企业或其他经济组织(以下简称中国投资者)按照平等互利的原则在中国境内以合资、合作的形式设立外商投资会议展览公司。外商投资会议展览公司包括3种形式,即外商独资的会议展览公司、中外合资的会议展览公司和中外合作的会议展览公司。

在我国,外商投资者要申请设立外商投资会议展览公司,必须具备一定的条件,即外国投资者应有主办国际博览会、专业展览会或国际会议的经历和业绩。

3)设立外商投资会议展览公司的程序

(1)主管机关

中华人民共和国商务部(以下简称商务部)及其授权商务主管部门是外商投资会议展览公司的审批和管理机关。

(2)设立程序

①申请。申请设立外商投资会议展览公司,申请者应向拟设立公司所在地省级商务主管部门报送以下文件:投资者签署的设立外商投资会议展览公司申请书;投资者签署的外商投资会议展览公司合同和章程(以独资形式设立外商投资会议展览公司的仅需报送章程);投资者的注册登记证明(复印件)、法定代表人(复印件)、董事会成员委派书和银行资信证明;工商行政管理机构出具的拟设立外商投资会议展览公司名称预先核准通知书(复印件);外国投资者已主办过国际博览会、国际专业展览会或国际会议的证明文件。

②审批。省级商务主管部门应当自收到上述全部文件之日起30日内决定批准或不批准。决定批准的,向申请者颁布《外商投资企业批准证书》;决定不批准的,应当说明理由,并告知申请人享有依法申请行政复议或者提起行政诉讼的权利。

③登记。申请人应自收到颁发的《外商投资企业批准证书》之后起1个月内,按照国家有关规定,向工商行政管理机关申请办理登记手续。

香港特别行政区、澳门特别行政区、台湾地区的公司、企业和其他经济组织在祖国大陆设立会议展览公司,参照《暂行规定》执行。

4)外商投资会议展览公司的经营和管理

(1)经营活动范围

根据第4条规定,经批准设立的外商投资会议展览公司可以按规定经营以下业务:①在中国境内主办、承办各类经济技术展览会和会议;②在境外举办会议。

外商投资会议展览公司在境内外举办展览、会议,国家另有规定的,从其规定。外商投资会议展览公司申请在中国境内主办对外经济技术展览会,按照国家有关规定办理。外商投资会议展览公司在中国境内招商参加境外举行的国际经济贸易展览会或在境外举办国际经济贸易展览会的管理办法另行规定。

(2)变更登记

外商投资会议展览公司中外投资者变更、股权变更或设立分支机构,应按《暂行规定》报省级商务主管部门批准后,到工商行政管理机构办理营业执照变更登记手续。

(3)进口展览品的监管

外商投资会议展览公司进口展览品,按照海关对进口展品有关监管办法办理进口手续并进行监督。

【典型案例】

某A有限责任公司(以下简称"A公司")和另一B有限责任公司(以下简称"B公司")是长期合作伙伴。A公司负责"速净"商标产品的生产,而B公司则负责该产品的销售。"速净"产品的商标专用权属于B公司,并已注册在案。为了提高经济效益,A和B两公司洽谈达成合并意向。经双方董事会提议并经各自的股东会决议通过,两公司签订了合并协议,约定将B公司归入A公司。根据决议,A公司要求B公司转交其全部财产,包括"速净"商标专用权。然而,B公司部分股东反对转交包括"速净"商标专用权在内的全部财产。他们的理由是B公司的合并决议程序不合法,其根据是:B公司共有7名股东,当公司董事会就合并议案通知召开股东会讨论时,已经有两名股东书面表示反对,并且拒绝到会表决,该两名股东共代表公司股份的20%;而在公司讨论这一议案的股东会上,又有两位股东投了反对票,而这两位股东共代表25%的公司股份。虽然其他三位股东投了赞成票,但计算下来,赞成公司合并的票数仅占公司股份的55%,股东会的决议并没有获得法定数量表决权的通过,因此决议应当无效或者可撤销。由此,B公司内部发生纷争,而A公司则坚持要求B公司履约。

问题:1.B公司的股东会决议是否有效?

2.A公司能要求B公司移交其财产吗?

【案例分析】

B公司的股东人数一共是7名,且该7名股东均为有表决权股东。根据《公司法》的有关规定,有限责任公司的股东会对一些特殊议案,诸如增加或者减少注册资本、公司的分立与合并、变更公司形式等,必须经代表2/3以上表决权的股东通过。因本案中B公司的股东会决议只有3名股东同意合并,其人数并没有达到法定的要求,因此B公司的股东会决议是无效的。法院判决A,B

两公司的合并议案无效,A 公司不能要求 B 公司移交其财产。

【本章小结】

本章主要阐述了公司及公司法的概念,公司的种类和我国《公司法》对公司的一般规定。重点介绍了有限责任公司和股份有限公司的概念、设立条件、组织机构、股权转让等公司法律制度。介绍了公司的合并、分立、组织变更、解散和清算程序以及有关外国公司分支机构的规定,并介绍了违反我国《公司法》的相关法律责任。

【测试题】

一、单选题

1. 依照《公司法》,以下不属于有限责任公司法定设立条件的是(　　　)。
   A. 股东符合法定人数
   B. 股东出资达到法定资本最低限额
   C. 有公司名称
   D. 有固定生产经营场所和必要的生产经营条件

2. 有限责任公司是股东以(　　　)为限对公司承担责任,公司以(　　　)对公司债务承担责任的公司。
   A. 个人全部财产;其特定资产　　　B. 其出资额;其全部资产
   C. 其出资额;其经营资产　　　　　D. 其个人全部财产;其全部资产

3. 根据《公司法》规定,有限责任公司因规模较小,不设董事会的,由(　　　)作为公司的法定代表人。
   A. 执行董事　　　　　　　　　　B. 监事会负责人
   C. 总经理　　　　　　　　　　　D. 股东大会指定的负责人

4. 公司应当自作出减少注册资本决议之日起 10 日内通知债权人,并于(　　　)在报纸上至少公告 3 次?
   A. 15 日内　　　　　　　　　　B. 30 日内
   C. 60 日内　　　　　　　　　　D. 20 日内

5.股份有限公司的注册资本最低额应为(　　　)万元。

　　A.1 000 万元　　　　　　　　　　　B.500 万元

　　C.50 万元　　　　　　　　　　　　D.30 万元

6.董事、监事、经理执行公司职务时违反法律、行政法规或者公司章程的规定,给公司造成损害的,应该(　　　)。

　　A. 自己提出辞职　　　　　　　　　B. 承担行政责任

　　C. 承担赔偿责任　　　　　　　　　D. 解除其职务

二、判断题

1. 股份公司的董事会人数为 5 ~ 19 人,当不足规定 2/3 时,应当召开临时股东大会补充差额。　　　　　　　　　　　　　　　　　　　(　　)

2. 股东向股东以外的人转让股权,应当经其他股东半数以上同意。(　　)

3. 国有有限责任公司的董事会成员中应当有公司职工代表。　　　(　　)

三、简答题

1. 有限责任公司的设立条件有哪些?

2. 一人有限责任公司的独特之处在哪里?

3. 论《公司法》对股份转让的规定。

4. 试述公司清算程序。

5. 结合我国公司法律制度,谈谈外商投资会展公司的法律特点。

四、实训题

收集当地会展公司的相关资料并讨论其管理状况。

第4章
会展展品监管法律制度

【本章导读】

展品是会展活动当中非常重要的一个要素,会展活动中一般都会出现展品的运输和保管,因此展品监管涉及了多种法律法规,其中包括展品进出境的海关监管和相应的检验检疫以及文物等特殊展品的相关特殊规定。本章就在相关法律的基础上,对会展展品的管理进行介绍和阐述。

【关键词汇】

展品进出境　展品检验检疫　文物展品　出国(境)展览

【案例导入】

秦始皇陵兵马俑巡回展

近日,历时 4 年巡游了全国 22 个城市的秦始皇陵兵马俑全国巡展在内蒙古自治区包头市落下了帷幕。据了解,这些兵马俑不但在国内各地频频露脸,而且远赴重洋展览。

秦俑坑发现后,仅仅过了两年时间,秦陵出土文物便开始在海外展出。1982 年之后,各种文物展览几乎都少不了秦俑,因为兵马俑最具有号召力,很多"青铜器展览""唐长安文物展""丝绸之路文物展"等专题展览都特别邀请秦俑出展,秦陵兵马俑实实在在地已经成为各类展览中不可缺少的展品。这一点在主办方出版的图录、说明书和宣传画、广告中就有比较明显的反映。这些宣传资料多数是以秦俑头像或军阵作封面的。兵马俑在各地展出的巨大成功,显示着中国和世界各国、各地区、各民族之间文化交流的强劲势头和勃勃生机。据资料记载,自 1976 年 3 月起到 2001 年 12 月底为止,这 25 年间以兵马俑为主的秦陵文物走出博物馆,先后到世界各地 154 个城市举办了 81 项展览。兵马俑的巡回展览,引起了全球性的探讨和研究秦俑、秦文化内涵的兴趣,也为我们与不同国度、不同民族、不同语言、不同肤色的人们之间的交流架起了一座桥梁,中国的文物工作者通过自己的理解发布有关兵马俑的信息,阐释着自己的研究结论,同时也能及时倾听到海外观众的心声。兵马俑的巡回展览为这种直接的、双向的交流提供了契机。

资料来源:http://news.enorth.com.cn/system/2005/09/14/001119132.shtml

问题:1. 我国文物保护法对文物出境展览有何规定?

2. 文物出国(境)展览项目报批程序是怎样的?

【案例分析】

1. 我国《文物保护法》规定,文物出境,应当经国务院文物行政部门指定的文物进出境审核机构审核。经审核允许出境的文物,由国务院文物行政部门发给文物出境许可证,从国务院文物行政部门指定的口岸出境。任何单位或者个人运送、邮寄、携带文物出境,应当向海关申报;海关凭文物出境许可证放行。文物出境展览,应当报国务院文物行政部门批准;一级文物超过国务院规定数量的,应当报国务院批准。出境展览的文物出境,由文物进出境审核机构审核、登记。海关凭国务院文物行政部门或者国务院的批准文件放行。出境展览的文物复进境,由原文物进出境审核机构查验。

2. 我国《文物出国(境)展览管理规定》明确了项目报批程序。①由展览举办单位向所在省、自治区、直辖市文物行政主管部门提出项目申请并附有关资料。②各省、自治区、直辖市文物行政管理部门对项目申请及有关文件进行审核,认定后在每一年的 5 月底前向国家文物局预报下一年度本省(区、市)外展计划。经国家文物局核准的下一年度外展览计划项目,在具体实施时应提前 6 个月正式向国家文物局审核。③国家文物局直属博物馆的外展计划和展览项目直接向国家文物局提出申请。

4.1 展品监管概述

4.1.1 展品的概念及展品监管的相关法律规定

展品即展览品,是参加展览会时向观众展示的产品、艺术作品、文物等。详尽地了解有关展在国的展览章程和展览品的监管办法,是办好展览、取得理想效果的重要条件。我国对于展品的监管办法,主要参照分布不同的相应法律法规当中。除此之外,一个展览会的章程,对展览各方面的事宜均有明确的规定,也是我们对展品进行监管的主要依据。

目前,我国法律中对于展品监管的相关规定,主要分布于《中华人民共和国海关法》《中华人民共和国出境入境边防检查条例》《中华人民共和国进出口商品检验法》《中华人民共和国文物保护法》等法律当中。

4.1.2 中华人民共和国海关法

《中华人民共和国海关法》是管理海关事务的基本法律规范,于 1987 年 1 月 22 日由第六届全国人民代表大会常务委员会第十九次会议通过,同年 7 月 1 日起实施。为了适应形势发展的需要,2000 年 7 月 8 日第九届全国人民代表大会常务委员会第十六次会议审议通过了《关于修改〈中华人民共和国海关法〉的决定》,对《海关法》进行了较大的修改。修订后的《海关法》于 2001 年 1 月 1 日起实施。其他有关法律是指由全国人民代表大会及其常务委员会制定的与海关监督管理相关的法律规范,主要包括《宪法》《进出口商品检验法》《固体废物污染环境防治法》等。行政法规是指由国务院制定的法律规范,包括专门用于海关执法的行政法规和其他与海关管理相关的行政法规。海关事务属于中央立法事权,立法者为全国人大及其常委会以及国家最高权力机关的最高执行机关——国务院,除此以外,海关总署可以根据法律和国务院的法规、决定、命令制定规章,作为执法依据的补充。省、自治区、直辖市人民代表大会和人民政府不得制定海关法律规范,其制定的地方法规、地方规章也不是海关执法的依据。

4.1.3 进出口商品检验制度

在国际贸易中,进出口商品检验是必不可少和十分必要的。1998 年初,根据第九届全国人大第一次会议通过的国务院机构改革方案,由原国家进出口商品检验局、原卫生部卫生检疫局和原农业部动植物检疫局共同组建国家出入境检验检疫局,归口国家海关总署领导,这标志着我国出入境检验检疫事业进入了一个新的发展时期。

按照国务院批准的国家出入境检验检疫局"三定"方案规定,国家出入境检验检疫局及其设立在全国各地的分支机构是主管我国出入境卫生检疫、动植物检疫和商品检验的行政执法机构。目前,国家出入境检验检疫局在出入境检验检疫工作中执行的基本法律包括:《中华人民共和国进出口商品检验法》《中华人民共和国进出口商品检验法实施条例》《中华人民共和国进出境动植物检疫法》《中华人民共和国进出境动植物检疫法实施条例》《中华人民共和国国境卫生检疫法》《中华人民共和国国境卫生检疫法实施细则》。

我国对进出口商品检验实行的是官方机构与民间机构相结合。我国政府承认的民间进出口商品检验机构是中国商品检验公司,全称是中国进出口商品检验总公司(CHINA NATIONAL IMPORT & EXPORT COMMODITIES INSPECTION CORPORATION),其于 1980 年 7 月经国务院批准成立,是国家进出口商品检验局(国家出入境检验检疫局的前身)指定的实施进出口商品检验和鉴定业务的检验实体。中国商品检验公司在全国各省、市、自治区设有分支机构,接受对外贸易关系人的委托,办理各项进出口商品检验鉴定业务,为之提供顺利交接结算、合理解决索赔争议等方面的服务。中国商品检验公司还在世界上 20 多个国家设有分支机构,承担着装船前检验和对外贸易鉴定业务。

4.1.4 文物保护制度

为保护我国丰富多彩的文物资源,我国在《中华人民共和国宪法》第 22 条中明确规定:"国家保护名胜古迹、珍贵文物和其他重要历史文化遗产。"与此同时,国家还制定和颁布了一系列有关保护文物的法律、法规和规范性文件。

法律中最主要的有《中华人民共和国文物保护法》《中华人民共和国水下文物保护法》等。此外,《中华人民共和国环境保护法》《中华人民共和国海关法》《中华人民共和国城市规划法》《关于惩治盗掘古文化遗址古墓葬犯罪的补充规定》《治安管理处罚条例》等法律中也有许多文物保护内容。

国务院颁布和批准颁布的行政法规有《全国重点文物保护单位名单》《中华人民共和国文物保护法实施细则》《关于进一步加强环境保护的决定》《河道管理条例》《国务院关于进一步加强文物工作的通知》以及《国务院批转国家建委等部门〈关于保护我国历史文化名城的请示〉的通知》等。

由国家有关机关根据法律、行政法规的规定制定颁发的部门规章和规章性文件主要有文化部颁发的《文物出境、鉴定管理办法》、国家计委、国家环境保护委员会颁发的《建设项目环境保护设计规定》、国家文物局颁发的《全国重点文物保护单位保护范围、标志说明、记录档案和保管机构工作规范(试行)》等。

许多省、自治区、直辖市人民代表大会及其常委会还根据当地的具体情况,制定了许多地方性法规。

我国还参加和批准了《保护世界文化和自然遗产公约》《关于武装冲突情况下保护文化遗产的公约》《关于禁止和防止非法进口文化遗产和非法转让其所有权的方法的公约》等国际上通用的公约,使之成为我国人文旅游资源保护法的组成部分。

4.2 我国展品进出境的海关监管

4.2.1 我国展品进出境的海关监管概述

对于进出境的展品,我国海关有权予以监管,其监管依据就是《中华人民共和国海关对进出口展览品监管办法》(以下简称《监管办法》)。为了促进我国对外贸易和国际间的经济、科技、文化和体育交流,便利外国和我国港、澳、台地区的公司、贸易团体、民间组织及政府机构等来我国举办展览会,1997年2月,中华人民共和国海关总署制定了《中华人民共和国海关对进出口展览品监管办法》,并从当年的4月1日开始实施。

外国来华和我国出国举办展览会,根据不同性质都要经过有关主管部门批准,并由具有主办单位、承办单位资格的法人负责举办。一般情况下出国(境)举办展览会由中国国际贸易促进委员会及其各地的分会、全国性进出口商会、中国外商投资企业协会负责举办。

所谓进口展览品,《监管办法》第2条规定:"本办法所称进口展览品(以下简称展览品)包括下列货物、物品:①在展览会中展示或示范用的货物、物品。②为示范展出的机器或器具所需用的物品。③展览者设置临时展台的建筑材料及装饰材料。④供展览品做示范宣传用的电影片、幻灯片、录像带、录音带、说明书、广告等。对于为举办技术交流会、商品展示会或类似活动而进境的货物,海关按进境展览品的有关规定进行监管。"

所谓出口展览品,其包括为了到国外举办经济、贸易、文化、科技等展览会或者参加外国博览会,而运出的展览品,以及有关的宣传品、布置品、招待品、小卖品和其他公用物品。

对批准在我国境内两个或两个以上设关地点举办展览会的展览品,展览会的主办单位或其代理人应按海关要求,转至下一设关地点继续展览,并接受展出地海关监管。展览会结束后,部分展览品需运至另外一设关地点参加其他相关展览会的,经海关同意后,按照海关对转关运输的有关规定办理转关手续。对在原批准展出计划外,而临时增加展出地点或参加另一展览会的展览品,展览会的主办单位或其代理人应持原批准单位同意增加展出地点或参加另一展览会的批准文件,向海关书面申请,经海关同意后,按海关对转关运输的有关规定办理转关手续。

展览品运出或者复运进口时,不准在装展览品的容器内装入个人物品,或者其他非展览物品。组织出国展览的单位,在国外展出期间购买、接受的物品、样品、礼品和其他资料,应当另行包装并开列清单,向入境地海关申报。对购买的物品,除供工作人员在国外集体使用的食宿用具外,应当向海关交验商务部的批准文件。

上述物品由海关按照有关规定征税或者免税。展览品出口、复运进口,以及在国外购买、接受的其他物品,海关应当进行必要的查验。海关查验上述物品的时候,组织出国展览的单位应当在场,并且根据海关的要求开拆包装。海关在查验放行展览品和办理审核销案工作中,如果发现有违反本办法和其他法令规定的情事,可以将有关物品扣留,查明情况,分别按照有关规定进行处理。

4.2.2 展品进出境的手续

1) 进境展览品的通关流程

(1) 备案

来华举办展览会的单位,应当将有关批准文件事先抄送展出地海关,并向展出地海关办理备案手续。

(2) 担保

展览品进境时,展览会主办单位、参展商或其代理人,应向海关提供担保。担保形式可为相当于税款金额的保证金、银行或其他金融机构的担保书,以及经海关认可的其他方式的担保。在海关指定场所或海关派专人监管的场所举办展览会,可免于向海关提供担保。

(3) 进口展览品申报

展览会的主办单位或其代理人应在展出地海关办理展览品进口申报手续。从非展出地海关进口的展览品,应当在进境地海关办理转关手续。主办单位或其代理人申报进口展览品时,应向海关提交展览品清单,清单内容填写应完整、准确,并译成中文。

(4) 查验

展览会主办单位或其代理人应当于展览品开箱前通知海关,以备海关到场查验。海关对展览品进行查验时,展览品所有人或其代理人应当在场,并负责搬移、开拆、重新封货包装等协助查验的工作。展览会期间展出或使用的印刷品、音像制品及其他海关认为需要审查的物品,应经过海关审查同意后,方能展出或使用。对我国政治、经济、文化、道德有害的以及侵犯知识产权的印刷品和音像制品,不得展出或使用,并由海关根据情况予以没收、退运出境或责令展出单位更改后使用。

(5) 驻场监管

海关派员进驻展览场所执行监管任务时,展览会的主办单位或承办单位应当提供办公场所和必需的办公设备,并向海关支付规费。未经海关许可,展览品不得移出展览品监管场所,因故需要移出的,应当报经海关核准。

(6) 核销

展览会闭幕后,展览会主办单位或其代理人应及时向展出地主管海关交验展览品核销清单一份。对于未及时退运出境的展览品,应存放在海关指定的监管场所或监管仓库,并接受海关监管。对于不复运出境的展览品,海关按照有关规定办理进口手续,展览会主办单位应及时向海关办理展览品进口结关手续,负责向海关缴纳参展商或其代理人拖欠未缴的各项税费。

(7)复出境

展览会结束后,展览会主办单位或其代理人应向展出地海关办理海关核销手续。展览品实际复运出境时,展览会的主办单位或其代理人应向海关递交有关的核销清单和运输单据,办理展览品出境手续。对需要运至其他设关地点复运出境的展览品,经海关同意后,按照海关对转关运输的有关规定办理转关手续。一般情况下,展览品自进境之日起6个月内复运出境。如需延长复运出境期限应报经主管海关批准,延长期限最长不超过6个月。举办为期半年以上的展览会,应由主办单位或其代理人事先报海关总署审核。

2)出境展览品的通关流程

(1)出口

展览品出口时,组织出国展览的单位(或者它委托的代办单位)应当将列有麦码、件数、名称、规格、数量、价格等内容的展览品清单(一式二份)注明批准机关及批准文号,连同有关的运输单据,向出境地海关申报。

(2)复进口

展览品复运进口的时候,组织出国展览的单位应当将展览品清单(一式二份)注明原出境日期、地点、运输工具名称、展出国家或地区以及在国外展出期间对展览品的出售、赠送、放弃、消耗或者留给我驻外机构使用等处理情况,连同有关运输单据,向入境地海关申报。如果组织出国展览的单位,要求将展览品运至它所在地的海关办理海关手续时,入境地海关可以办理转关手续。

(3)核销

出境地和入境地海关,应当将查验放行展览品的情况和日期在清单上注明,并一份留存,一份寄给组织出国展览单位所在地的海关,办理审核销案工作。

另外,展览品中如果有根据我国有关法律、法规应受其他进口限制的物品,主办单位或其代理人应当按照有关规定办理检验或批准手续。

4.2.3 展品进出境的税费

对进境展览品留在国内销售的,应由主办单位或有关购买单位向展出地海关办理正式进口手续。凡出售给外贸(工贸)公司或其他有进出口经营权单位的,由购买展品的公司、单位办理进口手续;出售给外国驻华外交机构、外交官或其他驻华机构、人员的,由该机构或人员办理进口手续;出售给其他国内单位、个人的,由展览会主办单位办理进口手续。办理出售展品进口手续时,应按国家有关规定提供进口许可证或其他有关批件,并按规定缴纳进口关税和进口环节税。

上述进口手续办妥后,海关放行有关展览品。作为礼品或样品赠送的展览品,主办单位应向展出地海关提供列明品名、数量、价值、受赠对象等内容的展品赠送确认书,由受赠对象向海关办理进口手续。海关根据进口礼品或样品的管理规定办理征免税验放手续。对展出后放弃的展览品,主办单位应向展出地海关提供列明名称、数量、价值和处理方法的放弃展品清单。有接受单位的,由接受展品单位向海关办理进口手续,并按规定缴纳进口税款;无接受单位的,主办单位应将放弃的展品交由海关按规定处理。

展览品因毁坏、丢失或被窃而不能复运出境的,展览会主办单位或其代理人应及时向海关报告,并办理有关手续。对于毁坏的展览品,海关根据毁坏程度估价征税;对于丢失或被窃的展览品按照进口同类产品照章征税。展览品因不可抗力遭受损坏或灭失的,海关根据其受损状况,减征或免征关税和进口环节税。

展览品应自进境之日起6个月内复运出境。展览品复运出境时,展方应向驻场海关递交"转关运输货物申报单"和《装载清单》一式二份,按海关监管货物的规定将展览品转运至出境地海关出境。展览会或类似活动中展出或使用的暂准进口货物,其复运出境的期限应为自暂准进境之日起的6个月,延长期限需报主管海关批准。延长期满后,除经海关总署特准外,不再予以延长。展览会结束后,展方应于10天内将全部展品的处理情况开列清册一份(或利用原向海关备案的展品清册逐项注明),向海关办理结案手续,并退还保证金或注销保证函。

海关根据展览会的性质、参展商品的规模、观众人数等情况,在数量和总值合理的范围内,对下列进口后不复运出境的货物,免征进口关税和进口环节税:

①在展出活动中能够代表国外货物的小件样品,包括原装进口的或在参展期间用进口的散装原料制成的食品或饮料(不含酒精)的样品,但应符合以下

条件：

ⅰ.由参展商免费提供并在展出期间专供免费分送给观众个人使用或消费的；

ⅱ.显系单价很小作广告样品用的；

ⅲ.不适用于商业用途,且单位容量明显小于最小的零售包装容量的；

ⅳ.食品及饮料的样品虽未按本项ⅲ规定的包装分发,但确系在活动中消耗掉的。

上述货物,需超出限量进出口的,超出部分应照章纳税。展览会期间出售的小卖品,其主办单位或其代理人应当向海关交验我国对外贸易管理部门的批准文件,并向海关缴纳进口关税和其他税费。

②在展览会中专为展出的机器或器件进行操作示范所进口的并在示范过程当中被消耗或损坏的物料。

③展出者为修建、布置或装饰展出台而进口的一次性廉价物品,如油漆、涂料及壁纸。

④参展商免费提供并在展出期间专门用于向观众免费散发的与活动有关的宣传性印刷品、商业目录、说明书、价目单、广告招贴、广告日历及未装框照片等。

⑤进口供各种国际会议使用或与其有关的档案、记录、表格及其他文件。②、③所述物料未使用或尚未被消耗的部分,如不复运出境,应按规定办理进口手续并照章征税；④所述物品,展览会结束后需留在国内的,主办单位或其代理人应按照我国对印刷品进口的管理规定办理进口手续并照章纳税。

另外,展览品属海关同意的暂时进口货物,进口时免领许可证、免交进口关税和其他税费。进口展览品自进境起到复运出境止,出口展览品自出境起到复运进境向海关核销止,都应在海关监督管理之下。

【知识链接】

展览品进出口报关

一、申报

为举办出国展览(销)会而筹集的展品出口时,组织出国展览(销)的单位持下列单证向出境地海关申报：

①归口审批部门的批件；

②展品清单一式二份；

③如由外贸、工贸公司主办又属实行许可证管理的商品，须提交出口货物许可证；非外贸单位主办的，不论是否属实行许可证管理的商品，则一律须提交该证；

④出口货物报关单一式三份；

⑤运输单据。

展品从境外复运入境时，组织出国展览(销)的单位持下列单证向入境地海关申报：

①展品清单一式二份，注明原出境日期、地点、运输工具名称、展出国家或地区，以及在国外展出期间对展品的出售、赠送、放弃、消耗或留给我驻外机构使用等处理情况；

②运输单据；

③《进口货物报关单》一式三份。

二、海关查验放行

上述出口展品和复运回国展品清单，经出入境地海关检查后予以验放。其中需要将复运回国的展品运至其所在地海关办理手续的，由入境地海关核准，将清单注明后，一份寄给组织出国展览单位所在地的海关，以便办理核销工作，也可按照"海关监管货物"办理转关运输手续。

说明：

①展品如明确为在国外销售的，又属于应征出口税的，由海关征税放行。如未明确，而在国外发生销售，则在其余展品复运回国时，予以补征。

②组织出国展览(销)的单位，进口在国外展出期间购买、接受的物品、样品及其他资料，则须按海关规定，另行包装并开列清单，向入境地海关申报进口。对购买的物品，除供工作人员在国外集体使用的食宿用具外，还须交验国家外经贸部的批准文件，由海关征税或者免税后验。

4.3 进出口商品的检验检疫

在对展品进行进出口的过程中，我们要维护进出口各方的合法权益，同时也要遵守进出口的相关检验制度，加强对进出口展品的检验检查，规范相应的进出口商品检验行为，促进涉外展览的顺利运营和发展，1989年2月21日，第七届全国人民代表大会常务委员会第六次会议通过了《中华人民共和国进出口商品检验法》，并于2002年4月28日在九届全国人民代表大会常务委员会第二十七次会议进行了修订。进出口商品检验制度内容广泛,这里只对包装检验、品质检验、卫生检验、安全性能检验、法定检验予以阐述。

1) 包装检验

包装检验是根据外贸合同、标准和其他有关规定,对进出口商品的外包装和内包装以及包装标志进行检验。商检机构一般以抽样或当场的方式检验进出口商品的包装,或在进行衡器计重的同时结合抽样或当场的方式进行检验。包装检验首先核对外包装上的商品包装标志(标记、号码等)是否与进出口贸易合同相符。对进口商品主要检验外包装是否完好无损,包装材料、包装方式和衬垫物等是否符合合同规定要求。对外包装破损的商品,要另外进行验残,查明货损责任方以及货损程度,并对发生残损的商品要检查其是否由于包装不良所引起。对出口商品的包装检验,除包装材料和包装方法必须符合外贸合同、标准规定外,还应检验商品内外包装是否牢固、完整、干燥、清洁,是否适于长途运输和保护商品质量、数量的习惯要求。

2) 品质检验

品质检验亦称质量检验,即运用各种检验手段,包括感官检验、化学检验、仪器分析、物理测试、微生物学检验等,对进出口商品的品质、规格、等级等进行检验,确定其是否符合外贸合同(包括成交样品)、标准等规定。品质检验的范围很广,大体上包括外观质量检验与内在质量检验两个方面:外观质量检验主要是对商品的外形、结构、花样、色泽、气味、触感、疵点、表面加工质量、表面缺陷等的检验;内在质量检验一般指对有效成分的种类含量、有害物质的限量、商品的化学成分、物理性能、机械性能、工艺质量、使用效果等的检验。

3) 卫生检验

卫生检验主要是对进出口食品检验其是否符合人类食用卫生条件,以保障人民健康和维护国家信誉。根据《中华人民共和国食品卫生法》第30条规定:"进口的食品,食品添加剂,食品容器、包装材料和食品用工具及设备,必须符合国家卫生标准和卫生管理办法的规定。进口前款所列产品,由口岸进口食品卫生监督检验机构进行卫生监督、检验。检验合格的,方准进口。海关凭检验合格证书放行。进口单位在申报检验时,应当提供输出国(地区)所使用的农药、添加剂、熏蒸剂等有关资料和检验报告。进口第一款所列产品,依照国家卫生标准进行检验,尚无国家卫生标准的,进口单位必须提供输出国(地区)的卫生部门或者组织出具的卫生评价资料,经口岸进口食品卫生监督检验机构审查检验并报国务院卫生行政部门批准。"第31条规定:"出口食品由国家进出口商品检验部门进行卫生监督、检验。海关凭国家进出口商品检验部门出具的证书放行。"

4)安全性能检验

安全性能检验是根据国家规定和外贸合同、标准以及进口国的法令要求,对进出口商品有关安全性能方面的项目进行的检验,如易燃、易爆、易触电、易受毒害、易受伤害等,以保证生产使用和生命财产的安全。目前,除进出口船舶及主要船用设备材料和锅炉及压力容器的安全监督检验,根据国家规定分别由船舶检验机构和劳动部门的锅炉、压力容器安全监察机构负责监督检查外,其他进出口商品涉及安全性能方面的项目,由商检机构根据外贸合同规定和国内外的有关规定和要求进行检验,以维护人身安全和确保经济财产免遭侵害。

5)法定检验

根据我国《商品检验法》的规定,对以下进出口商品实施法定检验,即强制性检验:①列入《进出口商品检验种类表》的进出口商品的检验;②出口食品的卫生检验;③出口危险货物包装容器的性能鉴定和使用鉴定;④装运出口易腐烂变质食品、冷冻品的船舱、集装箱等运载工具的适载检验;⑤有关国际条约规定须经商检机构检验的进出口商品的检验;⑥其他法律、行政法规规定须经商检机构检验的进出口商品的检验。《商检法》明确规定,对法定检验的进口商品未经检验不准销售、使用;对法定检验的出口商品未经检验合格的不准出口;盛装出口危险货物的包装容器必须进行性能鉴定和使用鉴定,使用未经鉴定合格的包装容器的危险货物,不准出口。

【知识链接】

目前有哪些货物可以实施直通放行?

国家质检总局对可以申请实施直通放行的进出境货物作出了明确的规定。入境货物只要未列入《不实施进口直通放行货物目录》;来自非疫区;用原集装箱直接运输至目的地;不属于国家质检总局规定须在口岸进行查验或处理范围的,企业即可申请实施进口直通放行。

出境货物只要在《实施出口直通放行货物目录》内且不属于下列情况之一

的,企业即可申请实施出口直通放行:散装货物;在口岸需更换包装、分批出运或重新拼装的货物;出口援外物资和市场采购货物;按双边协定、进口国或地区要求等须在口岸出具检验检疫证书的货物;国家质检总局规定的其他不适宜实施直通放行的货物。

上述《实施出口直通放行货物目录》和《不实施进口直通放行货物目录》由国家质检总局按照风险分析、科学管理的原则,制定并动态调整。目前列入《实施出口直通放行货物目录》的出境法定检验检疫货物共有 2 623 种,列入《不实施进口直通放行货物目录》的入境法定检验检疫货物共有 1 894 种。

4.4 文物展品出国(境)展览的规定

4.4.1 文物出国(境)展览管理

1)基本规定

为加强文物出国(境)展览的管理,严格审批程序和权限,确保出国(境)展览的文物安全,使文物出国(境)展览更好地弘扬中华民族优秀文化,为我国改革开放事业和总体外交路线服务,取得最佳社会效益和经济效益,根据《中华人民共和国文物保护法》和有关法规,国家文物局于 2000 年 6 月制定了《文物出国(境)展览管理规定》。该规定在总则部分对文物出国(境)展览的类型、可展文物和展览方式以及管理部门都作了规定。

该规定所指文物出国(境)展览是指我国在外国及中国香港、澳门特别行政区和台湾地区举办的各类文物展览,具体包括以下:①我国政府与外国政府间文化交流协定确定的文化交流项目。②我国各省、自治区、直辖市与外国相关地方间的友好交流项目。③我国有关博物馆与国外博物馆之间的交流项目。

2)可展文物及展览方式

出国(境)展览的文物展品必须是经过收藏单位注册、登记、确定级别的,并已在国内发表或正式展出的;为确保出国(境)展览文物的安全,易损文物、一级文物中的孤品及元代以前(含元代)绘画等,不得出国(境)展览。

下列文物禁止出国展览:历代出土古尸;宗教场所的主尊造像;质地为象牙、犀角的;元以前书画、缂丝作品;宋、元有代表性的孤品瓷器。

下列文物为限制性出国展览文物:简牍、帛书;唐写本、宋刻本古籍;宋以前的较大幅完整丝织品;大幅壁画和重要壁画;陵墓石刻。

出国(境)文物展览一般采取有偿展出的方式,但不采取租赁方式。

3)管理部门

国家文物局负责全国文物出国(境)展览的归口管理,其职责是:

①组织协调大型文物出国(境)展览。

②审核各省、自治区、直辖市的文物出国(境)展览计划。

③审定各省、自治区、直辖市举办文物出国(境)展览的资格。

④制定禁止文物出国(境)展览的清单。

⑤监督和检查文物出国(境)展览的情况。

⑥查处文物出国(境)展览中严重违纪、违规事件。

4)文物出国(境)展览组织者的资格

下列部门和机构经国家文物局审定后,可取得承办文物出国(境)展览。

①国家文物局直属博物馆。

②省、自治区、直辖市文物行政主管部门。

③省、自治区;直辖市级博物馆。

④经国家文物局指定专门或临时从事文物出国(境)展览的单位。

5)文物出国(境)展览项目的审批

(1)审批权限

①展品在80件(套)以内(含80件)、一级文物不超过20%(含20%)的文物出国(境)展览由国家文物局审批并报文化部备案。

②展品在81~120件(套)之间(含120件、套)、一级文物不超过20%(含20%)的文物出国(境)展览由文化部审批。

③展品超过120件(套)或展品中一级文物不超过20%的文物出国(境)展览由国务院审批。

(2)项目报批程序

①由展览举办单位向所在省、自治区、直辖市文物行政主管部门提出项目申请并附有关资料。

②各省、自治区、直辖市文物行政管理部门对项目申请及有关文件进行审

核,认定后在每一年的五月底前向国家文物局预报下一年度本省(区、市)外展计划。经国家文物局核准的下一年度外展览计划项目,在具体实施时应提前6个月正式向国家文物局审核。

③国家文物局直属博物馆的外展计划和展览项目直接向国家文物局提出申请。

(3)申报项目内容

①合作各方的有关背景资料、资信证明、邀请信。

②经过草签的展览协议书草案,内容包括:展览举办单位、机构、所在地及国别;展览的名称、时间、出展场地;展品的安全、运输、保险、赔偿的责任和费用;展品的点交方式及地点;展览代表团、工作人员的安排及其所需费用;展览费用的支付方式;涉及有关知识产权资料的提供及利益分配。

(4)展品目录和经核准的展品估价

展品目录按国家文物局印发的统一表格填写,并附清单,填写内容包括:文物的名称、年代、级别、尺寸、质地、来源;展品展出和发表情况;展品照片;展品的状况。展品估价必须由国家文物局认定的单位按文物自身的价值进行估算,不得根据对方的要求随意更改、降低估价。

(5)其他事项

①未经批准,任何单位和个人不得对外作出有关文物出国(境)展览的承诺或擅自签订有关文物出国(境)展览的正式协议书。

②文物出国(境)展览协议书、展品目录、展品估价等,一经批准,不得随意更改。确需更改须重新报国家文物局批准。

③文物出国(境)展览展期(包括延期)不应超过一年。

6)文物出国(境)展览的人员派出及其他

①文物出国(境)展览代表团人员的组成应以文物部门人员为主,必须有熟悉文物展览的专业人员参加。

②文物出国(境)展览,必须配备工作组参与展品的点交、布陈、撤陈并监督协议执行情况。工作组人员应选派热爱祖国,忠于职守,有强烈的责任心,熟悉展品情况的博物馆馆员以上人员(或从事文物保管工作五年以上的人员)。大型文物展览工作组组长应由具有副研以上职称的业务人员担任。外展工作人员必须维护国家的主权和利益,维护民族尊严,严格遵守外事纪律。

③为确保文物安全,各出展单位必须对出展文物进行严格的安全检查,保

护状况不好的文物一律不准出展。出展文物包装工作必须严格按照《出国(境)文物展览包装工作规范》执行。

④制作展览图录的照片原则上由我方提供,不得允许对方自行摄制。重要文物展览的电视宣传和广告需要摄录展品的,应经我方主办单位的同意后,严格按《文物拍摄管理办法》执行。

⑤各主办单位应在展览结束后一个月内,向国家文物局写出有关文物安全及展出情况的正式报告。

7)罚则

①对违反规定,未经批准擅自与对方签订展览协议的,国家文物局有权终止展览项目,并对有关单位和个人予以警告、通报、暂停或取消举办文物出国(境)展览资格的处罚。

②对违反规定,在申报展览项目过程中弄虚作假的,一经查实,国家文物局有权立即停止其举办文物出国(境)展览活动,并追究当事人和有关领导的责任。

③对文物出国(境)展览活动中,玩忽职守,徇私舞弊,使文物受到损害,给国家造成损失的,国家文物局有权给予取消其参与文物出国(境)展览资格的处罚,由其主管部门视情节轻重,给予当事人和直接领导者以相应的行政处分。构成犯罪的,由司法机关追究刑事责任。

4.4.2　出境文物展品包装工作规范

1)基本要求

为保证出国(境)文物展览包装工作规范化、科学化,保证文物在赴国(境)外展出过程中安全无损,国家文物局制定了《出国(境)文物展品包装工作规范》。

该规范明确的文物展品包装工作的基本要求是:结构合理、坚固耐用、拆卸方便、复位容易、美观简洁、一目了然,适合集装箱(车、飞机)装载,适于长途运输。

凡经国家文物局批准的出国(境)文物展览的展品必须按照该规范要求进行内、外包装。

2）包装单位和人员

举办出国（境）文物展览的单位，必须指定专门的从事文物展品包装工作的单位或由专人负责包装工作。国家文物局认定有能力的单位可以从事专门的文物展品包装工作。

从事包装工作的人员，必须经过国家文物局（或由国家文物局指定的培训机构）举办的专业技术培训班培训并经考核获得资格证书后，方能从事文物展品包装工作。包装工作人员应热爱本职工作，爱护文物，具有强烈的责任心。

未经国家文物局特别许可，外国团体、法人、自然人不得在文物展览单位从事文物包装工作。

3）包装技术

（1）包装材料的选用

①制作内、外包装箱均应使用目前国际通用的复合木质材料为板材，如多层板、夹心板等。禁止使用未经高温处理的原木为材料。

②内、外包装箱的防震层应选用质地柔韧、弹力好的高密度吹塑板及泡沫塑料为材料。

③填充物应以海绵、各种密度的聚氯板和高密度聚苯板等为材料。禁止使用旧报纸、卫生纸、纸屑、锯末、麦秸、砂土等作为填充材料。

（2）外包装箱制作要求

①常规式外包装箱的制作要求外包装箱应具有坚固性及较强的防震、防冲撞、抗压和防水性能。具体要求是：a.尺寸规格。按照运输方式不同，外包装箱的尺寸规格可分为空运、陆运两种。空运外包装箱的尺寸规格：（长×宽×高，单位：cm）157×105×160；157×105×80；79×105×8。陆运外包装箱的尺寸规格：（长×宽×高，单位：cm）不超过1 190×220×225；不超过590×220×225。b.箱体材料：多层板。c.箱内壁防震层厚度应达2~5 cm，防水层所使用的塑料布应在0.05 mm以上。d.箱外表显著位置要有防倒置、防雨、易碎标志并标明箱号。e.外包装箱与内包装箱之间应用防震减压的填充物填实，不得留有空隙。f.外包装箱表面不应该有突出的锁扣等装置，以避免箱体移位时发生拉挂等现象，影响箱体安全。

②直接式外包装箱的制作要求。这是指一些分量较重（如大型石雕、陶塑、青铜器等）、体积较大（如屏风、宝座、家具等）的展品，需直接装箱运输。直装式

外包装箱的制作要求与常规式有所不同。a.尺寸规格:应视展品的具体大小而定。但箱体的尺寸要比展品至少大出 5~10 cm,以便防震层的制作。b.箱体材料:多层板。直接式外包装箱应特别注意板材的选用,尤其是分量较重的展品,应选用质地坚实、承重力强的板材,复合板的厚度应达到 1.2~2 cm。必要时可用木方作框架、横撑加固。避免发生包装箱变形,破损等现象。c.直接式外包装箱的防震层要加厚,四周及顶面应达到 3~5 cm,底面应达到 7~8 cm。d.其他要求与常规式外包装箱相同。

(3)内包装箱(盒)制作要求

①尺寸规格:内包装箱(盒)的尺寸应视展品的大小而定。

②箱体材料:多层板,或达到国际标准的瓦楞纸板。

③防震层:由于内包装箱的防震层直接接触展品,因此防震层材料应选用细密、柔软、弹性好的中密度吹塑板为宜。

④根据展品需要,箱(盒)内应放置防虫剂、干燥剂等。

⑤对于箱内结构复杂的内包装,须附装箱示意图或在箱体表加注警示性文字。

(4)几种常用的包装方式

①悬空减震法:箱内立支架,将展品置于支架上架空,然后固定于其上。

②捆扎法:先将两块多层板做成直角形框,将展品放置其上,用带子把展品捆扎在背板上。注意底板和背板均应粘贴较厚防震层,背板的防震层还应依照器物的形状镟挖出大致凹槽,增大接触面,以便增加固定效果。

③点式固定法:在箱内壁选两组对称点,粘贴高或中密度吹塑板块,以使展品固定于箱中。

④紧压法:选定若干个受力部位,用包裹海绵或粘贴绒毡的木方将物体紧压、固定于箱体上。

⑤镟挖法:依照展品的形状,在较厚的中密度板、海绵板上镟挖出凹槽,将器物放置其中,使之不移位。此种方法适用于小件玉器、瓷器、金银器,以及形状不规则的展品。

(5)展品包装程序

第一步,根据展品的质地、形状、大小,制作内包装箱(盒),包括制作箱体、箱内防震层等。

第二步,展品外面可根据需要包裹一层绵纸,以起到保护器物表层、增加防震、防止移位的作用。注意不得使用报纸、牛皮纸等。

第三步,选用适当的包装方法将展品固定于内包装箱(盒)内,直接式展品则直接固定于外包装箱内。

第四步,将若干个内包装箱(盒)码入外包装箱盒内。

第五步,填实空隙,固定、封箱。

4)包装质量监督

国家文物局可指定或委托有关单位为文物展品的指导、检查和质量监督单位,对出国(境)文物展览的展品包装进行质量检查,符合规范要求的,方可出国(境)展览。

凡违反规定进行操作,而使展品存在安全隐患的,一经查出,即令其重新包装;对仍达不到规范要求的,则禁止其出国(境)展览。

对不采纳检查人员意见,或弄虚作假而使不合乎包装规范的展品出国(境)展览,并导致展品损伤或损毁、给国家造成损失的,要追究单位责任人和有关人员的行政责任,给予处罚,情节严重者,应追究有关人员的刑事责任。

4.4.3 出境文物展览展品运输规定

1)展品运输

为了保证出国(境)文物展览的展品在国际、国内运输过程中的安全、准确、快捷,国家文物局颁布了《出国(境)文物展览展品运输规定》。该规定所指的展品运输,是指展品包装结束后,通过运输工具将展品移动至目的地的行为(包括展品装卸作业)。其责任范围为自出发地的展品包装箱离地时始,至到达目的地的展品包装箱落地时止。

2)展品承运人

展品承运人必须具备相应的资格。展品承运人的资格由国家文物局根据规定认定并颁发资格证书,国家文物局应当定期向社会公布展品承运人名单。

展品承运人的资格分为国内运输和国际运输两类。国内运输承运人不得从事国际运输业务。展品国内运输承运人必须具有以下资格:

①在中国境内注册的能够独立承担经济责任和民事责任的企业。

②必须具备多年从事文物展览运输工作经验,可以确保文物运输的安全,并可承担由于运输而造成展品损坏的法律责任和经济责任。

③有固定的营业场所和健全的组织机构,有对文物运输业务熟悉的经营管

理人员、专业技术人员及相应的运输设备。

展品国际运输承运人除必须具有展品国内运输承运人的资格外,还须具有以下资格:

①具有国家经济贸易部核发的国际货物运输代理企业批准证书。

②具有国家海关总署核发的代理报关企业注册登记证书及海关批准的展品货物进出口代理报关资格证书。

③具有国家交通管理部门和民航管理部门核发的运输经营许可证书。

国家文物局在认为有必要时可组成专家小组对申请承运人资格的企业进行考评和审核。取得展品承运人资格的企业必须在每年度3月底以前到国家文物局办理年度检验手续。国家文物局可视情况作出取消展品承运人资格或不办理年度检验手续的决定。

3)展品运输合同

展品运输实行承运人负责制并通过合同管理制度实现。出国(境)文物展览的境外展览方或国内参展单位在确定展品承运人后,应依照经国家文物局批准的文物展览协议书的有关内容,与展品承运人签订展品委托运输合同。此合同应报国家文物局备案。

出国(境)文物展览展品委托运输合同应包括以下内容:

①展品的名称、数量、质量。

②展品委托方、接收方的名称,运输的起始地和目的地及时间。

③使用的运输工具。

④展品运输需要办理的审批、检验和报关等手续。

⑤展品的内、外包装。

⑥押运人员的派出及责任。

⑦委托方、承运人及接收方对展品的点交和检验;展品委托方以文字、照片或录像等形式记录展品在运输前的保存状况,展品承运人、展品接收方及其他相关检验人员根据记录对展品进行点交和检验。

⑧保险及承运人的违约责任。

⑨其他相关内容。

4)运输中的要求

展品运输过程中应遵守以下要求:

①运输工具的选择以保障展品安全为前提。

②使用汽车或火车的运输,应有武装人员押运。

③国际运输过程中应有中方人员随行。

④运送展品的汽车在高速公路上的车速不应超过 90 千米/时。

⑤装卸作业中,展品包装箱的倾斜角不得超过 30 度。

出国(境),文物展览展品必须在北京、上海、天津、广州、西安、深圳等指定口岸出境。

5) 罚则

境外展览方或国内参展单位委托没有展品承运人资格的单位运输展品,或不与承运人签订展品运输合同,由国家文物局取消其举办展览或参加展览的资格。由此造成展品损失的,应依照法律追究其民事和刑事责任。

4.5 关于展品的几种特殊规定

4.5.1 展览品出售

对进境展览品留在国内销售的,应由主办单位或有关购买单位向展出地海关办理正式进口手续。凡出售给外贸(工贸)公司或其他有进出口经营权单位的,由购买展品的公司、单位办理进口手续;出售给外国驻华外交机构、外交官或其他驻华机构、人员的,由该机构或人员办理进口手续;出售给其他国内单位、个人的,由展览会主办单位办理进口手续。办理出售展品进口手续时,应按国家有关规定提供进口许可证或其他有关批件,并按规定缴纳进口关税和进口环节税。上述进口手续办妥后,海关放行有关展览品。

4.5.2 展览品转异地续展

如展览品转异地续展时,展方应向海关申请批准,并填写《转关运输货物申报单》随附装载清单,按转关运输海关监管货物办理转运手续。

4.5.3 展览品赠送

作为礼品或样品赠送的展览品,主办单位应向展出地海关提供列明品名、数量、价值、受赠对象等内容的展品赠送确认书,由受赠对象向海关办理进口手续。海关根据进口礼品或样品的管理规定办理征免税验放手续。

4.5.4 展览品放弃

对展出后放弃的展览品,主办单位应向展出地海关提供列明名称、数量、价值和处理方法的放弃展品清单。有接受单位的,由接受展品单位向海关办理进口手续,并按规定缴纳进口税款;对无接受单位的,主办单位应将放弃的展品交由海关按规定处理。

附:新西兰展品进出境的海关监管规定

新西兰海关是政府主要管理机构,除协助政府制定政策外,主要负责监管进出口货物、进出境旅客、移民及相关事务,以维护国有企业的竞争力和国际贸易的正常进行。对展品入境的监管是新西兰海关重要业务之一。海外公司来新西兰参展,为了办展方便,一般可委托海关经纪人代办展品通关事宜,也可自行与新西兰海关联系办理。海关对展品入境有以下规定:

①展品入境展销。展品入境展销,适用于正常的国际贸易惯例,须交关税及商品服务税。如果向新西兰税务局登记申请税号,展品出售后可退商品服务税。

②展品入境展出后再运出境。对于展品入境展出后再运出境,海外公司只要将保证金或新西兰银行出具的担保书存在海关后即可。展品在新西兰停留时间不得超过一年,如需延长时间,须向海关书面申请,海关可根据情况个案处理。展品保证金的金额为关税税额及商品服务税税额之和。待展品再运出境时,海关会将保证金全额退还并付相应的利息收入。海关退款一般需要两到三天。办理银行担保书须先征得海关同意,然后必须在新西兰境内的银行办理。银行向公司收取服务费。一般来说,交纳保证金涉及的金额虽然大,但手续简单易行,海外公司在展品通关时交足款项即可。请银行出具担保书涉及金额较小,但手续较复杂,耗时长。为稳妥起见,应在展品运抵前就要办妥担保手续。拟运出境展品应事先在商业发票上标明展品的识别号及单价,如无识别号,则应代以准确的描述,以便快速通关。

③展品已办妥出境手续,但临时改在当地销售,新西兰海关不赞赏这种做法。因此,最好事先区分好准备展出后带回的展品和准备在当地销售的展品,两种情况分别办妥手续。对于临时改在当地销售,海关可以协助办理手续,但

不再退回商品服务税。

④展品本拟在新西兰展销,因卖不出等原因需要运出境。海关可退关税,但不再退商品服务税(在税务局登记的除外)。

【典型案例】

某组织出国展览的单位,在展览品复运进口时,因为盛装展览品的器具空间很大,单位领导决定将本单位所有人员的个人物品与展览品装在一起,以减轻大家负担。在国外展出期间单位购买、接受的物品、样品、礼品和其他资料,单位领导要求单位成员以自己的名义分别保管,回国后统一上交单位。该单位在回国入境时,海关要求申报其在国外展出期间购买、接受的物品、样品、礼品和其他资料,该单位领导提交了其上级单位的批准文件。某海关工作人员在对该单位的展览品查验并开拆外包装时,要求该单位回避。该海关工作人员在查验展览品的过程中发现违法情况,遂扣留展览品、扣押该单位全体人员协助调查。在海关扣留展览品、扣押该单位全体人员协助调查的过程中,该海关工作人员认为此次入境标志着境外展览已经结束,对这次境外展览做出审核销案。

问题:1.本案中,该组织出国展览的单位有无违反海关规定的相关义务?如有,其违反了什么义务?

2.本案海关工作人员的职务行为有何违反海关对展品出入境的监管规定?

【案例分析】

①该组织出国展览的单位违反了海关规定的相关义务。在展览品运出或者复运进口时,不准在装展览品的容器内装入个人物品,或者其他非展览物品;本案中该组织出国展览的单位将本单位所有人员的个人物品与展览品装在一起,此为违反义务一。在国外展出期间单位购买、接受的物品、样品、礼品和其他资料,应当另行包装并开列清单,向入境地海关申报,并向海关交验商务部的批准文件(除供工作人员在国外集体使用的食宿用具外);本案中该单位领导要求单位成员以自己的名义分别保管,并在入境申报时提交了其上级单位的批准文件。此为违反义务二。

②展览品复运进口,海关应当进行必要的查验;海关查验上述物品的时候,组织出国展览的单位应当在场,并且根据海关的要求开拆包装。本案中海关工作人员要求组织出国展览的单位回避,其独自查验并开拆展览品的外包装,此为违反规定一。在查验放行展览品中。如果发现有违法情事,可以将有关物品

扣留;本案中海关工作人员扣押该单位全体人员协助调查,此种越权行为为违反规定二。对境外展览的审核销案工作应当在彻底查清案件事实的基础上做出,本案中海关工作人员在海关扣留展览品、扣押该单位全体人员协助调查的过程中做出,此为违反规定三。

【本章小结】

本章首先对展品监管进行概述,然后针对我国海关对进出口展品的检验检疫,以及相关的报关程序和管理程序进行了阐述。同时介绍了文物展品的保护以及展品的一些特殊管理等相关法律内容。其中展品的进出口管理程序和违反文物保护的法律责任和文物出国(境)展览管理是学习重点。

【测试题】

一、单选题

1. 下列不属于国家文物局对文物出国展览进行归口管理的是(   )。
    A.组织协调大型文物出国展览　　　B.制定禁止文物出国展览清单
    C.审查各省市的出国展览计划　　　D.为展览商联系外国展馆
2. 下列文物中不是禁止出国展览的有(   )。
    A.宗教场所的主尊造像　　　　　　B.质地为象牙、犀角的
    C.陵墓石刻　　　　　　　　　　　D.宋、元有代表性的孤品瓷器
3. 下列不属于用于对出口文物进行包装的方法是(   )。
    A.悬空减震法　　　　　　　　　　B.捆扎法
    C.紧压法　　　　　　　　　　　　D.绑定法

二、判断题

1. 作为礼品或样品赠送的展览品,主办单位应向展出地海关提供列明品名、数量、价值、受赠对象等内容的展品赠送确认书,由受赠对象向海关办理进口手续。海关根据进口礼品或样品的管理规定直接放行。 (   )
2. 卫生检验,即运用各种检验手段,包括感官检验、化学检验、仪器分析、物

理测试、微生物学检验等,对进出口商品的品质、规格、等级等进行检验,确定其是否符合外贸合同(包括成交样品)、标准等规定。　　　　　　　　　(　　)

3.展览品因毁坏、丢失或被窃而不能复运出境的,展览会主办单位或其代理人应及时向海关报告,并办理有关手续。对于毁坏的展览品,海关根据毁坏程度估价征税;对于丢失或被窃的展览品按照进口同类产品照章征税。(　　)

三、简答题

1.哪些进出口的货物属于展品?

2.展览结束后应对展览品如何处置?

3.出境展览品的通关流程有哪些?

4.哪些单位具备文物出国(境)展览组织者的资格?

5.如何进行文物出国(境)展览项目的审批?

四、实训题

课堂讨论展品进出境过程中出现的问题。

第 5 章
合同法律制度

【本章导读】

　　合同关系是市场经济的基本民事关系,合同法也因此成为市场经济的基本法律。不了解合同法律制度,就难以维护自己合法的正当权益,就难以主张自己的经济权利,就难以扩大自己的经济交易。正是鉴于合同法律的核心地位和关键作用,本章对合同法律制度进行全景式扫描,并着重介绍常见的会展合同。

【关键词汇】

　　合同　要约　承诺　意思自治　会展合同

【案例导入】

金色文化传播公司和收藏家许某本着"互惠互利"原则联合开办了一家私人博物馆。合同约定:由金色文化传播公司提供场地,展览许某的个人收藏品,并收取门票供人参观,利润按"五五"比例分成。结果,在展出过程中,参观者发现许某收藏的展品大部分是赝品,但在展出时并未用标签注明。很多参观者纷纷以此为由要求退票,并要求赔偿损失。为避免损失扩大,金色文化传播公司欲提前终止与许某签订的合同,但许某坚决不同意,许某认为,当初双方在签订合同的时候并未言明展品不得为赝品,本着"诚信"的原则,双方应当继续履行合同。因协商未果,金色文化传播公司遂诉至法院要求解除合同。

资料来源:http://www.110.com/ziliao/article-142704.html

【案例分析】

对于本案的处理,出现了两种截然不同的意见:第一种意见认为,本案合同确实不应解除。其理由为:正如许某所言,在签订"开办博物馆"的合同之时,金色文化传播公司与许某并未对展品作出任何特殊的约定,即使是赝品也可给人带来精神上的享受。根据"权利义务相一致"和"诚信"原则,金色文化传播公司不能只看到权利,而不愿承担该承担的义务。

第二种意见认为,本案合同应当解除。合同的解除可分为协议解除、约定解除和法定解除三大类。在合同的当事人无法达成解除合同合意的情况下,如果存在法定解除事由,合同的一方当事人也可以提出解除合同。我国合同法第94条规定:"有下列情形之一的,当事人可以解除合同:①因不可抗力致使不能实现合同目的;②在履行期限届满之前,当事人一方明确表示或者自己的行为表明不履行主要债务……④当事人一方迟延履行债务或者有其他违约行为致使不能实现合同的;⑤法律规定的其他情形。"

从参观者的需求以及从展览惯例来说,通常,举办者展出的收藏品应当是真品,而不是赝品,这样才能带给参观者更多的视觉和精神享受。《合同法》第6条规定:"当事人行使权利、履行义务应当遵循诚实信用原则",因此,作为展品提供者的许某来说,负有向合同的另一方及时告知展品真实情况的义务,而作为合同另一方的金色文化传播公司却享有知悉展品真实情况的知情权。根据《合同法》第61条"合同生效后,当事人就质量、价款或者报酬、履行地点等内容没有约定或者约定不明确的,可以协议补充;不能达成补充协议的,按照合同有关条款或者交易习惯确定"的规定,本案中,许某违反了交易习惯,应当视为违约,正是由于许某的违约才致使展览不能正常进行,盈利目的不能实现,因此,本案完全符合《合同法》第94条第④项关于合同法定解除的条件。综上,金色文化传播公司要求解除与许某之间签订的合同,符合法律的规定,应当予以支持。

5.1 合同概述

5.1.1 合同的概念、特征和种类

合同,又称之为"契约""协议"。《民法通则》第85条规定:"合同是当事人之间设立、变更、终止民事法律关系的协议,依法成立的合同受法律保护。"我国《合同法》第2条规定:"合同是指平等主体的自然人、法人、其他组织之间设立、变更、终止民事权利义务关系的协议。"这里所指的合同,不包括婚姻、收养、监护等有关身份关系的协议。

合同具有以下法律特征:

①合同是一种民事法律行为。合同当事人的法律地位平等。政府对经济的行政管理关系、企业内部的管理关系等因当事人地位不平等都不适用《合同法》来调整。

②合同是两个或两个以上当事人的法律行为。合同法律关系中享有权利承担义务的主体即为合同当事人,一般合同中当事人为2人,但也有3人及其以上的情况。这里的"人",即包括自然人,也包括法人和其他组织。

③合同是以设立、变更和终止民事权利义务为目的。设立、变更、终止民事权利义务关系是合同设立的目的和宗旨。无论合同的名称和内容如何不同,对民事权利义务关系的调整始终是各种合同的核心所在。

④合同双方的意思表示必须一致。合同是平等主体在平等自愿基础上意思表示相一致的协议。意思表示一致是合同构成的基础。

合同作为商品交换的主要法律形式,其形式按不同的标准可以分为不同类型。从法律上按照不同标准作出不同的分类,有助于人民法院和仲裁机关在处理合同纠纷中,准确地适用法律,正确地处理合同纠纷。一般来说,对合同可以作出如下的分类。

①根据当事人双方对权利义务的分担方式划分,可以分为双务合同与单务

合同。当事人双方相互享有权利、承担义务的合同是双务合同。多数合同为双务合同。当事人一方只享有权利，另一方只承担义务的合同为单务合同。如赠与合同、借用合同为单务合同。

②根据合同之间是否有主从关系划分，可以将合同划分为主合同与从合同。主合同是指不依赖其他合同而独立存在的合同；从合同是指以其他合同存在为前提而存在的合同。

③根据合同当事人之间权利义务是否存在对价关系划分，可以将合同分为有偿合同与无偿合同。

有偿合同是指当事人一方给予对方某种利益，对方要得到该利益必须为此支付相应代价的合同。实践中，绝大多数反映交易关系的合同都是有偿的，如买卖合同、租赁合同、加工承揽合同、运输合同、仓储合同等。无偿合同是指一方给付对方某种利益，对方取得该利益时并不支付相应代价的合同，如赠与合同、借用合同等。实践中，无偿合同数量比较少。

需要注意的是，双务合同不一定就是有偿合同，无偿合同不一定就是单务合同。在无偿合同中，一方当事人可能也要承担一定的义务，如借用合同是无偿合同，借用人无须向出借人支付报酬，但属于双务合同，出借人有交付借用物的义务，借用人负有正当使用和按期返还的义务。

④根据法律是否明文规定合同的名称划分，可以将合同分为有名合同与无名合同。

有名合同又称为典型合同，是指由法律赋予其特定名称及具体规则的合同。如我国《合同法》所规定的买卖合同、租赁合同、运输合同、技术合同、委托合同等15类合同，都属于有名合同。无名合同又称非典型合同，是指法律上尚未确定一定的名称与规则的合同。有名合同与无名合同的区分意义主要在于两者适用的法律规则不同。对于有名合同应当直接适用合同法的规定；对于无名合同，则首先应当考虑适用合同法的一般规则。

⑤根据合同的成立是否需要交付标的物划分，可将合同分为诺成合同和实践合同。

诺成合同又称不要物合同，是指当事人双方意思表示一致就可以成立的合同。大多数的合同都属于诺成合同，如买卖合同、租赁合同、借款合同等。实践合同又称要物合同，是指除当事人双方意思表示一致以外，尚须交付标的物才能成立的合同。如小件寄存合同，必须要寄存人将寄存的物品交给保管人，合同才能成立。实践中大多数的合同都属于诺成合同，少部分为实践合同。

⑥根据法律对合同的形式是否有特定要求划分，可将合同分为要式合同与

不要式合同。

要式合同是指根据法律规定必须采取特定形式的合同。对于一些重要的交易,法律常要求当事人必须采取特定的方式订立合同。例如,中外合资经营企业合同必须由审批机关批准,合同方能成立。不要式合同是指当事人订立的合同依法并不需要采取特定的形式,当事人可以采取口头方式,也可以采取书面形式。除法律有特别规定以外,合同均为不要式合同。

5.1.2 我国《合同法》的调整范围

根据我国《合同法》第 2 条的规定,我国合同法的适用范围应定位于平等主体之间订立的民事权利义务关系的协议。在我国合同法的适用范围内,交易关系的产生应具备自愿性、交易主体应具备独立性与平等性、交易关系内容应具备等价有偿性。除了《合同法》规定的 15 类有名合同(如买卖合同、租赁合同)之外,其他法律法规所确认的合同类型(如物权法所确认的抵押合同),以及未经法律明确规定但由平等民事主体所订立的民事合同也应受合同法调整。

另外,如下三类关系是否适用合同法在实践中容易让人产生误解,而它们是不应由合同法调整的。

①政府依法维护经济秩序的管理活动。该类活动过程中政府与行政管理相对人的地位并非对等,政府的主权者与管理者的身份决定了行政管理关系的独特性。

②法人、非法人组织的内部管理关系,适用有关公司、企业的法律,也不适用合同法。

③有关身份关系的协议不受合同法来调整。我国法律向来不把身份关系归属于合同关系来调整,而把身份关系的调整归属到专门法律规定的领域(如婚姻关系的调整由《婚姻法》管辖)。

总之,我国的合同法是调整法律地位平等的主体之间的民事交易关系的基本法律,并且是我国民法的重要组成部分。

5.1.3 《合同法》的基本原则

法律原则是指包括立法、司法、执法、守法在内的整个法治活动的总的指导思想和根本法律准则。具体到《合同法》的基本原则,其必须能够贯穿合同法调整民事交易关系的全过程,集中体现合同法的主旨和精神,作为合同法存在和发展的支点。《合同法》的基本原则既要适用于整个合同法规范,又要体现出合同法所固有的基本价值。而在合同法领域能够担负起这样重任的则非合同自由、诚实信用、合同合法、鼓励交易这四大原则莫属。

1）合同自由原则

在近现代，合同自由被广为接受，并成为合同法领域标志性指导原则，正如我国学者江平教授所指出的："尽可能地赋予当事人的行为自由是市场经济和意思自治的共同要求。"当事人可以依法自由地决定缔约、缔约伙伴和缔约内容、变更或解除合同都是合同自由原则的体现，该合同自由原则只是在合同关系侵犯国家利益、公共利益、第三者的利益的时候才受到国家公权力的干预，即国家干预在合同关系中仅承担补充性的作用。

2）诚实信用原则

诚实信用原则常常被称为债法中的"帝王规则"，其含义就是当事人在从事民事活动时，应诚实守信，以善意的方式履行其义务，不得滥用权力及规避法律或合同规定的义务。无论是在合同订立阶段，还是在合同履行阶段，诚实信用原则都必须是被遵守的。不仅在合同的订立和履行阶段必须遵守诚实信用原则，而且合同的解除和终止以后也必须遵循诚实信用原则。合同的解除不得违反法律规定和当事人的约定，随意地解除合同不仅违法，也是违反诚实信用原则的行为。合同终止以后当事人仍应当承担合同后的附随义务，比如对履行合同过程中知晓的当事人的商业秘密需要履行保密义务。

3）合同合法原则

我国《合同法》第7条规定："当事人订立、履行合同，应当遵守法律、行政法规，遵守社会公德，不得扰乱社会经济秩序，损害社会公共利益。"在订立和履行合同过程中，当事人必须遵守全国性的法律和行政法规，地方性法规等规章文件可作为参考依据。在特殊情况下，出于国家利益和社会需要考虑，对于国家下达的指令性任务或订货任务不得拒绝，如我国《合同法》第38条的规定："国家根据需要下达指令性任务或国家订货任务的，有关法人、其他组织之间应当依照有关法律、行政法规规定的权利和义务订立合同。"

4）鼓励交易原则

就我国目前的立法规定，有如下几个方面充分体现了鼓励交易原则：第一，将无效合同严格限定为违反法律、行政法规的强制性规定的合同。第二，将仅仅因为当事人意思表示不真实的合同限定为可撤销合同,合同的效力由当事人自行控制,国家权力不予介入。第三,将效力待定合同不再看做无效合同,其法律效力同样囿于当事人之间解决,国家公权力仍然不介入。

【知识链接】

合同法的起源

大约在 12 世纪西欧出现了罗马法的复兴,这一过程一直延续到约 18—19 世纪。在此基础上,1804 年法国制订了资产阶级的第一部民法典,对于调整商品关系的合同法律制度作了详细规定,标志着大陆法国家的近代合同法的正式形成。1900 年德国制订了《德国民法典》,这部民法典在合同法律制度方面相对于法国民法典作了某些调整,成为大陆法国家近代合同法的另一个标志。从法国民法典和德国民法典关于合同的内容及历史发展来看,近代合同法主要有以下的基本原则:合同自由原则、诚实信用原则、公平交易原则。

差不多在大陆法国家形成近代合同法的同一时期,英美法国家通过法院的判例和制定法也奠定了近代合同法的基础,其基本原则(合同自由原则、诚信原则、公平原则)与大陆法国家相似。英美国家的近代合同法起源于 19 世纪的英国,而 19 世纪的英国经济方面自由竞争理论占统治地位,在法律方面梅因的《古代法》揭示了从身份到契约的发展趋势,在这一背景下合同自由主义得到空前强化。在美国,独立宣言和 1787 年宪法将公民自由作为法律保护的重要对象。

与历史上西方国家合同立法的发展相比,古代东方国家的立法就暗淡了许多。在我国,因为长期处于封建社会,在法制上具有"重刑轻民"特点,虽然在西周时期已经出现了"质剂""傅别"等契约制度,但与商品经济低水平发展的社会状况相适应,合同法在我国的发展处于比较缓慢的状态。

新中国成立以来,合同法的发展虽然经历了一些曲折的过程,但社会主义商品经济的实行,为合同法的健康发展创造了重要条件,合同法迎来了难得的历史发展机遇。1981 年 12 月由五届人大四次会议通过的《中华人民共和国经济合同法》是我国合同法的重大成果,标志着我国合同法进入了一个新阶段。1985 年 3 月,六届人大十次常委会议通过了《中华人民共和国涉外经济合同法》,1987 年 6 月六届人大二十一次常委会通过了《中华人民共和国技术合同法》,至此我国合同法体系呈现出以民法通则为基本法,经济合同法,涉外经济合同法,技术合同法三足鼎立的局面。1999 年 3 月九届人大二次会议通过并公布了《中华人民共和国合同法》,废除了"三法"鼎立的局面,统一了合同法。

5.2　合同的订立与履行

5.2.1　订立合同主体的资格

凡是法律关系主体,其资格皆由国家法律予以确认。合同主体资格是民事关系中最为重要的一类,其受制于法律的规约尤为明显。我国《合同法》第2条规定:"本法所称合同是平等主体的自然人、法人、其他组织之间设立、变更、终止民事权利义务关系的协议。婚姻、收养、监护等有关身份关系的协议,适用其他法律的规定。"该条规定明确限定了合同主体的范围,即自然人、法人、其他组织。

《合同法》第9条规定,"当事人订立合同,应当具有相应的民事权利能力和民事行为能力。"则进一步明确指出合同主体在法律上所应具备的条件,即相应的民事权利能力和民事行为能力。

所谓民事权利能力,是指民事主体依法享有民事权利和承担民事义务的资格,也是实际享有民事权利和履行民事义务的基础。所谓民事行为能力,是指民事主体实际享有民事权利和履行民事义务的能力,它是民事主体将参与民事关系的资格转化为现实地参与民事关系的关键。

就自然人(公民)的民事权利能力来说,《民法通则》第9条规定:"公民从出生时起到死亡时止,具有民事权利能力,依法享有民事权利,承担民事义务。"以及第10条规定:"公民的民事权利能力一律平等"表明,公民(自然人)具有终生的民事权利能力且绝对平等。

就自然人(公民)的民事行为能力来说,我国现行立法规定主要集中在《民法通则》第11条至第13条。

《民法通则》第11条规定:"十八周岁以上的公民是成年人,具有完全民事行为能力,可以独立进行民事活动,是完全民事行为能力人。十六周岁以上不满十八周岁的公民,以自己的劳动收入为主要生活来源的,视为完全民事行为能力人。"

《民法通则》第12条规定:"十周岁以上的未成年人是限制民事行为能力人,可以进行与他的年龄、智力相适应的民事活动;其他民事活动由他的法定代理人代理,或者征得他的法定代理人的同意。不满十周岁的未成年人是无民事行为能力人,由他的法定代理人代理民事活动。"

《民法通则》第13条规定:"不能辨认自己行为的精神病人是无民事行为能力人,由他的法定代理人代理民事活动。不能完全辨认自己行为的精神病人是限制民事行为能力人,可以进行与他的精神健康状况相适应的民事活动;其他民事活动由他的法定代理人代理,或者征得他的法定代理人的同意。"

上述法律规定表明:我国自然人(公民)的民事行为能力有着年龄阶段和精神状况这样两种判断标准。

按照年龄阶段的划分,十周岁以下的儿童是无民事行为能力人,不能成为合同当事人,只有在纯获利益、法定监护人事先同意或事后追认的情况下才可以成为合同当事人;十周岁以上不满十八周岁的未成年人是限制民事行为能力人,可以进行与他的年龄、智力相适应的民事活动,成为合同当事人,其他民事活动中合同主体资格的获得则取决于其法定监护人的事先同意或事后追认与否;十八周岁以上的公民是完全民事行为能力人,可以独立成为合同当事人(十六周岁以上不满十八周岁,以自己的劳动收入为主要生活来源的公民也视为完全民事行为能力人)。

以精神状况判断,精神正常的自然人享有不同年龄阶段的民事行为能力,而不能辨认、不能完全辨认自己行为的精神病人则分别是无民事行为能力人、限制民事行为能力人。

至于法人的民事权利能力和民事行为能力,法律同样给予了高度重视。《民法通则》第36条规定:"法人是具有民事权利能力和民事行为能力,依法独立享有民事权利和承担民事义务的组织。法人的民事权利能力和民事行为能力,从法人成立时产生,到法人终止时消灭。"

法人的民事权利能力、民事行为能力均与法人的存续期间共始终,并且二者不可分离,要么二者同时被完全行使,要么二者同时完全不存在。特别是,法人的民事行为能力要么完全,要么缺失,不存在限制民事行为能力这样的情况。除了自然人和法人,合同法还规定了第三种合同主体,即其他组织。对于其他组织,我国现行法律对其并没有做出详尽的规定。其他组织是拥有一定财产的组织体,能够以自己的名义参与民事活动,与法人并无非常明显的本质区别,仅仅是不符合我国现行法律对法人规定的某些构成要件而已(法人的构成要件参见《民法通则》第37条)。既然我国合同法已将其他组织列为合同主体之一,则似应理解为立法者对其他组织具有相应的民事权利能力和民事行为能力的承认。

5.2.2　合同的形式

合同的形式,又称合同的方式,是当事人合意的表现形式,合同内容的外部表现形式和载体。它是合同当事人双方对合同的内容,条款经过协商,作出共同的意思表示的具体方式。合同的内容固然是合同的核心和关键所在,但合适的合同形式则会使合同的内容更加充分合理地表达,反之则对合同的内容造成消极影响。就我国现行立法对合同形式的规定来说,主要体现在《民法通则》和《合同法》的法律规定上。

《民法通则》第56条规定:"民事法律行为可以采取书面形式、口头形式或其他形式,法律规定用特定形式的,应当依照法律规定。"《合同法》第10条规定:"当事人订立合同,有书面形式、口头形式和其他形式。法律、行政法规规定采用书面形式的,应当采用书面形式。当事人约定采用书面形式的,应当采用书面形式。"

(1)口头形式

当面交谈、电话联系就属于口头形式。适用于"即时履行"的合同,如集市现货交易、商店零售等。口头形式的优点在于交易迅速,实现了交易效率的价值功能;缺点在于发生纠纷时难于取证,不利于纠纷的解决。

(2)书面形式

书面形式是指合同书、信件和数据电文(包括电报、电传、传真、电子数据交换和电子邮件)等有形载体的形式。合同书是指记载合同内容的文书,合同书有标准合同书与非标准合同书之分;标准合同书指合同条款由当事人一方预先拟订,对方只能表示全部同意或者不同意的合同书;非标准合同书指合同条款完全由当事人双方协商一致所签订的合同书。信件是指当事人就要约与承诺所作的意思表示的普通文字信函。信件的内容一般记载于书面纸张上,因而与通过电脑及其网络手段而产生的信件不同,后者被称为电子邮件。数据电文是指与现代通信技术相联系,包括电报、电传、传真、电子数据交换和电子邮件等。电子数据交换是一种由电子计算机及其通信网络处理业务文件的技术,作为一种新的电子化贸易工具,又称为电子合同。书面形式的优点在于合同有据可查,发生纠纷便于举证和分清责任;缺点在于程序烦琐复杂,不利于交易的迅速进行。

此外,合同还有其他形式,如推定形式和默示形式等。所谓推定形式,是指当事人并不直接用书面或口头方式进行意思表示,而是通过实施某种行为来进行意思表示。所谓默示形式,是指当事人采用沉默的方式进行意思表示,即以默认的方式对合同表示认可。

凡是法律规定、当事人约定采用书面形式的合同,合同当事人必须采用书面形式,否则就要承担合同无效或不成立的法律后果。在其他合同情况下,当事人可以自由选择使合同成立并生效的合同形式,法律不作硬性规定。

5.2.3　合同的内容

任何法律关系都具有三要素,即主体、客体、内容,而其中的内容要素就是指法律关系主体的权利和义务。具体到合同,其内容就是指合同主体享有的权利和承担的义务,它们主要由合同条款加以规定,有些则由法律规定而产生。《合同法》第12条规定:"合同的内容由当事人约定,一般包括以下条款:①当事人的名称或者姓名和住所;②标的;③数量;④质量;⑤价款或者报酬;⑥履行期限、地点和方式;⑦违约责任;⑧解决争议的方法。当事人可以参照各类合同的示范文本订立合同。"

合同权利,又称合同债权,是指债权人根据法律或合同的规定向债务人请求给付并予以保有的权利。合同权利本身的内在规定导致它具有如下特征:

(1)请求权

债权人在债务人给付之前,不能直接支配客体,也不能直接支配债务人的给付行为,更不能直接支配债务人的人身,只能通过请求债务人为给付来达到自己的目的。

(2)给付受领权

合同债权实现的目的就是合同债权人有效地受领合同债务人的给付,在法律上合法地享有该给付所带来的利益。

(3)相对权

合同不得约束第三人是合同的基本原则,也是合同债权具有相对性的源泉所在。一般来说,合同债权人仅能向合同债务人请求给付,无权向合同关系之外的第三人请求给付,但在由第三人代为履行的合同中合同债权人有权向第三人要求给付。

(4)平等性

合同债权只有相对性,没有排他性,同一客体之上可以成立多个合同债权,并且不论先后均以同等地位并存。在债务人的所有财产不足以清偿全部债务而导致破产时,所有未担保债权的债权人依债务人的总财产数额按照各自债权所占总债权的比例获得清偿。

合同义务,又称合同债务,是合同债务人依照法律或合同的规定而负担的向债权人履行给付的义务。合同给付义务包括给付义务和附随义务,而给付义务又分为主给付义务和从给付义务。

所谓主给付义务,简称为主义务,是指合同关系所固有、必备,并用以决定合同类型的基本义务。例如,买卖合同中的出卖人所承担的交付买卖物及移转其所有权的义务、买受人负有的支付价款的义务均属于主给付义务。

所谓从给付义务,简称为从义务,是不具有独立的意义,仅具有辅助主义务实现的功能,其存在目的不在于决定合同的类型,而着眼于确保债权人的利益能够获得最大满足。例如,在藏獒买卖合同中藏獒之出卖人交付藏獒的行为是主义务,而交付藏獒血统证明书的义务则是从义务。

如果以合同义务的来源为标准,给付义务又可以分为原给付义务和次给付义务。

原给付义务,又称第一次给付义务,是合同上原有的义务,如买卖合同中出卖人承担的给付货物的义务。次给付义务,又称第二次给付义务,是原给付义务在履行过程中因特殊事由演变而生的义务,如因原给付义务不能履行而产生的损害赔偿义务。

所谓附随义务,是非法律规定或合同条款约定的,但按照诚实信用原则应当予以履行的义务。例如出卖人应当在出卖货物前妥善保管该物(保管义务),出租车车主应当为其所雇佣司机投保人身险(照顾义务)等。违反附随义务的法律后果虽然不像违反给付义务那样严重,但是往往会间接产生违约或侵权的法律后果。

总之,合同的内容就是合同主体权利义务的产生、变更、消灭等诸种情况,把握了合同主体的权利义务,就等于抓住了合同的"牛鼻子"。

5.2.4 要约和承诺

《合同法》第13条规定:"当事人订立合同,采用要约、承诺方式。"要约与承诺,是当事人订立合同必经的程序。从法律角度看,无论当事人采取什么方式订立合同,都要经过要约和承诺两个阶段。

1) 要约

何谓要约?要约又称为发盘、出盘、发价、出价或报价等,即一方当事人以缔结合同为目的,向对方当事人所作的意思表示,如《合同法》第 14 条规定:"要约是希望和他人订立合同的意思表示"。发出要约的人称为要约人,接受要约的人称为受要约人、相对人和承诺人。

要约必须具有特定的有效条件,才能发生法律效力。其主要构成条件如下:

①要约必须由具有订约能力的特定人做出,对要约主体的要求同合同主体的要求。

②要约必须具有订立合同的意图。没有订立合同的意图,合同关系就无法建立,也失去了要约的本质所在。

③要约必须向要约人希望与之缔结合同的受要约人发出(原则上要求特定受要约人,特殊情况下可为非特定受要约人)。受要约人的特定可以使要约人对承诺人的资格作出选择,并且可以避免因为受要约人的不特定所带来的不必要、无法控制的风险。

④要约内容必须具体、确定。所谓具体,是指要约的内容必须包含足以使要约成立的主要条款。所谓确定,是指要约的内容必须明确,保证受要约人在通常情况下对要约人的真实含义理解正确。

⑤要约必须送达受要约人。《合同法》第 16 条规定:"要约到达受要约人时生效。"表明我国现行立法对要约生效采取的是到达主义。

只有具备上述五个要件,才能构成一个有效的要约,并使要约发出后产生应有的法律拘束力。要约一经做出,对要约人和受要约人均具有法律效力。要约对要约人的拘束力称为形式拘束力,是指要约一经生效,要约人即受到要约约束,不得随意撤销或对受要约人随意加以限制、扩张和变更。

在我国合同法律上,要约对要约人的拘束力主要体现在《合同法》第 17 条到 19 条的规定中:

《合同法》第 17 条规定:"要约可以撤回。撤回要约的通知应当在要约到达受要约人之前或者与要约同时到达受要约人。"

《合同法》第 18 条规定:"要约可以撤销。撤销要约的通知应当在受要约人发出承诺通知之前到达受要约人。"

《合同法》第 19 条规定:"有下列情形之一的,要约不得撤销:①要约人确定了承诺期限或者以其他形式明示要约不可撤销;②受要约人有理由认为要约是不可撤销的,并已经为履行合同作了准备工作。"

上述规定既表明要约人可以依法撤回(在要约人发出要约以后未到达受要约人之前)、撤销(在要约到达受要约人以后而受要约人最终做出承诺通知之前)要约,又明确了要约撤销的限制条件。

要约对受要约人的拘束力被称为实质约束力,即受要约人在要约生效时即取得依其承诺而成立合同的法律地位。具体表现在以下三方面。第一,要约生效以后,只有受要约人才有对要约人做出承诺的权利。第二,如果要约人没有允许受要约人转让承诺的权利,受要约人不得随意转让。第三,受要约人承诺权利的行使由自己决定。

实践中要约与要约邀请经常容易混淆,这里作一下辨别。要约的概念如前所述,我国现行立法对要约邀请的概念同样予以关照。《合同法》第 15 条规定:"要约邀请是希望他人向自己发出要约的意思表示。寄送的价目表、拍卖公告、招标公告、招股说明书、商业广告等为要约邀请。商业广告的内容符合要约规定的,视为要约。"通过立法对要约与要约邀请的规定,前者是一方当事人向另一方当事人发出订立合同的意思表示,而后者是一方当事人邀请另一方当事人向自己发出订立合同的意思表示,即要约的前期预备行为。当然,在某些特殊情况下,符合要约构成要件的要约邀请可以被视为要约(如具备房地产合同主要条款的房地产广告)。

2) 承诺

《合同法》第 21 条规定:"承诺是受要约人同意要约的意思表示。"也就是说,承诺是指受要约人同意接受要约的条件以缔结合同的意思表示。承诺的法律效力在于一经承诺并送达于要约人,合同便告成立。

同要约生效需要具备构成要件一样,承诺的生效也必须具备构成要件。

(1)承诺必须由受要约人向要约人做出

要约的法律拘束力限定了承诺人的法律资格,即只能由受要约人来承担。

(2)承诺必须在要约规定的期限内做出

《合同法》第 23 条规定:"承诺应当在要约确定的期限内到达要约人。要约没有确定承诺期限的,承诺应当依照下列规定到达:①要约以对话方式做出的,应当即时做出承诺,但当事人另有约定的除外;②要约以非对话方式做出的,承诺应当在合理期限内到达。"从该规定可知,要约确定期限的,承诺期限遵照要约;要约没有确定期限的,对话方式做出的采取即时承诺,非对话方式做出的采取合理期限(受要约人收到要约后做出考虑、决定、发出承诺并到达要约人的时间)。

(3)承诺的内容必须与要约的内容一致

《合同法》第 30 条规定:"承诺的内容应当与要约的内容一致。受要约人对要约的内容做出实质性变更的,为新要约。有关合同标的、数量、质量、价款或者报酬、履行期限、履行地点和方式、违约责任和解决争议方法等的变更,是对要约内容的实质性变更。"至于对要约内容的非实质性变更,《合同法》第31条规定:"承诺对要约的内容做出非实质性变更的,除要约人及时表示反对或者要约表明承诺不得对要约的内容做出任何变更的以外,该承诺有效,合同的内容以承诺的内容为准。"

(4)承诺必须表明受要约人决定与要约人订立合同的意图

受要约人必须在承诺中明确表明与要约人订立合同的意图,才能因承诺而使合同成立。

(5)承诺方式必须符合要约的要求

《合同法》第22条规定:"承诺应当以通知的方式做出,但根据交易习惯或者要约表明可以通过行为做出承诺的除外。"这就表明,承诺原则上以通知的方式做出,某些情况下可以行为的方式做出(根据交易习惯或者要约表明)。就通知方式而言,如果要约有特别要求则必须遵照执行,反之则采取适当的方式即可。相对于要约的撤回与撤销,承诺则具有迟延与撤回的情形。

所谓承诺迟延是指受要约人未在承诺期限内发出承诺,如《合同法》第28条规定:"受要约人超过承诺期限发出承诺的,除要约人及时通知受要约人该承诺有效的以外,为新要约。"所谓承诺撤回,是指受要约人发出承诺通知以后,在承诺正式生效以前撤回承诺,如《合同法》第27条规定:"承诺可以撤回。撤回承诺的通知应当在承诺通知到达要约人之前或者与承诺通知同时到达要约人。"那么承诺可否像要约一样撤销?承诺一旦生效,合同就会成立,违背承诺的后果就是缔约过失责任或违约责任的产生,而不会产生承诺被依法撤销的法律后果。

5.2.5　合同的履行

1)合同履行的原则

合同的履行,是合同的债务人全面地、适当地完成其合同义务,债权人的合同债权得到完全实现。合同履行不仅包括履行的行为,也包括履行的结果。合同的履行是合同依法成立并生效后必然发生的法律效果,并且是构成合同法律效力的主要内容,其法律效力既含有合同履行之意,又是合同履行的依据和动力所在。从合同关系消灭的角度观察,债务人全面而适当地履行合同后合同关系也随之消灭。因此,合同履行也可以被称为债的清偿。主合同的当事人负有合同履行的义务毋庸置疑,而从合同(如担保合同)也发挥着保障合同债权实现的目的。

合同履行的原则,是当事人在履行合同债务过程中所应遵循的基本准则。一般认为,合同履行的原则有适当履行、协作履行、经济合理、情事变更原则。

(1)适当履行原则

所谓适当履行原则,又称正确履行或全面履行原则,是指当事人按照合同规定的标的及其质量、数量,由适当的主体在适当的履行期限、履行地点,以适当的履行方式全面完成合同义务的履行原则。适当履行与实际履行不同。适当履行必然是实际履行,实际履行未必是适当履行;适当履行场合不会产生违约责任,实际履行不适当的场合则会产生违约责任。

(2)协作履行原则

所谓协作履行原则,是指当事人不仅适当履行自己的合同债务,而且应基于诚实信用原则协助对方当事人履行其债务。合同的履行,只有债务人的给付行为,没有债权人的受领给付,合同内容依然无法实现。只有双方当事人在合同履行过程中相互配合、相互协作,合同适当履行的目的才会达到。

(3)经济合理原则

所谓经济合理原则,是指履行合同时讲求经济效益,以付出最小的成本获得最佳的合同利益,如债务人应选择最经济合理的运输方式,选择履行期、选用设备体现经济合理原则等。

(4)情事变更原则

所谓情事变更原则,是指合同依法成立后,因不可归责于双方当事人的原因发生了不可预见的情事变更,致使合同的基础丧失或动摇,若继续维持合同原有效力则显失公平,允许当事人变更或解除合同的原则。

2)合同履行的规则

(1)合同内容约定不明确时的履行规则

根据《合同法》第61条和第62条的规定,合同生效后,当事人就质量、价款或者报酬、履行地点等内容没有约定或者约定不明确的,可以协议补充;不能达成补充协议的,按照合同有关条款或者交易习惯确定。如果仍然不能确定的,则按照以下规定履行:①质量要求不明确的,按照国家标准、行业标准履行;没有国家标准、行业标准的,按照通常标准或者符合合同目的的特定标准履行。②价款或者报酬不明确的,按照订立合同时履行地的市场价格履行;依法应当执行政府定价或者政府指导价的,按照规定履行。③履行地点不明,给付货币的,在接受货币一方所在地履行;交付不动产的,在不动产所在地履行;其他标的,在履行义务一方所在地履行。④履行期限不明确的,债务人可以随时履行,债权人也可以随时要求履行,但应当给对方必要的准备时间。⑤履行方式不明确的,按照有利于实现合同目的的方式履行。⑥履行费用的负担不明确的,由履行义务一方负担。

（2）执行政府定价或者政府指导价合同的履行规则

政府定价,是指依照《中华人民共和国价格法》(以下简称《价格法》)的规定,由政府价格主管部门或者其他有关部门,按照定价权限和范围制定的价格。政府指导价,是指依照《价格法》的规定,由政府价格主管部门或者其他有关部门,按照定价权限和范围规定基准价及其浮动幅度,指导经营者制定的价格。根据《合同法》第63条的规定,执行政府定价或者政府指导价的合同在履行时应遵守以下规则:执行政府定价或者政府指导价的,在合同约定的交付期限内政府价格调整时,按照交付时的价格计价。逾期交付标的物的,遇价格上涨时,按照原价格执行;价格下降时,按照新价格执行。逾期提取标的物或者逾期付款的,遇价格上涨时,按照新价格执行;价格下降时,按照原价格执行。

（3）合同履行涉及第三人时的规则

当事人约定由债务人向第三人履行债务的,债务人未向第三人履行债务或者履行债务不符合约定,应当向债权人承担违约责任。当事人约定由第三人向债权人履行债务的,第三人不履行债务或者履行债务不符合约定,债务人应当向债权人承担违约责任。

（4）当事人一方发生变更时的履行规则

①债权人分立、合并或者变更住所,没有通知债务人,致使履行债务发生困难的,债务人可以中止履行或者将标的物提存。债权人分立是指作为债权人的组织依法分成两个或两个以上的独立的组织,原来的组织可以存在(存续分立),也可以消灭(新设分立)。债权人合并是指作为债权人的组织与其他组织结合成一个组织,原来的组织可以存在(吸收合并),也可以消灭(新设合并)。②合同生效后,当事人不得因姓名、名称的变更或者法定代表人、负责人、承办人的变动而不履行合同义务。合同是合同主体即合同当事人之间的协议,因此,如果只是当事人的姓名或名称改变或者法定代表人、负责人、承办人的变

动,当事人自然无理由以上述情况的变化来拒绝履行合同的义务。

(5)合同提前履行的规则

债权人可以拒绝债务人提前履行债务,但提前履行不损害债权人利益的除外。债务人提前履行债务给债权人增加的费用,由债务人负担。

(6)合同部分履行的规则

债权人可以拒绝债务人部分履行债务,但部分履行不损害债权人利益的除外。债务人部分履行债务给债权人增加的费用,由债务人负担。

3)合同履行的抗辩权

抗辩权又称异议权,是指一方当事人根据法律规定拒绝或者对抗对方当事人请求权的权利。抗辩权包括消灭抗辩权和延缓抗辩权,所谓消灭抗辩权是指债务人通过行使抗辩权可以使债的关系消灭的抗辩权,而延缓抗辩权是指债务人通过行使抗辩权并不能使债的关系消灭,而是只能使对方的请求权在一定期限内不能实现的抗辩权。合同履行的抗辩权只适用双务合同之中。

(1)同时履行抗辩权

当事人互负债务,没有先后履行顺序的,应当同时履行。一方在对方履行之前有权拒绝其履行要求;一方在对方履行债务不符合约定时,有权拒绝其相应的履行要求。

(2)后履行抗辩权

当事人互负债务,有先后履行顺序,先履行一方未履行的,后履行一方有权拒绝其履行要求;先履行一方履行债务不符合约定的,后履行一方有权拒绝其相应的履行要求。

(3)不安抗辩权

应当先履行债务的当事人,有确切证据证明对方有下列情形之一的,可以中止履行:①经营状况严重恶化;②转移财产、抽逃资金,以逃避债务;③丧失商业信誉;④有丧失或者可能丧失履行债务能力的其他情形。当事人没有确切证据中止履行的,应当承担违约责任。当事人依法中止履行的,应当及时通知对方;对方提供适当担保时,应当恢复履行。中止履行后,对方在合理期限内未恢复履行能力并且未提供适当担保的,中止履行的一方可以解除合同。

5.3　合同的效力

5.3.1　合同生效

我国《合同法》第 8 条规定："依法成立的合同,对当事人具有法律约束力。当事人应当按照约定履行自己的义务,不得擅自变更或者解除合同。"所谓合同生效,是指已经成立的合同在当事人之间产生了一定的法律拘束力,即法律效力。

合同的生效要件就是指已经成立的合同产生法律效力应当具备的条件。合同的生效要件是判断合同是否具有法律约束力的标准,这些要件是:

①合同的主体合格。指合同的主体应当具有相应的民事权利能力和民事行为能力。主体的种类不同,其相应的民事权利能力和民事行为能力也不尽相同。

②意思表示真实。意思表示是指行为人追求一定法律后果的意志的外在表现,即把要求进行法律行为的意思以一定方式表现于外部的行为。所谓意思表示真实是指行为人的意思表示真实地反映其内心的效果意思,如果说意思表示一致是合同成立的要件的话,那么真实意思表示一致才是合同生效的要件。

③不违反法律和社会公共利益。这里不违反法律的含义主要是指不违反法律、行政法规的强制性规定;不违反社会公共利益的含义则是指合同的订立和履行不得违反公共道德和善良风俗。

《合同法》第 44 条规定："依法成立的合同,自成立时生效。法律、行政法规规定应当办理批准、登记等手续生效的,依照其规定。"

合同的法律效力主要体现在以下两个方面:

1)合同对当事人的拘束力

合同债权人根据法律规定和合同约定产生的权利依法受到保护(如债权人请求债务人履行债务的权利),而债务人必须履行根据合同约定或法律规定产生的债务(否则要承担违约责任)。《合同法》第 60 条和 107 条就是将合同对当事人的拘束力加以具体化。

①《合同法》第 60 条规定："当事人应当按照约定全面履行自己的义务。"

②《合同法》第 107 条规定："当事人一方不履行合同义务或者履行合同义

务不符合约定的,应当承担继续履行、采取补救措施或者赔偿损失等违约责任。"

2) 合同对第三人的拘束力

合同对第三人的拘束力主要表现在合同当事人对第三人的非法干预和侵害的主动排斥、在第三人非法侵害合同债权时享有要求赔偿的权利、债权人对代位权和撤销权的主张等方面。

在合同生效方面,附条件和附期限的合同是相对特别的两类合同。《合同法》第 45 条规定:"当事人对合同的效力可以约定附条件。"所谓附条件的合同,是指当事人在合同中特别规定一定的条件,以条件的是否成就来决定合同效力的发生或消灭的根据。附条件的合同中的条件具有限制合同效力的作用,其应满足如下四方面要求:

①条件必须是将来发生的事实,过去的、已经发生的事实不能作为条件。

②条件是不确定的事实,根本不可能发生和必然发生的事实不可以作为条件。

③条件是当事人议定而非法定,如为法定条件则视为未附条件。

④条件必须合法,违法条件显然不能成立。附条件合同在民法上被分为附停止条件和解除条件的合同,见《合同法》第 45 条规定:"附生效条件的合同,自条件成就时生效。附解除条件的合同,自条件成就时失效。"

所谓附期限的合同,是指当事人在合同中设定一定的期限,并把期限的到来作为合同效力发生或消灭的根据。《合同法》第 46 条规定:"当事人对合同的效力可以约定附期限。附生效期限的合同,自期限届至时生效。附终止期限的合同,自期限届满时失效。"

【典型案例】

2006 年 9 月 10 日,某主办单位与某会展中心签订了一份会展合同,合同约定该主办单位于 2006 年 10 月 1 日至 2006 年 10 月 31 日租用该会展中心的 1～3 层展室,并约定租金为 10 000 元,在签订合同时,由于双方疏漏,误将租金 10 000 元写成 1 000 元并签字盖章,后会展中心发现要求更改,主办单位认为白纸黑字,合同已签订就具有了法律效力,因此不同意改,双方诉至法院。

问题:1. 请问该合同的效力如何?（即属于何种效力的合同）为什么?

2. 本案该如何处理? 会展中心如何行使自己对合同享有的权利?

【案例分析】

1. 该合同属于生效合同。因为该合同已经完成签字盖章并成立,对当事人双方具有约束力。

2. 本案中会展中心可以要求适当增加租金来维护自己的权利。法院应根据公平原则适当增加租金。

5.3.2　无效合同

依据《合同法》第 8 条规定:"依法成立的合同,对当事人具有法律约束力。"合同的成立与生效同时产生。但是,在双方当事人合意基础上成立的合同,如果其订立程序、内容等不符合法律规定的生效要件,合同也不能产生预期的法律效力,即合同虽然成立但是无效。

《合同法》第 52 条对何为无效合同作了列举式的规定,即"有下列情形之一的,合同无效:

①一方以欺诈、胁迫的手段订立合同,损害国家利益;

②恶意串通,损害国家、集体或者第三人利益;

③以合法形式掩盖非法目的;

④损害社会公共利益;

⑤违反法律、行政法规的强制性规定。"

从以上法律规定可知,所谓无效合同,是指合同虽然已经成立,但其内容或形式违反了法律、行政法规的强制性规定或社会公共利益,因而被确认为无效(如非法买卖毒品合同当然无效)。

无效合同具有以下四个法律特征:①违法性。②国家干预性。③不得履行性。④自始无效性。

《合同法》第 56 条规定:"无效的合同或者被撤销的合同自始没有法律约束力。"合同一旦被确认无效就产生溯及力,这意味着合同自订立时起就不具有法律效力,以后也不能转化为有效合同。另外,根据我国法律规定,合同无效包括部分无效和全部无效,如《合同法》第 56 条规定:"合同部分无效,不影响其他部分效力的,其他部分仍然有效。"

5.3.3　可撤销合同、效力待定合同

在实践中无效合同与可撤销合同、效力待定合同往往会发生混淆,这里试作辨析。无效合同已如前所述,而所谓可撤销合同,则是指因当事人在订立合

同时的意思表示不真实,法律允许当事人通过行使撤销权使已经生效的合同归于消灭。

《合同法》第 54 条规定:"下列合同,当事人一方有权请求人民法院或者仲裁机构变更或者撤销:①因重大误解订立的;②在订立合同时显失公平的。一方以欺诈、胁迫的手段或者乘人之危,使对方在违背真实意思的情况下订立的合同,受损害方有权请求人民法院或者仲裁机构变更或者撤销。"

效力待定合同是指合同虽然已经成立,但其不完全符合生效要件的规定,其效力能否发生取决于相关权利人的承认与否。效力待定合同主要有三种类型:

①完全无民事行为能力人、限制民事行为能力人所做出的超出其民事行为能力范围的合同交易,该类交易只有在其法定代理人同意或追认的情况下方为有效。

②无权代理行为。《合同法》第 48 条规定:"行为人没有代理权、超越代理权或者代理权终止后以被代理人名义订立的合同,未经被代理人追认,对被代理人不发生效力,由行为人承担责任。"

③无权处分行为。《合同法》第 51 条规定:"无处分权的人处分他人财产,经权利人追认或者无处分权的人订立合同后取得处分权的,该合同有效。"

从以上对无效合同、可撤销合同、效力待定合同的剖析可知,无效合同违反法律、行政法规的强制性规定,必然、自始无效;可撤销合同没有违反法律、行政法规的强制性规定,而是因为当事人的意思表示不真实,法律赋予当事人以撤销权,在撤销以前合同有效,一旦撤销自始无效;效力待定合同没有违反法律、行政法规的强制性规定,当事人的意思表示也是真实的,但因为欠缺相关权利人的承认而使合同在相关权利人予以承认前没有生效,一旦相关权利人予以承认合同就会生效。

5.4 合同的变更、转让与终止

5.4.1 合同的变更

1)合同变更的概念和特征

合同变更是指合同成立以后,尚未履行完毕之前由合同当事人双方依法对原合同的内容所进行的修改或补充。

合同变更具有以下的特征：

①必须发生在合同成立之后到合同没有完全履行完毕之前。

②必须经当事人双方协商一致，而不是单方变更，并在原来合同的基础上达成新的协议。任何一方不得未经过对方同意，无正当理由擅自变更合同内容。

③只对合同部分内容而不是全部内容进行变动或修改。合同内容的变更，是指合同关系的局部变化，而不是对合同内容的全部变更。也就是说只是对原合同关系作某些修改和补充。如果对合同内容进行了全部变更，则导致原合同关系的消灭，产生了一个新的合同关系。如，旅游合同中行程、旅游线路、旅游项目、服务等级的变化等。

④必须经过法定的程序和形式。法律规定，当事人之间变更合同的形式可经双方协商确定，通常变更的合同应与原合同的形式一致。如原合同为书面形式，变更后合同的形式也应为书面形式；如原合同为口头形式，变更合同的形式可以采用口头形式，或者采用书面形式。在实践中，口头形式的合同欲变更时，采用书面形式更为妥当，因为书面形式变更的合同，有利于排除因合同变更而发生争议。法律、行政法规规定变更合同应当办理批准、登记手续的，依照其规定。

2）合同变更的条件

合同内容的变更原则上要求当事人双方协商一致，如未经协商同意，单方的变更行为不仅没有变更合同的效力，而且构成了违约行为。但是，在特殊情况下一方也可依据法律规定享有单方请求变更合同的权利。《合同法》第54条规定："下列合同，当事人一方有权请求人民法院或者仲裁机构变更或者撤销：①因重大误解订立的；②在订立合同时显失公平的。一方以欺诈、胁迫的手段或者乘人之危，使对方在违背真实意思的情况下订立的合同，受损害方有权请求人民法院或者仲裁机构变更或者撤销。"当然，任何一方当事人即使享有法定请求变更合同的权利，也必须经过诉讼或仲裁，而不得单方变更合同。

为了防止当事人滥用合同变更制度，维护市场经济秩序，法律对合同的变更作了专门的规定，设立了一定的制度要求。具体而言，合同变更应当具备以下条件：

（1）已存在着合同关系

合同的变更，是改变原合同关系，无原合同关系便无合同变更的对象。在合同无效、可撤销的合同被撤销、效力未定的合同效力未被追认等情形下,由于不存在合同关系,因此不发生合同的变更。

(2)合同内容发生变化

合同内容的变更通常包括:标的变更;标的物数量的增减;标的物品质的改变;价款或酬金的增减;履行期限的变更;履行地点的改变;履行方式的改变;结算方式的改变;所附条件的增添或除去;单纯债权变为选择债权;担保的设定或消失;违约金的变更;利息的变化等。

(3)合同的变更须依当事人协议或依法律直接规定及法院裁决

基于法律的直接规定而变更合同,法律效果可直接发生,不以法院的裁决或当事人协议为必经程序。合同的变更须经法院裁决程序的,不论是撤销还是变更,均须经过法院裁决。合同的变更基于债权人单方意思表示的,例如选择权人行使选择权,当事人一方使合同变更。除此以外的合同变更,一律由当事人各方协商一致。

(4)须遵守法律要求的方式

对合同的变更法律要求采取一定方式,须遵守此种要求。当事人协议变更合同,有时需要采有书面形式,有时则无此要求。债务人违约而变更合同一般不强求特定方式。法律、行政法规规定变更合同应当办理批准、登记等手续的,依照其规定。

3)合同变更的效力

合同变更的实质在于使变更后的合同代替原合同。因此,合同变更后,当事人应按变更后的合同内容履行。合同变更原则上向将来发生效力,未变更的权利义务继续有效,已经履行的债务不因合同的变更而失去合法性。合同的变更不影响当事人要求赔偿的权利。原则上,提出变更的一方当事人对对方当事人因合同变更所受损失应负赔偿责任。

《合同法》第78条规定:"当事人对合同变更的内容约定不明确的,推定为未变更。"

原则上说,合同变更只能是合同关系的局部变更而非全部变更,否则即是一个新合同,不能被看做合同变更。对合同的实质性内容(或者说主要条款)进行变更往往被看做是对原有合同的结束,而对合同非实质性内容的变更则一般被归属于合同变更的范畴。合同变更以后,当事人要以变更后的合同来享有权利和履行义务,否则合同的变更就没有意义,这意味着合同变更产生了新的债权债务关系。当然,合同变更是在原有合同的实质性内容基础上的变更,变更的合同与原有合同具有连续性,即变更范围内的债权债务关系消灭,而变更范围之外的债权债务关系继续有效。

5.4.2　合同的转让

所谓合同转让,是指合同当事人一方依法将其合同的权利和义务全部或部分转让给第三人。合同转让的目的在于将一方合同当事人的权利义务全部或部分转移给第三人,而非变更合同的权利义务内容,故合同转让不改变原合同的权利义务内容。一方合同当事人对其权利义务的转让不得超出其原有范畴,原则上也不能作出更改。如果受让人希望对原合同的权利义务内容加以更改,则必须在合同转让完成以后,由受让人与原合同他方当事人协商变更原合同内容。

但是,合同转让涉及合同主体的变更,这是对合同关系实质性内容的变更,其必然导致原合同关系的消灭和新合同关系的产生,涉及两种不同的法律关系,即原合同当事人双方之间的关系、转让人与受让人之间的关系。换言之,合同转让中转让人要么转让全部权利义务,使其作为原合同当事人一方的角色被受让人完全取代;要么转让人转让部分权利义务,继续作为原合同当事人的一方,而受让人则同转让人一道成为合同当事人的一方。因此,合同转让不仅对转让人和受让人的利益产生影响,而且还涉及原合同当事人他方的利益。

①《合同法》第 80 条规定:"债权人转让权利的,应当通知债务人。未经通知,该转让对债务人不发生效力。"

②《合同法》第 84 条规定:"债务人将合同的义务全部或者部分转移给第三人的,应当经债权人同意。"

另外,合同转让必须以合法有效的合同关系为前提,并且应当符合法定程序。《合同法》第 87 条规定:"法律、行政法规规定转让权利或者转移义务应当办理批准、登记等手续的,依照其规定。"合同转让必须由转让人与受让人达成合意并订立协议,才能使合同转让产生效力,并且其内容和形式均不得违反法律和社会公共利益。

按照所转让的形态,合同转让分为合同权利的转让、合同义务的转让、合同权利义务的概括转让。

1)合同权利的转让

《合同法》第 79 条规定:"债权人可以将合同的权利全部或者部分转让给第

三人，"所谓合同权利的转让，也称为合同债权的转让，是合同债权人通过协议将其债权全部或部分转让给第三人的行为。合同权利的转让不得改变其原有内容，并且其转让的对象只能是合同债权，而非其他权利。合同权利的转让既包括主债权，又包括从属于主债权的从债权（但是专属于债权人自身的权利不能移转）。

合同权利转让的本质是交易行为，法律在鼓励其交易的同时，应在维护社会公共利益、兼顾转让合同双方当事人利益的角度上，对合同权利的转让范围做出一定限制。

例如，某些权利根据合同性质就不得转让，因为该类合同的性质决定了合同权利只能在特定当事人之间生效，如转让则导致合同内容发生变更并违背当事人订立合同的目的。试举一例，某娱乐公司举办的晚会邀请了某个知名演员，这就是以选定的特定债权人为基础发生的合同关系，其他演员则无法替代该被邀请的知名演员。

又如，根据合同自由原则，当事人可以在合同订立时或订立后约定，禁止任何一方转让合同权利，只要此规定不违反法律的禁止性规定和社会公共利益。任何一方违反此种约定而转让合同权利，将构成违约行为。

再如，根据《民法通则》第 91 条的规定，依照法律规定应当由国家批准的合同，合同当事人一方转让合同权利的，应当经国家批准，否则转让无效。

为了维护合同权利转让的严肃性，合同权利转让的通知一旦生效，则不得随意撤销。《合同法》第 80 条第 2 款规定："债权人转让权利的通知不得撤销，但经受让人同意的除外。"

2）合同义务的转让

《合同法》第 84 条规定："债务人将合同的义务全部或者部分转移给第三人的，应当经债权人同意。"所谓合同义务转让，又称债务承担，是指债务人将其全部或部分债务移转给第三人，并经过债权人的同意的民事法律行为。债务移转后，新债务人可以主张原债务人对债权人的抗辩权（如同时履行抗辩权、合同无效和撤销抗辩权等）。《合同法》第 85 条规定："债务人转移义务的，新债务人可以主张原债务人对债权人的抗辩。"

根据债务移转范围的不同，债务移转可分为全部移转和部分移转。所谓债务的全部移转，是指债权人或者债务人通过与第三人订立协议，由第三人取代原债务人承担全部债务，原债务人完全脱离原有合同关系。所谓债务的部分移转，又称并存的债务承担，是指原债务人没有脱离债的关系，而由第三人加入债的关系,并与债务人共同向同一债权人承担债务的民事法律行为。换言之,在债务的部分移转情况下,第三人是新加入的债务人,其与原有的债务人一道履行义务。

3)合同权利义务的概括移转

《合同法》第88条规定:"当事人一方经对方同意,可以将自己在合同中的权利和义务一并转让给第三人。"所谓合同权利义务的概括移转,是指由原合同当事人一方将其权利义务一并移转给第三人,由第三人概括继受债权债务的民事法律行为。合同权利义务的概括移转,既可以由当事人通过订立合同来约定,也可以因为法律规定而产生。

所谓合同约定的概括移转,是指原合同一方当事人与第三人订立合同,并经原合同另一方当事人的同意,由第三人承担原合同一方当事人在合同中的全部权利和义务。所谓法定的概括移转,主要指因企业的合并、分立而引起的债权债务移转。《合同法》第90条规定:"当事人订立合同后合并的,由合并后的法人或者其他组织行使合同权利,履行合同义务。当事人订立合同后分立的,除债权人和债务人另有约定的以外,由分立的法人或者其他组织对合同的权利和义务享有连带债权,承担连带债务。"

5.4.3 合同的终止

合同关系是一种动态的民事法律关系,有着从发生到消灭的时间历程。合同的终止,也称合同的消灭,是指合同关系在客观上不复存在,合同债权和债务归于消灭。

《合同法》第91条规定:"有下列情形之一的,合同的权利义务终止:①债务已经按照约定履行;②合同解除;③债务相互抵销;④债务人依法将标的物提存;⑤债权人免除债务;⑥债权债务同归于一人;⑦法律规定或者当事人约定终止的其他情形。"

1)债务已经按照约定履行

如果合同债务已经履行完毕,则合同债权人的债权得到满足,合同目的已经实现,故合同自然终止。

2)合同解除

所谓合同解除,是指合同有效成立以后,当具备解除条件时,因当事人一方或双方的意思表示或法律的直接规定而使合同关系消灭的行为。合同解除的法律规定主要体现在《合同法》第93条和94条的内容中。前者是对约定解除的规定,后者则是对法定解除的规定。

《合同法》第93条规定:"当事人协商一致,可以解除合同。当事人可以约定一方解除合同的条件。解除合同的条件成立时,解除权人可以解除合同。"

《合同法》第94条规定:"有下列情形之一的,当事人可以解除合同:①因不可抗力致使不能实现合同目的;②在履行期限届满之前,当事人一方明确表示或者以自己的行为表明不履行主要债务;③当事人一方迟延履行主要债务,经催告后在合理期限内仍未履行;④当事人一方迟延履行债务或者有其他违约行为致使不能实现合同目的;⑤法律规定的其他情形。"

3)债务相互抵销

所谓债务抵销,是指合同当事人双方互负债务,各以其债权充当债务清偿,而使其债务与对方的债务在对等额内消灭。以产生的依据为标准,抵销可分为法定抵销和约定抵销。

在法定抵销情形下,只要当事人互负债务符合法律规定,依当事人一方的意思表示即可发生抵销的效力。《合同法》第99条规定:"当事人互负到期债务,该债务的标的物种类、品质相同的,任何一方可以将自己的债务与对方的债务抵销,但依照法律规定或者按照合同性质不得抵销的除外。"

约定抵销是指按照当事人双方的合意所为的抵销,可不受法律规定的构成要件的限制。《合同法》第100条规定:"当事人互负债务,标的物种类、品质不相同的,经双方协商一致,也可以抵销。"

4)债务人依法将标的物提存

所谓提存,是指因合同债权人的原因导致无法向其交付合同标的物时,债务人将合同标的物交给提存部门而使合同关系消灭的行为。债务的履行需要债权人的协助,如果债权人在无正当理由的情况下不提供协助,那么仍然要求债务人随时准备履行债务则显失公平。因此,设立提存制度的出发点就是保障债务人的合法利益,促进合同交易的迅速进行。

《合同法》第100条规定:"有下列情形之一,难以履行债务的,债务人可以将标的物提存:①债权人无正当理由拒绝受领;②债权人下落不明;③债权人死亡未确定继承人或者丧失民事行为能力未确定监护人;④法律规定的其他情形。标的物不适于提存或者提存费用过高的,债务人依法可以拍卖或者变卖标的物,提存所得的价款。"

5)债权人免除债务

所谓合同免除,是指债权人抛弃债权,从而消灭合同关系的单方行为。《合同法》第105条规定:"债权人免除债务人部分或者全部债务的,合同的权利义务部分或者全部终止。"合同免除是无因行为,仅依债权人免除债务的单方意思表示而发生法律效力;合同免除是非要式行为,书面或口头皆可,明示或默示均宜。

6)混同

所谓混同,即债权债务同归于一人而合同关系消灭的行为。《合同法》第106条规定:"债权和债务同归于一人的,合同的权利义务终止,但涉及第三人利益的除外。"

5.5　违约责任

5.5.1　违约责任概述

违约责任,也称为违反合同的民事责任,是指合同当事人因违反合同义务所承担的责任。合同一旦生效以后,其将在当事人之间产生法律拘束力,当事人应按照合同规定全面地、严格地履行合同义务。任何一方当事人违反有效合同所规定的义务,均应承担违约责任。一旦债务人不履行原合同债务,则原合同债务在性质上将转化为一种强制履行的责任,而该强制履行不仅是对债权人的责任,也是对国家应承担的责任。无制裁则无效力,正是因为违约责任制度的强制性保障,合同当事人的合意才能够产生法律拘束力。

尽管违约责任具有明显的强制性特点,但是其仍有一定的任意性,即当事人可以在法律规定的范围内对一方的违约责任做出事先安排。《合同法》第114条规定:"当事人可以约定一方违约时应当根据违约情况向对方支付一定数额的违约金。"对违约责任的事先约定,可以避免违约发生后确定损害赔偿数额的困难,有利于合同纠纷的及时解决,也有助于限制当事人在未来可能承担的风险。

然而,如果违约责任的事先约定不符合法律要求,也将会被宣告无效或撤销。合同关系的相对性决定了违约责任的相对性,即违约责任只能在特定的合同当事人之间发生。合同关系以外的人不负违约责任,而合同当事人也不对其承担违约责任。根据违约行为违反合同义务的性质、特点,违约行为有单方和双方违约、预期违约和履行期间内违约、根本违约和非根本违约、违反法定、附随及约定义务、不履行和不适当履行等诸多形态。

5.5.2 违约责任的归责原则

合同当事人承担违约责任必须具备违约行为和过错两个要件,其中违约行为是违约责任的客观要件,而过错则是违约责任的主观要件。在认定违约责任方面,违约行为的客观属性决定其只能是追究违约责任的基础,而行为人的主观过错才是认定违约责任的关键所在。

我国《民法通则》与《合同法》均未明确规定违约责任的归责原则,只有《合同法》第 109 条的规定:“当事人一方未支付价款或者报酬的,对方可以要求其支付价款或者报酬。”间接表明了对过错推定原则的承认,但在实践中过错推定原则已成为司法机关判定违约方当事人承担违约责任的归责原则。

所谓过错推定原则,是指一方违反合同义务,不履行和不适当履行合同义务时,如无法定和约定的免责事由,则推定违约方具有过错并负违约责任。换言之,原告在证明被告构成违约以后,如果被告不能证明自己对违约没有过错,则在法律上推定被告具有过错,应当承担违约责任。与过错责任相比,过错推定责任采取的是举证责任倒置原则,没有采取“谁主张,谁举证”的举证原则,不由主张一方而是由被主张的一方承担举证责任。

5.5.3 违约责任的免责事由

违约行为并非在任何情况下都产生违约责任,免责事由就是使违约方免除违约责任的特殊情况。所谓免责事由,是指在合同履行过程中因出现法定或约定的事由而导致合同不能履行,债务人被免除合同履行义务以及违约责任。

合同违约责任的免除事由既包括法定的免责事由,即不可抗力,也包括当事人约定的免责事由,即免责条款。只有法定的免责事由和约定的免责条款导致合同永久不能履行时,债务人才能不履行债务并被免除违约责任。如果仅仅是暂时不能履行债务,则债务人应待导致履行不能的原因消除后继续履行;如果仅仅是部分履行不能,则债务人应继续履行其余能够履行的部分。

我国合同法只将“不可抗力”作为合同的法定免责事由。《合同法》第 117

条规定:"因不可抗力不能履行合同的,根据不可抗力的影响,部分或者全部免除责任,但法律另有规定的除外。"

所谓不可抗力,即是《合同法》第117条的规定:"不能预见、不能避免并不能克服的客观情况",其既包括某些自然现象(如地震等)又包括某些社会现象(如战争等)。不能预见,是指在现有的社会条件下,不仅一般人对该客观情况无法预见,而且当事人也不能预见;不能避免和不能克服,是指事件的发生和造成的损害具有必然性,即使当事人尽了最大的注意和努力也无法避免事件发生和损害后果的出现。所谓客观情况是指外在于人的行为的客观事实,但不包括单个人的行为。

不可抗力必须发生在合同成立以后至合同不能履行以前,在合同订立以前或迟延履行合同期间发生不可抗力不得援引不可抗力条款。不可抗力的具体范围主要有如下三类。第一,自然灾害。尽管现代科学技术的进步将人类对自然的了解大大加深,但仍有许多自然灾害的发生超出了人类的控制范围,如2004年震惊世界的印度洋海啸,其造成的人员伤亡触目惊心。第二,政府行为。当事人在订立合同以后,由于政府颁布实施了新的法律、法规而导致合同不能履行。例如,2007年1月俄罗斯政府发布禁令,自2007年12月1日起禁止外国人在俄罗斯从事商品零售业务,这将直接导致此前签订的有关合同不能履行。第三,社会异常事件。在社会中突发的、扰乱社会秩序的事件也会阻碍合同的履行,例如邮政工人的罢工,其会导致合同书无法及时传递,重要证明文书无法及时递交等。

除不可抗力以外,免责条款的适用也能导致合同当事人被免除违约责任。所谓免责条款,是当事人双方在合同中事先约定的,旨在限制或免除其未来责任的条款。免责条款的生效,原则上遵循合同当事人意思自治的原则,但不得违反法律的强制性规定和社会的公序良俗。

无论是因为法定的不可抗力,还是因为当事人事先约定的免责条款,合同的违约方只要能够证明其违约行为是因为其中之一而产生,合同的违约方就可以被免除违约责任,即免除实际履行、支付违约金和损害赔偿责任。

5.5.4 违约责任的承担方式

《合同法》第107条规定:"当事人一方不履行合同义务或者履行合同义务不符合约定的,应当承担继续履行、采取补救措施或者赔偿损失等违约责任。"以下,对继续履行、违约金、定金、损害赔偿四种主要的违约责任承担方式加以阐释。

1）继续履行

继续履行也称为强制实际履行、依约履行。作为一种违约后的补救方式，继续履行是指在一方违反合同时，另一方有权要求其依据合同规定继续履行。在强制继续履行情况下，不管违约当事人是否愿意，只要存在继续履行的可能就要履行义务。我国合同法从保护债权人的利益出发，将是否请求继续履行的选择权交给非违约方，由非违约方决定是否采取继续履行的方式。如果非违约方决定采取继续履行的补救措施，则其必须要在合理期限内向违约方提出继续履行的要求。

《合同法》第110条规定："当事人一方不履行非金钱债务或者履行非金钱债务不符合约定的，对方可以要求履行，但有下列情形之一的除外：①法律上或者事实上不能履行；②债务的标的不适于强制履行或者履行费用过高；③债权人在合理期限内未要求履行。"强制继续履行必须在符合法律规定（如不得以限制他人人身自由的方式）或在合同性质允许（如基于严格人身信赖关系的合伙合同不得强制继续履行）的情况下才可以实施，并且强制继续履行必须在事实上可能和经济上合理。

2）违约金责任

所谓违约金，是指在合同当事人（一方或双方）违约以后，违约当事人应当做出的独立于履行合同义务以外的、当事人通过协商预先确定的给付，见《合同法》第114条规定："当事人可以约定一方违约时应当根据违约情况向对方支付一定数额的违约金"。如果当事人没有约定违约金，则应适用法定的损害赔偿。

违约金的约定以主合同的存在为前提，其效力受制于主合同的效力。如果主合同不成立、无效或被撤销，则约定违约金条款也不能生效。支付违约金的行为不能代替继续履行的义务，就是说，在违约当事人支付违约金后仍然要承担继续履行合同的义务（非违约方同意不继续履行除外）。《合同法》第114条规定："当事人就迟延履行约定违约金的，违约方支付违约金后，还应当履行债务。"

既然违约金是一种违约责任形式，其内在的强制性决定了违约金条款不能完全留待当事人约定，对于不公正的违约金条款需要国家公权力的介入。《合同法》第114条规定："约定的违约金低于造成的损失的，当事人可以请求人民法院或者仲裁机构予以增加；约定的违约金过分高于造成的损失的，当事人可以请求人民法院或者仲裁机构予以适当减少。"

3）定金责任

《合同法》第 115 条规定："当事人可以依照《中华人民共和国担保法》约定一方向对方给付定金作为债权的担保。债务人履行债务后,定金应当抵作价款或者收回。给付定金的一方不履行约定的债务的,无权要求返还定金;收受定金的一方不履行约定的债务的,应当双倍返还定金。"所谓定金,是合同当事人为了确保合同履行,依据法律规定和合同约定由一方按照合同标的额的一定比例,预先给付对方的金钱或其他替代物。从法律规定可知,我国法律规定的定金是违约定金,仅仅适用于不履行债务或其他根本违约行为,而违约金则可以适用于各种违约行为(如不适当履行行为)。

定金条款的效力附属于主合同的效力,并且法律对定金数额做出了更为严格的限制。《担保法》第 91 条明确规定："定金的数额由当事人约定,但不得超过主合同标的额的百分之二十。"如果合同不能履行是由于不可抗力而产生,则不应适用定金罚则并必须被返还;如果合同不能履行是由于双方过错造成的,则双方都丧失了请求对方承担定金责任的权利。

4）损害赔偿责任

所谓违约损害赔偿,就是违约方因不履行或不完全履行合同义务而给对方造成损失,依法或根据合同约定应承担的损害赔偿责任,其以实际发生的损害为计算标准,目的在于弥补受害人所遭受的全部损失。

违约损害赔偿以赔偿当事人遭受的全部损失为原则,既包括现实的财产损失,又包括可得利益(合同在适当履行以后可以实现和取得的财产利益)的损失。只有赔偿全部损失,才能保证非违约当事人得到合同正常履行情况下所应得到的利益。《合同法》第 113 条规定："当事人一方不履行合同义务或者履行合同义务不符合约定,给对方造成损失的,损失赔偿额应当相当于因违约所造成的损失,包括合同履行后可以获得的利益,但不得超过违反合同一方订立合同时预见到或者应当预见到的因违反合同可能造成的损失。"

损害赔偿责任还可以同其他违约责任方式相并存(如支付违约金、继续履行)。《合同法》第 112 条规定："当事人一方不履行合同义务或者履行合同义务不符合约定的,在履行义务或者采取补救措施后,对方还有其他损失的,应当赔偿损失。"

5.6 会展合同

5.6.1 会展合同的概念和特征

1）会展合同的概念

会展合同是指会展组织者与参展商之间订立的、约定会展活动中双方权利义务等事项的协议书，也可以称为会展协议书、参展协议书。我国会展市场目前还没有统一的格式合同，《合同法》中也没有对会展合同的规定。

2）会展合同的特征

作为一种规范经济活动的合同，结合我国关于会展市场的规章制度，参考实践经验，可以认为会展合同具有如下特征：

（1）双务有偿合同

双务有偿合同是当事人双方互负对等给付义务、并存在经济交易的合同，即一方当事人愿意负担履行义务，旨在使他方当事人因此负有对等履行的义务（以经济交易为基础）。换言之，一方当事人所享有的权利即为他方当事人所负担的义务（以经济交易为基础）。会展合同中，会展组织者需要为参展商提供服务，包括寻找场地，划分展台，展品运输、保管，招徕观众，等等，而参展商则因此给付会展组织者参展费、展台租赁费等报酬。对照双务有偿合同的特征，会展合同完全属于双务有偿合同。

（2）无名合同

所谓无名合同，又称为非典型合同，是指法律上尚未确定一定名称和规则的合同。我国的《合同法》还没有将会展合同单列，会展合同在我国还属于无名合同。由于交易关系与当事人组成的复杂性，出现无名合同在所难免。无名合同产生以后，经过一定的发展阶段，其基本内容和特点形成以后，则可以通过《合同法》予以调整，使之成为有名合同。

区分有名合同与无名合同的意义，主要在于两者适用的法律规则不同。对于有名合同而言，应当直接适用《合同法》的规定，或其他有关该合同的立法规定。对于无名合同而言，除了应适应《合同法》的一般规则之外，如其内容涉及有名合同的某些规则,还应当比照类似的有名合同的规则,参照合同目的及当事人的意思表示等进行处理。我国目前没有统一的会展法,相关领域内的法律如《合同法》《消费者权益保护法》《知识产权法》《商标法》等,还将起重要的调整作用。

（3）要式合同

所谓要式合同,是指必须依据法律规定的方式而成立的合同。对于一些重要的交易,法律常常要求当事人必须采取特定的方式订立合同。《商品展销会管理办法》第14条规定:"举办单位应当与参展经营者签订书面合同,明确双方的权利和义务。"可见,会展合同的签订应当采取书面形式。我国对会展活动的举办采取审批制,即需要主办者提交相关的申请文件,审批机关批准后对该会展予以登记,主办单位对参展商的资格审核情况还需报登记机关备案。总之,会展合同并非只要双方当事人达成了合意,即可成为有效的合同。

5.6.2　常见会展合同

我国目前的会展市场上,会展组织者和参展商大都不重视会展合同,即便是订立合同,也是极其简单的一纸空文,合同仅仅约定展品的种类、展览的起止日期、展位价格等基本要素。很多会展的组织者和参展商之间的约定,就是一张"参展通知书"而已,这是远远不够的。国内展览会不重视会展合同的作用,会展合同订立的水平还不够高,考虑的问题还不够细致,很多问题没有事先做出约定,以致会展纠纷难以解决。会展合同应当是许多约定的综合体,甚至是许多合同的综合体。一个运作成熟的展览会,往往会发布一个章程,对本展览中所涉及的事项一一予以说明,参展商参加展会,必须同意该章程的规定。这种章程类的规定,是展览完善且成熟的标志。展览会章程制定水平的高低,直接决定着展览能否顺利成功地举行。

会展合同的形式不限,可以为《合同法》所规定的有名合同,也可以为无名合同,或它们的组合。当前,我国比较常见的会展合同有以下六类:

①展会展位申请合同。只有参展商参加会展的申请得到会展主办方的同意,参展商才能参加会展,这类合同的当事人双方是参展商与会展主办方。

②展会展位租赁合同。在会展活动中,参展商必须以自己所租赁的展位为依托展览自己的展品,这类合同的当事人双方是参展商与会展主办方。

③展览设备购买合同。无论是参展商还是会展主办方,他们都需要展览设备来为会展服务,这类合同的当事人双方是参展商与展览设备提供商或会展主

办方与展览设备提供商。

④会展服务合同。会展主办方除了将展位租赁给参展商,其还应为参展商提供其他服务,这关系参展商能否在会展上得到满意的成果和整个会展的成功。这类合同的当事人双方是参展商与会展主办方。

⑤会展买卖合同。在会展上参展商与购买者的交易是会展活动的中心环节,其当事人双方是参展商与购买者。

⑥会展物流服务合同。直观地讲,会展物流是指展销产品从参展商经由会展中转流向购买者的物理运动过程,它是展销活动供、需双方以外的第三方组织者所提供的一种具有后勤保障功能的服务,由会展组织者在综合会展现场多个供需对应体的信息要求后,统一指挥、统一安排、统一协调的会展物资流通体系。由此可见,会展物流服务合同的当事人双方是会展主办者一方与参展商和购买者共同的一方。

附:会展合同实例

第二届中俄哈石油论坛商贸洽谈会展位申请表

1. 单位资料

公司名称:＿＿＿＿＿＿＿＿＿＿＿＿＿＿＿＿＿＿＿

地址:＿＿＿＿＿＿＿＿＿＿＿＿＿＿＿ 邮编:＿＿＿＿＿＿＿＿＿

联系人:＿＿＿＿＿＿＿ 职务:＿＿＿＿＿＿＿ 部门:＿＿＿＿＿＿＿

电话:＿＿＿＿＿＿＿ 传真:＿＿＿＿＿＿＿ E-mail:＿＿＿＿＿＿＿

2. 参展商授权签名

签名:＿＿＿＿＿＿＿＿＿ 签字日期:＿＿＿＿年＿＿月＿＿日

　　(参展商单位公章)

3. 展位资料

①预订展位号:＿＿＿＿＿＿＿

②其他设备要求:

＿＿＿＿＿＿＿＿＿＿＿＿＿＿＿＿＿＿＿＿＿＿＿＿＿＿＿＿＿＿＿＿

＿＿＿＿＿＿＿＿＿＿＿＿＿＿＿＿＿＿＿＿＿＿＿＿＿＿＿＿＿＿＿＿

4. 展位费

标准展位:8 800 元人民币/间×＿＿＿＿＿＿间=＿＿＿＿＿＿＿＿＿元人民币

现场墙面4 m×5 m巨幅喷绘广告:3 800 元人民币/幅×＿＿＿＿＿＿幅=

_____ 元人民币

5.银行资料

开户名:广州市××信息咨询有限公司

开户行:中国光大银行广州分行××支行

账　号:386301880000××××

6.其他事项

①参展人员及其展品保险由参展单位办理。

②参展商自签署本合同之日起5个工作日内支付全部展位费,否则取消其原订展位。参展单位将其参展费汇出后,请同时将汇款凭证复印件传真至主办单位。

③主办单位根据收款的先后顺序统一安排展位,并有权对个别展位位置进行调整。

联系人:王小姐　薛先生

电话:020-8363×××× , 8363××××

传真:020-8363××××

【典型案例】

某电子产品展会主办方,在展会期间积极收集有关参展商的销售信息,并主动联系对相关电子产品有兴趣的购货商,促成了若干在参展商与购货商之间的买卖合同。但是,当主办方向参展商与购货商主张合同当事人的权利时,参展商与购货商不承认主办方是他们合同关系中的当事人,只愿意给付一点好处费。三方协商不成,展会主办方向法院提起诉讼。

问题:1.展会主办方能否与参展商、购货商共同构成一种合同的当事人?
如是,其名称和含义又是什么?

2.如果你是法官,应如何判决?

【案例分析】

1.能。该合同应为会展物流服务合同。会展物流服务合同的当事人为展会主办方一方与参展商、购货商共同一方,其合同关系的内容是指展销产品从参展商经由会展中转流向购买者的物理运动过程,它是展销活动供、需双方以外的第三方组织者所提供的一种具有后勤保障功能的服务,由会展组织者在综合会展现场多个供需对应体的信息要求后,统一指挥、统一安排、统一协调的会展物资流通体系。

2. 应做出确认判决,即确认主办方为会展物流服务合同的一方当事人,享有合同当事人的平等权利,参展商、购货商应当履行对主办方所应承担的义务。

【本章小结】

本章既系统介绍了合同制度的主要内容,又着重阐述了会展合同的诸多规定;既注重具体制度、个别概念的诠释,又不忘概念之间、制度之间的联系与区别。清晰阐释合同理论与着眼当下合同实践是贯穿本章合同制度的一条主线。当然,合同制度博大精深,远非本章内容所能涵盖。希望本章对合同内容的叙述能够对合同学习有所裨益,能够成为研修合同法律的起点。

【测试题】

一、单选题

1. 合同的主体资格合格是指( )。
   A. 合同的当事人要具有完全的民事权利能力
   B. 合同的当事人要具有完全的民事行为能力
   C. 合同的当事人要具有完全的民事权利能力和民事行为能力
   D. 合同的当事人要具有相应的民事权利能力和民事行为能力

2. 甲公司于3月5日向乙企业发出签订合同的要约信函。3月8日乙企业收到甲公司声明该要约作废的传真。3月10日乙公司收到该要约的信函。根据《合同法》的规定,甲公司发出传真声明要约作废的行为属于( )。
   A. 要约撤回   B. 要约撤销   C. 要约生效   D. 要约失效

3. 根据合同法律制度的规定,下列各项中,( )不属于无效合同的情况。
   A. 恶意串通损害国家利益的合同
   B. 损害社会公共利益的合同
   C. 显失公平的合同
   D. 以合法形式掩盖非法目的的合同

4. 根据《合同法》的规定,可撤销合同的当事人行使撤销权的有效期限是( )。

A. 自合同签订之日起 1 年内

B. 自合同签订之日起 2 年内

C. 自知道或者应当知道撤销事由之日起 1 年内

D. 自知道或者应当知道撤销事由之日起 2 年内

5. 根据《中华人民共和国合同法》的规定,当事人对合同价款约定不明确,又没有政府定价或指导价可供参照时,合同价款的确定规则为(　　　)。

A. 按照订立合同时履行地的市场价格履行

B. 按照履行合同时履行地的市场价格履行

C. 按照纠纷发生时履行地的市场价格履行

D. 按照订立合同时订立地的市场价格履行

二、判断题

1. 采用数据电文形式订立合同,收件人未指定特定系统的,该数据电文进入收件人的任何系统的首次时间,视为要约或者承诺到达时间。　　　(　　)

2. 甲以欺诈手段订立合同,损害国家利益。该合同应属于无效合同,而不是可撤销合同。　　　(　　)

3. 合同约定由债务人甲向第三人乙履行交货义务,甲在所交货物的质量不符合合同约定时,应当向乙承担违约责任。　　　(　　)

4. 债权人甲与债务人乙约定由乙向丙履行债务,乙未履行,则乙应向丙承担违约责任。　　　(　　)

三、简答题

1. 简述合同的概念和特征。

2. 合同订立的程序是怎么样的? 合同的形式有哪些?

3. 合同一般包含哪些内容?

4. 我国对违约责任采取什么样的归责原则? 违约责任有哪些承担方式?

5. 简述会展合同的特征和种类。

四、实训题

收集资料了解会展业常见的合同文本,并试拟会展合同。

第6章
知识产权法律制度

【本章导读】

　　本章从知识产权的概念与特征入手,揭示知识产权的共性及功用,并条分缕析知识产权法律领域中的商标法、专利法、著作权法。当今会展业的知识产权保护已成为社会关注的热点问题,会展知识产权保护存在的现实问题、保护途径和办法的愿景前瞻皆在本章占有相当的篇幅。

【关键词汇】

　　商标法　专利法　著作权法　会展知识产权保护

【案例导入】

2003 年第八届中国国际建筑贸易博览会上,在展览会开幕的第一天,会展主办方就收到了浙江某知名装饰品公司和德国某品牌卫浴公司的公函,两家公司声称有十几家参展企业的产品侵犯了他们的专利权,要求主办方给予妥善处理否则即申请法院进行证据保全,进场扣押被控侵权企业的参展产品。

作为主办方的法律顾问单位上海市汇锦律师事务所受托全权处理此事。律师首先请两家公司出示他们的专利权属文件,两家公司出示的专利权属文件表明他们的专利均是外观设计专利。按照专利法的规定"外观设计专利权被授予后,任何单位或者个人未经专利权人许可,都不得实施其专利,即不得为生产经营目的制造、销售、进口其外观设计专利产品"。律师认为参展企业单纯的展览商品属于许诺销售行为,是一种销售的要约邀请,并不在专利法明确禁止之列,而参展企业一旦在展会上与客户达成订单则属于销售行为,才构成对专利权人的侵权。

鉴于此,如果两家企业与其他企业僵持下去,则两家企业暂时并不能控告其他企业侵权,任由其他企业大肆宣传产品,两家企业的利益显然将受到损害,而其他企业也不能在展会上销售其产品,有动辄遭受侵权控诉之虞,处于进退两难之中。因此律师建议两家企业邀请上海市知识产权局执法部门出面与其他企业共同协商由其他企业撤除在展会上可能侵权的产品,两家企业不在展会中追究其他企业的责任,最终事情得以妥善解决、展会圆满结束。

资料来源:http://blog.sina.com.cn/s/blog_6ce04acd0100lv33.html

【案例分析】

在许多已经发生的专利争端面前,大多数企业明显表现出准备不足、缺乏有力的解决措施等问题,从而多以支付专利使用费、丧失一部分市场而告终。这不仅直接影响了企业产品的销售和企业形象,还敲响了企业进一步生存发展的安全警钟。对于会展主办方,不注意知识产权的保护,往往会令自己尴尬地陪着侵权企业站在被告席上。律师建议企业参加展会不仅产品要"硬",自主的知识产权意识也要加强,只有这样才能从容应对展会中的知识产权纠纷。

6.1　知识产权概述

6.1.1　知识产权的概念与特征

1) 知识产权的概念

知识产权(Intellectual Property)是人们对于自己的智力活动创造的成果和经营管理活动中的标记、信誉依法享有的权利。知识产权有广义和狭义之分。广义的知识产权包括著作权、邻接权、商标权、商号权、商业秘密权、产地标记权、专利权、集成电路布图设计权等各种权利,其已为 1967 年签订的《成立世界知识产权组织公约》和 1994 年关贸总协定(世界贸易组织前身)缔约方签订的《知识产权协定》所认可。狭义的知识产权,即传统意义上的知识产权,包括著作权(含邻接权)、专利权、商标权三个主要组成部分。考虑到教学的实际需要与效果,本章采用了知识产权的狭义说。

2) 知识产权的特征

无论是知识产权的广义说,还是知识产权的狭义说,二者无不承认知识产权的客体——知识产品具有非物质性。也正是因为知识产权客体的非物质性(无形性),知识产权才具有了区别于其他财产权利的本质属性。具体来讲,有形物所有人对有形物的占据实在而具体,而知识产权所有人对知识产品的占有,则只能表现为对某种知识、经验的认识、感受;有形物(无论是动产抑或不动产)一经使用必然发生损耗,甚至消灭,但知识产品不会因为被使用而发生损耗与消灭,否则人类的知识就不会薪火传承到今日了。

因为知识产权客体的非物质性,知识产权具有了专有性、地域性、时间性三个基本特征。当然,知识产权的上述三个特征,是与其他财产权特别是所有权相对而言的,并非都是知识产权所独有,这里请读者尤其注意。

就知识产权的专有性来说,其在法律上体现为独占性和排他性。知识产权为权利人所独占,权利人垄断这种专有权利并受到严格保护,没有法律规定或未经权利人许可,任何人不得使用权利人的知识产品。知识产权专有人有权允许非专有人使用其知识产品,但也有权排斥非专有人对其知识产品进行不法仿制、假冒或剽窃。

就知识产权的地域性来说,其在法律上体现为严格的领土性。按照一国法律获得承认和保护的知识产权,只能在该国发生法律效力。除签有国际公约和双边互惠协定的以外,知识产权没有域外效力,其他国家对这种权利没有保护义务,任何人均可以在自己的国家内自由使用该知识产权,既无须取得权利人的同意,也不必向权利人支付报酬。对域外知识产权的保护,当今国际知识产权保护体系已经形成了以主权国家独立决定是否保护为主,国际公约是否赋予国民待遇为辅的框架。

就知识产权的时间性来说,其在法律上体现为有效期限。知识产权在法律规定的期限内受到保护,一旦超过法律规定的有效期限,这一权利就自行消灭,相关知识产品即成为整个社会的共同财富,为全人类所共同使用。

知识产权的上述三个特征,是具有相对意义的概括和描述,并不意味着各类知识产权都具备以上全部特征(例如商业秘密权就不受时间性限制,产地标记权也不具有严格的独占性)。从本质上说,只有客体的非物质性才是知识产权所属权利的共同法律特征。

6.1.2　知识产权的主体与客体

知识产权的主体是指知识产权的所有人,既包括自然人,也包括法人和非法人组织,甚至国家。知识产权的主体需要具备何种资格,应当享有什么权利,都是由国家法律直接规定的。可以说,智力活动是知识产权产生的基础,而国家法律的确认则是使知识产权保护成为现实。只要符合法律规定,知识产品原所有人可以将某些权利转移,这就导致在一定时空条件下若干权利主体对同一知识产品分享利益,包括原始主体的自己使用与继受主体的授权使用。对于外国人在本国享有何种知识产权的主体资格,世界各国主要奉行"有条件的国民待遇原则",即外国人在符合本国规定的一定条件以后可以享有与本国国民相同的知识产权主体资格。

知识产权的客体,是指人们在科学、技术、文化等知识形态领域中所创造的精神产品,即知识产品,而知识产品是与物质产品(即民法意义上的物)相并存的一种民事权利客体。知识产品之所以能够与物质产品相区别,就在于创造性是知识产品构成知识产权客体的条件,而物质产品构成有形财产所有权客体并没有创造性的一般要求。知识产品是一种无形物,其体现在所反映出的信息中,而作为知识产品表现形式的载体,则绝不是知识产品的本身。知识产品是精神产品,它的效能和价值是载体所难以全部包括和体现的。知识产品的范围极为宽泛,且随着社会发展而不断涌现新类别。当前,知识产品主要包括创造性的文学、艺术、科学作品及对它们的传播所产生的相关作品,工业技术,经营标记(标示产品来源和厂家特定人格)和经营资信(经营资格、优势、商业信誉)。

6.1.3　我国的知识产权法律体系

知识产权法是调整因知识产权而产生的各种社会关系的法律规范的总和,它是国际上通行的确认、保护和利用著作权、工业产权以及其他智力成果专有权利的一种专门法律制度。

我国知识产权立法始于清朝末年,北洋政府与国民党政府也颁布过有关知识产权的法律,但这些法律在当时的社会条件下实际作用甚微。中华人民共和国成立以后,知识产权保护的法制建设长期被忽略,只是改革开放以后才迎来了自己的春天。

近30年来,中国先后颁布了一系列知识产权法律、法规,积极参与了若干重要的知识产权国际公约,迅速建立了自己独立的知识产权法律体系,在知识产权保护方面取得了举世瞩目的成就。国内知识产权立法主要有下列法律、法规:1982年8月23日,全国人大常委会审议通过了《中华人民共和国商标法》(1993年第一次修正,2001年第二次修正);1984年3月12日,全国人大常委会审议通过了《中华人民共和国专利法》(1992年第一次修正,2000年第二次修正,2008年第三次修改);1986年4月12日,全国人大常委会审议通过的《民法通则》专节规定了知识产权;1990年4月7日,全国人大常委会审议通过了《中华人民共和国著作权法》(2001年第一次修正,2010年第二修正);1993年9月2日,全国人大常委会审议通过了《中华人民共和国反不正当竞争法》。

就我国加入的知识产权国际公约来说,我国于1980年加入《成立世界知识产权组织公约》、1985年加入《保护工业产权巴黎公约》、1989年加入《商标国际注册马德里协定》、1990年加入《关于集成电路知识产权公约》、1992年加入《保护文学艺术作品伯尔尼公约》和《世界版权公约》、1993年加入《保护唱片制作者防止唱片擅自被复制日内瓦公约》、1994年加入《专利合作条约》、1996年加入《世界知识产权组织版权条约》等。

6.2 著作权法律制度

6.2.1 著作权法律制度概述

1) 著作权的概念

著作权,又称版权,是指作者或其他著作权人依法对文学、艺术、科学作品所享有的各项专有权利的总称。

通常认为,著作权具有人身权和财产权双重性质。著作人身权主要体现为作者的发表权、署名权、修改权、保护作品完整权等精神权利;著作财产权则涵盖广泛,如复制权、发行权、出版权等财产权利。

2) 著作权法律制度的发展

在人类社会的早期,著作权的法律保护长期被忽略,只是在造纸术和印刷术被发明及广泛运用以后,著作权保护法律制度才得以走上历史舞台。世界第一部著作权法《为鼓励知识创作而授予作者及购买者就其已印刷成册的图书在一定时期内之权利法》(即《安娜女王法令》)是英国于 1709 年制定的,该法最突出的特点在于将著作权由最初的"印刷翻印权"演变成具有现代意义的"版权"。在近 300 年来,著作权法律制度蓬勃发展,国际著作权保护体系与各个国家的国内著作权保护立法相互配合,共同完善著作权法律制度。1886 年缔结的《保护文学艺术作品伯尔尼公约》和 1952 年的《世界版权公约》就是国际著作权保护公约的代表,而中国则是国家立法保护著作权的鲜活例证。

中国的著作权保护法律制度开始于清朝末年,1910 年清朝政府颁布的《大清著作权律》是中国历史上第一部著作权法律,但该法形同虚设,实效甚微。在中华人民共和国成立以后,著作权法律制度建设被长期搁置,只是到了改革开放以后著作权法律制度的建设才驶入了快车道。

1986 年 4 月 12 日,由全国人大常委会第四次会议审议通过的《中华人民共和国民法通则》第一次在法律中明确规定"公民、法人享有著作权(版权),依法有署名、发表、出版、获得报酬等权利"(第 94 条);公民、法人的著作权(版权)……受到剽窃、篡改、假冒等侵害的,有权要求停止侵害,消除影响,赔偿损失"(第 118 条)。1990 年 9 月 7 日,第七届全国人大常委会第十五次会议审议通过了《中华人民共和国著作权法》(2001年修正,以下称《著作权法》),并于同年6月3日颁布了《中华人民共和国著作权法实施条例》。《著作权法》的通过是中华人民共和国著作权法律史上的一件大事,它标志着我国以特别法的形式承认了著作权的性质和地位,从而为著作权所有人保护著作权提供了强大的法律支撑。该部《著作权法》既充分体现中国特色,又兼顾国际著作权保护的原则;既保障著作权所有人的利益,又关照公共利益的诉求。

6.2.2　著作权主体

著作权主体,也称著作权人,是指依法对文学、艺术和科学作品享有著作权的人。我国《著作权法》第9条规定:"著作权人包括:①作者;②其他依照本法享有著作权的公民、法人或其他组织。"《著作权法》第19条规定:"……法人或者其他组织变更、终止后,……没有承受其权利义务的法人或其他组织的,由国家享有。"从上述规定可知,我国的著作权人包括公民、法人、其他组织,并且在特殊情况下也包括国家。

就作为著作权人的作者来说,其有公民、法人或其他组织的分类。我国《著作权法》第11条第①,②款规定:"著作权属于作者,……创作作品的公民是作者。"可见,公民要想成为创作作品的主体,其必须通过一定的表现形式直接产生了文学、艺术和科学作品。为他人创作进行组织工作,提供咨询意见、物质条件,或者进行其他辅助工作,均不视为创作。《著作权法》第11条第3款规定:"由法人或者其他组织主持,代表法人或其他组织意志创作,并由法人或其他组织承担责任的作品,法人或其他组织视为作者。"该条明确承认法人或其他组织可以作为作者,从而使法人或其他组织同公民一样享有作者所应享有的著作财产权及人身权。在实际生活中,报刊上的社论、秘书代表单位领导意见所作的发言,一般都可算作法人或其他组织作品。我国《著作权法》第2条规定:"中国公民、法人或其他组织的作品,不论是否发表,依照本法享有著作权。"可见,我国在对待作者著作权取得问题上采取了创作主义的保护方法,即作品一旦创作完成,不论是否发表,作者就拥有著作权。因此,作者应是最直接、最基本的著作权主体,应当享有原始而完整的著作权。

在作者之外,著作权人还包括依照《著作权法》而享有著作权的公民、法人或其他组织。我国《著作权法》第19条规定:"著作权属于公民的,公民死亡后,其本法第10条第1款第⑤项至第⑰项规定的权利在本法规定的保护期内,依照继承法的规定转移。"据此,因继承而取得著作财产权的人,能够成为著作权法律关系主体。但是,上述法律规定可继承转移的权利为著作权中的财产权利,而著作权中的人身权利则不得被继承,见我国《继承法》第3条的规定"遗产范围包括⑥公民的著作权……的财产权利"。另外,公民也可将其著作财产权的全部或一部分通过遗嘱赠给国家、集体或法定继承人之外的公民。当国家、集体或法定继承人以外的其他公民接受作者遗赠取得著作权中的使用权和获得报酬权时,他们即成为著作权的主体。

以上提及的继承与遗赠为著作权的无偿让与,而著作权主体的变更也可通过有偿形式。因合同取得著作权就是一种变更著作权主体的典型有偿形式。我国《著作权法》第25条规定:"转让本法第十条第一款第⑤项至第⑰项规定的权利,应当订立书面合同。"通过合同转让的形式,著作权的受让人获得了著作财产权的所有权,并成为著作权的主体。著作权的受让人可以自己的名义行使权利,在侵权行为发生时单独提起诉讼。

一些特殊作品著作权的归属,法律也有相关规定。

(1)演绎作品的著作权人

演绎创作所派生出来的新作品,其著作权由演绎者享有。但行使著作权时,不得侵犯原作品的著作权。首先,对作品进行演绎创作应得到作者的同意;其次,演绎创作时应当保持原作品的完整性,要在演绎作品上标明原作品及作者;再次,演绎者的享有著作权仅限于演绎作品,而不延及原作品,因而演绎者不得妨碍原作者或其他人对原作品的利用。对第三人而言,使用演绎作品须获得演绎者和原作者双重许可。

(2)合作作品的著作权人

两人以上合作创作的作品为合作作品。合作作品的著作权由合作者共同享有。合作者行使著作权应以协商一致为基础,在意见不一致的情况下,任何一方无正当理由不得阻止他方行使著作权。可以分割使用的合作作品的著作权具有双重性,合作者对合作作品整体享有著作权,各位作者对各自创作的部分享有独立的著作权并可以单独行使其著作权。但是单独行使著作权不得影响对合作作品整体的利用。

(3)汇编作品的著作权人

汇编作品作为一个整体由汇编者享有著作权。汇编人汇编有著作权的作品时应当经过原作品著作权人的授权,并支付报酬。在行使汇编作品著作权时,不得侵犯原作品的著作权。汇编作品中具体作品的著作权仍归其作者享有,作者有权单独行使著作权。

（4）电影类作品的著作权归属

电影作品和以类似摄制电影的方法创作的作品如电视剧、录像作品是一种特殊类型的作品,众多的创作者都为作品作出了贡献。在尊重这一事实的前提下需由法律确定谁为著作权人。《著作权法》第15条规定电影类作品的著作权由制片人享有和行使。参加作品创作的其他人员,如编剧、导演、作词、作曲等作者享有署名权,并可对各自创作的可以单独使用的部分单独行使著作权。

（5）职务作品的著作权归属

所谓职务作品,是指公民为完成法人或者非法人单位工作任务所创作的作品。职务作品的作者与所在单位之间存在劳动法律关系,因此,职务作品与公民所担任的职务紧密地联系在一起,它是法人或者非法人单位安排其雇员或工作人员履行职责和任务而创造的成果。

我国《著作权法》第16条及《著作权法实施条例》第14条对职务作品的权利归属作了明确规定,即:除依《著作权法》第16条第2款的规定外,职务作品的著作权由作者享有,但法人或者非法人单位有权在其业务范围内优先使用。作品完成两年内,未经单位同意,作者不得许可第三人以与单位使用的相同方式使用该作品。如果在作品完成两年内,单位在其业务内不使用,作者可以要求单位同意其许可第三人使用,使用方式不受限制,单位如无正当理由不得拒绝。作品完成后两年内,经单位同意,作者可以许可他人以与本单位相同的方式使用该作品:其所获报酬,由作者与单位按约定的比例进行分配。作品完成两年的期限,自作者向单位交付作品之日起计算。

著作权法第16条第2款所规定的情形包括:①主要是利用法人或者非法人单位的物质技术条件创作,并由法人或者非法人单位承担责任的工程设计、产品设计图纸及其说明、计算机软件、地图等职务作品,作者享有署名权,著作权的其他权利归法人或者非法人单位享有。认定这类职务作品,应当注意:第一,从事创作的物质技术条件主要是由法人或者非法人单位提供的。根据著作权法实施条例第15条的规定,这里的物质技术条件,是指法人或者非法人单位为创作专门提供的资金、设备或者资料。第二,上述作品的责任(应包括各种风险和法律责任)由法人或非法人单位承担。②法律、行政法规规定或者合同约定著作权由法人或者非法人单位享有的职务作品,作者有署名权,著作权的其他权利由法人或者非法人单位享有,法人或者非法人单位可以给予作者奖励。

（6）委托作品的著作权人

委托创作作品著作权归属由委托人和受托人通过合同约定。合同未作明确约定或者没有订立合同的,著作权属于受托人即作者。

6.2.3 著作权客体

著作权客体,即我国《著作权法》所称的作品。我国《著作权法实施条例》第2条规定:"著作权法所称作品,是指文学、艺术和科学领域内,具有独创性并能以某种有形形式复制的智力创造成果。"

作品的表达形式属于著作权保护范围,但是作品的思想、程序、操作方法、原理或数学概念等因素一般不受著作权法的保护,这是为了推进社会进步所需要的。一件作品是否受到著作权法的保护,关键在于是否满足著作权法所要求达到的条件。我国《著作权法》对所保护的作品要求具有独创性及能够以有形形式复制,即作品能通过印刷、绘画、录制等手段予以复制。

所谓独创性,指作品具有独立构思而成的属性,即作品不是或基本不是与他人已发表的作品相同(不得抄袭、剽窃或篡改他人的作品)。世界知识产权组织也曾针对独创性作出解释:独创性是指作品属于作者自己的创作,完全不是或基本不是从另一作品抄袭来的。鉴于此,只要作品是作者独立创作产生的,体现了作者的思想感情。非单纯摹仿或抄袭他人的作品,即使与他人的作品有某种雷同之处,也不影响其所享有的著作权。我国《著作权法》将作品的独创性规定为保护作品表达方式的客观依据、此作品区别于彼作品的重要标志、作品取得著作权的最主要条件。

至于"可复制性",由于符合著作权保护条件的作品通常都可以复制,其可被看做作品的一个属性而非作品受保护的形式要件。

我国《著作权法》将文学、艺术和科学领域内的作品分为九类。

①文字作品。文字作品,是指小说、诗词、散文、论文等以文字形式表现的作品,是最为普遍、数量最多、运用最为广泛的一类作品。

②口述作品。口述作品亦称口头作品,是指即兴的演说、授课、法庭辩论、即兴赋诗词等以口头语言创作,未以任何物质载体固定的作品。这类作品与文字作品的不同之处在于,作者的思想感情不是通过文字来表达,而是通过口头形式来叙述。

③音乐、戏剧、曲艺、舞蹈、杂技艺术作品。这些作品都是专业性很强的作品,其性质的判定往往需要该行业的专业人士做出。

④美术、建筑作品。美术作品,是指绘画、书法、雕塑等以线条、色彩或者其他方式构成的有审美意义的平面或者立体的造型艺术作品。建筑作品,是指以建筑物或构筑物形式表现的有审美意义的作品。

⑤摄影作品。摄影作品是指借助器械在感光材料或者其他介质上记录客观物体形象的艺术作品，如人物照片、风景照片等。

⑥电影作品及以类似摄制电影的方法创作的作品。这类作品比较常见的有影视作品、录像作品、载有音像节目的半导体芯片、激光视盘等作品。

⑦工程设计图、产品设计图、地图、示意图等图形作品和模型作品。该类作品的专业性与技术性相当强，其是否符合著作权法的保护条件往往需要同行业内的专业人士来加以确定。

⑧计算机软件。计算机软件，是指为使电子计算机发挥功能并可运算出结果而由指令构成的集合体，即计算机程序及有关文档。

⑨法律、行政法规规定的作品。该款规定旨在对未规定在上述类别的作品予以补充。

我国《著作权法》在规定对上述九类作品要依法保护的同时，也明确规定了不受著作权法保护的作品和不适用著作权法保护的材料两类情形。前者是指由于其内容违反了有关法律、法规的规定，法律禁止其出版和传播，因而不能得到著作权法保护的作品；后者则是指虽具有合法性，但因欠缺独创性或进入公有领域而不能享受著作权保护的材料。

【知识链接】

国家版权局 2012 年起草的《中华人民共和国著作权法》部分规定
（征求意见稿）

本法所称的作品，是指文学、艺术和科学领域内具有独创性并能以某种形式固定的智力成果。

作品包括以下种类：（1）文字作品，是指小说、诗词、散文、论文等以文字形式表现的作品；（2）口述作品，是指即兴的演说、授课、法庭辩论等以口头语言形式表现的作品；（3）音乐作品，是指歌曲、交响乐等能够演唱或者演奏的带词或者不带词的作品；（4）戏剧作品，是指话剧、歌剧、地方戏等供舞台演出的作品；（5）曲艺作品，是指相声、快书、大鼓、评书等以说唱为主要形式表演的作品；（6）舞蹈作品，是指通过连续的动作、姿势、表情等表现思想情感的作品；（7）杂技艺术作品，是指杂技、魔术、马戏等通过形体动作和技巧表现的作品；（8）美术作品，是指绘画、书法、雕塑等以线条、色彩或者其他方式构成的有审美意义的平面或者立体的造型艺术作品；（9）实用艺术作品，是指具有实际用途的艺术作品；（10）建筑作品，是指以建筑物或者构筑物形式表现的有审美意义的作品；

(11)摄影作品,是指借助器械在感光材料或者其他介质上记录客观物体形象的艺术作品;(12)视听作品,是指固定在一定介质上,由一系列有伴音或者无伴音的画面组成,并且借助技术设备放映或者以其他方式传播的作品;(13)图形作品,是指为施工、生产绘制的工程设计图、产品设计图,以及反映地理现象、说明事物原理或者结构的地图、示意图等作品;(14)模型作品,是指为展示、试验或者观测等用途,根据物体的形状和结构,按照一定比例制成的立体作品;(15)计算机程序,是指为了得到某种结果而可以由计算机等具有信息处理能力的装置执行的代码化指令序列,或者可以被自动转换成代码化指令序列的符号化指令序列或者符号化语句序列,同一计算机程序的源程序和目标程序为同一作品;(16)其他文学、艺术和科学作品。

不受著作权法保护的作品主要指依法禁止出版、传播的作品。依法禁止出版、传播的作品不仅不能促进社会的进步,反而会损害社会公共利益,就更谈不上受到著作权法的保护。

材料合法但不适用著作权法保护的情形主要有三种情况。

①法律、法规及官方文件。法律、法规、国家机关的决定、决议、命令和其他具有立法、行政、司法性质的文件及官方正式译文,体现的是国家和政府的意志,不属于任何个人智力创作成果,故不能被个人独自利用。

②时事新闻。时事新闻,是指通过报纸、期刊、广播电台、电视台、网络等媒体报道的单纯事实消息。时事新闻的目的在于使新闻迅速真实地让公众知道,因此没有必要给予著作权保护;时事新闻只是单纯反映一定客观事实的存在,无需多少创造性劳动,因此不属于著作权法保护的范围。

③历法、通用数表、通用表格和公式。这些之所以不受著作权法保护,主要因为它们是人类的公共财产,其本身就是让人们加以运用推进社会发展的,因此不受著作权法的保护。

6.2.4　著作权内容

著作权的内容,是指由著作权法所确认和保护的作者和其他著作权人所享有的权利。根据我国《著作权法》和有关国际公约的规定,著作权一般包括两个方面,即著作人身权和财产权。

1)著作人身权

著作人身权(Moral Rights)在我国《著作权法》中被称为作者享有的人身权,其具体种类有作者的发表权、署名权、修改权和保护作品完整权。一般而言,著作人身权具有永久性、不可分割性、不可剥夺性的特点。

所谓永久性,是指著作人身权的保护在一般情况下不受时间限制。例如,我国《著作权法》第 20 条规定:"作者的署名权、修改权、保护作品完整权的保护期不受限制。"作者死亡后,其著作权中的署名权、修改权和保护作品完整权由作者的继承人或受遗赠人保护。著作权无人继承又无人受遗赠的,其署名权、修改权和保护作品完整权由著作权行政管理部门保护。

所谓不可分割性,是指著作人身权与作者本身不可分离,专属于作者。换言之,著作人身权不可转让。作者生前,该项权利只能由作者享有;作者死后,作者的继承人有义务保护此权利不受第三人的侵犯。在无继承人的情况下,由国家著作权行政管理机关保护作者的人身权不受侵犯。

所谓不可剥夺性,是指任何单位或个人不得以任何理由剥夺作者的上述人身权利,除非依法律规定给予适当的限制。

我国《著作权法》对著作人身权主要规定了四种权利,即发表权、署名权、修改权、保护作品完整权。

（1）发表权

根据我国《著作权法》第 10 条第 1 款第①项的规定,发表权是指决定将作品公之于众的权利,即作者决定作品是否公之于众,何时、何地以及以何种方式公之于众的权利。发表权是作者享有著作财产权的前提,因为只有在作者行使发表权以后,其作品才能为人感知,从而使作者享有著作财产权。著作权法所规定的"将作品公之于众",通常是指将作品向作者以外的不特定多数人公开,即公开的对象不应限于作者的亲朋好友或同事等特定的人;作者应采取口述、表演、出版等方式使公众感知到作品的内容,不论作品是否已固定下来。

（2）署名权

我国《著作权法》第 10 条第 1 款第②项将署名权解释为"表明作者身份,在作品上署名的权利"。署名权的内容包括:作者有权决定是否在作品上署名,是署真名还是假名,以及署名的顺序等。任何人未经作者同意,不得擅自改变作品的署名方式,作者也有权禁止未参加创作的人在自己的作品上署名。

（3）修改权

根据我国《著作权法》第 10 条第 1 款第③项的规定,修改权是"修改或授权他人修改作品的权利"。从积极方面看,作者有权修改自己的作品;从消极方面看,作者有权禁止他人对作品进行歪曲或删改。只有作者才有权修改其作品,他人未经许可不得擅自修改作品。只有在作者同意的情况下,他人才可以对作品内容予以修改。

(4)保护作品完整权

根据我国《著作权法》第 10 条第 1 款第④项的规定,保护作品完整权是"保护作品不受歪曲、篡改的权利"。所谓歪曲,是指曲解作品原意,损坏作者观点的行为;所谓篡改,是指擅自增补、删节、变更作品的行为。对作品的歪曲、篡改行为显然会损害作者的名誉及声望,作者当然有权保护其作品不被他人丑化。

2)著作财产权

著作财产权,又称经济权利,是指著作权人自己使用或授权他人以一定方式使用作品而获取物质利益的权利。著作财产权主要包括复制权、发行权、展览权、广播权等权利。著作财产权的性质明显不同于著作人身权,它可以转让、继承或放弃。著作财产权也明显不同于一般财产权,它受地域、时间等因素的限制。我国《著作权法》第 10 条第 1 款第⑤项至第⑯项对著作财产权规定了十二种权利。

(1)复制权

所谓复制权,是指以印刷、复印、拓印、录音、录像等方式将作品制成一份或者多份的权利,它是著作财产权中最基本的权能。从积极方面讲,著作权人有权复制其享有著作权的作品;从消极方面讲,著作权人可以禁止他人复制其作品。

(2)表演权

所谓表演权,即著作权人公开表演自己创作的作品或许可他人表演其创作的作品的权利。表演权的内容主要包括两项:一是作者有权自己表演或授权他人表演其作品;二是作者可以禁止他人未经许可而表演其作品。

(3)广播权

所谓广播权,即著作权人有权以无线、有线、扩音器等类似工具广播作品的权利。

(4)展览权

所谓展览权,是指公开陈列展出美术作品、摄影作品的原件或复制件的权利。由此可知,我国《著作权法》中展览权的对象仅限于美术作品与摄影作品。

展览权的内容,主要指作者或其他著作权人许可或禁止他人公开陈列、展览或在公共场所放置其享有著作权的作品。

(5)发行权

所谓发行权,是作者享有的一项重要传播权,因为只复制而不发行,作者的权益就难以实现,复制也就失去了意义。我国《著作权法》将发行权诠释为"以出售或赠与方式向公众提供作品的原件或复制件的权利"。

(6)改编权

所谓改编权,是在原作品的基础上,通过改变作品的表现形式,创作出具有独创性的新作品的权利。

(7)翻译权

翻译权,是将作品从一种语言文字转换成另一种语言文字的权利。

(8)汇编权

所谓汇编权,即将作品或者作品的片段通过选择或者编排,汇集成新作品的权利。

(9)摄制权

所谓摄制权,是指以摄制电影或者以类似摄制电影的方法将作品固定在载体上的权利。

(10)出租权

所谓出租权,是指有偿许可他人临时使用电影作品和以类似摄制电影的方法创作的作品、计算机软件的权利,计算机软件不是出租的主要标的的除外。

(11)信息网络传播权

所谓信息网络传播权,是指以有线或者无线方式向公众提供作品,使公众可以在其个人选定的时间和地点获得作品的权利。

(12)放映权

所谓放映权,是指通过放映机、幻灯机等技术设备公开再现美术、摄影、电影和以类似摄制电影的方法创作的作品等的权利。

6.2.5 邻接权

邻接权,是指与著作权有关的权利,即作品传播者所享有的专有权利。根据我国《著作权法》规定,邻接权包括出版者权、表演者权、录音录像制作者权、广播组织权。这种权利是以他人创作为基础而衍生的一种传播权,虽不同于著作权,但与之相关,故称为邻接权。

邻接权与著作权关系密切,即有共同点,又存在差别。其共同点在于:二者都与作品相联系(前者间接联系,后者直接联系);二者都是法律规定的权利;二者都具有严格的地域性(只能在法律承认的国家内受到保护)。其差别在于:

(1)主体不同

著作权保护的主体是作品的创作者或依法取得著作权的人,而邻接权保护的主体是以出版、表演、录音录像或广播方式帮助作者传播作品的人。

(2)客体不同

著作权的客体是作品,而出版者、表演者、录音录像制作者、广播组织者的客体分别是出版物、表演活动、录音录像制品、制作的广播、电视节目。

(3)权利内容不同

著作权人享有发表权、署名权、修改权、保护作品完整权、使用权和获得报酬权等权利。出版者享有出版合同所约定的专有出版权。经作者许可,可以对作品修改、删节,并且出版者有权许可或者禁止他人使用其出版的图书、期刊的版式设计。表演者享有表明其身份的权利、其表演形象不受歪曲的权利、许可他人从现场直播的权利及许可他人为营利目的的录音录像并取得报酬的权利。录音录像制作者对其制作的录音录像制品享有许可他人复制发行并获得报酬的权利。广播组织者享有播放权、许可他人播放并获得报酬的权利、许可他人复制发行其制作的广播、电视节目并获得报酬的权利。

(4)保护期限不同

作者的署名权、修改权、保护作品完整权的保护期不受限制。公民的作品,其发表权、使用权和获得报酬权等权利的保护期为作者终生及其死后50年。法人或非法人单位的作品、著作权(署名权除外)由法人或其他组织享有的职务作品,其发表权、使用权和获得报酬权等权利的保护期为50年。邻接权的保护从出版物的首次出版、表演者的表演活动首次发生、录音录像制品、广播电视节目首次制作完成起计算,享受50年的保护。

尽管邻接权人享有法律所规定的权利,但根据《著作权法实施条例》第27条的规定,邻接权人在行使权利时,不得损害被使用作品和原作品著作权人的权利。

6.2.6 著作权的许可和转让

1) 著作权的许可使用

著作权的许可使用是指著作权人将自己的作品以一定的方式、在一定的地域和期限内许可他人使用的行为。著作权的许可使用具有如下几个特征：①著作权许可使用并不改变著作权的归属。②被许可人的权利受制于合同的约定。③除专有许可外，被许可人对第三人侵犯自己权益的行为一般不能以自己的名义向侵权人提起诉讼。

著作权分专有许可使用和一般许可使用。著作权专有许可使用是指著作权人授权他人在一定的地域和期限内以特定的方式独占使用作品。著作权人发出专有许可证后，任何人（包括著作权人）都无权以许可证所列举的方式使用作品。著作权的一般许可使用是指著作权人授权使用者在一定期限和范围内以特定的方式非独占地使用作品。著作权人可以在相同的地域和期限内，以相同的方式许可多人使用同一作品，著作权人自己也可在上述范围内使用作品。

2) 著作权的转让

著作权转让是指著作权人将其作品使用权的一部或全部在法定有效期内转移给他人的行为。其特点：①著作权转让必然是权能完整的财产权的转让。也就是说，无论转让出版权，还是转让改编权或其他任何一种财产权，都必须将使用、收益、处分的权能一并转让。如果受让人只能使用作品，而不能自由许可他人使用作品，或不能自由转让他的权利，这种权能不完整的转让实际上不是严格意义上的著作权转让，而是作品许可使用。②著作权中的各种财产权可以分别进行转让。③著作权转让也可以是分地域的。

6.2.7 著作权的法律保护

对著作权进行法律保护，是著作权立法根本目的之所在。著作权法律保护由出版商本位发展到作者本位，经历了一个漫长的历史过程，著作权的法律保护制度由此逐步得以发展完善。

我国《著作权法》的立法宗旨是：一方面保护作者个人利益，尊重作者的人格和愿望；另一方面鼓励传播智力作品，满足和丰富全体人民的精神生活，促进整个社会的发展，协调作者个人利益与社会利益的关系。为此，我国《著作权法》第1条明确规定："为保护文学、艺术和科学作品作者的著作权,以及与著作权有关的权益,鼓励有益于社会主义精神文明、物质文明建设的作品的创作和传播,促进社会主义文化和科学事业的发展与繁荣,根据宪法制定本法。"在著作权受到侵犯的时候,著作权的法律保护就需要发挥其应有的功能和作用了。

1)著作权侵权行为

所谓著作权侵权行为,是指未经著作权人的同意,又无法律上的根据,擅自对著作权作品进行使用以及其他以非法手段行使著作权的行为。

侵犯著作权人的行为可以分为直接侵权和间接侵权两种。直接侵权是不法行为直接侵犯受著作权法所保护的作品,如未经授权复制、发行权利人的作品。间接侵权是不法行为未直接侵犯受著作权法保护的作品,但为侵权行为提供条件,从而对著作权造成侵害,如出售非法复制的图书、影碟等。

我国对侵犯著作权的行为采取列举式的规定,归纳起来,主要有以下九种:

①擅自发表他人的作品。该行为是指未经作者同意,公开作者没有公开过的作品的行为,其侵犯了作者的著作人身权中的发表权。

②歪曲、篡改他人的作品。该行为是指未经作者同意,以删节、修改等行为破坏作品的真实含义的行为,其既侵犯了作者所享有的保护作品完整权,又损害了作者的一般人格权。

③侵占他人作品。该行为是未经合作作者的许可,将与他人合作创作的作品当作自己单独创作的作品发表的行为,其既侵犯了他人所享有的发表权,又否认了他人的作者资格。

④强行在他人的作品上署名。该行为是自己未参加作品创作,但以不正当手段在他人创作发表的作品上署名,其既侵犯了作者的署名权,又侵犯了作者所享有的著作财产权。

⑤擅自使用他人的作品。该行为指未经著作权人的许可,又无法律上的规定而使用他人的作品,其侵犯的主要是作者的著作财产权。

⑥拒付报酬。该行为是使用他人的作品而未按规定支付报酬,其侵犯了作者的获得报酬权。

⑦剽窃他人的作品。该行为指将他人的作品当作自己创作的作品发表,是对作者著作人身权与财产权全面的侵犯。

⑧制作、出售假冒他人署名的作品。该行为指未经他人同意,以营利为目的而制作、出售假冒他人署名的作品,其既侵犯了他人著作权的人身权和财产权,又侵犯了他人的姓名权。

⑨侵犯邻接权。该类行为主要指对出版者、表演者、录音录像制作者、广播组织者著作权的侵犯。

2)著作权侵权行为人的法律责任

著作权侵权行为发生以后,侵权行为人就须承担法律责任。依照我国著作权法规定,侵犯著作权行为人应承担的法律责任主要有民事责任、行政责任、刑事责任。

(1)民事责任

知识产权法是民法的一个组成部分,而著作权是民事权利中的一种,由此侵犯著作权的行为人必然要对受害人承担停止侵害、消除影响、赔礼道歉、赔偿损失等民事责任(具体法律规定见《著作权法》第46、47条)。

(2)行政责任

对于侵犯著作权的行为人,只有国家著作权行政管理机关才有权给予责令停止侵权行为,没收违法所得,没收、销毁侵权复制品,罚款,没收制作材料、工具和设备等行政处罚(具体内容见《著作权法》第47条)。

(3)刑事责任

如果行为人侵犯著作权的行为触犯了《刑法》的规定,那么其应承担相应的刑事责任(具体内容见《刑法》分则的规定)。

6.3　商标权法律制度

6.3.1　商标权取得

商标(Trademark),是生产经营者在其商品或服务项目上使用的,由文字、图形或其组合构成的,具有显著特征,便于识别商品或服务来源的专用标记。商标作为商品的标记,使用于商品及其包装上,行销市面,以供购买人选择和识别商品之用,从而决定了商标制度与商品经济的本质联系。

中华人民共和国的第一部商标法是在我国改革开放,承认商品经济以后产生的,即1982年8月23日由第五届全国人大常委会第二十四次会议通过的《中华人民共和国商标法》。其后,于1993年2月22日由第七届全国人大常委会第三十次会议对商标法进行了第一次修正,于2001年10月27日由第九届全国人大第二十四次会议通过了商标法的第二次修正案。

我国《商标法》第 3 条规定："经商标局核准注册的商标为注册商标,包括商品商标、服务商标和集体商标、证明商标;商标注册人享有商标专用权,受法律保护。"由此可见,在我国商标专用权的原始取得须遵循注册原则,即只有按照商标注册的申请、审查和核准程序办理,才能获得商标专用权。未注册商标不受法律保护,未注册商标与注册商标发生冲突时注册商标优先。

凡事皆有例外,在大多数普通商标的专用权必须遵循注册取得原则之外,驰名商标的专用权还特别享有"因驰名而取得"的特权。我国《商标法》第 14 条规定："认定驰名商标应当考虑下列因素:①相关公众对该商标的知晓程度;②该商标使用的持续时间;③该商标的任何宣传工作的持续时间、程度和地理范围;④该商标作为驰名商标受保护的记录;⑤该商标驰名的其他因素。"由此可知,驰名商标是在其拥有者长期使用并为培育该商标声誉付出努力的情况下而产生的,并且以国籍为标准可以分为国内、国外驰名商标。我国《商标法》第 31 条规定："不得以不正当手段抢先注册他人已经使用并有一定影响的商标"就是对国内驰名商标的特殊保护,以此来避免国内驰名商标被他人抢注。

我国的驰名商标几乎都是注册商标,《商标法》对驰名商标的保护主要针对的是外国的驰名商标。一国的驰名商标虽未到国外注册,但在其本国或相关国家已为公众熟知,一旦该驰名商标在国外被他人抢先注册则必然对该驰名商标及其拥有者的正当权益造成损害。就现实性来说,驰名商标拥有者也不可能在全球每一个国家、地区予以注册来进行自我保护。对外国驰名商标的专用权采取"因驰名而取得"原则是符合《巴黎工业产权国际公约》和世界贸易组织的《知识产权协定》的要求的。

我国商标法于 2001 年第二次修正后,新增第 13 条明确规定了对外国驰名商标的特殊保护,即"就相同或者类似商品申请注册的商标是复制、摹仿或者翻译他人未在中国注册的驰名商标,容易导致混淆的,不予注册并禁止使用。就不相同或者不相类似商品申请注册的商标是复制、摹仿或者翻译他人已经在中国注册的驰名商标,误导公众,致使该驰名商标注册人的利益可能受到损害的,不予注册并禁止使用。"该条第 1 款和第 2 款的不同之处在于:如果某一外国驰名商标没有在中国注册,则其权利范围限制在相同或相似商品上;如果该外国驰名商标已经在中国注册,则其权利存在就不以相同或相似商品为限,可以扩大到不相同或不相似的商品。

【知识链接】

中国政府加强保护上海世博会各参展方的知识产权的具体措施

第一，中国相关政府部门将依法为各参展方办理专利申请、商标注册申请、版权登记申请(包括计算机软件登记申请)、植物新品种申请、集成电路布图设计登记申请和知识产权海关备案申请等手续提供便利。

第二，上海世博会组织者将向各参展方提供一份在中国登记注册并拥有专业资质和良好声誉的知识产权代理服务机构名单，供各参展方选用。

第三，在上海世博会举办期间，中国相关政府部门将在上海世博会的园区内联合设立现场办事机构，统一接受各参展方有关知识产权保护的咨询，指导各参展方的相关知识产权事务，协调和解决各参展方的有关知识产权纠纷。

第四，在上海世博会筹备和举办期间，中国相关政府部门将依托全国保护知识产权举报投诉服务中心及其投诉热线，统一接收侵犯各参展方知识产权的投诉和举报。

第五，中国相关政府部门将加强知识产权的行政保护力度，形成案件移送、信息通报、配合调查、共享信息的工作机制。通过跨部门、跨地区的协作，快速有效地查处侵犯各参展方知识产权的行为。

第六，中国相关政府部门和上海世博会组织者将通过各种形式开展知识产权保护宣传和培训活动，努力提高全社会的知识产权保护意识，为上海世博会的举办营造良好的法治环境。

第七，上海世博会组织者将向各参展方提供有关知识产权保护指南，详细说明各参展方的各种智力成果如何在中国获得有效保护。

第八，在上海世博会举办期间，上海世博会组织者将采取必要措施，防止各参展方的智力成果遭受侵犯。除中国法律允许的情形外，上海世博会组织者将禁止未经许可对各参展方的展览、论坛和表演进行录音、录像和摄像的行为。

第九，上海世博会组织者将为各参展方的展品提供展览证明，使各参展方在上海世博会上首次展出的发明创造在自展出之日起6个月内在中国申请专利时不丧失新颖性，使各参展方在上海世博会上展出物品首次使用的商标在自展出之日起6个月内在中国申请商标注册时可以享有优先权。

第十，上海世博会组织者将为各国文艺工作者的表演提供表演证明，为各参展方办理知识产权事务提供指导和帮助。

在本纲要的基础上，中国相关政府部门将尽快细化上述十项措施，形成具体工作方案,以切实加强对各参展方知识产权的保护。中国政府有决心、有能力为参加上海世博会各参展方的智力成果提供全面、充分、有效的保护,使上海世博会真正成为新世纪初叶展示人类文明成果的一次重要盛会。

资料来源:《2010 年上海世博会知识产权保护纲要》

6.3.2 商标的注册

在我国,取得商标权的唯一途径是商标注册。商标注册是指,商标使用人为取得商标权,将其使用的商标向国家商标主管机关申请,经主管机关审核予以登记备案。我国的商标注册制度包括商标注册的原则、商标注册的条件、商标注册的程序等方面的法律规定。

1)商标注册原则

(1)申请在先原则

申请在先原则指两个以上申请人在同种或类似商品上以相同或近似的商标申请注册时,商标主管机关根据申请时间的先后,决定商标权的归属。《商标法》第 29 条规定:"两个或者两个以上的商标注册申请人,在同一种商品或者类似商品上,以相同或者近似的商标申请注册的,初步审定并公告申请在先的商标;同一天申请的,初步审定并公告使用在先的商标,驳回其他人的申请,不予公告。"这一规定明确了我国商标注册实行的是申请在先原则为主,使用在先为补充的审核制度。

具体言之,申请日不同的,申请在先的商标不论其实际使用与否,优先审查,优先注册,申请在后的商标则无条件地应予驳回;申请日为同一天的,采用使用在先的办法,优先考虑首先使用商标人的申请,申请人应当提供最早使用该商标的日期证明。申请在先原则极易导致商标抢注现象的发生,这在实践中已有诸多纠纷可资证明。《商标法》第 31 条明确规定:"申请商标注册不得损害他人现有的在先权利,也不得以不正当手段抢先注册他人已经使用并有一定影响的商标。"这一规定表明:在坚持注册原则、申请在先原则的基础上,商标申请行为必须符合诚实信用原则,先使用商标人有制止他人抢注商标的权利。

(2)自愿注册原则

该原则是指,在通常情况下,商标使用人可自行决定其使用的商标是否申请注册。需要取得商标专用权的应将商标申请注册。但不注册的商标也可以使用,只是不享有专用权,也不得与他人的注册商标相冲突。但我国法律对极少数商品(人用药品和烟草药品)实行了强制注册的办法。我国《商标法》第6条规定:"国家规定必须使用注册商标的商品,必须申请商标注册,未经核准注册的,不得在市场销售。"

商标未经注册虽可使用,但只有注册商标才能取得商标专用权,商标注册是取得商标专用权的必经法律程序。商标注册是商标使用人为了取得商标专用权,将其使用的商标向行政主管机关提出申请,商标行政主管机关经过审核登记备案的制度。我国《商标法》第4条规定:"自然人、法人或者其他组织对其生产、制造、加工、拣选或者经销的商品,需要取得商标专用权的,应当向商标局申请商品商标注册。自然人、法人或者其他组织对其提供的服务项目,需要取得商标专用权的,应当向商标局申请服务商标注册。本法有关商品商标的规定,适用于服务商标。"由此可见,我国的商标管理机关是工商行政管理机构属下的商标局。

商标注册程序的启动必须有商标使用人的申请注册,而商标注册申请人可以是任何民事主体(自然人、法人、其他组织)。如果多个共同主体向商标行政管理机关申请注册同一商标,则他们共同享有和行使该商标专用权。申请商标注册的国内申请人可以自己直接到商标局办理注册申请手续,也可以委托商标代理组织办理。外国人或者外国企业在我国申请注册商标和办理其他商标事宜,必须委托我国政府认可的商标代理组织代理。商标使用人首次申请商标注册,应当提交申请书、商标图样、证明文件和申请费,这些文件应使用中文或附送中文译本(文件材料为英文)。

按照我国《商标法》的规定,商标管理机构对商标注册的审查主要是实质审查,而实质审查的内容根据商标构成条件可以分为绝对条件、相对条件的审查。绝对条件的审查,是指对申请注册的商标是否具备法定的构成条件而进行的审查,涉及标志是否由视觉可感知要素构成,是否具有显著特征,便于识别。相对条件的审查,是指对申请注册的商标是否与在先权利冲突和是否与已注册商标相同或相似而进行的审查。

申请注册的商标在经过实质审查后,凡符合商标法的规定,商标管理机构做出可以初步核准的审定并予以公告,但这一审定还没有确认该商标的权利。对商标局初步审定的商标,自公告之日起3个月内任何人均可提出异议(要求撤销该商标的初步审定)。如果异议成立,则商标注册申请失败;反之,在公告期间无人提出异议或异议不成立,则商标局应予以正式核准申请的商标注册,商标申请人也获得了申请的商标专用权。

2) 商标构成的条件

申请注册的商标,应当具有显著的特征,便于识别,并不得与他人在先取得的合法权利相冲突。《商标法》第 10 条规定,下列标识不得作为商标使用:同中华人民共和国的国家名称、国旗、国徽、军旗、勋章相同或者近似的;同外国的国家名称、国旗、国徽、军旗相同或者近似的;同政府间国际组织的旗帜、徽记、名称相同或者近似的;同“红十字”“红新月”的标志、名称相同或者近似的;与表明实施控制、予以保证的官方标志、检验印记相同或者近似的,但经授权的除外;带有民族歧视的;夸大宣传并带有欺骗性的;有害于社会主义道德风尚或者有其他不良影响的。另外,县级以上行政区划的地名或公众知晓的外国地名,不得作为商标使用。但是,地名具有其他含义的除外或者作为集体商标、证明商标组成部分的除外;已经注册的使用地名的商标继续有效。

《商标法》第 11 条规定,下列标志不得作为商标注册:本商品的通用名称和图形;直接表示商品的质量、主要原料、功能、用途、重量、数量及其他特点的;缺乏显著特征的。但上述标志经过使用取得显著特征,并便于识别的,可以作为商标注册。

《商标法》第 12 和 13 条规定:就相同或者类似商品申请注册的商标是复制、摹仿或者翻译他人未在中国注册的驰名商标,容易导致混淆的,不予注册并禁止使用。就不相同或者不相类似商品申请注册的商标是复制、摹仿或者翻译他人已经在中国注册的驰名商标,误导公众,致使该驰名商标注册人的利益可能受到损害的,不予注册并禁止使用。

6.3.3　商标权的内容

在我国,商标权是指注册商标所有人对其注册商标进行支配的权利,未注册商标的使用人不享有受法律保护的商标权。换言之,我国商标权的主体是注册商标所有人,客体是注册商标。

商标权是一个集合概念,其包括专有使用权、禁止权、使用许可权、转让权等。其中,商标专用权是一项最基本的权利,即商标所有人有权按照自己的意志使用注册商标并禁止他人未经许可而使用,而其他权利也是从商标专用权派生而来。

1) 专用权

专用权,是指权利人对其注册商标专有使用的权利。专用权是商标权的核心,它的法律特征在于,商标权人可以在核定的商品上独占性地使用核准的商标,并通过使用取得其他合法利益。《商标法》第51条规定:"注册商标的专用权,以核准注册的商标和核定使用的商品为限。"该规定说明,我国商标专用权的范围是从商标和商品两个方面的结合加以界定的。

凡已核准注册的商标使用时应在该商品右上角加注R/TM。圆圈里加R,表明该商标已在国家商标局进行注册申请并已经商标局审查通过,成为注册商标。圆圈里的R是英文Register注册的开头字母。

2)禁止权

禁止权是指商标权人有权禁止他人未经许可使用其注册商标。商标权中的禁止权体现为禁止他人非法使用、非法印刷注册商标以及禁止他人非法销售侵犯注册商标的商品。根据《商标法》第52条规定,商标权人对于未经其许可而在同一种或类似商品上使用与其注册商标相同或相似的商标的,均有权禁止。由此可见,禁止权的效力范围远大于专用权的效力范围。

3)使用许可权

使用许可权是指注册商标所有人将其对注册商标的专用权许可他人行使,而行使此项权利的法律形式是商标所有人作为许可人与被许可人签订许可使用合同。

4)转让权

转让权是指注册商标所有人将其对注册商标的所有权转移给他人所有,其法律后果就是导致商标权利主体的变更。

6.3.4 商标权的续展与终止

商标权不是无限期的权利,其必须受到有效期限的限制。在有效期限届满以后,如果商标权人想要继续享有商标权,其必须通过法定程序延续注册商标的有效期限,这被称为商标权的续展。申请商标的续展注册,应当在注册商标有效期届满前六个月内办理,这六个月为续展期。如果在续展期未能提出续展注册申请的,可再给予六个月的期限,在此期限内商标权人仍可以申请续展注册,这六个月被称为宽展期。如果在宽展期仍未提出续展申请,则在宽展期届满后,商标局注销该注册商标,该注册商标所有人丧失所有商标权。

注册商标受到的法律保护,有可能会因为一些情况而终止,这其中最主要的两个原因就是被注销或撤销。

（1）商标权因注销而终止

注销指商标局对注册商标所有人自愿放弃或因故不能使用注册商标的事实的确认行为。在注册商标有效期届满后，商标所有人未提出续展申请或申请被驳回、商标所有人自动放弃注册商标权、作为商标所有人的企业破产或公民死亡后没有继承人等情况均可导致注册商标权的被注销。

（2）商标权因撤销而终止

商标权因撤销而终止是指因注册商标权人不遵守使用注册商标的规定而被商标局撤销其注册商标。注册商标在下列情形下可导致被撤销：①自行改变注册商标；②自行转让注册商标；③自行改变注册商标的注册人名义、地址或其他注册事项；④连续 3 年停止使用；⑤使用注册商标的商品粗制滥造。以次充好，欺骗消费者的。

为了保证商标功能和维护消费者利益，避免不必要的混淆，《商标法》第46条规定：“注册商标被撤销的或者期满不再续展的，自撤销或者注销之日起一年内，商标局对与该商标相同或者近似的商标注册申请，不予核准。”

6.3.5 商标权的保护

商标权作为一种绝对的排他性权利，其法律保护在我国《商标法》第七章有着专门的规定。《商标法》第 52 条规定：“①未经商标注册人的许可，在同一种商品或者类似商品上使用与其注册商标相同或者近似的商标的；②销售侵犯注册商标专用权的商品的；③伪造、擅自制造他人注册商标标识或者销售伪造、擅自制造的注册商标标识的；④未经商标注册人同意，更换其注册商标并将该更换商标的商品又投入市场的；⑤给他人的注册商标专用权造成其他损害的。”由此可见，我国法律对商标侵权行为是以列举式来规定的，其本质在于未经商标所有人的同意而损害商标所有人的正当权益。

因侵犯商标权引起纠纷的，先由当事人协商解决，不愿协商或协商不成的，商标注册人或利害关系人可以向人民法院起诉，也可以请求工商行政管理部门处理，而纠纷处理和司法救济两种途径可由当事人自由选择。

工商行政管理部门和人民法院受理商标侵权案件有各自的分工和协调。工商行政管理部门有权认定侵权行为，并采取执法措施责令停止侵权行为，没收、销毁侵权商品和专门用于制造侵权商品、伪造注册商标标识的工具，并可处以罚款。当事人不服责令其停止侵权的行政处理决定的,可以提起行政诉讼;侵权人期满不起诉又不履行的,工商行政管理机关可以申请人民法院强制执行。如果工商行政管理部门在受理商标权纠纷案件过程中发现侵权人涉嫌构成犯罪,依法需要追究刑事责任的,其必须向司法机关移送。当然,工商行政管理机关有行政处罚权,可对侵权行为处以罚款,没收、销毁用于侵权的工具,但是不得以行政处罚代替案件移送。移送涉嫌犯罪案件,已经做出行政处罚的,不影响行政处罚的执行。

侵权人对其做出的侵权行为,需要承担民事责任,该责任的实现形式主要是责令停止侵权行为、赔偿被侵权人的损失。除了民事责任的承担,侵权人往往还要承担行政责任,即接受工商行政管理机关对其的罚款。侵权人需要承担的最严重法律责任就是刑事责任,即触犯假冒注册商标罪的侵权人必须受到《刑法》的处罚。

6.4 专利权法律制度

6.4.1 专利权法律制度概述

"专利"英文为 Patent,源自英国中世纪国王常使用的"Letters Patent",即可以打开的文件。在我国,"专利"与"专利权"往往是同一含义,即指法律赋予专利权人对其获得专利的发明创造在一定范围内依法享有的专有权利。

专利权是专利局依照法定程序审查批准授予专利权人的垄断性权利。未经专利权人的许可或同意,他人不得以营利为目的实施专利,否则就是对专利权的侵犯。专利权人在取得专利权的同时,其将申请的发明创造向社会公开也是必须付出的代价。

作为一种法律授予的专有权利,专利权具有一定的局限性。专利权只能在授予专利的国家或地区、法定期限内有效,并且无商业目的的个人行为往往不被看作是对专利权的侵犯。

中华人民共和国的首部专利法律——《中华人民共和国专利法》(以下简称《专利法》)是在 1984 年 3 月 12 日由第六届全国人大第四次会议通过的,而在随后的 1985 年 1 月 19 日又由国务院批准颁发了《中华人民共和国专利法实施条例》(以下简称《专利法实施条例》)。1992 年 9 月 4 日第七届全国人民代表大会常务委员会第二十七次会议审议通过了《关于修改〈中华人民共和国专利法〉的决定》,对《专利法》进行了第一次修正。2000 年 8 月 25 日第九届全国人民代表大会常务委员会第十七次会议审议通过了《关于修改〈中华人民共和国专利法〉的决定》,对《专利法》进行了第二次修正;2002 年 12 月 28 日,国务院审议通过了《关于修改〈中华人民共和国专利法实施细则〉的决定》,对《专利法实施条例》进行了第一次修订。2008 年 12 月 27 日第十一届全国人民代表大会常务委员会第六次会议审议通过了《关于修改〈中华人民共和国专利法〉的决定》,对《专利法》进行了第三次修正;2010 年 1 月 9 日国务院审议通过了《关于修改〈中华人民共和国专利法实施细则〉的决定》,对《专利法实施条例》进行了第二次修订。

《专利法》及《专利法实施条例》的颁布和施行是我国专利制度建立并运行的里程碑,而后来对二者的不断修正更是我国专利制度建设进步的标志。无论我国还是国外,专利制度的实践都无一例外地证明,专利制度在保护和鼓励发明创造、促进发明创造的推广应用、促进科学技术的进步创新、促进国际技术的交流与合作等方面都发挥了不可替代的重要作用。

6.4.2　专利权的客体

专利制度保护的对象,即专利权的客体,是指能取得专利权,可以受专利法保护的发明创造。我国《专利法》第 2 条规定:"本法所称的发明创造是指发明、实用新型和外观设计。"由此可见,我国专利权的客体包括发明、实用新型和外观设计。

1) 发明

我国《专利法实施条例》第 2 条第 1 款规定:"专利法所称发明,是指对产品、方法或者其改进所提出的新的技术方案。"以上定义表明了专利法意义上的发明所具有的特定含义。具体来说,发明是发明创造人在特定技术领域利用自然规律的结果,其既不是自然规律本身,也不是单纯揭示自然规律的理论认识和创新,并且与现有技术比较,发明具有实质性的显著进步。

同样依据我国《专利法实施细则》第 2 条第 1 款的规定,发明可以被分为产品发明、方法发明、改进发明三种类型。产品发明是指通过智力劳动创造的,能以有形形式表现的各种制成品或产品。这种制成品或产品是自然界从未有过的,是人类利用自然规律作用于特定事物的结果。方法发明是指把一种物品或物质改变成另一种状态或物品、物质所利用的手段和步骤的发明。方法发明包括一切方法,如制造方法的发明通常有一系列的步骤,作为方法发明可以是全部步骤或其中一个步骤。改进发明是指对已有的产品发明或方法发明所做出的实质性革新的技术方案。改进发明能给已有产品和方法带来新的特性、新的部分质变,但从根本上不能突破原有产品和方法的格局。

2)实用新型

我国《专利法实施条例》第 2 条第 2 款规定:"专利法所称实用新型,是指对产品的形状、构造或者其结合所提出的适于实用的新的技术方案。"由此可见,实用新型必须具有确定的形状或构造或二者的结合、实用价值、创新性这三大特征。与发明相比较,除了实用价值是二者皆须具备的特征,实用新型侧重于外形构造和创新性要求不高是其自身的特性。

3)外观设计

我国《专利法实施条例》第 2 条第 3 款规定:"专利法所称外观设计,是指对产品的形状、图案或者其结合以及色彩与形状、图案的结合所做出的富有美感并适于工业应用的新设计。"由此可见,外观设计必须是针对产品的外表而设计,并且要能够适于工业应用(即应用于产业并批量生产)和必须富有美感。特别注意一点,外观设计的目的只是为了美化产品,满足人们对产品在视觉和感官等精神方面的要求。

以上发明、实用新型和外观设计是我国法律明确规定加以保护的专利权客体,但并非所有的发明创造都可以被授予专利权。

我国《专利法》第 5 条规定:"对违反国家法律、社会公德或者妨害公共利益的发明创造,不授予专利权。"若一项发明创造本身的目的与国家法律相违背,则其自然不能被授予专利权,如吸毒的器具。但是,如果发明创造本身的目的没有违反国家法律,只是由于被滥用而违反国家法律则不属于不能被授予专利权的类型,如不能以医用麻醉品被滥用来禁止新种类麻醉品的发明。

社会公德是社会公众普遍认为正当,并已接受的伦理观念,对其的违反也是不能授予专利权的,如带有淫秽图片的外观设计就不能被授予专利权。

公共利益是社会得以运转的基础,若发明创造与公共利益发生冲突,其只能让步于公共利益,如防盗装置会造成盗贼的死亡就不应被授予专利权,因为盗贼的生命权也要受到平等保护。

以上所列举的发明创造因为本身的不合法或不合理而不能被授予专利权,但如果发明创造不能直接应用于工农业生产,缺乏实用性,这也会导致它们不能被授予专利权。我国《专利法》第 25 条规定:"对下列各项,不授予专利权:

①科学发现;②智力活动的规则和方法;③疾病的诊断和治疗方法;④动物和植物品种;⑤用原子核变换方法获得的物质。⑥对平面印刷品的图案、色彩或者二者的结合作出的主要起标识作用的设计。对前款第④项所列产品的生产方法,可以依照本法规定授予专利权。"

6.4.3 专利权的主体

专利权的主体即专利权人,是指依法享有专利权并承担与此相应义务的人。依照《专利法》的规定,发明人、设计人及其合法受让人均有权获得非职务发明创造的专利权;共同发明人与共同设计人对同一项发明创造共同享有专利权;发明人所在单位有权获得职务发明创造的专利权;外国人也可在我国申请和获得专利权。

从专利权人的自然属性来看,专利权人包括自然人和法人;从专利权人的国籍来看,专利权人包括本国人和外国人;以专利权人是否通过转让获得专利权,专利权主体可以分为原始主体和继受主体。

专利权具有独占性,同样的发明创造只能被授予一项专利权。若两个专利申请人就相同发明创造向国务院专利行政部门分别提出专利申请,则国务院专利行政部门应按照先申请原则将专利权授予最先申请人。《专利法》第9条规定:"两个以上的申请人分别就同样的发明创造申请专利的,专利权授予最先申请的人。"

专利申请权和专利权均为民法上的财产权,故其可以通过转让、继承或赠与方式予以转移。《专利法》第10条规定:"专利申请权和专利权可以转让。中国单位或者个人向外国人、外国企业或者外国其他组织转让专利申请权或者专利权的,应当依照有关法律、行政法规的规定办理手续。转让专利申请权或者专利权的,当事人应当订立书面合同,并向国务院专利行政部门登记,由国务院专利行政部门予以公告。专利申请权或者专利权的转让自登记之日起生效。"可见,在我国专利申请权和专利权的转让属于要式行为,且受让人一旦接受转让,便可获得专利申请权或专利权主体资格。发明创造人的继承人通过继承也可取得发明创造的专利申请权和专利权,对此我国《继承法》第3条第6项规定专利权中的财产权部分可作为财产继承。

以下对发明人或设计人、发明人或设计人的工作单位、外国人这三类专利权主体加以阐释。

1) 发明人或设计人

发明人或设计人是指对发明创造的实质性特点做出了创造性贡献的人。其中,发明人是指发明或实用新型的完成人,而设计人是指外观设计的完成人,二者被统称为发明创造人。

依照《专利法》的规定,发明人或设计人基于发明创造而成为该发明创造的专利申请人和专利权人,是专利权最基本的主体。发明人或设计人只能是自然人,并且只要自然人完成了发明创造,无论是孩童或其他有缺陷的人,都应被认定为发明创造人。

《专利法》第 17 条规定:"发明人或者设计人有在专利文件中写明自己是发明人或者设计人的权利。"可见,发明人或设计人还享有署名权。

如果有两个或两个以上的发明人或设计人对同一发明创造的实质性特点共同做出了实质性贡献,则他们被统称为共同发明人或设计人。共同发明创造的专利申请权和专利权归全体共同发明创造人所有,任何人不得单独行使,否则无效,行为严重者要被追究法律责任。对于基于共同发明创造所获得的专利权,共同发明创造人应严格按照共同共有的原则分享。

2) 发明人或设计人的工作单位

《专利法》第 6 条第 1 款规定:"执行本单位的任务或者主要是利用本单位的物质技术条件所完成的发明创造为职务发明创造。职务发明创造申请专利的权利属于该单位;申请被批准后,该单位为专利权人。"可见,如果发明人或设计人执行本单位的任务或者主要是利用本单位的物质技术条件完成发明创造,即职务发明创造,那么职务发明创造的专利申请权和专利权则属于发明人或设计人所在的单位。

发明人或设计人是否执行本单位的任务,关键要看其发明创造是否与发明人或设计人的本职工作或任务有关;主要利用本单位的物质技术条件,是指全部或大部分利用了本单位的物质技术条件,并且该物质技术条件对发明创造而言起到了必不可少的决定性作用。虽然职务发明创造的专利申请权和专利权归属于发明人或设计人所在的单位,但完成职务发明创造的发明人或设计人仍享有一定权利。《专利法》第 16 条规定:"被授予专利权的单位应当对职务发明创造的发明人或者设计人给予奖励;发明创造专利实施后,根据其推广应用的范围和取得的经济效益,对发明人或者设计人给予合理的报酬。"

3）外国人

外国人指具有外国国籍的自然人和依照外国法律成立并在外国登记注册的法人或其他组织。对于在中国有经常居所或营业所的外国人，《专利法》对该类外国人申请专利权给予国民待遇，即同中国公民和单位完全相同的待遇；对于在中国没有经常居所或营业所的外国人，《专利法》第18条规定："在中国没有经常居所或者营业所的外国人、外国企业或者外国其他组织在中国申请专利的，依照其所属国同中国签订的协议或者共同参加的国际条约，或者依照互惠原则，根据本法办理。"

此外，根据《专利法》第19条第1款的规定，在中国没有经常居所或营业所的外国人还必须委托国务院专利行政部门指定的专利代理机构办理申请专利和其他专利事务。

6.4.4 专利权授权条件

发明创造要取得专利权必须具备一定条件，其可以被分为实质条件与形式条件。

1）授予专利权的实质条件

实质条件也称专利性，指申请专利的发明创造自身必须具备的条件。形式条件则指发明创造自身以外的，获得专利必须具备的程序方面的要件，散见于专利权取得的整个程序。

就实质条件而言，《专利法》做出了明确的规定。《专利法》第22条第1款规定："授予专利权的发明和实用新型，应当具备新颖性、创造性和实用性。"第23条规定："授予专利权的外观设计，应当同申请日以前在国内外出版物上公开发表过或者国内公开使用过的外观设计不相同和不相近似，并不得与他人在先取得的合法权利相冲突。"由此可见，我国授予发明和实用新型专利权的实质条件是新颖性、创造性和实用性，而授予外观设计专利权的实质条件则为"不相同和不相近似""不得与他人在先取得的合法权利相冲突"。

（1）授予发明和实用新型专利权的实质条件

①新颖性。

新颖性是指发明创造在申请专利以前是现有技术中没有的、未被公知公用的。《专利法》第22条第2款规定："新颖性，是指在申请日以前没有同样的发明或者实用新型在国内外出版物上公开发表过、在国内公开使用过或者以其他方式为公众所知,也没有同样的发明或者实用新型由他人向国务院专利行政部门提出过申请并且记载在申请日以后公布的专利申请文件中。"可见,判断新颖性的标准是申请专利的发明创造的内容是否已经公开,该公开不要求每个人都知晓内容,只要该发明创造脱离秘密状态即可。

公开的方式包括书面公开、使用公开(如对新方法的展示)、口头公开(如在课堂上讲授)等方式。新颖性对时间节点的要求是,凡在专利申请日期前发明创造的实质内容没有被公知公用,就被认为具有新颖性。

在某些特殊情况下,发明创造虽然在申请专利日期前被公开但仍不丧失新颖性。《专利法》第24条规定:"申请专利的发明创造在申请日以前六个月内,有下列情形之一的,不丧失新颖性:a.在中国政府主办或者承认的国际展览会上首次展出的;b.在规定的学术会议或者技术会议上首次发表的;c.他人未经申请人同意而泄露其内容的。"

②创造性。

《专利法》第22条第3款规定:"创造性,是指同申请日以前已有的技术相比,该发明有突出的实质性特点和显著的进步,该实用新型有实质性特点和进步。"该规定表明,创造性意味着申请专利的发明创造不能是对现有技术的简单重复或演绎推理,而必须与现有技术存在本质的不同。

《专利法》对发明、实用新型在创造性方面有不同的规定。就发明来说,其应具备"突出的实质性特点和显著的技术进步";就实用新型来说,其应具备"实质性特点和进步",要求较发明明显降低。

③实用性。

《专利法》第22条第4款规定:"实用性,是指该发明或者实用新型能够制造或者使用,并且能够产生积极效果。"由此可见,实用性要求申请专利的发明创造必须具有客观上的可实践性,能够在产业中制造或使用,而且同现有技术相比,其应有更高的经济或社会效益。

(2)授予外观设计专利权的实质条件

相对于发明和实用新型,法律对对外观设计的实用性要求有所不同。根据《专利法实施细则》第2条第3款的规定,外观设计应富有美感并适于工业应用,即能给人们带来感官的愉悦并能以工业的方法大批量生产。

2)授予专利权的形式条件

专利权具有授权性特点,不能自动取得。发明创造人要使其发明创造成果获得专利保护,必须依专利法的规定向国务院专利行政部门提出申请,并接受审查。对经审查合格的专利申请,国务院专利行政部门才授予专利权。

专利权的形式条件,就是专利申请人必须满足专利申请、审查和授权的全部程序要件。《专利法实施细则》第3条规定:"专利法和本细则规定的各种手续,应当以书面形式或者国务院专利行政部门规定的其他形式办理。"该规定表明,专利申请人在申请专利时,要么以书面形式,要么以规定的形式办理申请。

(1)专利申请

《专利法》第29条规定:"申请人自发明或者实用新型在外国第一次提出专利申请之日起十二个月内,或者自外观设计在外国第一次提出专利申请之日起六个月内,又在中国就相同主题提出专利申请的,依照该外国同中国签订的协议或者共同参加的国际条约,或者依照相互承认优先权的原则,可以享有优先权。申请人自发明或者实用新型在中国第一次提出专利申请之日起十二个月内,又向国务院专利行政部门就相同主题提出专利申请的,可以享有优先权。"该规定表明了我国对专利申请是承认优先权原则的。其中,前者通常被认为是国外优先权,后者通常被认为是国内优先权。值得注意的是,只有发明和实用新型能够享有国内优先权,而外观设计则不能享有。

《专利法》第31条规定:"一件发明或者实用新型专利申请应当限于一项发明或者实用新型。属于一个总的发明构思的两项以上的发明或者实用新型,可以作为一件申请提出。一件外观设计专利申请应当限于一种产品所使用的一项外观设计。用于同一类别并且成套出售或者使用的产品的两项以上的外观设计,可以作为一件申请提出。"可见,我国对专利申请实行的是一申请一发明的原则。

就发明或者实用新型专利申请人所要提交的文件来说,法律有着明确的规定。《专利法》第26条第1款规定:"申请发明或者实用新型专利的,应当提交请求书、说明书及其摘要和权利要求书等文件。"可见,申请发明或实用新型,申请人应提交的文件主要包括请求书、说明书及其摘要和权利要求书。

就请求书、说明书及其摘要和权利要求书的功能定位及要求,《专利法》第26条第2款至第4款的规定很清晰,即:"请求书应当写明发明或者实用新型的名称,发明人或者设计人的姓名,申请人姓名或者名称、地址,以及其他事项。说明书应当对发明或者实用新型作出清楚、完整的说明,以所属技术领域的技术人员能够实现为准;必要的时候,应当有附图。摘要应当简要说明发明或者实用新型的技术要点。权利要求书应当以说明书为依据,说明要求专利保护的范围。"

外观设计专利保护的对象是产品的外表形状、图案或其结合以及色彩与形状、图案的结合的设计，故外观设计专利的申请只有通过图片或照片才能反映出来，因此不需要提交以文字叙述的说明书及其摘要和权利要求书。《专利法》第27条规定："申请外观设计专利的，应当提交请求书、该外观设计的图片或者照片以及对该外观设计的简要说明文件。"

专利申请文件齐备以后，专利申请人应将全部申请文件向国务院专利行政部门递交。申请递交专利申请文件的方式有：直接递交给在北京的中国国家专利局；递交给中国国家专利局指定的专利代办处；通过邮局挂号邮件邮寄给中国国家专利局或代办处。

在专利申请人提出申请后，法律赋予了申请人对专利申请的撤回权和专利申请文件的修改权。《专利法》第32条规定："申请人可以在被授予专利权之前随时撤回其专利申请。"第33条规定："申请人可以对其专利申请文件进行修改，但是，对发明和实用新型专利申请文件的修改不得超出原说明书和权利要求书记载的范围，对外观设计专利申请文件的修改不得超出原图片或者照片表示的范围。"

（2）专利审查与授权

专利申请只是启动了专利授权的程序，而是否会被最终授予专利权需要取决于能否通过专利行政部门审查。我国对专利申请采取分类审批，即对发明专利审批采取审查制，必须经过初步审查和实质审查才可授予专利权；而对实用新型和外观设计专利的审批则采用登记制，即只经过初步审查就可授予专利权。

初步审查也称为"形式审查"，是国务院专利行政部门对发明、实用新型和外观设计专利申请是否具备形式条件进行的审查。对发明专利申请来说，初步审查的意义在于为以后的公开和实质审查做准备。对实用新型和外观设计专利申请来说，初步审查的意义在于对符合授权条件的实用新型和外观设计专利依法授予专利权。

《专利法》第40条规定："实用新型和外观设计专利申请经初步审查没有发现驳回理由的，由国务院专利行政部门做出授予实用新型专利权或者外观设计专利权的决定，发给相应的专利证书，同时予以登记和公告。实用新型专利权和外观设计专利权自公告之日起生效。"

国务院专利行政部门在初步审查中，对于申请文件不符合专利法要求的，应当给予申请人补正的机会，通知申请人在指定期限内补正。申请人无正当理由不补正的，其申请视为撤回，补正后仍不符合要求的，国务院专利行政部门应予以驳回。申请人不服,可请求专利复审委员会复审。

如果实用新型和外观设计专利申请符合条件,它们在初步审查后即可获得专利权,但发明专利申请还需要经过"早期公开"和"实质审查"先后两个阶段才能被授予专利权。《专利法》第34条对"早期公开"做了如下规定:"国务院专利行政部门收到发明专利申请后,经初步审查认为符合本法要求的,自申请日起满十八个月,即行公布。国务院专利行政部门可以根据申请人的请求早日公布其申请。"《专利法》第39条对"实质审查"做了如下规定:"发明专利申请经实质审查没有发现驳回理由的,由国务院专利行政部门做出授予发明专利权的决定,发给发明专利证书,同时予以登记和公告。发明专利权自公告之日起生效。"

如果专利申请人对国务院专利行政部门有关处理决定不服,其可以请求国务院专利复审委员会复审。《专利法》第41条第1款规定:"国务院专利行政部门设立专利复审委员会。专利申请人对国务院专利行政部门驳回申请的决定不服的,可以自收到通知之日起三个月内,向专利复审委员会请求复审。专利复审委员会复审后,做出决定,并通知专利申请人。专利申请人对专利复审委员会的复审决定不服的,可以自收到通知之日起三个月内向人民法院起诉。"

6.4.5 专利权的期限、无效和终止

专利权的期限即专利权受法律保护的期限,它是指专利权人享有的专利权从生效到正常终止的法定期间。在该期间内专利权人享有对该专利技术的垄断使用权,除法律另有规定外,其他任何个人和单位未经专利权人许可不得实施其专利。

专利期限届满后,专利权便自动失效,专利技术流入公有领域,任何个人和单位均可无偿使用。《专利法》第42条规定:"发明专利权的期限为二十年,实用新型专利权和外观设计专利权的期限为十年,均自申请日起计算。"

专利权因保护期限届满而终止是专利权的正常消灭,但在保护期届满前而终止则是非正常消灭。专利权非正常消灭主要有没有按期缴纳年费、专利权人以书面声明方式放弃专利权两种情形。

《专利法》第44条规定:"有下列情形之一的,专利权在期限届满前终止:①没有按照规定缴纳年费的;②专利权人以书面声明放弃其专利权的。专利权在期限届满前终止的,由国务院专利行政部门登记和公告。"

《专利法》第45条规定:"自国务院专利行政部门公告授予专利权之日起,任何单位或者个人认为该专利权的授予不符合本法有关规定的,可以请求专利

复审委员会宣告该专利权无效。"由此可见,对于被授予的专利权,只有国务院的专利复审委员会有权宣告其无效。

根据《专利法》及《专利实施细则》的规定,宣告专利权无效主要基于以下理由:授予专利权的发明创造不符合专利权授权的实质性条件;授予专利权的发明创造不是专利法意义上的发明创造或违反国家法律、社会公德以及公共利益;专利权人的申请文件不符合法律规定;取得专利权的人无权取得该专利权。专利权一旦被宣告无效,其从授权之日起就不产生法律拘束力。

6.4.6　专利权的内容

专利权是国家依法赋予专利申请人对申请专利的发明创造所拥有的垄断性权利。专利权的内容是专利权法律关系的构成要素之一,它是指专利权人依法享有的权利及其应承担的义务。

专利权人的权利指专利权人对其发明创造依法享有的专有权,其包括人身权利与财产权利。人身权利指与发明人或设计人人身不可分离且没有直接财产内容的权利,并且由于该权利基于发明人或设计人特定身份形成而不可转让或继承。当专利权人是发明人或设计人时,该权利体现为其有权在专利文件中写明自己是发明人或设计人。即使在职务发明中发明人或设计人也享有该项权利。财产权利是指具有经济内容、能为权利人带来经济或物质利益的权利,一般包括制造权、使用权、许诺销售权、销售权、进口权、转让权、许可权等。

关于专利权人权利的具体内容,我国《专利法》主要在以下条款予以阐明。《专利法》第 10 条第 1 款规定:"专利申请权和专利权可以转让。"第 11 条规定:"发明和实用新型专利权被授予后,除本法另有规定的以外,任何单位或者个人未经专利权人许可,都不得实施其专利,即不得为生产经营目的制造、使用、许诺销售、销售、进口其专利产品,或者使用其专利方法以及使用、许诺销售、销售、进口依照该专利方法直接获得的产品。外观设计专利权被授予后,任何单位或者个人未经专利权人许可,都不得实施其专利,即不得为生产经营目的制造、销售、进口其外观设计专利产品。"第 15 条规定:"专利权人有权在其专利产品或者该产品的包装上标明专利标记和专利号。"第 17 条规定:"发明人或者设计人有在专利文件中写明自己是发明人或者设计人的权利。"

专利权人的义务是指专利权人必须为一定行为或不为一定行为的总和。根据《专利法》的规定,专利权人的主要义务为缴纳专利年费及不得滥用专利权。如果他人对专利是"出于非营利目的的使用"或因为"国家的计划许可或强制实施许可"而导致对专利的使用,专利权人无权干涉。

6.4.7 专利权的限制

专利权的限制有两种情况:一是专利实施的强制许可;二是不视为侵犯专利权的行为。

专利实施的强制许可,也称非自愿许可,是指国家专利主管机关,根据法定事实,不经专利权人许可,允许他人实施发明或者实用新型专利。专利法规定了三种情况下的强制许可:①不实施时的强制许可;②公共利益目的的强制许可;③从属专利的强制许可。取得实施强制许可的单位或者个人不享有独占的实施权,无权许可他人实施。强制许可实施是有偿的,被许可人应当向专利权人支付合理的使用费,其数额由双方协商,双方不能达成协议的,由国务院专利行政部门裁决。

不视为侵犯专利权的行为主要包括以下四种情况:第一,专利权用尽。专利权人自己或者许可他人制造、进口的专利产品售出后,任何人使用、许诺销售或者销售该产品的,不再需要经过专利权人的许可,不构成侵犯专利权。第二,先用权人的实施。在专利申请日以前已经制造相同产品、使用相同方法或者已经作好制造、使用的必要准备的,可以在原有范围内继续制造相同产品、使用相同方法。实施者的这种权利称为先用权。行使先用权的行为,不视为侵犯专利权。第三,临时过境。外国运输工具临时通过我国领陆、领水或领空,为运输工具其自身需要在装置和设备中使用有关专利的,无须得到我国专利权人的许可,不构成专利侵权。第四,为科学研究而使用。专为科学研究和实验目的,使用专利产品或者专利方法的,不构成专利侵权。

6.4.8 专利权的法律保护

若使专利权的法律保护获得令人满意的效果,准确界定专利权的保护范围是前提所在。就发明或实用新型专用权来说,其保护范围可见《专利法》第59条第1款的规定:"发明或者实用新型专利权的保护范围以其权利要求的内容为准,说明书及附图可以用于解释权利要求。"就外观设计专用权来说,其保护范围可见《专利法》第59条第2款的规定:"外观设计专利权的保护范围以表示在图片或者照片中的该外观设计专利产品为准。"

在界定了专利权的保护范围以后,何为专利侵权行为也是需要考虑的问题。所谓专利侵权行为,即在专利有效期内他人未经专利权人许可而以营利为目的实施该专利的行为。以下就是《专利法》对处理、惩治专利侵权行为的相关规定。

《专利法》第 60 条规定:"未经专利权人许可,实施其专利,即侵犯其专利权,引起纠纷的,由当事人协商解决;不愿协商或者协商不成的,专利权人或者利害关系人可以向人民法院起诉,也可以请求管理专利工作的部门处理。管理专利工作的部门处理时,认定侵权行为成立的,可以责令侵权人立即停止侵权行为,当事人不服的,可以自收到处理通知之日起十五日内依照《中华人民共和国行政诉讼法》向人民法院起诉;侵权人期满不起诉又不停止侵权行为的,管理专利工作的部门可以申请人民法院强制执行。进行处理的管理专利工作的部门应当事人的请求,可以就侵犯专利权的赔偿数额进行调解;调解不成的,当事人可以依照《中华人民共和国民事诉讼法》向人民法院起诉。专利侵权纠纷涉及新产品制造方法的发明专利的,制造同样产品的单位或者个人应当提供其产品制造方法不同于专利方法的证明;涉及实用新型专利和外观设计专利的,可以要求专利权人或者利害关系人出具由国务院专利行政部门对相关实用新型或者外观设计进行检索、分析和评价后作出的专利权评价报告,作为审理、处理专利侵权纠纷的证据。"

第 63 条第 1 款规定:"假冒他人专利的,除依法承担民事责任外,由管理专利工作的部门责令改正并予公告,没收违法所得,可以并处违法所得四倍以下的罚款,没有违法所得的,可以处二十万元以下的罚款。"

第 65 条规定:"侵犯专利权的赔偿数额按照权利人因被侵权所受到的实际损失确定;实际损失难以确定的,可以按照侵权人因侵权所获得的利益确定。权利人的损失或者侵权人获得的利益难以确定的,参照该专利许可使用费的倍数合理确定。赔偿数额还应当包括权利人为制止侵权行为所支付的合理开支。"

第 71 条规定:"违反本法规定向外国申请专利,泄露国家秘密的,由所在单位或者上级主管机关给予行政处分。"

第 72 条规定:"侵夺发明人或者设计人的非职务发明创造专利申请权和本法规定的其他权益的,由所在单位或者上级主管机关给予行政处分。"

第 73 条规定:"管理专利工作的部门不得参与向社会推荐专利产品等经营活动。管理专利工作的部门违反前款规定的,由其上级机关或者监察机关责令改正,消除影响,有违法收入的予以没收;情节严重的,对直接负责的主管人员和其他直接责任人员依法给予行政处分。"

第 74 条规定:"从事专利管理工作的国家机关工作人员以及其他有关国家机关工作人员玩忽职守、滥用职权、徇私舞弊,尚不构成犯罪的,依法给予行政处分。"

以上所列举的是专利权的民事和行政保护方式。概括来说,民事保护的方式主要包括责令侵权人停止侵权行为、赔偿损失、没收侵权人由侵权行为所得的产品,消除影响;行政保护的方式主要包括责令侵权人停止侵权行为、调解(本身无法律效力)、责令改正、没收违法所得、罚款。

但是,如果专利违法行为或侵权行为情节严重到构成犯罪,则只有刑法才能来追究侵权行为人的刑事责任。《专利法》第63条规定,假冒他人专利,构成犯罪的,依法追究刑事责任;第71条规定,违反规定向外国申请专利,泄露国家秘密,构成犯罪的,依法追究刑事责任;第74条规定,从事专利管理工作的国家机关工作人员以及其他有关国家机关工作人员玩忽职守、滥用职权、徇私舞弊,构成犯罪的,依法追究刑事责任。

6.5 展会知识产权保护

6.5.1 展会知识产权保护存在的问题

由于我国知识产权工作起步较晚,基础较弱,又由于利益驱动,监管不严等原因,我国知识产权侵权的现象时有发生。知识产权被侵权不仅阻碍了我国知识产权制度的健康发展,而且对我国的国家形象造成了消极影响。尤其在我国各类展览会中,涉及知识产权的问题更加突出。

会展行业是一个新兴行业,同时也是比较容易遭受知识产权侵权困扰的行业:一方面,展会活动本身作为一种"知识型"和"服务型"产品,其价值更多地体现在名称、品牌、举办历史等无形资产方面,如果知识产权得不到有效保护,题材类似的展会重复举办的问题自然难以避免;另一方面,从参展商角度来看,在展会上亮相的几乎全是最新的产品或技术,如果这些产品和技术得不到有效保护,企业的损失将相当惨重。参展中可能会涉及的知识产权纠纷,大多在专利与商标两方面,因为二者背后隐藏着巨大的经济利益与良好的商誉。当前,我国展会知识产权的侵权行为之所以如此猖獗,其与我国会展业法律、法规的缺位监管关系密切。

①缺乏专门的展会知识产权保护法律规定,给知识产权行政管理部门带来困难。根据知识产权有关法律的规定,权利人向管理知识产权工作的部门请求处理侵权纠纷的,只要符合受理条件,知识产权管理部门应当予以受理。在实

践中,知识产权管理部门由于很难做到在展览会期间对侵权纠纷案件结案,而在展会结束后的处理又缺乏相应的规定,因此只有出于无奈不予受理。如果不受理,权利人可以诉知识产权行政管理部门行政不作为,实际上已经发生了专利权人向人民法院诉管理专利工作的部门行政不作为的案例。

②知识产权权利人没有切实得到知识产权的行政执法保护。目前展会知识产权保护主要依靠展会主办方所制定的知识产权保护规则,而这种规则实际上只是参展方与主办方所达成的一种"契约"。由于现有的知识产权法律法规缺乏与这种"契约"的很好衔接,因此无法明确知识产权行政管理部门在展会主办期间的具体职能,使得知识产权行政管理部门和展会主办方在展会知识产权保护方面缺乏有效的配合,特别是由于展览会时间比较短的特性,展会知识产权保护的法律缺失给知识产权权利人的切实保护带来了一定的困难。

③执行展览会自行制定的知识产权保护规则容易引发争议。展览会自行制定的知识产权保护规则,做法上相当于主办方与参展商之间的协议,但是由于没有纳入法律途径,没有充分考虑知识产权侵权存在更为复杂的因素,就要求参展商承诺遵守主办方制定的规则。一方面,如果参展商违反协议,拒不撤出侵权展品,主办方也无强制力;另一方面,即使主办方的做法有不妥或不合法之处,参展商也不能寻求法律救济。在实践中,就有可能发生主办方、参展商、投诉人在现场争议的情况,影响展览会正常的展出秩序。

④没有区别知识产权的具体法律状况。尽管一些展览会制定了知识产权保护规则,但是没有区分知识产权不同类别的情况。如,根据专利法的规定,我国的专利包括发明、实用新型和外观设计专利。这三种专利的授权条件及审批制度不同,发明专利经过实质审查,因而权利比较牢固,实用新型和外观设计专利未经过实质审查,专利权不太稳定,通常实用新型和外观设计专利权人提起侵权诉讼后,被控侵权方都要向专利复审委员会请求宣告实用新型或外观设计专利权无效。一旦请求宣告专利权无效的,侵权审理程序一般都要中止,等待专利复审委员会做出是否维持该专利权的决定。由于展览会对三种专利侵权投诉的处置未作任何区别,则会出现投诉所依据的专利权本身就是一个无效专利的情况,如果在该专利权的基础上处置被投诉人,显然对被投诉人显失公平。

6.5.2 展会知识产权保护办法及应对措施

针对展会知识产权保护法律规范不够完善的问题,治本之计在于制订完善的法律规范体系并加强实践中的依法办事。换言之,政府要不断完善与知识产权有关的法律法规,对产品技术、外形、商标等涉及知识产权范畴的事项,提供法律保护依据。国家知识产权立法要充分考虑到一些细节问题,尽量减少知识产权侵权者打法律"擦边球"的机会。当然,我们必须也要承认,我们国家正在努力加大展会知识产权保护的力度。

1)《展会知识产权保护办法》的出台

由国家商务部会同国家知识产权局、商标局和国家版权局共同制定,于2006年1月10日颁布,3月1日正式实施的《展会知识产权保护办法》(以下简称《办法》)就是体现我国展会知识产权立法不断加强的鲜明例证。

《办法》共分7章35条,分别对展会期间知识产权侵权投诉,展会期间专利、商标、著作权保护以及相关法律责任予以了规定。

(1)明确了展会管理部门、知识产权行政执法部门、展会主办方、参展方法律地位及法律关系

《办法》第3条规定,展会管理部门应加强展会期间知识产权保护的协调、监督、检查,维护展会的正常交易秩序。《办法》第4条规定,展会主办方应当依法维护知识产权权利人的合法权益,加强对参展项目的知识产权状况的审查,应协助知识产权行政管理部门的知识产权保护工作。《办法》第5条规定,参展方应当合法参展,不得侵犯他人知识产权,并应对知识产权行政管理部门或司法部门的调查予以配合。

《办法》第3、4、5条的规定,首先确立了展会管理部门在展会知识产权保护方面协调、监督、检查的权利,同时也赋予了展会管理部门在维护展会交易秩序方面的义务,从而推动展会管理部门更加重视和积极主动维护展会知识产权。其次,在明确展会主管部门在依法维护知识产权权利人利益和协助知识产权行政管理部门工作的义务的同时,强调了展会主管部门可以通过与参展方企业签订知识产权保护条款等方式,根据自身举办展会的特点加强知识产权保护。最后,《办法》明确了参展方应当合法参展,并对有关行政和司法调查予以配合的义务。

(2)知识产权投诉机构的设立和职责

《办法》第6条规定,为了加强展会期间的知识产权保护,对于展会时间三天以上的(含三天),或展会管理部门认为有必要的,展会主办方应当在展会期间设立知识产权投诉机构。展会主办地知识产权行政管理部门应当派员进驻。对于未设立投诉机构的,则由展会主办地知识产权行政管理部门加强对展会知识产权保护的指导、监督和有关案件的处理。这一规定考虑到不同展会的特

点,从最大程度便利展会知识产权保护的角度考虑,协调了行政执法能力和展会知识产权保护的关系。

(3)规定展会期间知识产权投诉的程序

为了便利权利人维护自己的合法权利,《办法》明确了投诉应当提交的材料,以及投诉的接受和受理。此外,《办法》还规定了当事人的答辩权利以及地方知识产权行政管理部门以及展会主办方在处理知识产权投诉程序方面的职责,并明确了展会投诉机构在收到投诉后的移送程序。

(4)根据专利、商标和版权保护的不同特点,规定了相应的保护措施

针对展会期间专利、商标和版权保护的不同特点,《办法》分3章做出了相应的规定。一是确定了地方专利、商标和版权管理部门在展会知识产权保护方面所负的职责;二是规定了对侵权投诉不予受理的条件;三是明确了地方专利、商标和版权管理部门针对展会知识产权保护的调查和处理职能。

(5)展会结束时,相关行政执法的衔接

《办法》第33条规定,展会结束时案件尚未处理完毕的,案件的有关事实和证据可经展会主办方确认,由展会举办地知识产权行政管理部门在15个工作日内移交有管辖权的知识产权行政管理部门依法处理。这样,保证了在展会结束后有关案件的继续处理。

(6)严格法律责任,增加对侵权人的处罚和震慑

对于展会期间的知识产权侵权行为,除了根据现有的知识产权相关法律予以处罚之外,办法还根据展会的特点规定了相应的法律责任,如责令从展会上撤出侵权展品、销毁介绍侵权展品的宣传材料、更换介绍侵权项目的展板。此外,对于参展方侵权成立的,展会管理部门可以依法对其公告,展会主办方应禁止有关参展方参加下一届展会。另外,为了避免展会主办方为了经济利益懈怠对于知识产权的保护,《办法》还规定对于保护不力的主办方,应由展会管理部门予以警告,并视情节依法取消其主办资格。

《办法》的出台标志着我国展会知识产权保护立法迈出了新的坚实一步。《办法》基于实践中发生的展会知识产权被侵犯的具体事实而规定,这种务实的立法方式必将对我国展会知识产权保护的现实利益与未来立法产生积极影响和作用。

2)加强展会知识产权执法

立法固然重要,但执法更是将立法意图转化为现实的必经之路。知识产

有关管理部门要切实履行职责,加强对展会知识产权工作的指导和监督,帮助展会举办者完善有关知识产权保护的管理规定。政府各部门要支持展会知识产权执法工作,克服地方保护主义和行政干预。

3) 发挥展会主办方和参展商的积极作用

如果仅有政府的立法和政府部门的积极作为,展会知识产权保护未必能收到良好效果,因为展会主办方和参展商的作用也非常重要。展会行业协会要建立知识产权自律制度,制订知识产权自律规则,加强协会成员单位的知识产权知识培训,协助知识产权执法部门查处展会中各种侵权案件,制止不正当竞争行为,营造展会知识产权保护的良好环境。展会举办者应当将知识产权保护工作放在议事日程上,把展会知识产权保护工作作为整顿和规范市场经济秩序重要内容来抓。在招展过程中,要把好知识产权关,克服"参展企业多、项目多、利润就高"的重利轻法思想,坚决把侵犯知识产权的企业、项目拒之于展会门外,从参展源头上堵截侵权行为的发生。展会举办者还要经常宣传知识产权法律、法规知识,指派熟悉知识产权法律、法规的专业人员参与展会的管理工作,制订和公告展会知识产权保护管理规定,及时通报有关参展维权和侵权信息,减少以至杜绝展会中知识产权侵权行为的发生。参展商要增强知识产权的自我保护意识,努力提高企业的市场竞争能力,在产品的研究开发、生产经营等各个环节都要严把知识产权关,避免重复浪费人力、物力的研究和侵犯他人知识产权。参展商应对新产品、新技术进行事前的商标、专利注册,寻求法律支持;展出涉及知识产权的展品,必须携带相关证书及有关证明材料。在展览现场,一般情况下参展商应主要介绍产品的功能和使用价值,只有找到真正的买家,才重点介绍产品关键技术等核心问题。参展商有义务对主办单位及组团单位等的商标工作进行监督。对于不能认真履行或推卸商标管理责任、玩忽职守的主办单位或组团单位,参展企业可随时向商务部反映,商务部将根据有关规定追究其责任。

总之,展会中知识产权纠纷几乎是国内外所有展览会所面临的共同难题,虽然目前很难找到一套切实有效的办法来完全杜绝这类问题的发生,但是只要政府、展览主办者以及参展商能够共同努力,采取全方位的知识产权保护措施,各种侵权行为肯定能够得到有效抑制。

【典型案例】

中国药企"巴黎门"事件

2006 年 10 月 4 日,在法国巴黎举行的世界制药原料展览会上,来自中国的 3 家参展药企的 6 名医药代表遭到法国内政部打击侵权假冒部门的扣押,并停止了正常的参展。据悉,这些来自中国的医药代表在展会上以邮购方式向观众出售一种名叫 Rimonabant 减肥药的原料药,而该减肥药的专利拥有者"赛诺菲—安万特"集团认为中国 3 家参展企业展览、交易的原料药产品侵犯了其对原研究药物的专利权,并据此以"有组织的团伙冒牌制造专利保护产品"等罪名提起诉讼。11 月 14 日,法国警方释放了被扣押的 6 名医药代表,而这场专利权侵权诉讼至今也未有明确的结论,乃至中国一些媒体认为中国药企被"冤杀"。中国药企"巴黎门"事件不仅导致中国药企在这次展会遭受巨大损失,并对中国的国际形象造成了消极影响。

问题:1. 中国药企这次在海外展会被"冤杀",反映了什么问题?

2. 为了避免侵犯他人专利权,中国出境参展企业应注意哪些地方?

【案例分析】

1. 中国政府的知识产权保护一直为外国所重视,不算少数的中国企业知识产权观念淡薄,这就导致在海外参展的中国企业容易成为外国"监管"的重点对象;展会蕴涵着巨大的经济利益,中国企业的外国竞争对手会利用各种手段来维护自己的利益。

2. 中国企业参加境外展会,应特别注意专利权的地域性,不到已将自己展品相关权利注册为专利权的国家或地区参展,或参展前在参展国家或地区申请展品的专利权。当然,自主创新是杜绝侵犯他人专利权发生的根本途径。

【本章小结】

本章概括介绍了知识产权法律制度中知识产权的基本概念、基本原则和基本制度,着重阐释了商标法、专利法、著作权法的相关内容。针对近年来颇受关注的热点问题——展会知识产权保护,本章重点介绍新出台的《展会知识产权保护办法》及其他应对措施。总之,本部分既有对知识产权制度的整体性阐述,又有对其中重要具体制度的重点关照。

【测试题】

一、单选题

1. 专利权的地域性是指在( )拥有法律保护。
    A. 权利人所在的民族区域
    B. 申请地所在的国家或者地区
    C. 权利人所在国家的建交国家或地区
    D. 权利人的国籍国或地区

2. 以下属于知识产权范围的是( )。
    A. 石子游戏规则　　　　　　　B. 数学累加方法
    C. 作家头脑中的灵感　　　　　D. 舞蹈演员的表演

3. 一项发明或实用新型获得专利授权的实质条件是( )。
    A. 创造性、新颖性、技术性　　B. 新颖性、美观性、实用性
    C. 新颖性、创造性、实用性　　D. 创造性、合法性、新颖性

4. 下列行为中不视为侵犯专利权的是( )。
    A. 为生产经营的目的使用不知是假冒的专利产品
    B. 购进假冒的专利产品再行销售的
    C. 在专利权人的专利申请日以前从事相同产品的制造,在专利授权后扩大该产品的生产规模
    D. 专为科学实验的目的使用他人的专利

5. 依我国专利法,( )虽然技术内容已经公开,但仍符合新颖性要求。
    A. 在申请日前六个月内在国外的出版物上公开发表
    B. 在申请日前六个月内在国内公开使用
    C. 在申请日前六个月内在中国政府举办的国家展览会上展出
    D. 他人在申请日前以相同内容向专利局提出过申请,并在申请日之后公布

二、判断题

1. 在我国,商标注册是取得商标专用权,获得法律保护的前提。　　(　　)

2. 初步审定和公告,是商标注册的必经程序。　　(　　)

3.我国《商标法》规定,商标全期满后,只要继续交纳费用,不必办理续展手续,商标专用权即可续展。　　　　　　　　　　　　　　　　(　)

4.专为科学研究和实验而使用有关专利的,不视为侵犯专利权。　(　)

三、简答题

1.专利权的含义和特点是什么?

2.著作权人的权利和义务包括哪些?

3.专利侵权纠纷的解决途径是什么?

4.简述商标法对驰名商标特殊保护的具体内容。

5.会展期间商标管理的主要内容有哪些?

四、实训题

学生自愿组成小组,每组6~8人,收集资料并组织一次课堂交流与讨论。

讨论问题:在各地举办的展览会中曾出现过哪些涉及知识产权的纠纷案件? 我国应该从哪些方面加强知识产权的保护?

第7章
市场管理法律制度

【本章导读】

运用法律手段维护公平的市场竞争秩序,监督、管理产品质量,保障消费者的合法权益是市场经济发展的必然要求。本章将分三节简要介绍产品质量法、反不正当竞争法、消费者权益保护法的相关内容。

【关键词汇】

市场管理　产品质量　反不正当竞争　消费者权益保护　法律责任

【案例导入】

消暑遭遇啤酒瓶爆炸 消费者被炸伤眼向厂家索赔

2008 年五六月份,冯高锋在本村小卖部购买了几件某品牌的小麦啤酒放在家中备用。2008 年 7 月 17 日晚,冯高锋为答谢同村帮忙的朋友,在家招待他们吃晚饭,他先从家中的柜子里拿出两瓶啤酒放到桌子上,接着又拿出两瓶还未放下时,其中一瓶发生爆炸,破碎的瓶渣炸伤了冯高锋的左眼。事故发生后,冯高锋被送往汝南县人民医院住院治疗。经诊断,冯高锋的伤情为左眼球穿通伤、外伤性白内障。经鉴定,冯高锋左眼视力为 0.4,不能矫正,已构成十级伤残,并为此支付鉴定费 600 元。爆炸的啤酒瓶系某啤酒厂于 2003 年 11 月 1 日生产,瓶底上方 2 厘米处标有 B 字,啤酒生产日期为 2008 年 5 月份。

资料来源:中国法院网

问题:冯高峰能否向啤酒厂索赔,其法律依据是什么?

【案例分析】

根据《中华人民共和国产品质量法》第 26 条、第 41 条、第 43 条的规定,产品质量应当符合不危及人身、财产安全的要求,因产品存在缺陷造成人身、他人财产损害的,生产者应当承担赔偿责任。汝南县人民法院经审理后认为,本案系产品责任纠纷。本案中,原告冯高锋在家招待客人时,因啤酒瓶爆炸而致残,爆炸的啤酒系某啤酒厂生产,在瓶底上方 2 厘米处显示有 2003 年 11 月 1 日的 B 的字样。按照中华人民共和国 GB 4544—1996 啤酒国家标准,建议厂商回收利用的旧啤酒瓶以两年为限,被告某啤酒有限公司使用的啤酒瓶已明显超出国家标准的建议使用期,产品本身即存在危及人身安全的隐患。根据《最高人民法院关于民事诉讼证据的若干规定》第 4 条第 1 款第⑥项的规定,因缺陷产品致人损害的侵权诉讼,由产品的生产者就法律规定的免责事由承担举证责任。但被告不能证明啤酒瓶的爆炸原因系外力作用形成,也不能证明原告对啤酒瓶有不当使用。法院遂于 2009 年 1 月 15 日,判决被告赔偿原告医疗费、误工费、营养费、残疾赔偿金、精神损害赔偿金、交通费等共计 14 564.6 元。

7.1　产品质量法

7.1.1　产品质量法概述

1)产品与产品质量

广义的产品是指天然的或经加工、制作,用于满足人们生产和生活需要的具有使用价值的物品。

我国《产品质量法》第 2 条第 2 款规定:"本法所称产品是指经过加工、制作,用于销售的产品。"第 3 款规定:"建设工程不适用本法规定;但是,建设工程使用的建筑材料、建筑构配件和设备,属于前款规定的产品范围的,适用本法规定。"可见,我国《产品质量法》所确定的"产品",是指经过加工、制作,用于销售的产品。各种直接取之于自然界,未经加工、制作的产品,如:稻、麦、蔬菜、饲养的鱼虾等种植业、养殖业的初级产品,采矿业的原油、原煤等直接开采出来未经炼制、洗选加工的原矿产品,以及自己制作、自己使用或馈赠他人的不用于销售的产品,均不适用《产品质量法》。

产品质量是指产品符合人们需要的内在素质与外观形态的各种特性的综合状态。国际标准化组织颁布的 ISO 8402—86 标准,将质量含义定为"产品或服务满足规定或潜在需要的特征和特性的总和"。这里所说的"需要"可以包括使用性能、安全性、可用性、可靠性、可维修性等基本目标。

产品质量问题大体上也可以分为两类:①产品不适用;②产品不安全。前者多由于质量瑕疵而形成;后者则由于产品缺陷而发生。

2)产品质量法

(1)产品质量法的概念

产品质量法,是调整在生产、流通和消费过程中因产品质量所发生的经济关系的法律规范的总称。广义的产品质量法包括所有调整产品质量及产品责任关系的法律、法规。我们通常所说的产品质量法是指狭义的产品质量法,即1993 年 2 月 22 日颁布,同年 9 月 1 日实施的《中华人民共和国产品质量法》。该法于 2000 年 7 月 8 日根据《关于修改〈中华人民共和国产品质量法〉的决定》

第一次修订,2009 年 8 月 27 日根据《全国人民代表大会常务委员会关于修改部分法律的决定》第二次修订。

(2)产品质量法的适用范围和调整对象

在我国境内从事产品生产、销售活动(包括进口商品销售)的企业、其他组织和个人(包括外国人)均必须遵守产品质量法。但是根据我国香港、澳门两个特别行政区基本法的规定,《产品质量法》不适用于我国香港、澳门两个特别行政区。

具体说,产品质量法调整的法律关系包括三方面:

一是产品质量监督管理关系。即各级技术质量监督部门、工商行政管理部门在产品质量的监督检查、行使行政惩罚权时与市场经营主体所发生的法律关系。

二是产品质量责任关系。即因产品质量问题引起的消费者与生产者、销售者之间的法律关系。

三是产品质量检验、认证关系。即因中介服务所产生的中介机构与市场经营主体之间的法律关系,以及因产品质量检验和认证不实损害消费者利益而产生的法律关系。

(3)产品质量法的指导思想及原则

产品质量法的制定与修改,它的立法指导原则都是为了加强对产品质量的监督管理,提高产品质量水平,明确产品质量责任,保护消费者的合法权益,维护社会经济秩序。

我国产品质量法的原则是:第一,贯彻"质量第一"的原则;第二,贯彻维护消费者合法权益的原则;第三,实行统一立法、区别管理、监督的原则;第四,实行奖优惩劣的原则。

7.1.2 产品质量的监督管理

1)政府对产品质量的宏观管理

《产品质量法》明确规定了各级人民政府在产品质量问题上的主要职责,提出了国家鼓励提高产品质量的重要保障措施。

(1)加强对产品质量工作的统筹规划和组织领导

《产品质量法》第 7 条规定:"各级人民政府应当把提高产品质量纳入国民经济和社会发展规划,加强对产品质量工作的统筹规划和组织领导,引导、督促生产者、销售者加强产品质量管理,提高产品质量,组织各有关部门依法采取措施,制止产品生产、销售中违反本法规定的行为,保障本法的施行。"

(2)反对在产品质量工作中的地方保护主义和部门保护主义

《产品质量法》第11条规定:"任何单位和个人不得排斥非本地区或者非本系统企业生产的质量合格产品进入本地区、本系统。"

(3)制止包庇、放纵本地区、本系统的制假、售假行为

《产品质量法》第9条规定:"各级人民政府工作人员和其他国家机关工作人员不得滥用职权、玩忽职守或者徇私舞弊,包庇、放纵本地区、本系统发生的产品生产、销售中违反本法规定的行为,或者阻挠、干预依法对产品生产、销售中违反本法规定的行为进行查处。各级地方人民政府和其他国家机关有包庇、放纵产品生产、销售中违反本法规定的行为的,依法追究其主要负责人的法律责任。"

(4)鼓励与奖励

《产品质量法》第6条规定:"国家鼓励推行科学的质量管理方法,采用先进的科学技术,鼓励企业产品质量达到并且超过行业标准、国家标准和国际标准。对产品质量管理先进和产品质量达到国际先进水平、成绩显著的单位和个人,给予奖励。"

2)产品质量的行政监督

(1)产品质量的行政监督部门

《产品质量法》第8条规定:"国务院产品质量监督部门主管全国产品质量监督工作。国务院有关部门在各自的职责范围内负责产品质量监督工作。县级以上地方产品质量监督部门主管本行政区域内的产品质量监督工作。县级以上地方人民政府有关部门在各自的职责范围内负责产品质量监督工作。"

这里的产品质量监督管理部门是指国际及地方各级技术质量监督局;有关部门是指各级卫生行政部门、劳动部门、商品检验部门等,它们依据相关法律授予各自的职权,对某些特定产品的质量进行监督管理。

(2)产品质量监督部门的职权

为了使产品质量监督部门有职有权依法行政,有效扭转假冒伪劣产品屡打不绝的严重局面,《产品质量法》规定,县级以上产品质量监督部门根据已经取得的违法嫌疑证据或者举报,对涉嫌违反本法规定的行为进行查处时,可以行

使下列职权:

对当事人涉嫌从事违反本法的生产、销售活动的场所实施现场检查;

向当事人的法定代表人、主要负责人和其他有关人员调查、了解与涉嫌从事违反本法的生产、销售活动有关的情况;

查阅、复制当事人有关的合同、发票、账簿以及其他有关资料;

对有根据认为不符合保障人体健康和人身、财产安全的国家标准、行业标准的产品或者有其他严重质量问题的产品,以及直接用于生产、销售该项产品的原辅材料、包装物、生产工具,予以查封或者扣押。

县级以上工商行政管理部门按照国务院规定的职责范围,对涉嫌违反本法规定的行为进行查处时,可以行使上述职权。

(3)产品质量监督管理制度

根据产品质量法的规定,质量监督管理制度主要由下列内容构成:

产品质量抽查制度。质量监督的主要方式是抽查,根据监督抽查的需要,可对产品进行检验。为保证抽查检验的公正性,产品质量法规定:抽查的样品应当在市场上或者企业成品仓库内的待销产品中随机抽取。为防止增加企业的负担,检验抽取样品的数量不得超过检验的合理需要,并不得向被检查人收取检验费用。监督抽查所需检验费用按照国务院规定列支。为避免重复抽查,国家监督抽查的产品,地方不得另行重复抽查;上级监督抽查的产品,下级不得另行重复抽查。生产者、销售者对抽查检验的结果有异议的,可以自收到检验结果之日起十五日内向实施监督抽查的产品质量监督部门或者其上级产品质量监督部门申请复检,由受理复检的产品质量监督部门作出复检结论。

质量状况信息发布制度。国务院和省、自治区、直辖市人民政府的产品质量监督部门应当定期发布其监督抽查的产品的质量状况公告。政府质量信息发布是消费者知情权的基本要求,也是行使监督权的前提条件,政府有关部门必须依法履行该项职责。

企业质量体系认证制度及产品质量认证制度。企业质量体系认证是由独立的认证机构对企业的质量保证和质量管理能力所作的综合评定,它是由企业自愿申请,由认证机构依据国家颁布的标准依法进行的(该标准与国际通用的ISO 9000《质量管理与质量保证》系列标准等同)。产品质量认证是依据产品标准和相应的技术要求,由独立的认证机构确认某一产品符合相应标准和相应技术要求的活动。

(4)产品质量检验、认证机构

产品质量检验机构。产品质量检验机构是指专门承担产品质量检验工作的法定技术机构。产品质量检验机构分为两类:一类是依法设置的县级以上政府技术监督部门所属的产品质量检验所;另一类是经授权依法从事产品质量检验的机构,如由省级以上技术监督部门授权的国家级产品质量监督检验中心、产品质量监督检验站等。

产品质量认证机构。产品质量认证工作应由专门的机构进行,我国的产品质量认证是由专门的认证委员会完成的,认证委员会在国务院标准化行政主管部门统一管理下,以独立于生产者、销售者的第三方身份开展认证活动。如中国方圆标志认证委员会、中国电工产品认证委员会(CCEE)、中国环境标志产品认证委员会(CCCEL)。

对产品质量检验、认证机构的法律规定:一是从事产品质量检验、认证的社会中介机构必须依法设立,不得与行政机关和其他国家机关存在隶属关系或者其他利益关系。二是产品质量检验机构必须具备相应的检测条件和能力,经省级以上人民政府产品质量监督部门或者其授权的部门考核合格后,方可承担产品质量检验工作。法律、行政法规对产品质量检验机构另有规定的,依照有关法律、行政法规的规定执行。三是产品质量检验机构、认证机构必须依法按照有关标准,客观、公正地出具检验结果或者认证证明。产品质量认证机构应当依照国家规定对准许使用认证标志的产品进行认证后的跟踪检查;对不符合认证标准而使用认证标志的,要求其改正;情节严重的,取消其使用认证标志的资格。

3)产品质量的社会监督

(1)公民个人的监督权

消费者有权就产品质量问题进行查询,有权向产品质量监督部门、工商行政管理部门及有关部门申诉,接受申诉的部门应当负责处理。

(2)社会组织的监督权

保护消费者权益的社会组织可以就消费者反映的产品质量问题建议有关部门负责处理,支持消费者对因产品质量造成的损害向人民法院起诉。

(3)公众的检举权

任何单位和个人有权对违反产品质量法规定的行为,向产品质量监督部门或者其他有关部门检举,产品质量监督部门和有关部门应当为检举人保密,并按照省、自治区、直辖市人民政府的规定给予奖励。

7.1.3 生产者、销售者的产品质量责任和义务

1)产品质量责任制度

产品责任一词最早出现在 19 世纪中期欧美等资本主义国家的法律制度中。产品质量责任,是指生产者和销售者因其生产或销售的产品有缺陷,造成买主、用户、消费者或其他人人身和财产的损害而应承担的法律后果。

我国《产品质量法》规定:"生产者应当对其生产的产品质量负责。""生产者、销售者依照本法规定承担产品质量责任。"《侵权责任法》规定:"因产品存在缺陷造成他人损害的,生产者应当承担侵权责任。"也就是说,无论生产者处于什么样的主观心理状态,都应该承担赔偿责任,这是一种严格责任。当然严格责任不是绝对责任,它仍然是一种有条件的责任。产品质量法同时规定了法定免责条件,即生产者能够证明有下列情形之一的,不承担赔偿责任:①未将产品投入流通的;②产品投入流通时,引起损害的缺陷尚不存在的;③将产品投入流通时的科学技术水平尚不能发现缺陷的存在的。《侵权责任法》还规定:"因产品缺陷危及他人人身、财产安全的,被侵权人有权请求生产者、销售者承担排除妨碍、消除危险等侵权责任。"

销售者的过错责任。《侵权责任法》规定:"因销售者的过错使产品存在缺陷,造成他人损害的,销售者应当承担侵权责任。"但是销售者如果能够证明自己没有过错,则不必承担赔偿责任。《侵权责任法》同时规定:"销售者不能指明缺陷产品的生产者也不能指明缺陷产品的供货者的,销售者应当承担侵权责任。"可见,销售者对是否存在过错负有举证责任,不能举证就不能免除赔偿责任。

2)生产者、销售者的产品质量义务

(1)生产者的产品质量义务

生产者的义务包括作为义务和不作为义务。作为是指以积极地实施了的动作去实施法律所禁止的危害社会的行为,即"不当为而为之"。不作为是指行为人应当履行某种特定义务并且能够履行而不履行的消极行为,即"当为而不为"。

①作为的义务。产品质量应符合下列要求。不存在危及人身、财产安全的不合理的危险,有保障人体健康和人身、财产安全的国家标准、行业标准的,应

当符合该标准;具备产品应当具备的使用性能,但是,对产品存在使用性能的瑕疵作出说明的除外;符合在产品或者其包装上注明采用的产品标准,符合以产品说明、实物样品等方式表明的质量状况。

包装及产品标识应当符合下列要求。特殊产品(如易碎、易燃、易爆、有毒、有腐蚀性、有放射性等危险物品以及储运中不能倒置和其他有特殊要求的产品)其包装质量必须符合相应要求,依照国家有关规定作出警示标志或者中文警示说明,标明储运注意事项。普通商品,应有产品质量检验合格证明;有中文标明的产品名称、生产厂名和厂址;根据需要标明产品规格、等级、主要成分;限期使用的产品,应当标明生产日期和安全使用期或者失效日期;产品本身易坏或可能危及人身、财产安全的产品,应当有警示标志或者中文警示说明。

②不作为的义务。生产者不得生产国家明令淘汰的产品;生产者不得伪造产地,不得伪造或者冒用他人的厂名、厂址;生产者不得伪造或者冒用认证标志、名优标志等质量标志;生产者生产产品,不得掺杂、掺假,不得以假充真、以次充好,不得以不合格产品冒充合格产品。

(2)销售者的产品质量义务

进货验收义务。销售者应当建立并执行进货检查验收制度。该项制度相对消费者及国家市场管理秩序而言是销售者的义务,相对供货商而言是销售者的权利。严格执行进货验收制度,可以防范不合格产品进入市场,可以为准确判断和区分生产者和销售者的产品质量责任提供依据。

保持产品质量的义务。销售者进货后应对保持产品质量负责,以防止产品变质、腐烂、丧失或降低使用性能,产生危害人身、财产的瑕疵等。如果进货时的产品符合质量要求,销售时发生质量问题,销售者应当承担相应的责任。

有关产品标识的义务。销售者在销售产品时,应保证产品标识符合产品质量法对产品标识的要求,符合进货时验收的状态,不得更改、覆盖、涂抹产品标识,以保证产品标识的真实性。

不得违反禁止性规范。对销售者而言,法律规定的禁止性规范有以下各项:销售者不得销售国家明令淘汰并停止销售的产品和失效、变质的产品;销售者不得伪造产地,不得伪造或者冒用他人的厂名、厂址;销售者不得伪造或者冒用认证标志等质量标志;销售者销售产品,不得掺杂、掺假,不得以假充真、以次充好,不得以不合格产品冒充合格产品。

7.1.4　法律责任

《产品质量法》第5章"罚则"和《侵权责任法》第5章"产品责任",较全面地规定了对产品质量负有义务的市场经济主体及行使管理监督职责的地方政府、行政监督部门违反该法所应承担的法律责任,与产品质量有关的其他社会组织的法律责任。

1) 对生产、销售的产品不符合法定要求的处罚规定

① 生产、销售不符合保障人体健康和人身、财产安全的国家标准、行业标准的产品的,责令停止生产、销售,没收违法生产、销售的产品,并处违法生产、销售产品(包括已出售和未出售的产品,下同)货值金额等值以上 3 倍以下的罚款;有违法所得的,并处没收违法所得;情节严重的,吊销营业执照;构成犯罪的,依法追究刑事责任。

② 在产品中掺杂、掺假,以假充真,以次充好,或者以不合格产品冒充合格产品的,责令停止生产、销售,没收违法生产、销售的产品,并处违法生产、销售产品货值金额 50% 以上 3 倍以下的罚款;有违法所得的,并处没收违法所得;情节严重的,吊销营业执照;构成犯罪的,依法追究刑事责任。

③ 生产国家明令淘汰的产品的,销售国家明令淘汰并停止销售的产品的,责令停止生产、销售,没收违法生产、销售的产品,并处违法生产、销售产品货值金额等值以下的罚款;有违法所得的,并处没收违法所得;情节严重的,吊销营业执照。

④ 销售失效、变质的产品的,责令停止销售,没收违法销售的产品,并处违法销售产品货值金额两倍以下的罚款;有违法所得的,并处没收违法所得;情节严重的,吊销营业执照;构成犯罪的,依法追究刑事责任。

⑤ 产品投入流通后发现存在缺陷的,生产者、销售者应当及时采取警示、召回等补救措施。未及时采取补救措施或者补救措施不力造成损害的,应当承担侵权责任。明知产品存在缺陷仍然生产、销售,造成他人死亡或者健康严重损害的,被侵权人有权请求相应的惩罚性赔偿。

2) 对伪造产地、伪造冒用厂名厂址或者认证标志的处罚规定

伪造产品产地的,伪造或者冒用他人厂名、厂址的,伪造或者冒用认证标志等质量标志的,责令改正,没收违法生产、销售的产品,并处违法生产、销售产品货值金额等值以下的罚款;有违法所得的,并处没收违法所得;情节严重的,吊销营业执照。

3) 对产品标识不符合法定条件的处罚规定

产品标识不符合《产品质量法》第 27 条规定的,责令改正;有包装的产品标

识不符合《产品质量法》第 27 条第④项、第⑤项规定,情节严重的,责令停止生产、销售,并处违法生产、销售产品货值金额 30% 以下的罚款;有违法所得的,并处没收违法所得。

4) 对销售者可以从轻或者减轻处罚的规定

销售者销售产品质量法第 49 条至第 53 条规定禁止销售的产品,有充分证据证明其不知道该产品为禁止销售的产品并如实说明其进货来源的,可以从轻或者减轻处罚。

5) 对拒绝接受产品质量监督检查的处罚规定

拒绝接受依法进行的产品质量监督检查的,给予警告,责令改正;拒不改正的,责令停业整顿;情节特别严重的,吊销营业执照。

6) 对产品质量检验机构、认证机构违法行为的处罚规定

产品质量检验机构、认证机构伪造检验结果或者出具虚假证明的,责令改正,对单位处五万元以上十万元以下的罚款,对直接负责的主管人员和其他直接责任人员处一万元以上五万元以下的罚款;有违法所得的,并处没收违法所得;情节严重的,取消其检验资格、认证资格;构成犯罪的,依法追究刑事责任。

产品质量检验机构、认证机构出具的检验结果或者证明不实,造成损失的,应当承担相应的赔偿责任;造成重大损失的,撤销其检验资格、认证资格。

产品质量认证机构违反《产品质量法》第 21 条第 2 款的规定,对不符合认证标准而使用认证标志的产品,未依法要求其改正或者取消其使用认证标志资格的,对因产品不符合认证标准给消费者造成的损失,与产品的生产者、销售者承担连带责任;情节严重的,撤销其认证资格。

7) 对社会团体、社会中介机构产品质量违法行为的处罚规定

社会团体、社会中介机构对产品质量作出承诺、保证,而该产品又不符合其承诺、保证的质量要求,给消费者造成损失的,与产品的生产者、销售者承担连带责任。

8) 对在广告中的产品质量违法行为的处罚规定

在广告中对产品质量作虚假宣传,欺骗和误导消费者的,依照《中华人民共和国广告法》的规定追究法律责任。

9) 对某些与制假、售假有关的违法行为的处罚规定

(1) 对专门生产为制假售假使用的原辅料、包装物、生产工作的生产者的处罚规定

对生产者专门用于生产《产品质量法》第 49 条、第 51 条所列的产品或者以假充真的产品的原辅材料、包装物、生产工具，应当予以没收。

(2) 对为制假售假提供运输、保管、仓储等便利条件或制假生产技术的处罚规定

知道或者应当知道属于《产品质量法》规定禁止生产、销售的产品而为其提供运输、保管、仓储等便利条件的，或者为以假充真的产品提供制假生产技术的，没收全部运输、保管、仓储或者提供制假生产技术的收入，并处违法收入 50% 以上 3 倍以下的罚款；构成犯罪的，依法追究刑事责任。

(3) 对服务业将禁销产品用于经营性服务的处罚规定

服务业的经营者将《产品质量法》第 49 条至第 52 条规定禁止销售的产品用于经营性服务的，责令停止使用；对知道或者应当知道所使用的产品属于本法规定禁止销售的产品的，按照违法使用的产品（包括已使用和尚未使用的产品）的货值金额，依照本法对销售者的处罚规定处罚。

10) 对各级政府和其他国家机关工作人员产品质量违法行为的处罚规定

各级人民政府工作人员和其他国家机关工作人员有下列情形之一的，依法给予行政处分；构成犯罪的，依法追究刑事责任：

①包庇、放纵产品生产、销售中违反本法规定行为的；②向从事违反本法规定的生产、销售活动的当事人通风报信，帮助其逃避查处的；③阻挠、干预产品质量监督部门或者工商行政管理部门依法对产品生产、销售中违反本法规定的行为进行查处，造成严重后果的。

11) 对在产品质量监督、产品质量检验中违法行为的处罚规定

(1) 对在产品质量监督抽查中违法行为的处罚规定

产品质量监督部门在产品质量监督抽查中超过规定的数量索取样品或者向被检查人收取检验费用的，由上级产品质量监督部门或者监察机关责令退还；情节严重的，对直接负责的主管人员和其他直接责任人员依法给予行政处分。

（2）对参与经营活动的处罚规定

产品质量监督部门或者其他国家机关违反《产品质量法》第 25 条的规定，向社会推荐生产者的产品或者以监制、监销等方式参与产品经营活动的，由其上级机关或者监察机关责令改正，消除影响，有违法收入的予以没收；情节严重的，对直接负责的主管人员和其他直接责任人员依法给予行政处分。

产品质量检验机构有前款所列违法行为的，由产品质量监督部门责令改正，消除影响，有违法收入的予以没收，可以并处违法收入一倍以下的罚款；情节严重的，撤销其质量检验资格。

（3）对滥用职权、玩忽职守、徇私舞弊者的处罚规定

产品质量监督部门或者工商行政管理部门的工作人员滥用职权、玩忽职守、徇私舞弊，构成犯罪的，依法追究刑事责任；尚不构成犯罪的，依法给予行政处分。

12）对以暴力、威胁方法阻碍行政执法的处罚规定

以暴力、威胁方法阻碍产品质量监督部门或者工商行政管理部门的工作人员依法执行职务的，依法追究刑事责任；拒绝、阻碍未使用暴力、威胁方法的，由公安机关依照治安管理处罚法的规定处罚。

13）产品质量行政处罚的职权范围

《产品质量法》规定的吊销营业执照的行政处罚由工商行政管理部门决定，《产品质量法》第 49 条至第 57 条、第 60 条至第 63 条规定的行政处罚由产品质量监督部门或者工商行政管理部门按照国务院规定的职权范围决定。法律、行政法规对行使行政处罚权的机关另有规定的，依照有关法律、行政法规的规定执行。

14）产品质量违法行为的刑事责任

《产品质量法》和刑法，对违法产品质量的刑事责任，作出了一系列重要规定。

刑法从第 140 条至第 148 条专节规定了生产、销售伪劣商品犯罪，其认定的罪名有生产、销售伪劣产品罪等 10 项罪名。新刑法根据犯罪者的不同情况，分别作出了判处罚金、有期徒刑、无期徒刑直至死刑的规定。对企业、事业单位犯相关罪的，对单位处罚金，并对直接负责的主管人员和其他直接责任人员，依

照相关罪的规定追究刑事责任。

15）民事赔偿优先原则

《产品质量法》第64条规定："违反本法规定，应当承担民事赔偿责任和缴纳罚款、罚金，其财产不足以同时支付时，先承担民事赔偿责任。"

这项规定是指，对于违反《产品质量法》的规定，依法应当处以罚款、罚金，同时还应依法承担民事赔偿责任的，如果其财产不足以同时支付罚款、罚金和赔偿金时，应当先承担民事赔偿责任，以维护消费者的利益。

【知识链接】

中华人民共和国侵权责任法

第五章　产品责任

第四十一条　因产品存在缺陷造成他人损害的，生产者应当承担侵权责任。

第四十二条　因销售者的过错使产品存在缺陷，造成他人损害的，销售者应当承担侵权责任。

销售者不能指明缺陷产品的生产者也不能指明缺陷产品的供货者的，销售者应当承担侵权责任。

第四十三条　因产品存在缺陷造成损害的，被侵权人可以向产品的生产者请求赔偿，也可以向产品的销售者请求赔偿。

产品缺陷由生产者造成的，销售者赔偿后，有权向生产者追偿。

因销售者的过错使产品存在缺陷的，生产者赔偿后，有权向销售者追偿。

第四十四条　因运输者、仓储者等第三人的过错使产品存在缺陷，造成他人损害的，产品的生产者、销售者赔偿后，有权向第三人追偿。

第四十五条　因产品缺陷危及他人人身、财产安全的，被侵权人有权请求生产者、销售者承担排除妨碍、消除危险等侵权责任。

第四十六条　产品投入流通后发现存在缺陷的，生产者、销售者应当及时采取警示、召回等补救措施。未及时采取补救措施或者补救措施不力造成损害的，应当承担侵权责任。

第四十七条　明知产品存在缺陷仍然生产、销售，造成他人死亡或者健康严重损害的，被侵权人有权请求相应的惩罚性赔偿。

7.2 反不正当竞争法

7.2.1 反不正当竞争法律制度概述

1)反不正当竞争法

(1)反不正当竞争法的定义

反不正当竞争法是调整市场竞争过程中因规则不正当竞争行为而产生的社会关系的法律规范的总称。《中华人民共和国反不正当竞争法》于1993年9月2日颁布,1993年12月1日起实施。其后,国家工商行政管理局针对几种特殊的不正当竞争行为,发布了相关的行政规章《关于禁止公用企业限制竞争行为的若干规定》《关于禁止有奖销售中不正当禁止行为的若干规定》《关于禁止仿冒知名商品特有名称、包装、装潢的不正当竞争行为的若干规定》《关于禁止侵犯商业秘密行为的若干规定》《关于禁止商业贿赂行为的暂行规定》。此外,在其他法规中,也有涉及竞争规范的内容,如商标法、专利法、著作权法、价格法、广告法、招标投标法等。

(2)反不正当竞争法的调整对象

我国《反不正当竞争法》主要规范以下不正当竞争行为:

采用假冒或仿冒等混淆手段从事市场交易的行为;商业贿赂行为;虚假的广告宣传行为;侵犯其他经营者的商业秘密行为;以排挤竞争对手为目的,以低于成本的价格销售商品的行为;搭售商品或附加其他不合理的条件销售商品的行为;违反规定的有奖销售行为;捏造事实、散布虚假事实损害竞争对手的商业信誉、商品声誉的行为;串通投标的行为;享有独占地位的企业非法排挤其竞争对手的行为;政府及其所属部门滥用行政权力限制正当竞争的行为。

2)反不正当竞争法的立法目的

我国反不正当竞争法的立法目的可以分为三个层次:
①制止不正当竞争行为,这是该法的直接目的;
②保护经营者和消费者的合法权益,这是该法直接目的的必然延伸;
③鼓励和保护公平竞争,保障社会主义市场经济的健康发展。

7.2.2 不正当竞争行为及其法律责任

1)不正当竞争行为概述

所谓"不正当竞争",依据我国《反不正当竞争法》中的定义,是指经营者违反《反不正当竞争法》的规定,损害其他经营者的合法权益,扰乱社会经济秩序的行为。从中,我们可以概括出不正当竞争具有以下特征:

①不正当竞争行为的主体是经营者,即我国《反不正当竞争法》所指的从事商品经营或者营利性服务(以下所称商品包括服务)的法人、其他经济组织和个人。非经营者不是竞争行为的主体,所以也不能成为不正当竞争行为的主体。但是,非经营者的某些行为有时也会妨害经营者的正当经营竞争活动、侵害经营者的合法权益。例如,政府及其所属部门滥用行政权力妨害经营者的正当竞争行为即属此种类型,所以,我国《反不正当竞争法》也对这类行为予以规范。

②不正当竞争行为是违法行为。不正当竞争行为的违法性,主要表现在违反了《反不正当竞争法》的规定,既包括了违反该法第 2 章关于禁止不正当竞争行为的各种具体规定,也包括违反了该法的原则规定。经营者的某些行为虽然难以被确认为该法明确规定的不正当竞争行为,但只要违法了自愿、平等、公平、诚实信用的原则或者违背了公认的商业道德,损害了其他经营者的合法权益,扰乱了社会经济秩序,也应当认定为不正当竞争行为。

③不正当竞争行为侵害的客体是我国反不正当竞争法保护的,而为不正当竞争行为人所损害、扰乱的其他经营者的合法权益和正常的社会经济秩序。

2)不正当竞争行为的种类

《反不正当竞争法》第 2 章列举的不正当竞争行为,是判断经营者在市场交易的行为是否属于不正当竞争行为的法律依据。《反不正当竞争法》不可能列举全部不正当竞争行为,只是列举了各国普遍予以禁止的、典型的不正当竞争行为和我国现实生活中表现突出、危害严重、迫切需要制止的不正当竞争行为。

(1)采用假冒或仿冒等混淆手段从事市场交易、损害竞争对手的行为

根据《反不正当竞争法》第 5 条规定,属于这类不正当竞争行为的有:

①假冒他人的注册商标。商标是商品生产者或经营者将自己的商品和服务与他人的同类商品和服务相区别的特殊标志。商标注册人对已经注册的商标享有受法律保护的专用权,未经其许可,任何人都不得在同一种商品、同一种

服务或者商品、类似服务上使用与其注册商标相同或相近似的商标。假冒他人注册商标是一种典型的不正当竞争行为。

②与知名商品相混淆。所谓"知名商品",是指市场上具有一定知名度,为相关公众所知悉的商品。需要注意的是,判断商品是否为知名商品不应以全社会任何人是否知晓该商品为依据,而应该以该商品在相关的市场领域中具有较高的知名度为依据。而所谓特有的名称、包装、装潢,是指经营者为自己的商品独创的有显著性特点的名称、包装、装潢,是该商品与其他商品相区别的标志。擅自使用知名商品特有的名称、包装、装潢,或者使用与知名商品近似的名称、包装、装潢,造成和他人的知名商品相混淆,使购买者误认为是该知名商品,构成不正当竞争行为。国家工商行政管理局1995年7月6日发布《关于禁止仿冒知名商品特有的名称、包装、装潢的不正当竞争行为若干规定》,对保护知名商品做出了全面细致的规定。

③擅自使用他人的企业名称或者姓名,引人误认为是他人的商品。企业名称及自然人个人的姓名,是其拥有者最具特色的、最基本的识别性符号,是区分商品生产者、经营者,或服务的提供者来源的重要标志。盗用他人的商业信誉是典型的不正当竞争行为。

④在商品上伪造或者冒用认证标志、名优标志等质量标志,伪造产地,对商品质量作引人误解的虚假表示。产品质量认证标志,是指企业通过申请,经国际国内权威认证机构认可,颁发给企业的表示产品质量已达认证标准的一种标志。

具体来讲,在商品上伪造或冒用认证标志的不正当竞争行为主要包括以下几种情况:尚未推行产品质量认证制度的商品,经营者在该商品或包装上伪造认证标志;已推行产品质量认证制度的商品,经营者未向产品质量认证机构申请认证而擅自使用认证标志或者经营者虽向产品质量认证机构申请认证,但经认证不合格,经营者擅自使用认证标志。商品的产地是指商品的制造、加工地或者商品生产者的所在地。有的商品因其产地独特的地理气候特点、普遍较好的技术优势、普遍较好的商业信誉而获得市场优势。正因为如此,部分经营者标注虚假产地,牟取不正当利益,是不正当竞争行为。对商品质量作引人误解的虚假表示,是指经营者对商品的品质、制作成分、性能、用途、生产日期、有效期等作不真实的或令人误解的标注,从而使消费者和用户无法或难以了解商品的真实情况,发生误认、误购行为。这种行为,不仅可能使消费者上当受骗,而且会损害竞争对手的利益,因此是反不正当竞争法所禁止的。

（2）商业贿赂行为

商业贿赂是指经营者为争取交易机会，暗中给予交易对方有关人员和能够影响交易的其他相关人员以财物或其他好处的行为。商业贿赂是一种消极现象，严重危害市场经济生活中的公平竞争秩序，是滋生腐败的温床，是我国法律明令禁止的。《反不正当竞争法》第8条第1款规定，经营者不得采用财物或者其他手段进行贿赂以销售或者购买商品。在账外暗中给予对方单位或者个人回扣的，以行贿论处；对方单位或者个人在账外暗中收受回扣的，以受贿论处。

在此，有必要将商业贿赂和回扣、折扣和佣金区分开来。回扣是指在市场交易过程中，经营者一方从交易所得的价款中提取一定比例的现金或额外以定额的酬金或有价证券，在账外暗中付给对方单位或个人的不正当竞争行为。折扣也称让利，是指商品购销活动中经营者在所成交的价款上给对方以一定比例的减让而返还给对方的一种交易上的优惠。在一般情况下，折扣只发生在交易双方当事人之间，不能支付给当事人一方的经办人或代理人，这是折扣和回扣的重要区别之一。佣金是指在交易活动中，具有独立地位的中间人因为为他人提供服务、介绍、撮合交易或代买、代卖商品而得到的报酬。《反不正当竞争法》第8条第2款规定，经营者销售或者购买商品，可以以明示方式给对方折扣，可以给中间人佣金。经营者给对方折扣、给中间人佣金，必须如实入账。接受折扣、佣金的经营者必须如实入账。这是从法律的角度明确了合法中间人享有通过合法服务获取佣金的合法权利。

（3）引人误解的虚假宣传

引人误解的虚假宣传行为是指经营者利用广告和其他方法，对产品的质量、性能、成分、用途、产地等所作的引人误解的不实宣传。我国《广告法》和《反不正当竞争法》均将此类行为作为必须禁止的行为。

《反不正当竞争法》第9条规定，经营者不得利用广告或者其他方法，对商品的质量、制作成分、性能、用途、生产者、有效期限、产地等作引人误解的虚假宣传。广告的经营者不得在明知或者应知的情况下，代理、设计、制作、发布虚假广告。《广告法》第3条规定，广告应当真实合法。第4条规定，广告不得含有虚假的内容，不得欺骗和误导消费者。

（4）侵犯商业秘密的行为

所谓商业秘密是指不为公众所知悉、能为权利人带来经济利益、具有实用性并经权利人采取保密措施的技术信息和经营信息。商业秘密不仅包括在工业生产中适用的技术信息，如工艺流程、技术秘诀、设计图纸、化学配方等，而且包括具有秘密性质的经营管理方法及相关经营信息,如管理方法、产销策略、货源情报、客户名单等。

根据《反不正当竞争法》第 10 条规定,侵犯商业秘密的不正当竞争行为有以下三种:①以盗窃、利诱、胁迫或者其他不正当手段获取权利人的商业秘密;②披露、使用或者允许他人使用以前项手段获取的权利人的商业秘密;③违反约定或者违反权利人有关保守商业秘密的要求,披露、使用或者允许他人使用其所掌握的商业秘密。此外,第三人明知或者应知前款所列违法行为,获取、使用或者披露他人的商业秘密,视为侵犯商业秘密。这样规定,弥补了上述三种情况规定的不足,有利于全方位地禁止侵犯商业秘密的不正当竞争行为。

(5)经营者以排挤竞争对手为目的,以低于成本的价格销售商品

《反不正当竞争法》第 11 条规定:"经营者不得以排挤竞争对手为目的,以低于成本的价格销售商品。"《价格法》第 14 条规定:"经营者不得为排挤竞争对手或独占市场,以低于成本的价格倾销,扰乱正常的生产经营秩序,损害国家利益或者其他经营者的合法权益。"如果因特殊原因而低于成本价格销售商品,则不构成低价倾销行为。《反不正当竞争法》第 11 条规定了四种除外情况:销售鲜活商品;处理有效期限即将到期的商品或者其他积压的商品;季节性降价;因清偿债务、转产、歇业降价销售商品。

(6)搭售行为

搭售行为是指经营者在销售商品时,违背购买者的意愿搭售商品或者附加其他不合理的条件的行为。搭售或附加不合理交易条件的行为是依靠经营者的经济优势来实现的。搭售行为有两种情况:一是违背购买者的意愿搭售商品,通常是在购买者购买其必需品时搭售购买者不愿要或不需要的商品;二是向购买者提出附加的不合理条件,主要是增加购买者的附加义务。

《反不正当竞争法》第 12 条规定:"经营者销售商品,不得违背购买者的意愿搭售商品或者附加其他不合理的条件。"搭售或附加不合理条件的行为只有在违背购买者的意愿的情况下进行才构成不正当竞争行为。如果购买者自愿接受经营者的搭售或附加条件,或者所附加的条件是合理的,则不能被认定为不正当竞争行为。至于附加条件是否合理,要结合当事人的意图、目的、市场地位、商品特性及是否遵循自愿、平等、公平的原则等情况做出全面的分析。

(7)不正当有奖销售行为

有奖销售是指经营者以提供奖品或奖金的手段进行推销的行为。有奖销售是一种有效的促销手段,法律并不禁止所有的有奖销售行为,而仅仅对可能

造成不良后果、破坏竞争规则的有奖销售加以禁止。

《反不正当竞争法》第13条规定,经营者不得从事下列有奖销售:

采用谎称有奖或者故意让内定人员中奖的欺骗方式进行有奖销售;这是一种明显的欺骗性有奖销售,对于广大消费者而言,这种有奖销售是形同虚设的。

利用有奖销售的手段推销质次价高的商品。该行为的违法性不在于采用了有奖销售的手段,而是由于经营者采用有奖销售所要实现的目的在于推销质次价高的商品。

抽奖式的有奖销售,最高奖的金额超过五千元。

(8)诋毁商誉行为

商誉是从商业角度对经营者的能力和品德、对其商品品质的积极的社会评价,是经营者通过参与市场竞争的活动中逐渐形成的。商业诽谤会给竞争对手正常经营活动造成不利影响,损害其应有的市场竞争优势地位,甚至导致严重的经济损失,是一种典型的不正当竞争行为,为许多国家的反不正当竞争法所禁止。我国《反不正当竞争法》第14条规定:"经营者不得捏造、散布虚伪事实,损害竞争对手的商业信誉、商品声誉。"

(9)投标招标中的不正当竞争行为

招标投标是一种竞争性缔约方式。在招标投标过程中,如果招标人和投标人或投标人之间相互串通,使招标投标的竞争性降低或丧失,就完全失去了招标投标制度的意义和作用,因此,《反不正当竞争法》第15条规定:"投标者不得串通投标,抬高标价或者压低标价。投标者和招标者不得相互勾结,以排挤竞争对手的公平竞争。"1999年颁布的《招标投标法》,使反不正当竞争法中关于禁止串通招标投标的规定更加完备,更易于操作。

(10)公用企业或其他依法享有独占地位的经营者强制交易的行为

《反不正当竞争法》第6条规定:"公用企业或者其他依法具有独占地位的经营者,不得限定他人购买其指定的经营者的商品,以排挤其他经营者的公平竞争。"这一类不正当竞争行为的主体主要有两类:其一是公用企业;其二是其他依法具有独占地位的经营者。根据国家工商行政管理局发布的《关于禁止公用企业限制竞争行为的若干规定》的规定,公用企业是指涉及公用事业的经营者,包括供水、供电、供热、供气、邮政、电讯、交通运输等行业的经营者。所谓"其他依法具有独占地位的经营者"是指在特定的市场上,一个经营者处于无竞争的状态、或取得了压倒性和排除竞争的能力,也指两个以上经营者不进行价格竞争,在它们对外的关系上具有了上述地位和能力。

（11）政府及其所属部门限制竞争行为

《反不正当竞争法》第7条规定："政府及其所属部门不得滥用行政权力,限定他人购买其指定的经营者的商品,限制其他经营者正当的经营活动。政府及其所属部门不得滥用行政权力,限制外地商品进入本地市场,或者本地商品流向外地市场。"

一般来说,反不正当竞争立法主要是规范经营者的市场交易行为。但由于政府及其所属部门滥用行政权力限制竞争的现象在我国日益严重,严重扰乱了正常的社会经济秩序,因此将政府及其所属部门的限制竞争行为列入了不正当竞争行为。这也是我国反不正当竞争立法的特点之一。

政府及其所属部门滥用行政权力限制竞争的行为有:限定他人购买其指定的经营者的商品;限制其他经营者正当的经营活动;限制外地商品进入本地市场;限制本地商品流向外地市场。前两种行为是行政性强制经营行为,违反了民法关于主体平等、交易自由、等价有偿、诚实信用的基本原则,又容易滋生官商结合,权钱交易等腐败因素。后两种行为也被称为地区封锁。地区封锁从狭隘的地方利益出发,采用不合理、甚至违法的行政手段,人为地阻碍地区之间的贸易往来、资源优化配置,阻碍产业、产品结构调整,加剧了地区间的经济贸易和发展不平衡,是一种严重破坏公平竞争的行为。

3) 不正当竞争行为的法律责任

只要实施了各种不正当竞争行为以及与不正当竞争有关的违法行为,就要承担相应的法律责任。《反不正当竞争法》第4章专章规定了违反该法的法律责任,包括民事责任、行政责任和刑事责任。

（1）民事责任

为保护合法经营者的正当竞争权利,《反不正当竞争法》第20条规定："经营者违反本法规定,给被侵害的经营者造成损害的,应当承担损害赔偿责任,被侵害的经营者的损失难以计算的,赔偿额为侵权人在侵权期间因侵权所获得的利润;并应当承担被侵害的经营者因调查该经营者侵害其合法权益的不正当竞争行为所支付的合理费用。"此条规定适用于反不正当竞争法禁止的所有违法行为造成的损失。

反不正当竞争法还设有民事行为无效的规定。例如,第27条中的"中标无效",就是专门针对招标投标中的不正当竞争行为而设置的。

（2）行政责任

各级工商行政管理部门是反不正当竞争法规定的监督检查部门,具有行政执法职能。《反不正当竞争法》规定的行政责任形式主要包括:责令停止违法行为,消除影响;没收违法所得;罚款;吊销营业执照;责令改正;给予行政处分。

(3)刑事责任

对情节严重的不正当竞争行为,给予刑事处罚,是各国竞争法的通行做法。我国反不正当竞争法对下列行为,可以追究刑事责任:商标侵权行为、销售伪劣商品的行为、商业贿赂行为。

此外,《广告法》《价格法》《招标投标法》中也有刑事制裁的规定。《刑法》将对以下行为作为罪行之一予以制裁:生产、销售不符合食品安全标准的食品;生产、销售的食品中掺入有毒、有害的非食品原料的,或者销售明知掺有有毒、有害的非食品原料的食品的;强买强卖商品;强迫他人提供或者接受服务的;强迫他人参与或者退出投标、拍卖;强迫他人转让或者收购公司、企业的股份、债券或者其他资产的;强迫他人参与或者退出特定的经营活动的等。

7.2.3　反不正当竞争行为的监督检查

1)监督检查部门

《反不正当竞争法》第3条规定:"县级以上人民政府工商行政管理部门对不正当竞争行为进行监督检查;法律、行政法规规定由其他部门监督检查的,依照其规定。"

2)监督检查机关的职权

监督检查机关在监督检查不正当竞争行为时,享有四种职权,即询问权、查询复制权、检查权和处罚权。

(1)询问权

监督检查机关有权按照规定程序查询被检查的经营者、利害关系人、证明人,并要求其提供证明材料或不正当竞争行为有关的其他材料,被询问人必须如实提供。

(2)查询复制权

监督检查机关在监督不正当竞争行为时,有权查询、复制与不正当竞争行为有关的协议、账册、单据、文件、记录、业务函电和其他资料。

(3)检查权

监督检查机关有权对与不当竞争行为相关的财物进行检查,必要时可以责令被检查的经营者说明该商品的来源和数量,也可以责令其暂停销售,听候检查,禁止其转移、隐匿和销毁该财物。

(4)处罚权

监督检查机关有权对不正当竞争行为进行处罚,处罚的具体形式包括责令停止违法行为、消除影响、没收违法所得、吊销营业执照、处以罚款等。

此外,《反不正当竞争法》还规定监督检查机关工作人员监督检查不正当竞争行为时,应当出示检查证件,否则当事人可拒绝接受检查。

7.3 消费者权益保护法

7.3.1 消费者权益保护法概述

1)消费者和消费者权益

(1)消费者

消费作为社会再生产的一个重要环节,是生产、交换、分配的目的和归宿。在经济学上,消费者是与政府、企业相并列的参与市场经济运行的三大主体之一,是与企业相对应的市场主体;在法学上,消费者是各国的消费者保护法的最重要的主体,也是经济法的重要主体。国际标准化组织(ISO)消费者政策委员会在第一届年会上,把"消费者"定义为"个人目的购买或使用商品和服务的个体社会成员。"我国国家标准局在颁布国家标准《消费品使用说明总则》中,规定消费者是"为满足个人或家庭的社会需要而购买、使用商品或服务的个体社会成员"。综上所述,所谓消费者,就是为了满足个人生活消费的需要而购买、使用商品或者接受服务的,由国家专门法律确认其主体地位和保护其消费权益的个体社会成员。

(2)消费者权益

在市场经济条件下,无论是资本主义国家还是社会主义国家,无论是发达国家还是不发达国家,都存在不公平交易、垄断、强制和欺骗消费者等行为,这些行为均构成对消费者权益的侵害。在现代社会消费者问题已不仅仅是消费者个人的问题,而且日益成为严重的社会问题。所谓消费者权益,是指消费者依法享有的权利及该权利受到保护时而给消费者带来的应得的利益。

2) 消费者权益保护法

(1) 消费者权益保护法

消费者权益保护法的概念有广义和狭义之分。广义的消费者权益保护法是指所有有关保护消费者权益的法律、法规,实际上是指保护消费者权益法律体系。狭义的消费者权益保护法,是指 1993 年 10 月 31 日第八届全国人民代表大会常务委员会第四次会议通过的《中华人民共和国消费者权益保护法》,该法于 1994 年 1 月 1 日起开始实施。2009 年 8 月 27 日根据《全国人民代表大会常务委员会关于修改部分法律的决定》修正。

(2) 立法宗旨

我国《消费者权益保护法》的立法宗旨是:通过制定保护消费者权益的专门法律,保护消费者的权益,规范经营者的行为,维护社会经济秩序,促进社会主义市场经济健康发展。

(3) 适用对象

根据《消费者权益保护法》第 2,3,54 条的规定,该法的使用对象可以从以下三个方面理解:

一是消费者为生活消费需要购买、使用商品或接受服务的,适用消费者权益保护法。从事消费活动的社会组织,企事业单位不属于消费者权益保护法意义上的"消费者"。

二是农民购买、使用直接用于农业生产的生产资料时,参照消费者保护法执行。农民购买直接用于农业生产的生产资料,虽然不是为个人生活消费,但是作为经营者的相对方,其弱者地位是不言而喻的。所以,《消费者权益保护法》第 54 条将农民购买、使用直接用于农业生产的生产资料行为纳入该法的保护范围。

三是经营者为消费者提供其生产、销售的商品或者提供服务,适用于消费者保护法。消费者权益保护法以保护消费者利益为核心,在处理经营者与消费者的关系时,经营者首先应当遵守该法的有关规定;该法未作规定的,应当遵守其他有关法律、行政法规的规定。

7.3.2 消费者的权利

一般认为,在世界上最早明确提出消费者权利的是美国总统约翰·肯尼迪。他在 1962 年的国情咨文中第一次提出消费者权利概念。1985 年 4 月,联合国大会通过的《保护消费者准则》提出的保护消费者权益的一般原则,实际上是提出了消费者的 6 项权利。后来,国际消费者组织联盟又提出了 8 项权利。我国根据 1993 年《消费者权益保护法》提出了 9 项权利。消费者权利的内容多少都是相对的,是由各国的社会、经济发展水平、文化水平和法制水平决定的。合理适度地确定消费者权利,有利于平衡消费者和经营者之间的利益。

我国《消费者权益保护法》第 2 章专门规定了消费者的权利,依据该法的规定,消费者的权利主要包括以下内容:

1)安全保障权

安全保障权是指消费者在购买、使用商品或接受服务时,享有人身和财产安全不受损害的权利,包括人身安全和财产安全。

2)知悉真情权

知悉真情权又称获取信息权、了解权、知情权,即消费者享有知悉其购买、使用的商品或者接受的服务的真实情况的权利。依据该法规定,消费者有权根据商品或者服务的不同情况,要求经营者提供商品的价格、产地、生产者、用途、性能、规格、等级、主要成分、生产日期、有效期限、检验合格证明、使用方法说明书、售后服务,或者服务的内容、规格、费用等有关情况。

3)自主选择权

自主选择权是指消费者享有的自主选择商品或者服务的权利,该权利包括以下几个方面:消费者有权自主选择提供商品或者服务的经营者;自主选择商品品种或者服务方式自主决定购买或者不购买任何一种商品、接受或者不接受任何一项服务;消费者在自主选择商品或者服务时,有权进行比较、鉴别和挑选。

4)公平交易权

公平交易是指经营者与消费者之间的交易应在平等的基础上达到公正的结果。公平交易权体现在两个方面:第一,交易条件公平,即消费者在购买商品或接受服务时,有权获得质量保证、价格合理,计量正确等公平交易条件。第二,不得强制交易。即消费者有权按照真实意愿从事交易活动,对经营者的强制交易行为有权拒绝。

5）获得赔偿权

获得赔偿权又称赔偿权、索赔权、求偿权，依照《消费者权益保护法》第11条的规定，消费者因购买、使用商品或者接受服务受到人身、财产损害的，享有依法获得赔偿的权利。不论是购买商品，还是使用商品；不论是购买商品的使用者，还是使用商品的消费者，或者是既没有购买也没有使用商品的第三人，只要经营者的商品对他们造成了财产或人身伤害，均可依据此条获得赔偿。

6）结社权

消费者享有依法成立维护自身合法权益的社会团体的权利。目前。中国消费者协会及地方各级消费者协会已经成立并起到了积极的作用。

7）求教获知权

求教获知权又称知识获取权，是从知悉真情权中引申出来的一种消费者权利，它指的是消费者所享有的有关消费和消费者权益保护方面的知识的权利。消费知识主要指有关商品和服务的知识；消费者权益保护知识主要指有关消费者权益保护及权益受到损害时如何有效解决等方面的法律知识。

8）维护尊严权

维护尊严权是使消费者在购买、使用商品和接受服务时所享有的其人格尊严、民族风俗习惯得到尊重的权利。

9）监督批评权

消费者享有对商品和服务以及保护消费者权益工作进行监督的权利。表现在，一是有权对经营者的商品和服务进行监督，在权利受到侵害时有权提出检举或控告；二是有权对国家机关及工作人员的监督，对其在保护消费者权益工作中的违法失职行为进行检举、控告；三是表现在对消费者权益工作的批评、建议权。

上述九项消费者权利是《消费者权益保护法》的主要保护对象，为了保障消费者权利的实现，经营者、国家和社会都要履行相应的义务，否则就要承担相应的法律责任。

《消费者权益保护法》没有对消费者的义务作出规定。因为除了在具体交易关系中承担法律义务外，消费者相对于经营者一般而言并不承担义务。国际消费者联盟所说的消费者义务实际上是指消费者的社会责任,是为了维护消费者的整体利益和长远利益而肩负的道义责任,而非法律上的责任。

7.3.3 经营者的义务

《消费者权益保护法》对经营者的概念未作解释。一般来说,其经营者的概念泛指在市场经济条件下,以营利为目的,从事商品生产、销售和商业性服务的各种企业和其他主体,其他主体如摊贩、不法经营者、收费但非营利性的医院和博物馆等。

由于经营者是为消费者提供其生产、销售的商品或者提供服务的市场主体,是与消费者直接进行交易的另一方,因此,明确经营者的义务对于保护消费者权益至关重要。

依据我国《消费者权益保护法》第3章的规定,在保护消费者权益方面,经营者负有以下义务:

1) 依法定或约定履行义务

《消费者权益保护法》第16条规定,经营者应依照法律、法规的规定或依照合同的约定履行义务。

①经营者应依法履行法定义务。即依照《消费者权益保护法》《产品质量法》和其他有关法律、法规履行义务。《产品质量法》为生产者和销售者各规定了七项义务。《反不正当竞争法》制裁有不正当竞争行为的经营者。此外,家用电器和其他产品的"三包",也是国家规定,必须执行。

②经营者应该依约履行合同义务。即经营者与消费者有约定的,应按照约定履行义务。但是,双方的约定,即合同的内容、条款不得违反法律、法规的强行性规定。这样规定还是为了保护消费者,因为经营者可能凭借自己的优势,制定一些不利于消费者的条款。除非法律有任意性条款,否则,当事人不得以双方的约定,冲击和代替法律。

2) 听取意见和接受监督的义务

经营者应当听取消费者对其提供的商品或者服务的意见,接受消费者的监督。这是与消费者的监督批评权相对应的经营者的义务。

(1) 听取意见

消费者不仅在购买商品时,即使在不购买商品时,也有权对经营者、对经营者的商品提出意见和建议。经营者对此应当听取,因为这对经营者也大有好处:①能改进商品质量,改善企业形象,增加竞争力;②不仅能保住现有的直接购买者,而且还能争取更多的潜在购买者,使其变为现实购买者。

(2)接受监督

经营者不仅要接受消费者的监督,而且要接受社会监督。消费者对经营者提出意见,进行监督,不仅指商品本身,而且可对人,即对经营者及其工作人员进行监督;对商品环境问题也可提出意见,进行监督。

3)保障人身和财产安全的义务

《消费者权益保护法》第18条规定,经营者应当保证其提供的商品或者服务符合保障人身、财产安全的要求。对可能危及人身、财产安全的商品和服务,应当向消费者作出真实的说明和明确的警示,并说明和标明正确使用商品或者接受服务的方法以及防止危害发生的方法。经营者发现其提供的商品或者服务存在严重缺陷,即使正确使用商品或者接受服务仍然可能对人身、财产安全造成危害的,应当立即向有关行政部门报告和告知消费者,并采取防止危害发生的措施。

(1)在一般正常情况下经营者的义务

经营者应保证其商品的安全性,对可能危及人身、财产安全的,应该说明真实情况;作好明确警示;说明正确使用方法;标明危害防止方法。而上述的"说明""标明"均指一般知识水平的消费者所能理解和接受的。

(2)在非正常情况下经营者的义务

当经营者发现其商品存在严重缺陷,即使正确使用,仍有可能造成消费者人身、财产损害的情况下,经营者的义务是:报告义务,即向有关行政部门报告;告知义务,告知购买的消费者;采取防止措施的义务。上述三项义务应同时履行、立即履行。

4)提供真实信息的义务

这是与消费者的知悉真情权相对应的经营者的义务。经营者应当向消费者提供有关商品或服务的真实信息,不得作引人误解的虚假宣传,否则即构成侵犯消费者权益的行为和不正当竞争行为。经营者对消费者就其提供的商品或者服务的质量和使用方法等具体问题提出的询问,应当作出真实、明确的答复。在价格标示方面,商店提供商品应当明码标价。1993年国家计委发布《关于商品和服务实行明码标价的规定》,要求"价签、价目齐全、标准准确、字迹清楚,货签到位,一货一签,标志醒目,价格变动时应及时更换。"但依照交易惯例,明码标价的义务仅适用于商店交易,而不包括店铺以外销售的场合。

5）表明真实名称和标记的义务

改革开放以来,市场经济秩序比较混乱,经营者往往在自己真实身份上躲闪掩饰,想方设法逃避对消费者应承担的责任。针对这种情况,《消费者权益保护法》第20条规定,经营者应当标明其真实名称和标记。租赁他人柜台或者场地的经营者,应当标明其真实名称和标记。

经营者的名称和标记,其主要功能是区别商品和服务的来源。如果名称和标记不实,就会使消费者误认,无法正确选择喜欢或信任的经营者。在发生纠纷时,则无法准确地确定求偿主体。对租赁柜台或场地的行为,该条强调承租方有义务标明自己的真实名称和标记,目的在于区分承租方和出租方,一旦发生责任问题,便于确定责任承担者。

6）出具购货凭证和服务单据的义务

为逃避对消费者的责任,规避税收等政府监管,经营者不情愿或拒不向消费者出具发票、凭据的现象在我国十分普遍。为此,《消费者权益保护法》第21条规定,经营者提供商品或者服务,应当按照国家有关规定或者商业惯例向消费者出具购货凭证或者服务单据;消费者索要购货凭证或者服务单据的,经营者必须出具。由于购货凭证或者服务单据具有重要的证据价值,对于界定消费者和经营者的权利义务具有重要意义,因此,明确经营者出具相应的凭证和单据的义务,有利于保护消费者权益,促进国家税收,形成良好的商业惯例和商业道德。

7）保证质量的义务

经营者有义务保证商品和服务的质量。该义务体现在两个方面:第一,经营者应当保证在正常使用商品或者接受服务的情况下,其提供的商品或者服务具备应有的质量、性能、用途和有效期限;但消费者在购买该商品或者接受服务前已经知道其存在瑕疵的除外。第二,经营者以广告、产品说明、实物样品或者其他方式表明商品或者服务的质量状况的,应当保证提供的商品或者服务的实际质量与表明的质量状况相符。

8）履行"三包"或其他责任的义务

经营者提供商品或者服务，按照国家规定或者与消费者的约定，承担包修、包换、包退或者其他责任的，应当按照国家规定或者约定履行，不得故意拖延或者无理拒绝。这里的包修、包换、包退就是人们常说的"三包"。

我国实行法定"三包"的依据，是 1995 年国家经贸委等发布的《部分商品修理更换退货责任规定》，"三包"的部分商品是《实行三包的部分商品目录》中所列的商品。对列入法定"三包"的商品，实行谁销售谁负责"三包"的原则；销售者与生产者、销售者与供货者、销售者与修理者之间订立的合同，不得免除法定的"三包"责任。

9）不得单方做出对消费者不利规定的义务

经营者不得以格式合同、通知、声明、店堂告示等方式作出对消费者不公平、不合理的规定，或者减轻、免除其损害消费者合法权益应当承担的民事责任。格式合同是经营者单方拟订的，消费者或者只能接受，而无改变其内容的机会；或者只能拒绝，但却无法实现或难以实现消费需求，当该经营者处于独家垄断时更是如此。经营者做出的通知、声明、店堂告示等亦属于单方意思表示，侧重于保护经营者的利益。因此，在上述情况下，经营者的格式合同、通知声明、店堂告示等含有对消费者不公平、不合理规定的，或者减轻、免除其损害消费者合法权益应当承担的民事责任的，其内容无效。

10）不得侵犯消费者人格权的义务

《消费者权益保护法》第 25 条与第 14 条规定的消费者的人格尊严权相对应。其内容包括：经营者不得对消费者进行污辱、诽谤；不得对消费者搜身、搜物；不得侵犯消费者的人身自由。

经营者的上述十项义务，是我国《消费者权益保护法》所明确规定的，它们与前述的消费者权利存在着大体上的对应关系。此外，从消费者权益保护的实质意义上讲，经营者的义务还远远不止上述所讲的十项义务，在《反不正当竞争法》《产品质量法》《广告法》《价格法》《侵权责任法》中都包含许多涉及经营者义务的规范。由此可见，对消费者权利的保护，不只是《消费者权益保护法》的任务，也是其他相关法律的任务。

7.3.4　争议的解决和法律责任的确定

1)争议的解决

(1)争议的解决途径

《消费者权益保护法》上所说的争议是指消费者与经营者之间因商品质量、服务质量造成消费者人身、财产损失而引发的纠纷。依据我国《消费者权益保护法》第34条的规定,消费者和经营者发生消费者权益争议的,可以通过下列途径解决:

与经营者协商和解。当消费者和经营者因商品或服务发生争议时,协商和解应为首选,特别是因为误解产生的争议,通过解释、谦让及其他补救措施,便可化解矛盾,平息争议。协商和解必须在自愿平等的基础上进行。重大纠纷,双方立场严重对立,可以寻求其他的解决方式。

请求消费者协会调解。消费者协会是依法成立的对商品和服务进行社会监督的保护消费者合法权益的社会团体。消费者协会依法具有的七项职能中的一项就是对消费者投诉的事项进行调查、调解。消费者协会在调解争议时,应依照法律、行政法规及公认的商业道德从事,并由双方自愿接受和执行。

向有关行政部门申诉。政府有关行政部分依法具有规范经营者的经营行为,维护消费者合法权益和市场经济秩序的职能。消费者权益争议涉及的领域很广,当权益受到侵害时,消费者可根据具体情况,向不同的行政职能部门,如物价部门、工商行政管理部门、技术质量监督部门等提出申诉,求得行政救济。

提请仲裁。由仲裁机构解决争端,在国际国内商贸活动中被广泛采用。消费者权益争议也可以采用这种方式予以解决。不过,仲裁必须具备的前提条件是双方订有书面仲裁协议(或书面仲裁条款)。在一般的消费活动中,大多数情况下没有必要也没有条件签订仲裁协议。因此,消费领域中很少有以仲裁方式解决争议的。

向人民法院提起诉讼。消费者权益保护法及相关法律都规定,消费者权益受到损害时,可直接向人民法院起诉;也可因为不服行政处罚决定而向人民法院起诉。司法审判具有权威性和强制性,是解决各种争议的最后手段。

(2)解决争议的几项特定规则

①销售者的先行赔付义务。消费者在购买、使用商品时,其合法权益受到损害时,可向销售者要求赔偿。销售者赔偿后,属于生产者的责任或者属于向

销售者提供商品的其他销售者的责任的,销售者有权向生产者或者其他销售者追偿。

②生产者与销售者的连带责任。消费者或者其他受害人因商品缺陷造成人身、财产损害时,可以向销售者要求赔偿,也可以向生产者要求赔偿。属于生产者责任的,销售者赔偿后,有权向生产者追偿。属于销售者责任的,生产者赔偿后,有权向销售者追偿。此时,销售者与生产者被看作是一个整体,对消费者承担连带责任。因运输者、仓储者等第三人的过错使产品存在缺陷,造成他人损害的,产品的生产者、销售者赔偿后,有权向第三人追偿。

③消费者在接受服务时,其合法权益受到损害时,可以向服务者要求赔偿。

④变更后的企业仍应承担赔偿责任。企业的变更是市场活动中常见的现象。为防止经营者利用企业变更之机逃避对消费者应承担的损害赔偿责任,消费者权益保护法规定:消费者在购买、使用商品或者接受服务时,其合法权益受到损害,因原企业分立、合并的,可以向变更后承受其权利义务的企业要求赔偿。

⑤营业执照持有人与租借人的赔偿责任。出租、出借营业执照或租用、借用他人营业执照是违反工商行政管理法规的行为。消费者权益保护法规定:使用他人营业执照的违法经营者提供商品或者服务,损害消费者合法权益的,消费者可以向其要求赔偿,也可以向营业执照的持有人要求赔偿。

⑥展销会举办者、柜台出租者的特殊责任。通过展销会、出租柜台销售商品或者提供服务,不同于一般的店铺营销方式。为了在展销会结束后或出租柜台期满后,使消费者能够获得赔偿,《消费者权益保护法》规定,消费者在展销会、租赁柜台购买商品或者接受服务,其合法权益受到损害的,可以向销售者或者服务者要求赔偿。展销会结束或者柜台租赁期满后,也可以向展销会的举办者、柜台的出租者要求赔偿。展销会的举办者、柜台的出租者赔偿后,有权向销售者或者服务者追偿。

⑦虚假广告的广告主与广告经营者的责任。广告对消费行为的影响是尽人皆知的。为规范广告行为,《广告法》《消费者权益保护法》均对虚假广告作了禁止性规定。《消费者权益保护法》规定,消费者因经营者利用虚假广告提供商品或者服务,其合法权益受到损害的,可以向经营者要求赔偿。广告的经营者发布虚假广告的,消费者可以请求行政主管部门予以惩处。广告的经营者不提供经营者的真实名称、地址的,应当承担赔偿责任。

2) 法律责任的确定

消费者权益保护法以其独特的价值尺度,规定了消费者享有九项权利,经营者负有十项义务,使原本强弱悬殊的利益群体之间趋于平衡。当消费者的权益因经营者的原因无法行使或受到损害时,消费者权益保护法规定可采取相应措施对违法者予以制裁。消费者权益保护法根据侵害消费者合法权益的不同行为,规定经营者应分别或者同时承担民事责任、经济责任、行政责任和刑事责任。

(1)民事责任

①关于承担民事责任的概括性规定:经营者提供商品或服务有下列情形之一的,除消费者权益保护法另有规定外,应当依照《中华人民共和国产品质量法》《中华人民共和国侵权责任法》和其他有关法律、法规的规定,承担民事责任:商品存在缺陷的;不具备商品应当具备的使用性能而出售时未作说明的;不符合在商品或者其包装上注明采用的商品标准的;不符合商品说明、实物样品等方式表明的质量状况的;生产国家明令淘汰的商品或者销售失效、变质的商品的;销售的商品数量不足的;服务的内容和费用违反约定的;对消费者提出的修理、重作、更换、退货、补足商品数量、退还货款和服务费用或者赔偿损失的要求,故意拖延或者无理拒绝的;法律、法规规定的其他损害消费者权益的情形。

②侵犯人身权的民事责任的专门规定:我国消费者权益保护法对侵犯人身权的民事责任作了专门的规定,其主要内容如下:

经营者提供商品或者服务,造成消费者或者其他受害人人身伤害的,应当支付医疗费、治疗期间的护理费、因误工减少的收入等费用,造成残疾的,还应当支付残疾者生活自助费、生活补助费、残疾赔偿金以及由其扶养的人所必需的生活费等费用。

经营者提供商品或者服务,造成消费者或者其他受害人死亡的,应当支付丧葬费、死亡赔偿金以及由死者生前扶养的人所必需的生活费等费用。

经营者害消费者的人格尊严或者侵犯消费者人身自由的,应当停止侵害、恢复名誉、消除影响、赔礼道歉,并赔偿损失。

③侵犯财产权的民事责任的专门规定:我国消费者权益保护法对侵犯财产权的民事责任作了专门的规定,其主要内容如下:

经营者提供商品或者服务,造成消费者财产损害的,应当按照消费者的要求,以修理、重作、更换、退货、补足商品数量、退还货款和服务费用或者赔偿损失等方式承担民事责任。消费者与经营者另有约定的,按照约定履行。

对国家规定或者经营者与消费者约定包修、包换、包退的商品,经营者应当负责修理、更换或者退货。在保修期内两次修理仍不能正常使用的,经营者应当负责更换或者退货。对包修、包换、包退的大件商品,消费者要求经营者修理、更换、退货的,经营者应当承担运输等合理费用。

经营者以邮购方式提供商品的,应当按照约定提供。未按照约定提供的,应当按照消费者的要求履行约定或者退回货款;并应当承担消费者必须支付的合理费用。

经营者以预收款方式提供商品或者服务的,应当按照约定提供。未按照约定提供的,应当按照消费者的要求履行约定或者退回预付款;并应当承担预付款的利息、消费者必须支付的合理费用。

依法经有关行政部门认定为不合格的商品,消费者要求退货的,经营者应当负责退货。

经营者提供商品或者服务有欺诈行为的,应当按照消费者的要求增加赔偿其受到的损失,增加赔偿的金额为消费者购买商品的价款或者接受服务的费用的一倍。

(2)经济责任与行政责任

我国消费者权益保护法不仅规定了违反经营者的民事责任,而且还规定了相应的经济责任和行政责任。依据该法的规定,经营者有下列情形之一,《中华人民共和国产品质量法》和其他有关法律、法规对处罚机关和处罚方式有规定的,依照法律、法规的规定执行;法律、法规未作规定的,由工商行政管理部门责令改正,可以根据情节单处或者并处警告、没收违法所得、处以违法所得一倍以上五倍以下的罚款,没有违法所得的处以一万元以下的罚款;情节严重的,责令停业整顿、吊销营业执照:

①生产、销售的商品不符合保障人身、财产安全要求的;

②在商品中掺杂、掺假,以假充真,以次充好,或者以不合格商品冒充合格商品的;

③生产国家明令淘汰的商品或者销售失效、变质的商品的;

④伪造商品的产地,伪造或者冒用他人的厂名、厂址,伪造或者冒用认证标志、名优标志等质量标志的;

⑤销售的商品应当检验、检疫而未检验、检疫或者伪造检验、检疫结果的;

⑥对商品或者服务作引人误解的虚假宣传的;

⑦对消费者提出的修理、重作、更换、退货、补足商品数量、退还货款和服务费用或者赔偿损失的要求,故意拖延或者无理拒绝的;

⑧侵害消费者人格尊严或者侵犯消费者人身自由的;

⑨法律、法规规定的对损害消费者权益应当予以处罚的其他情形。

经营者对上述行政处罚决定不服的,可以自收到处罚决定之日起 15 日内向上一级机关申请复议;对复议决定不服的,可以自收到复议决定书之日起15日内向人民法院提起诉讼;也可以直接向人民法院提起诉讼。

(3)刑事责任

依据我国消费者权益保护法的有关规定,追究刑事责任的情况主要包括以下几种:

①经营者提供商品或者服务,造成消费者或者其他受害人人身伤害,构成犯罪的,依法追究刑事责任。

经营者提供商品或者服务,造成消费者或者其他受害人死亡,构成犯罪的,依法追究刑事责任。

②以暴力、威胁等方法阻碍有关行政部门工作人员依法执行职务的,依法追究刑事责任;拒绝、阻碍有关行政部门工作人员依法执行职务,未使用暴力、威胁方法的,由公安机关依照《中华人民共和国治安管理处罚法》的规定处罚。

③国家机关工作人员玩忽职守或者包庇经营者侵害消费者合法权益的行为的,由其所在单位或者上级机关给予行政处分;情节严重,构成犯罪的,依法追究刑事责任。

【典型案例】

杭州娃哈哈集团公司诉珠海巨人高科技集团公司不正当竞争纠纷案

"娃哈哈儿童营养液"是杭州娃哈哈集团公司研制生产的产品,其广告词"喝了娃哈哈,吃饭就是香"已经家喻户晓。该产品先后获全国二十余项大奖,销售额近年来一直保持在全国同类产品的领先地位,在海内外享有较高的商业信誉和商品声誉。1995年初,巨人集团生产了一种与"娃哈哈儿童营养液"类似的产品"巨人吃饭香"投放全国市场,并专门印制了一种《巨人集团健康产品销售书、巨人大行动》的宣传册子,在全国各地的食品、医药等销售单位、消费者中广为散发。该宣传册子中称:"据说娃哈哈有激素,造成小孩早熟,产生许多现代儿童病"。这一行为,致使娃哈哈儿童营养液在全国各地的销售量下跌,出现了1987年投产以来的第一次负增长。截止到1995年12月31日,杭州娃哈哈集团公司由此减少销售收入4 492.92万元,直接经济损失达673.938万元。更为严重的是,原告良好的商业信誉、商品声誉和企业形象亦因此而受到了极大损害。

资料来源:人民日报法律法规库

问题:巨人集团的行为是否属于不正当竞争行为? 该承担何种法律责任?

【案例分析】

杭州市中级人民法院经审理查明:原告娃哈哈集团的产品"娃哈哈儿童营养液"经鉴定,证明不存在"含有激素,造成小孩早熟,产生许多现代儿童病"的问题。《中华人民共和国反不正当竞争法》第14条规定:"经营者不得捏造、散布虚伪事实,损害竞争对手的商业信誉、商品声誉。"巨人集团散布虚伪事实损害原告的商品声誉,是不正当竞争行为,依照《反不正当竞争法》第20条的规定,应当承担侵权损害赔偿责任,并应当承担原告因调查其不正当竞争行为所支付的合理费用。据此,杭州市中级人民法院依照《中华人民共和国民事诉讼法》第85条的规定,在查明事实、分清是非的基础上主持调解,达成调解协议如下:

一、被告巨人集团承认有不正当竞争行为,给原告娃哈哈集团的商业信誉和商品声誉造成损害,愿意承担相应的法律责任。

二、巨人集团停止不正当竞争行为。在本案结束后,双方以新闻发布会形式,由巨人集团向娃哈哈集团赔礼道歉,消除影响。具体时间与方式双方另行商定。

三、巨人集团向娃哈哈集团赔偿直接经济损失人民币200万元,由巨人集团以相等价值的房产折抵。具体手续由双方按有关规定办理。

四、上述款项由巨人集团在1996年10月10日支付给娃哈哈集团。巨人集团向娃哈哈集团补偿其他费用190 340元。

五、娃哈哈集团放弃其他诉讼请求。

案件受理费59 660元由巨人集团负担。

1997年1月22日,巨人集团与娃哈哈集团在杭州联合召开新闻发布会,由巨人集团向娃哈哈集团公开道歉,并履行调解协议中赔偿娃哈哈集团经济损失的义务。

【本章小结】

市场是资源配置的一种方式或手段。我国社会主义市场经济发展实践证明,要维护市场秩序,必须"健全市场规则,加强市场管理,清除市场障碍"。本章通过介绍产品质量法、反不正当竞争法、消费者权益保护法等调整微观经济关系的法律,主要阐明市场管理法律是针对企业公司或其他经营者的经济行为,维护市场公平秩序而产生的。市场管理法律制度通过法律规范对市场机制加以引导和保护,协调个体利益和整体利益、社会利益的矛盾。

【测试题】

一、单选题

1.某厂发运一批玻璃器皿,以印有"龙丰牌方便面"的纸箱包装,在运输过程中,由于装卸工未细拿轻放而损坏若干件,该损失应由(　　)承担。

A.装卸工承担 　　　　　　　　B.装卸工的雇主承担

C.运输部门承担 　　　　　　　D.某厂承担

2.某厂开发一种新型节能炉具,先后制造出 10 件样品,后样品有 6 件丢失。1996 年某户居民的燃气罐发生爆炸,查明原因是使用了某厂丢失的 6 件样品炉具中的一件,而该炉具存在重大缺陷。该户居民要求某厂赔偿损失,某厂不同意赔偿,下列理由中最能支持某厂立场的是(　　)。

A.该炉具尚未投入流通

B.该户居民如何得到炉具的事实不清

C.该户居民偷盗样品,由此造成的损失应由其自负

D.该户居民应向提供其炉具的人索赔

3.甲酒厂生产的"太岁康"高粱酒,在本省市场上颇有名气。之后,乙酒厂推出"状元乐"高粱酒,其酒瓶形状和瓶贴标签的图样、色彩与"太岁康"几近一致,但使用的注册商标、商品名称以及厂名厂址均不同。对此,下列表述(　　)是正确的。

A.因注册商标、商品名称以及厂名厂址均不相同,乙厂对甲厂不构成侵权

B."太岁康"商标仅属省内知名,其标识又未获得专利,甲厂不能起诉乙厂侵权

C.两种商品装潢外观近似,足以造成购买者发生误认,故乙厂的行为构成不正当竞争

D.两种商品装潢虽外观近似,但常喝"太岁康"的人仔细辨认可以加以区别,故乙厂的行为不受法律禁止

4.某啤酒厂在其产品的瓶颈上挂一标签,上印有"获 1900 年柏林国际啤酒博览会金奖"字样和一个带外文的徽章。此奖项和徽章均属子虚乌有。该行为

构成（　　）行为。

  A.根据《反不正当竞争法》，该行为构成虚假宣传行为

  B.根据《反不正当竞争法》，该行为构成虚假表示行为

  C.根据《民法通则》，该行为构成欺诈的民事行为

  D.该行为违反商业道德，但不违反法律

 5.经营者提供商品或者服务有欺诈行为的，应当按照消费者的要求增加赔偿其受到的损失，增加赔偿的金额为消费者购买商品的价款或接受服务的费用的（　　）。

  A.1 倍   B.2 倍   C.3 倍   D.4 倍

 6.甲厂生产一种易拉罐装碳酸饮料。消费者丙从乙商场购买这种饮料后，在开启时被罐内强烈气流炸伤眼部，下列答案中最正确的是（　　）。

  A.丙只能向乙索赔

  B.丙只能向甲索赔

  C.丙只能向消费者协会投诉，请其确定向谁索赔

  D.丙可向甲、乙中的一个索赔

二、判断题

 1.《产品质量法》所称的产品是指经过加工、制作，用于销售的产品。

                  （　　）

 2.《消费者权益保护法》规定，格式合同可以作出对消费者不公平、不合理的规定。   （　　）

 3.政府及其所属部门不是"经营者"，因此，其滥用行政权力妨碍其他经营者的正当竞争行为不属不正当竞争行为。   （　　）

三、简答题

 1.试述我国《产品质量法》中的产品概念。

 2.我国目前存在的不正当竞争行为的表现有哪些？

 3.消费者的权利有哪些？

 4.《消费者权益保护法》规定的解决争端的特定规则有哪些？

四、实训题

 请到当地消费者权益保护协会收集一起投诉案件调解过程的有关材料，并学习掌握调解程序和方法。

第8章
广告法律制度

【本章导读】

主要介绍了广告及广告的基本原则、广告的一般准则、广告的活动与审查以及广告的法律责任等主要内容,使读者了解和掌握有关广告的基本知识,认识和理解广告在会展业中的重要地位和作用

【关键词汇】

商业广告　广告准则　广告活动　广告审查

【案例导入】

中国首例虚假医疗广告案

2005 年 5 月,杨甲、杨乙、杨丁和 A 医院签订了引入"免疫平衡调节微创手术"的合作协议,以"香港国际类风湿病研究院"的名义,承包了 A 医院风湿科。2005 年七八月间,A 医院分别在《B 市快报》和 B 市电视台体育健康频道分别发布医疗广告。广告内容为"A 医院首家引进香港国际类风湿病研究院独创的'免疫平衡调节微创手术',治疗类风湿性关节炎、强直性脊柱炎,手术安全可靠,无痛苦,术后无需长期服药。用疗效说话,让患者见证。只需一次手术,还你终身健康"。此时,A 医院《医疗广告证明》已经失效。广告发布后,有 33 位患者慕名而来,先后在 A 医院接受"免疫平衡调节微创手术"。手术费用在 6 000 至 8 000 元。没想到,术后这些患者非但没有治愈,还不同程度地出现声音嘶哑、咳嗽、恶心等症状,其中有 14 名患者经鉴定为九级伤残。2006 年 9 月,四名涉案被告陆续被当地警方刑事拘留后被检察机关批准逮捕。2007 年 11 月 9 日,B 区人民法院作出判决,涉嫌发布虚假医疗广告的 4 名被告被认定构成虚假广告罪,分别被判处一至二年有期徒刑不等,并处罚金若干。

资料来源:http://news.sznews.com/content/2007-11/09/content_1640724.htm

问题:人民法院的判决依据是什么? 此案给了我们什么启示?

【案例分析】

人民法院作出判决是正确的。依据的法律是《刑法》和《广告法》。我国《刑法》第 222 条规定:"广告主、广告经营者、广告发布者违反国家规定,利用广告对商品或者服务作虚假宣传,情节严重的,处二年以下有期徒刑或者拘役,并处或单处罚金。"在民事方面,我国《广告法》规定违反广告行为的法律责任包括停止发布、没收非法所得、以等额广告费用在相应范围内公开更正以消除影响,还要处以广告费用一倍以上五倍以下的罚款。

此案给我们的启示,要重视对广告公司、媒体单位进行广告审查的要求,更加慎重地审查与生命健康有关的广告,加强对广告主主体资格的审查。

8.1 广告法概述

为了规范广告活动,促进广告业的健康发展,保护消费者的合法权益,维护社会经济秩序,发挥广告在社会主义市场经济中的积极作用,1994 年 10 月 27 日第八届全国人民代表大会常务委员会第十次会议通过了《中华人民共和国广告法》(以下简称《广告法》),并于 1995 年 2 月 1 日起实施。该法的制定和实施,为我国广告业的健康发展创造了重要条件。

8.1.1 广告的概念

广告,即广而告知,向公众告知某项信息。广告概念有狭义和广义之分。狭义的广告是指以营利为目的的商业广告;广义的广告不仅包括商业广告,也包括非营利性的广告,如国家机关的布告、公告、单位和个人的声明、启事以及公益广告、政治广告、文化广告等。我国《广告法》第 2 条第 2 款规定,"本法所称广告,是指商品经营者或者服务提供者承担费用,通过一定媒介和形式直接或者间接地介绍自己所推销的商品或者所提供的服务的商业广告。"可见,这里指的是狭义的广告。

商业广告具有以下特征:

1)以营利为目的

商业广告的主要职能是促使商品生产者和消费者在最大、最有效的时空领域建立直接或间接的商品交换关系。商业广告作为促进商品交易关系的工具,就必然包含追求利润的动机和目的。这是商业广告与其他广告的本质区别。

2)传播商业信息

商业广告承担着把企业生产、销售方面的信息传递给消费者;把各种服务信息传递给大众的任务。企业通过商业广告直接或间接地推销自己的商品或服务。

3)通过一定的媒介和形式

商业广告传播信息必须借助媒体和一定的表现形式。随着现代传媒技术的发展,广告的媒介和表现形式层出不穷,日新月异。现代广告的媒介和表现形式主要包括电视、广播、报纸、灯箱、旗帜、传单、网络等。商业广告的这一特性,使广告与其他宣传方式区别开来。

4)需要支付广告费用

广告主是设计、制作、发布广告的费用的最终承担者,因为商业广告传播的是广告主的商业信息,是为广告主的生产经营活动服务的。商业广告的这一特性,是它同新闻宣传的重要区别。

8.1.2 《广告法》的基本原则

广告活动主体在广告活动中必须根据广告所具有的特点、性质等来从事广告活动。这些广告的性质、特点就是广告的原则。在广告活动中,只有遵循广告的原则,才能使广告业有序地、健康地发展,才能保护消费者的合法权益,才能维护正常的社会经济秩序。

1) 守法、公平、诚实信用的原则

《广告法》第5条规定:"广告主、广告经营者、广告发布者从事广告活动,应当遵守法律、行政法规,遵循公平、诚实信用的原则。"从以上规定中可以看出,广告的原则有以下三个:

(1) 守法原则

国家对经济的干预,很大程度上是通过制定一系列法律规范对一定社会经济关系加以确认和调整来实现的。广告作为一种经济活动,同样要受到法律、法规的规范和约束,使其为整个社会经济的正常运转服务,使其不至于同社会发展的总体目标相背离。

(2) 公平原则

公平原则既是广告活动必须遵循的一个原则,也是我国所有的民事活动都要遵循的原则。广告是商品生产和商品交换的产物,同时本身又是广义的商品交换过程。因此,广告活动必须遵循商品交换的原则——公平原则。公平原则在广告活动中具体体现在以下三个方面:①广告活动必须体现平等自愿的原则;②广告活动必须坚持等价有偿的原则;③广告活动必须符合公平竞争的原则。

(3) 诚实信用原则

诚实信用就是指广告主、广告经营者和广告发布者在广告活动中应当讲诚实守信用,用善意的方式履行自己的义务。诚实信用原则是《民法通则》中规定的一个基本原则。因此,在广告中弄虚作假,引人误解,提供不实资料和证明,在广告交易中不遵守事先约定的承诺等,都是违反诚实信用原则的。

2) 真实、合法、思想性原则

《广告法》第 3 条规定:"广告应当真实、合法、符合社会主义精神文明建设的要求。"这是法律对广告的基本要求,也是对广告活动主体进行广告活动应承担的义务、责任的规定,它集中体现了国家立法的强制性及国家规范广告市场的根本宗旨,这一条也可以称为广告的基本原则。

(1)真实性

广告的真实性是指广告应当如实地介绍商品或者服务,不能进行任何形式的虚构和夸大,不得欺骗和误导消费者。我国对广告真实性的要求主要体现在两个方面:一是广告宣传的内容要真实;二是广告艺术形式的选择不得违背真实性原则。

(2)合法性

广告应当合法,即指广告活动主体在广告活动中应遵守法律、行政法规、规章的要求。守法原则不仅要求广告的内容和广告发布形式要合法,而且要求广告主的广告宣传活动和广告经营者、发布者在广告的设计、制作代理、发布等广告经营活动必须合法。任何违反法律、行政法规和规章的广告行为,都应承担相应的法律责任。

(3)思想性

广告是市场营销的手段,也是一种商业文化。广告不仅影响人们的消费行为,同时对消费者的道德观念、价值取向有着直接或间接的影响。广告的主题、寓意、语言、图像、音乐等一经向社会传播,对社会文化、社会风气有着巨大的影响,就不能不在现实生活中产生潜移默化的作用。所以,广告活动主体在广告活动中,要注意广告的思想性。

8.1.3 《广告法》的适用范围

《广告法》是调整广告活动中广告主、广告经营者、广告发布者三者之间关系的法律规范的总称。《广告法》作为一个独立的法律部门,有着其特定的适用范围。

《广告法》第 2 条第 1 款规定:"广告主、广告经营者、广告发布者在中华人民共和国境内从事广告活动,应当遵守本法。"这一规定明确了广告法的适用范围:就地域而言,一切在中华人民共和国境内从事广告活动的单位和个人,都必须遵守此法;就内容而言,《广告法》的调整范围只限于商业广告;就行为主体而言,《广告法》主要是调整广告活动中广告主、广告经营者、广告发布者三者之间的关系。

8.2 广告准则

8.2.1 广告的形式

按照广告所传播的内容不同,可以把广告划分为商业广告和社会广告两类。

1)商业广告

商业广告的目的是广告主介绍自己所推销的商品或者所提供的服务。为了达到这一目的,广告主在广告内容的意思表达上,通常采用以下三种形式:

(1)商品广告

在广告实践中,以间接形式发布广告推销商品主要有以下几种情况:一是通过新闻媒介,以新闻报道的形式(包括其他非广告信息)取得广告效益;二是通过评比、评奖、推荐等活动,由活动的组织者发布信息,取得广告效益;三是在各类广告媒体发布公益广告时,以赞助方式署名取得广告效益;四是通过在电影、电视片等艺术表现中穿插某些特定的镜头、场景、台词等取得广告效益。认定间接广告的依据,除了已经产生广告效益的事实根据外,还要证明广告主为取得广告效益是否支付过广告费用。

在商品广告中,直接推销商品,是大多数广告的目的。这种直接推销商品的广告内容主要包括介绍商品的外观、性能以及质量上的可靠性,有时还注明商品的售价。推销商品的广告,其作用主要在于让消费者和用户了解商品的各种情况以及同商品销售有关的商品价格、购买方法和地点等,希望能直接带动消费者购买商品。目前,我国大陆地区的广告,绝大多数是商品广告。

(2)企业广告

在广告实践中,以间接推销产品或服务的企业形象广告,它的内容不是直接展示、介绍商品,而是通过塑造产品、商标或企业整体的形象,通过长久地巩固和发展这一形象,赢得消费者的喜爱和支持,不管企业的产品发生什么样的更新换代,借助形象广告始终能保证消费者在未来的日子里继续支持本企业,所以,形象广告不仅可为企业近期的销售铺路,也能为企业未来的销售做准备。

(3)劳务广告

劳务广告也称推销服务的广告。主要是在商品出售之前介绍商品的性能、正确使用方法、维修保养知识等,商品出售过程中让消费者充分选择;试用,商品售出后为消费者提供的维修服务等。可见,推销服务的着眼点已经不再只关注企业自身的利益,而同时关注如何从某一方面来改善消费者的生活。因此,许多广告通过对企业商品的售后服务和社会责任等方面的介绍,增强消费者对企业的好感和信任,通过建立企业信誉,获取经济利益。

另外,由会展、饭店、旅游、修理、银行、保险等行业制作的旨在提供服务、信息的服务广告也属于商业广告范畴。因为它们均是营利性广告,它们的发布目的具有商业追求,也就是说不管广告行为最终是否为广告主带来实际的商业利益,但广告主发布广告的目的在主观上是想获取某种商业利益。

2)社会广告

我们把除商业广告之外的所有其他广告都称为社会广告。社会广告是非商业性和非营利性的,目的在于维护国家和人民的利益。社会广告主要包括:政府公告、公益广告和公民个人的广告。

此外,以传播媒介为标准对广告进行分类,主要分为报纸广告、杂志广告、电视广告、电影广告、幻灯片广告、包装广告、广播广告、海报广告、招贴广告、POP广告、交通广告、直邮广告等;以广告传播范围为标准,可以将广告分为国际性广告、全国性广告、地方性广告、区域性广告;以广告传播对象为标准,可以将广告分为消费者广告和商业广告;以广告主为标准,基本上可以将广告分为一般广告和零售广告。

8.2.2 广告准则的一般规定

广告准则是指一切广告都应当遵循的广告发布标准,是发布广告的一般原则和限制,是判断广告能否发布的依据。凡广告准则规定的要求,任何单位和个人在从事广告活动时都必须遵守。广告准则包括一般商品广告准则和特殊商品的广告准则。

根据我国《广告法》的规定,一般商品广告应当遵循以下规则:

①广告内容应当有利于人民的身心健康,促进商品和服务质量的提高,保护消费者的合法权益,遵守社会公德和职业道德,维护国家的尊严和利益。为

此,《广告法》规定了9种禁止的情形:

　　a. 不得在广告中使用中华人民共和国国旗、国徽、国歌;

　　b. 不得在广告中使用国家机关和国家机关工作人员的名义;

　　c. 不得在广告中使用国家级、最高级、最佳等用语;

　　d. 广告中不得有妨碍社会安定和危害人身、财产安全,损害社会公共利益的内容;

　　e. 广告中不得含有妨碍社会公共秩序和违背社会良好风尚的内容;

　　f. 广告中不得含有淫秽、迷信、恐怖、暴力、丑恶的内容;

　　g. 广告中不得含有民族、种族、宗教、性别歧视的内容;

　　h. 广告中不得有妨碍环境和自然资源保护的内容;

　　i. 法律、行政法规规定禁止的其他情形。

　　这一项规定是指除《广告法》以外的其他法律、行政法规规定的情况。主要包括:禁止发布将人民币变相作为奖券的广告;严格控制评比类广告及禁止发布移民广告等内容。

　　②广告不得损害未成年人和残疾人的身心健康。

　　③广告的内容应确保真实、清晰。广告中对商品的性能、产地、用途、质量、价格、生产者、有效期限、允诺或者对服务的内容、形式、质量、价格、允诺有表示的,应当清楚、明白;广告中表明推销商品、提供服务附带赠送礼品的,应当标明赠送的品种和数量;广告使用数据、统计资料、调查结果、文摘、引用语,应当真实、准确,并表明出处;广告中涉及专利产品或者专利方法的,应当标明专利号和专利种类;未取得专利权的,不得在广告中谎称取得专利权,并禁止使用未授予专利权的专利申请和已经终止、撤销、无效的专利做广告等。

　　④对比性广告规则。我国并不绝对禁止对比性广告,但对比性广告也应当符合真实、合法、公平竞争的原则,不得把对比性广告作为不正当竞争的手段和工具,不得在对比性广告中误导消费者。我国《广告法》规定,不得利用广告贬低其他生产经营者的商品和服务。

　　⑤广告形式上应当具有可识别性,能够使消费者辨明其为广告。这是国际上的通行做法,其目的主要是为了保护消费者的利益,防止广告的误导作用。为此,广告法特别对大众传播媒介的广告行为形式进行了限制,规定大众传播媒介不得以新闻报道形式发布广告,通过大众传播媒介发布的广告应当有广告标记,与其他非广告信息相区别,不得使消费者产生误解。

【典型案例】

全国糖酒会：“政府接待专用酒”广告涉嫌违法被查

2007年春季全国糖酒商品交易会尚未开幕，重庆市已经感受到了铺天盖地的广告攻势。在广告活动中，重庆某酒厂广告语“市政府接待专用酒”被工商部门查禁。此次全国糖酒商品交易会上，该酒厂是此次交易会的独家赞助企业，他们并不清楚这种广告词会违反广告法。

记者从工商部门了解到，几年前，重庆该酒厂曾在出租车顶灯位置打过“市政府接待专用酒”的广告，已经被查处。但此次糖酒会又出现这样的广告词，重庆工商局坚决对其进行查禁，及时消除了不良影响。

据了解，重庆另一酒厂也在自己的宣传资料上，也印有“政府接待专用酒”这样的广告词，已被工商部门查禁。为确保全国春季糖酒交易会在重庆顺利召开，市工商局积极参与了有关户外广告的设置规划，对户外广告内容实行统一审批，为广告客户和代理公司提供方便快捷的服务。

资料来源：http://www.daynews.com.cn/stock/cjxw/149135.html

问题：“市政府接待专用酒”的广告是否应该被查禁？依据是什么？

【案例分析】

“市政府接待专用酒”的广告应该被查禁。依据是此广告违反了《广告法》第7条第2款九项规定之一，即“不得使用国家机关和国家机关工作人员的名义”进行广告宣传。国家机关是指依照法律或者行政命令组建的从事国家管理活动的各级国家机关、行政机关、审判机关和法律监督机关。国家机关是代表国家从事管理活动的组织,体现了国家的意志。为了维护国家的尊严,保证国家机关和国家机关工作人员正确行使职权,严禁广告中以任何形式使用国家机关及其工作人员的名义做宣传。

8.2.3 会展中特殊商品及特殊形式广告的准则及要求

在会展中,一些特殊商品的广告应引起主办单位及参展单位注意。因为对于这些特殊商品的广告,《广告法》及相关法规都作了更为严格的限制和规定。

1)特殊商品及特殊形式广告

(1)药品广告

根据《广告法》第15条规定,药品广告的内容必须以国务院卫生行政部门或者省、自治区、直辖市卫生行政部门批准的说明书为准。国家规定的应当在医生指导下使用的治疗性药品广告中,必须注明"按医生处方购买和使用"。

不准发布广告的药品有:①麻醉药品、精神药品、毒性药品、放射性药品;②治疗肿瘤、艾滋病,改善和治疗性功能障碍的药品,防疫制品;③《中华人民共和国药品管理法》规定的假药、劣药;④戒毒药品以及国务院卫生行政部门认定的特殊药品;⑤未经卫生行政部门批准生产的药品和试生产的药品、计划生育用药;⑥卫生行政部门明令禁止销售、使用的药品和医疗单位配制的制剂;⑦除中药饮片外,未取得注册商标的药品;⑧临床使用,发现有超出规定的副作用的药品。

发布药品广告要符合下列规定:①药品广告的语言、文字、画面的含义,不得超出卫生行政部门在《药品广告审批表》上核准的内容;②广告经营者、广告发布者必须查验《药品广告审批表》原件,并按批准的内容设计、制作、代理、发布;③药品广告中不得使用儿童的名义和形象,不得以儿童为广告诉求对象;④药品广告中不得含有"无效退款""保险公司保险"等承诺;⑤药品广告不得含有直接显示疾病症状、病理和医疗诊断的画面,不得令人感到已患某种疾病,不得使人误解不使用该药品会患某种疾病或加重病情不得直接或者间接怂恿、过量使用药品;⑥药品广告中不得声称或者暗示服用该药能应付现代紧张生活需要,标明或者暗示能增强性功能;⑦药品商品名称不得单独进行广告宣传,广告宣传需使用商品名称的,必须同时使用药品的通用名称;等等。

(2)烟草广告

根据《广告法》第18条规定:禁止利用广告、电影、电视、报纸、期刊发布烟草广告。禁止在各类等候室、影剧院、会谈厅堂、体育比赛场馆等公共场所设置烟草广告。烟草广告必须标明"吸烟有害健康"。

烟草广告不得出现的内容有:①吸烟形象;②未成年人形象;③鼓励、怂恿吸烟的;④表示吸烟有利于人体健康、解除疲劳、缓解精神紧张的;⑤其他违反国家广告管理法规的。

发布烟草广告要符合下列规定:①其他商品、服务的商标名称及服务项目名称与烟草制品商标名称相同的,该商品、服务的广告,必须以易于辨认的方式表示;②在各类临时性广告经营活动中,凡利用烟草经营者名称、烟草制品冠名、冠杯内容的赛事、演出等广告;③烟草经营者利用广播、电视、电影、报纸、期刊发布广告时,不得出现烟草制品名称、商标、包装、装潢;④烟草广告中必须标明"吸烟有害健康"的忠告语;等等。例如,"鹤舞白沙,我心飞翔"是人们熟悉的一句电视广告语,但该广告现已被北京市工商局责令北京各媒体予以停播。其原因就在于虽然广告中未出现直接宣传烟草产品的话语,而只是宣传"企业文化",但人们一看即知是白沙烟的广告。

(3)酒类广告

《广告法》对酒类广告规定:40度以上(含40度)酒除销售现场,原则上不允许做广告,国家级、部级和省级优质烈性酒须经省一级工商行政管理局或其授权的省辖市工商行政管理局批准。39度以下(含39度)酒类广告,必须标明酒的度数。酒类广告的内容必须符合卫生许可的事项,"并不得使用医疗用语或者与药品混淆的用语"。

酒类广告不得出现以下内容:①鼓动、倡导、引诱人们饮酒或者宣传无节制饮酒;②饮酒的动作;③未成年人的形象;④表现驾驶车、船、飞机等具有潜在危险的活动;⑤诸如可以"消除紧张和焦虑""增加体力"等不科学的明示或者暗示;⑥把个人、商业、社会、体育、性生活或者其他方面的成功归因于饮酒的明示或者暗示;⑦关于酒类商品的各种评优、评奖、评品牌、推荐等评比结果;⑧不符合社会主义精神文明建设的要求,违背社会良好风尚和不科学、不真实的其他内容。

(4)食品广告

申请发布涉及食品成分、营养及其他具有食品卫生科学内容的广告,应持有食品卫生监督机构填发的《食品广告审批表》;工商企业发布食品广告应出具《食品卫生许可证》;国外企业在我国境内进行食品广告,一般应持《进口食品卫生许可证》向省或省以上食品卫生监督机构申办;食品广告审批,《广告法》中规定:食品广告不得使用医疗用语或者与广告药品混淆的用语。

食品广告不得出现以下内容:①食品广告不得含有"最新科学""最新技术""最先进加工工艺"等绝对化的语言或者表示。②食品广告不得出现与药品相混淆的用语,不得直接或者间接地宣传治疗作用,也不得借助宣传某些成分的作用明示或者暗示该食品的治疗作用。③食品广告不得明示或暗示可以替代母乳,不得使用哺乳妇女和婴儿。④食品广告中不得使用医疗机构、医生的名义或者形象,食品广告中涉及特定功效的,不得利用专家、消费者的名义或者形象作证明。⑤保健食品的广告内容应当以国务院卫生行政部门批准的说明书和标签为准,不得任意扩大范围。⑥保健食品不得与其他保健食品或者药品进行功效对比。⑦保健食品、新资源食品、特殊营养食品的批准文号应当在其广告中同时发布。⑧普通食品、新资源食品、特殊营养食品广告不得宣传保健功能,也不得借助宣传某些成分的作用明示或者暗示其保健作用。⑨普通食品广告不得宣传该食品含有新资源食品中的成分或者特殊营养成分。

(5)医疗广告

《医疗广告证明》的有效期为一年。变更广告内容或有效期满,必须重新办理《医疗广告证明》;发布户外医疗广告,必须持《医疗广告证明》到当地工商行政管理机关办理发布手续;广告经营者承办或者代理医疗广告,必须查验《医疗广告证明》,并按照核定的内容设计、制作、代理、发布。未取得《医疗广告证明》的,广告经营者不得承办或者代理。

医疗广告中禁止出现以下内容:①有淫秽、迷信、荒诞语言文字画面的。②贬低他人的。③保证治愈或隐含保证治愈的。④宣传诊疗效果及治愈率、有效率的。⑤利用患者或医学权威机构、人员和医生的名义进行宣传的。⑥冠以祖传秘方或名医传授等内容的。⑦以通信形式诊断疾病的。⑧国家卫生行政部门规定不得进行宣传的诊疗方法。⑨违反其他有关法律、法规的。例如,上海工商行政管理部门对医疗广告使用形象代言人全面"喊停",诸如聘请影视明星担任医院的"健康大使"进行宣传、用形象代言人对某种诊疗方法的效果现身说法等都将受到严查。

(6)化妆品广告

广告客户发布化妆品广告时,对可能引起不良反应的化妆品,应当在广告中注明使用方法、注意事项。广告经营者承办或代理化妆品广告,应当查验证明,审查广告内容。对不符合规定的,不得承办或者代理。出现下列情况之一时,工商行政管理机关可以责令广告客户或者广告经营者停止发布广告:①化妆品引起严重的皮肤过敏或者给消费者造成严重人身伤害等事故的;②化妆品质量下降而未达到规定标准的;③营业执照、《化妆品生产企业卫生许可证》或者《化妆品生产许可证》被吊销的。

化妆品广告不得出现以下内容:①化妆品名称、制法、成分、效用或性能有虚假夸大的。②使用他人名义保证或者以暗示方法使人误解其效用的。③宣传医疗作用或者使用医疗术语的。④有贬低同类产品内容的。⑤使用最新创造、最新发明、纯天然制品、无副作用等绝对化语言的。⑥有涉及化妆品性能或者功能、销量等方面的数据的。⑦违反其他法律、法规规定的。

(7)户外广告的管理

在会展中,会大量出现各种各样的户外广告。加强对户外广告的管理,合理规划城市户外广告,把提高户外广告质量和水平与城市市容建设有机地结合在一起,不仅可以起到美化市容、美化环境的作用,而且可以利用户外广告为社会主义物质文明和精神文明建设服务,促进社会主义市场经济的发展。为此,《广告法》对户外广告的管理做出如下规定:①有下列情形之一的,不得设置户外广告:a利用交通安全设施、交通标志的;b影响市政公共设施、交通安全设施、交通标志的使用的;c妨碍生产或人民生活、损害市容市貌的;d国家机关、文物保护单位和名胜风景点的建筑控制地带;e当地县级以上地方人民政府禁止设置户外广告的区域。②户外广告的设置规划和管理办法,由当地县级以上地方人民政府组织广告监督管理、城市建设、环境保护、公安等有关部门制定;③户外广告场地费、建筑物占用费的收费标准,由当地工商行政管理机关会同物价、城建部门协商制定,报当地人民政府批准。④各级工商行政管理部门要对户外广告内容严格审查,对管辖区内设置、张贴的广告要经常检查,加强管理,及时发现违法、违章广告,清除过期无效广告。

2)来华广告、出口广告和港、澳、台地区广告的管理

对于国际性的展会,涉及众多国外企业在华做广告以及我国企业出国做广告的一系列问题,有必要在此做出说明。

(1)来华广告的管理

来华广告,是指外国企业(组织)、个人在中华人民共和国境内进行的广告宣传。来华广告必须遵守中华人民共和国的法律、法规。

根据我国的广告管理法规,对来华广告的规定有以下内容:①来华广告的承办。来华广告只能由有经营外商广告权的中国广告经营者办理,没有经营外

商来华广告权或不是广告经营者不能承办来华广告业务。②来华广告的发布者是外国企业(组织)、公民的,不能自行在中国境内发布广告,在中国境内发布广告必须委托具有经营来华广告权的中国广告经营者代理,未经代理,不能自己发布广告。③来华广告内容不得违反中国法律、法规、政策,必须遵守中国的外交政策、对外贸易政策、文教卫生政策。违反中国法律、法规,要按中国法律、法规处罚。④同我国没有直接贸易关系和外交关系的国家和地区,也不得进行广告交流。⑤来华广告业务中,依照中国法律需要其本国出具某些证明或在中国办理审查批准登记、检验等手续的,要提供有关证明和办理批准登记、检验手续。如来华药品广告、农药广告等就要出具本国的证明,并在我国办理审批手续。⑥凡国家明确对某些国家和地区来华广告须指定广告经营者办理的,不是被指定的广告经营者即使有外商广告经营权,也不得办理这类广告业务,对广告内容和广告宣传媒介有限制性规定的,要严格执行。

(2)出口广告的管理

出口广告是指中国企业(组织)和公民个人在国外进行的广告宣传。出口广告要遵守中国的法律、法规和政策,也要遵守宣传地国家的法律规定。

①我国企业(组织)和公民个人不得自行去国外进行广告宣传,应当委托具有外商广告经营权的中国广告经营者代为办理出口广告宣传业务。出口广告经营权由工商行政管理机关核定。

②外国广告企业不得擅自在中国境内承揽广告业务,外籍人员也不得擅自在中国境内招揽广告业务。外国企业在中国境内招揽广告业务,必须委托具有外商广告经营权的中国广告经营者代为办理。

③对我国港、澳、台地区的企业(组织)、个人来大陆进行的广告宣传,按照来华广告进行管理。我国大陆的企业(组织)、个人到港、澳、台地区进行广告宣传的,按出口广告宣传进行管理。但我国法律、法规另有规定的,按有关规定进行管理。

8.3 广告活动

广告活动是指广告主为了达到促销或树立其形象、扩大其影响等目的,通过有偿的方式,促使广告经营者和广告发布者为其向广告受众发布、传播信息的市场行为过程。它具有以下主要特征:①广告活动的主体应当具有法定资格;②广告活动是法定行为;③广告活动究其本质而言是民事活动。《广告法》

对广告主、广告经营者、广告发布者从事广告活动的行为作了明确的规定。

8.3.1　广告合同

1）广告合同的概念和种类

广告合同是具有平等民事主体地位的广告活动主体之间的,明确相互权利义务而订立的协议。

《广告法》第20条规定:"广告主、广告经营者、广告发布者之间在广告活动中应当依法订立书面合同,明确各方的权利和义务。"《广告法》之所以对广告合同做出明确规定,是因为广告信息的传播是一个过程。广告主要达到预期的宣传目的,一般要通过广告经营者、广告发布者的帮助,才能完成广告的设计、制作和发布。在此活动中,无论是广告经营者接受广告主的委托设计、制作广告,或是广告发布者接受广告主、广告经营者的委托发布广告,他们之间都直接或间接地存在着一定的法律关系,在此活动中的每一个环节,广告活动主体只有签订书面合同来约定各方的权利、义务,才能保证广告活动的正常进行,才能做到共同对社会和消费者负责,保证广告的真实性和合法性。

广告合同大体上分为以下四类:①广告发布业务合同,即是由广告发布者与广告主或广告主委托的广告经营者签订的书面合同;②广告制作合同,即是由广告经营者与委托方就广告作品的设计、制作所签订的合同;③广告市场调查合同,即是由广告经营者与委托方就某一具体市场调查活动所签订的合同;④广告代理协议,即是指具有广告代理权的广告经营者与广告主所签订的某一具体商品、服务广告活动的代理协议或全面代理协议。

2）广告活动主体签订广告合同应注意的问题

(1)依法签订

所谓"依法"是指广告主、广告经营者、广告发布者在签订合同时,应该合法,否则从签订时起,就没有法律效力。

(2)采用书面形式

根据《合同法》的规定,经济合同除即时结清者外,应当采用书面形式。由于广告活动是一个过程,不同于即时清结的货物买卖,因此应当签订书面合同。

(3)广告合同中各方的权利和义务关系必须明确

广告合同中的任何一方不能只享有权利而不承担义务。广告合同中各方的权利和义务关系明确,其目的是为了防止履行合同过程中产生不应当产生的纠纷。

8.3.2　对广告主活动的法律规定

《广告法》所称的广告主,是指为推销商品或者提供服务,自行或者委托他人设计、制作、发布广告的法人、其他经济组织或者个人。对广告主的监督管理,主要是对广告主义务履行的监督管理。这种监督管理,归根到底是对广告主广告证明的监督管理。

1)广告证明的主要要求

广告证明是指表明广告主主体资格和广告内容是否真实、合法的文件、证件。《广告法》第 24 条规定:"广告主自行或者委托他人设计、制作、发布广告,应当具有或者提供真实、合法、有效的证明文件"。这就对广告主提供广告证明规定了法律依据。广告证明的主要要求是:

①广告主提供和交验的证明必须是国家有关广告证明机关核发的。广告内容真实合法性的证明出具机关为对口行政主管部门,即对广告所涉及事项有行政管理权的部门或其授权单位。广告主主体资格的证明机关为国家专门办理各种类型主体资格的审批登记机关。

②合法的广告证明包括:一是证明出具机关合法;二是广告证明的内容合法;三是广告证明与广告有直接关系;四是广告证明适用时间和地域范围有效。

③广告主违反法律、法规规定,伪造、涂改、盗用或非法复制广告证明的,要承担相应法律责任;为广告主出具非法或虚假证明的,也要承担相应的法律责任。

2)广告证明的类别

广告证明分为两类:一类是主体资格证明;另一类是广告内容真实合法的证明。

(1)广告主主体资格证明

《广告法》第 22 条规定:"广告主自行或者委托他人设计、制作、发布广告,所推销的商品或者所提供的服务应当符合广告主的经营范围。"这是关于广告主从事广告活动应当符合其经营范围的规定。

从实际情况看,主体资格证明主要有三种:一是营业执照;二是《广告经营许可证》;三是其他生产、经营资格的证明文件。对于一些国家实行行业管理的企业,必须取得有关部门颁发的许可证。如化妆品生产企业,其主体资格包括《企业法人营业执照》《化妆品生产企业生产许可证》《化妆品生产企业卫生许可证》等。

(2)广告内容真实合法的证明

广告内容的证明是指针对所做广告的内容、种类,广告主必须交验相应证明。它包括:

①商品质量证明。商品质量证明是指国家认可的产品质量检验机构出具的证明文件。商品质量检验机构是指国家的产品质量监督机关授权的部门。质量检验机构出具证明时必须依据国家法律规定的标准进行检验。因为发布广告的商品的质量如何,直接关系到消费者的切身利益和生命安全。因此,广告主在广告活动中,必须具有或提供商品质量符合国家法定标准的证明。

②确认广告内容真实性的其他证明文件。凡是广告中出现的内容,都必须有相应的证明为佐证。任何一则广告,如不能提供所有表明其内容真实的证明文件,就不能认定该广告是真实的。比如,标明获奖商品的广告,应当提交本届、本年度或者数届、数年度连续获奖的证书,并在广告中注明获奖级别和颁奖部门;标明优质产品称号的商品广告,应当提交政府颁发的优质产品证书,并在广告中标明授予优质产品称号的时间和部门;标明注册商标的商品广告,应当提交商标注册证,等等。

③特定商品广告要求提供的证明文件。根据《广告法》第34条规定,药品、医疗器械、农药、兽药四种商品广告在发布前必须经有关行政主管部门审查,取得审查批准文件方可发布。因此,对这四种商品广告,广告主除具有或提供上述三种证明外,还应提供该商品经过有关行政部门审查的批准文件。比如,从事兽药广告的应当提交省、自治区、直辖市农牧渔业行政管理机关审查批准的证明;从事农药广告的应当提交农牧渔业部或省、自治区、直辖市农牧渔业厅(局)药检或植保部门审查批准的(农药广告审批表)等。

8.3.3 对广告经营者、广告发布者的法律规定

《广告法》所称的广告经营者,是指受委托提供广告设计、制作、代理服务的法人、其他经济组织或者个人。广告发布者,是指为广告主或者广告主委托的广告经营者发布广告的法人或者其他经济组织。对广告经营者、广告发布者的监督管理,就是对他们的广告经营活动进行监督管理。

1) 广告经营者、广告发布者的资质标准

广告经营的资质标准是指法人、其他经济组织或个人要求进入广告市场从事广告经营必须具备相应的资格,即在人、财、物及经营场地等方面要达到的基本标准,也就是广告市场的准入条件。

《广告法》第26条规定:"从事广告经营的,应当具有必要的专业技术人员、制作设备,并依法办理公司或者广告经营登记,方可从事广告活动。广播电台、电视台、报刊出版单位的广告业务,应由其专门从事广告业务的机构办理,并依法办理兼营广告的登记。"这个规定有以下两层意思:

(1)规定了广告市场的准入条件

凡申请从事广告经营活动的单位和个人,除了应具备《中华人民共和国企业法人登记管理条例》《中华人民共和国私营企业暂行条例》《城乡个体工商户管理暂行条例》等行政法规明确规定的必备条件之外,还应具有1995年国家工商行政管理局印发的《广告经营者、广告发布者资质标准及广告经营范围核定用法规范》所规定的资质标准。

(2)规定了广告经营的审批登记制度

凡是从事广告经营活动的,在符合了广告经营资质标准,具备了广告市场准入条件之后,还必须向工商行政管理部门申请登记,核准广告经营权,审核广告经营范围。工商行政管理部门代表国家对申请经营广告业务的单位进行审查,符合广告经营条件的,核准其经营广告业务,向申请经营广告业务的单位或个人颁发营业执照和广告经营许可证。营业执照和广告经营许可证的颁发,标志着申请登记单位广告经营权的确立,也就是广告经营资格审批登记程序的最终完成。

2) 广告经营管理制度

《广告法》第28条规定:"广告经营者、广告发布者按照国家有关规定,建立健全广告业务的承接登记、审核、档案管理制度"。根据这一规定,广告经营者、广告发布者应当按照国家的统一规定,建立相应的经营管理制度。

(1)承接登记制度

承接登记是广告主接洽广告业务的开始。通过承接登记制度,了解、记录广告活动的主体资格。承接登记的主要项目包括:广告主或广告代理公司的名称、营业执照号、经办人员的身份;广告种类、广告名称;通讯电话、地址,邮政编码等。承接登记制度实际上就是广告经营者、广告发布者在接受广告主提出广告业务的要求后,如何接受,在何种地方接受,接受需要履行什么手续的这样一套规章制度。

（2）审核制度

广告审核制度,是指广告经营者、广告发布者对承接的广告业务所进行的审查。《广告法》第 27 条规定:"广告经营者、广告发布者依据法律、行政法规查验有关证明文件,核实广告内容。对内容不实或者证明文件不全的广告,广告经营者不得提供设计、制作、代理服务,广告发布者不得发布。"

（3）档案管理制度

档案管理制度是对广告经营者、广告发布者保存广告证明、广告样件、广告活动文书、表格、资料的具体要求。广告业务档案的主要存档项目应包括:广告业务承接登记记录、广告合同、广告证明材料、广告内容修改记录、广告主对广告发布样稿的确认意见记录、广告审核意见、广告发布样件及广告监督管理机关要求的其他有关存档材料等。

3）关于广告收费的管理

在广告活动中,广告经营者和广告发布者接受广告主的委托,一般情况下都要收取一定的费用,也就是说,他们之间是一种有偿的民事行为。《广告法》第 29 条规定:"广告收费应当合理、公开,收费标准和收费办法应当向物价和工商行政管理部门备案。"

①广告收费必须合理、公开。广告收费必须合理,就是要求广告经营者要根据国家的有关规定核算成本,制定合理的价格,禁止牟取暴利;广告收费必须公开,就是要求把广告经营者、广告发布者的收费标准和收费办法,通过各种形式向社会披露,做到明码标价。

②广告的收费标准和办法,应当向物价和工商行政管理部门备案。广告经营者、广告发布者的收费标准和收费办法向物价和工商行政管理部门备案,既是法律规定的义务,也是法定程序。广告经营者、广告发布者如果未向物价和工商行政管理部门备案,其制定的收费标准和收费办法将不具备法律效力。

4）禁止发布广告的商品或服务

《广告法》第 31 条规定:"法律、行政法规规定禁止生产、销售的商品或者提供的服务以及禁止发布广告的商品或者服务,不得设计、制作、发布广告。"本条款对设计广告、制作广告、发布广告作了两项禁止性的规定。

①法律、行政法规禁止生产、销售的产品或者提供的服务不得设计、制作、发布广告。这类法律、行政法规主要有《中华人民共和国药品管理法》《中华人民共和国食品卫生法》《中华人民共和国产品质量法》等。

②某些产品或者服务,国家法律或者行政法规允许其生产、销售或者提供,但不允许发布广告。涉及此类商品的法律、行政法规主要有《中华人民共和国药品管理法》《中华人民共和国兽药管理条例》《中华人民共和国烟草专卖法》及《中华人民共和国广告法》等。

【知识链接】

国家工商总局曝光 10 起违法广告　多为医疗药品保健品

国家工商总局对 2011 年第一季度中国部分电视、报纸、广播媒体发布的药品、医疗、保健食品、化妆品及美容服务类广告进行了监测抽查,发现部分严重违法:

——鸿茅药酒药品广告。发布媒体:河南开封电视台新闻综合频道等 7 家电视频道。

——北京降压 0 号复方利血平氨苯蝶啶片药品广告,属于禁止在大众传播媒介发布的处方药广告。发布媒体:江西九江电视台一套等 5 家电视频道。

——厚德蜂胶软胶囊保健食品广告。发布媒体:大连电视台一套等 6 家电视频道。

——北京东方建都医院医疗广告。发布媒体:甘肃卫视等 4 家卫视。

——北京肝病治疗康复中心医疗广告。发布媒体:福建东南卫视等 3 家卫视。

——国研前列方食品广告。发布媒体:半岛晨报(大连)等 4 家报纸。

——寿瑞祥全松茶食品广告,使用医疗用语或者易与药品混淆的用语,宣传食品的治疗作用。发布媒体:半岛都市报(青岛)等 4 家报纸。

——中国中医疑难病研究中心、中医药研究院医疗广告,均以健康资讯栏目形式变相发布医疗广告,宣传诊疗技术。发布媒体:北京晚报等两家报纸。

——碧莹灵芝片药品广告,使用专家、患者名义和形象证明疗效,含有不科学的表示功效的断言和保证,误导消费者。发布媒体:兰州晨报等 3 家报纸。

——桂灵丹药品广告,属于禁止在大众传播媒介发布的处方药广告,含有不科学的表示功效的断言和保证,误导消费者。发布媒体:贵阳晚报等 3 家报纸。

国家工商总局表示,将依法查处上述严重违法广告。同时,加强跟踪监测和日常检查,及时发现并依法查处其他媒体发布的严重违法广告。

资料来源:http://info.yidaba.com/201106/16142327100710010000333110.shtml

8.4 广告审查制度

8.4.1 广告审查的内容和依据

1)广告审查的内容

根据《广告法》第34条规定,广告审查是指:"利用广播、电影、电视、报纸、期刊以及其他媒介发布药品、医疗器械、农药、兽药等商品的广告,和法律、行政法规规定应当进行审查的其他广告,必须在发布前按照有关法律、行政法规由有关行政主管部门(以下简称广告审查机关)对广告内容进行审查;未经审查,不得发布。"这条法律规定讲明了广告审查的几个问题:

(1)广告审查的范围

广告审查的范围分为两个层次。第一个层次是《广告法》中直接规定的利用广播、电视、电影、报纸、期刊五种大众传播媒介或利用其他媒介发布的药品、医疗器械、农药、兽药广告。这里的"其他媒介"。包含了以上五种媒介以外的所有媒介。由于这四种商品的特殊性,即与人民生命财产安全密切相关,所以称四种商品为特殊商品。第二个层次是"法律、行政法规规定应当进行审查的其他广告。"随着我国经济的发展,广告将被运用于更加广阔的领域,还可能出现一些事关人身安全、生产安全和市场经济秩序的商品,其广告需要通过法律、行政法规的规定列为特种广告的范围,进行发布前审查。

(2)广告审查机关

广告审查机关是指依照法律、行政法规对必须进行行政性审查的广告进行审查的有关行政主管部门。

我国目前实行的广告行政审查分为中央和省(自治区、直辖市,不含计划单列市)两级。如根据国务院各部门职能划分,药品广告审查机关为国务院和省级卫生行政部门,即卫生部和各省级卫生厅(局);医疗器械广告审查机关为国家医药管理局和各省级医疗器械行政监督管理部门(一般是省医药管理局或医药总公司);农药广告审查机关为国务院和省级农业行政主管部门,即农业部和省级农业厅、局;兽药广告审查机关为国务院和省级农牧行政管理部门,即农业部和各省农业厅、局或畜牧厅等。

2)广告审查的法律依据

广告审查机关在对特殊商品广告进行审查时,应当依据有关法律、行政法规中关于特殊商品广告管理的规定进行。这些法律、法规有 1995 年国家工商局与国务院有关部门联合制定的《药品广告审查办法》《医疗器械广告审查办法》《农药广告审查办法》《兽药广告审查办法》;经与上述部门协商,国家工商局制定了《药品广告审查标准》《兽药广告审查标准》《医疗器械广告审查标准》《农药广告审查标准》;1997 年 6 月,国家工商局、卫生部联合发出《关于进一步加强药品广告审查和监督管理工作的通知》,作为对药品广告审查办法和审查标准的补充规定。上述行政规章和规范性文件,与《广告法》《药品管理法》等共同构成了对四种商品广告进行审查的法规体系。

8.4.2   广告审查的程序

根据《广告法》第 35 条规定,广告主申请广告审查,应当依照法律、行政法规向广告审查机关提交有关证明文件。广告审查机关应当依照法律、行政法规做出审查决定。本条是对特殊商品广告审查程序的规定。

1)申请广告审查

(1)向广告审查机关提出申请

广告主发布广告可以是自行发布,也可委托广告经营者代理发布,也可以是自行或者由广告经营者代理委托广告发布者发布;但是,不论采取何种发布形式,都应当由广告主向广告审查机关提出审查申请。广告主提出申请,可以由广告主亲自提出,也可以由广告主授权代理其广告业务的广告经营者或者广告发布者代理提出申请。

(2)提交有关的证明文件

广告主提出申请时应当同时向广告审查机关提交与其申请审查的商品广告内容有关的证明文件。这些证明文件包括:广告主生产经营资格的证明文件;广告主申请发布广告的商品合法性的证明文件;广告内容真实、合法的证明证件;其他法律、行政法规规定应当提交的证明文件。广告证明应当是真实的、合法的和具有权威的。证明的形式应当是原件或经原出证者签章后的复印件,复印件未经原出证者签章,不能作为广告证明。

2)广告内容的审查

接受广告主的申请之后,广告审查机关应当按照有关法律、行政法规对该项申请的商品广告内容的规定进行审查。即对待发布的广告成品的审查,如对广告影视带、平面广告小样等进行审查,审查其广告成品中语言、文字、形象等内容,使审查后的广告内容与消费者看到、听到、读到的广告内容相一致,不得超出审查范围。

3)广告审查机关做出审查决定

广告审查机关根据各自的权限对特殊商品广告进行审查:重点媒介广告、境外产品和新药、新兽药广告,由国家组织审查机关审查;其他广告由生产者所在省级卫生厅、医药局和农业厅负责审查;在异地(外省)发布药品、兽药广告需向当地审查机关申请换发批准文号;发布医疗器械、农药广告需向当地审查机关备案;同时,为避免广告制成后"通不过审查"可能造成的浪费,送审者对把握不准的广告可以先申请初审。

广告审查机关对申请审查的广告必须在一定的期限内作出审查决定,审查决定一般有三种可能,即审查合格准予发布;审查不合格驳回申请;建议修改后再行审查。对于已经取得广告审查批准文号的特殊商品广告,为保证广告发布内容与广告审查决定文件一致,其审查批准文号应当列为广告内容同时发布。

广告审查批准文号有效期一般为一年,超过期限需继续做广告,必须重新审查。同时,经省辖市以上广告监督管理机关同意,当地电台发布广播药品广告时可省略批准文号。

8.5　广告法律责任

广告违法行为,是指违反我国广告管理法律法规,并危害社会的行为。对于广告违法行为,必须按照有关广告的法律法规予以处罚。

8.5.1 对非法经营广告的处罚

非法经营广告是指违反《广告法》的规定,未经工商行政管理机关核发营业证照,擅自承办广告业务或超出核准的经营范围从事广告经营活动。非法经营广告的具体行为如下:

①无证经营广告;

②超出经营权限范围经营广告;

③新闻单位内部非广告经营部门从事广告经营活动以及新闻工作者借采访名义招揽广告等;

④外国企业或组织、外籍人员未经中国的具有外商广告经营权的广告经营单位的代理,直接在中国境内承揽广告;

⑤未经有关部门批准,承办经营性印刷品广告、赞助广告、大量发行邮寄广告等。对于非法经营广告的单位和个人,依据《广告管理条例实施细则》第21条规定,广告经营者无证照或超越经营范围经营广告业务的,取缔其非法经营活动,没收非法所得,处人民币5 000元以下罚款。

8.5.2 对发布虚假广告的处罚

虚假广告,是指以欺骗方式进行不真实的广告宣传。发布虚假广告的具体行为如下:

①广告主介绍的、商品、服务本身是虚假的;

②广告主自我介绍的内容与实际不符;

③对产品、服务的部分承诺是虚假的,不能兑现的,且带有欺骗性的。

《广告法》第37条规定,利用广告对商品或者服务作虚假宣传的,由广告监督管理机关责令广告主停止发布,并以等额广告费用在相应范围内公开更正消除影响,并处广告费用1倍以上5倍以下的罚款;对负有责任的广告经营者、广告发布者没收广告费用,并处广告费用1倍以上5倍以下的罚款;情节严重的,依法停止其广告业务。构成犯罪的,依法追究刑事责任。

8.5.3 对发布违禁广告的处罚

《广告法》第39条规定,广告主或广告经营者违反《广告法》规定,发布违禁广告,由广告监督管理机关责令负有责任的广告主、广告经营者、广告发布者停止发布、公开更正,没收广告费用,并处广告费用1倍以上5倍以下的罚款;情节严重的,依法停止其广告业务。构成犯罪的,依法追究刑事责任。

8.5.4 对发布超越国家许可范围广告的处罚

《广告管理条例实施细则》第23条规定,发布超越国家许可范围广告的,对广告经营者予以通报批评、没收非法所得、处1万元以下罚款;对广告客户视其情节予以通报批评、处以广告费两倍以下罚款。

8.5.5 对发布有产品获奖内容,但不标明产品获奖级别、时间、颁奖部门广告的处罚

《广告管理条例实施细则》第26条第2款规定,广告经营者违反《广告管理条例》规定,发布有产品获奖内容,但不标明产品获奖级别、时间、颁奖部门的广告,处人民币1 000元以下罚款。

8.5.6 对发布无合法证明或证明不全广告的处罚

《广告法》第43条规定,广告经营者代理、发布无合法证明或证明不全的广告,由广告监督管理机关责令负有责任的广告主、广告经营者、广告发布者停止发布,没收广告费用,并处广告费用1倍以上5倍以下的罚款。

8.5.7 对广告主伪造、涂改、盗用或擅自复制广告证明的处罚

《广告法》第44条规定,广告主提供虚假证明文件的,由广告监督管理机关处以人民币1万元以上10万元以下罚款;伪造、塑造或者转让广告审查决定文件的,由广告监督管理机关没收违法所得,并处人民币1万元以上10万元以下的罚款。构成犯罪的,依法追究刑事责任。

8.5.8 对为广告主出具非法或虚假广告证明的处罚

《广告法》第45条规定,广告审查机关对违法的广告内容做出审查批准决定的;对直接负责的主管人员和其他直接责任人员,由其所在单位、上级机关、行政监察部门依法给予行政处分。《广告法》第46条规定,广告监督管理机关和广告审查机关的工作人员玩忽职守、滥用职权、徇私舞弊的,给予行政处分。构成犯罪的,依法追究刑事责任。

8.5.9 对广告经营过程中的垄断和不正当竞争行为的处罚

对在广告活动中进行垄断或不正当竞争的,视其情节予以通报批评,没收非法所得,处人民币5 000元以下罚款或责令停止整顿。

【本章小结】

本章主要介绍广告的概念和特征、广告的一般准则和特殊准则、广告活动的主体和广告活动规则,说明了广告审查的范围、审查机关和审查程序,并且分析了违反广告法的法律责任。

【测试题】

一、单选题

1.广告法的使用范围是(　　)在我国境内从事广告活动。

    A.广告主　　　　　　　　　　　B.广告经营者

    C.广告发布者　　　　　　　　　D.广告主、广告经营者、广告发布者

2.广告主提供虚假证明文件的,由广告监督管理机关处以一万元以上(　　)元以下的罚款。

    A.二万　　　　　B.三万　　　　　C.五万　　　　　D.十万

3.违反广告法规定,发布虚假广告,欺骗和误导消费者,使购买商品或者接受服务的消费者的合法权益受到损害的,由(　　)依法承担民事责任。

    A.广告发布者　　　B.广告经营者　　　C.广告主　　　　D.广告经销商

4.户外广告的设置规划和管理办法,由(　　)组织广告监督管理、城市建设、环境保护、公安等有关部门制定。

    A.当地县级以上地方人民政府　　　B.当地市级以上地方人民政府

    C.当地省级以上地方人民政府　　　D.当地国家级行政单位

5.《广告法》中所指的广告是(　　)。

    A.全部广告　　　B.户外广告　　　C.公益广告　　　D.商业广告

6.广告应当具有(　　),能够使消费者辨明其为广告。

A. 艺术性　　　　　B. 可识别性　　　　C. 实用性　　　　D. 独特性

二、判断题

1. 我国《广告法》中所称的广告包括商业广告和非商业广告。　　　（　　）
2. 药品广告中,不得宣传该药安全无毒副作用。　　　　　　　　（　　）
3. 医疗机构发布医疗广告时可以宣传治愈率。　　　　　　　　　（　　）
4. 我国《广告法》所称广告发布者,是指广告主或广告主委托的广告经营者发布广告的法人、其他经济组织或个人。　　　　　　　　　　　　（　　）

三、简答题

1.《广告法》所提出的广告的基本原则是什么?
2. 广告准则的一般规定包括哪些内容?
3.《广告法》对广告经营者、广告发布者的资质标准有哪些规定?
4. 我国对户外广告的管理有哪些规定?
5. 广告审查的概念及程序是什么?

四、实训题

调查 10 位消费者,了解其在消费过程中遭遇虚假广告的情况。学生自愿组成小组,每组 6～8 人。组织一次课堂交流,讨论消费者在消费过程中经常遭遇哪些虚假广告,并且如何治理虚假广告。

第9章
会展保险法律制度

【本章导读】

　　会展业具有较强的风险性,在展会期间安全事故或意外的发生是防不胜防的。这就需要保险的介入,来分散危险,消化损失。而展览会的安全防范是一项系统工程,需要政府、会展中心、展会组织者、参展商,甚至观众等的共同协作。

【关键词汇】

　　保险　合同　财产保险合同　人身保险合同
会展保险

【案例导入】

2001年9月25日,香港珠宝钟表展览会在香港会议展览中心闭幕,但是就在这最后一天,一个参展摊位价值500万港元的钻石不翼而飞。

2001年7月27日的乌克兰国际航展,一架战斗机在进行特技表演时坠毁,酿成了人类历史上最为严重的一次航展空难事故。"会展安全"也以放大的形式来到人们面前。

2004年"香港国际珠宝展"上,在开幕之日就发生了两起珠宝失窃案。两名参展商在两分钟之内被窃去价值200万美元的钻石,翌日又发生两起盗窃事故,损失共达400万美元。

2004年5月13日,第四届国际上海珠宝展在上海虹桥地区的世贸商城拉开帷幕。当天下午发生失窃事件,失窃的钻石大多为0.01克拉至0.15克拉小颗粒成品钻石,总重量约为2100余克拉,总价值为69万美元。

2004年6月24日,在香港湾仔会展中心开幕的国际珠宝展,在首日便发生两宗钻石失窃案件,总共损失22 000美元。

问题:我国会展风险管理的现状如何?

【案例分析】

会展风险是客观存在的,风险的存在让人们领悟到了风险立法和风险管理的重要性。要确保会展安全,有必要投保,通过保险转移会展风险。因此,如何在展览业乃至整个服务业中建立健全风险保障体系成为我们必须应对的严峻现实。

9.1 保险法概述

9.1.1 我国的保险立法

1995年6月30日,第八届全国人民代表大会常务委员会第十四次会议通过并颁布了《中华人民共和国保险法》(以下简称《保险法》)。该法采用了集保险合同法、保险业法为一体的立法体例,形成了一部较为完整、系统的保险基本法。《保险法》颁布实施后,我国政府部门陆续颁布了具体实施《保险法》的法规、规章,如:《保险代理人管理规定》《保险管理暂行规定》《保险经纪人管理规定》《保险公司管理规定》等。这些法规、规章使我国的保险监管工作步入了法制的轨道。为适应我国加入 WTO 的形势和需要,履行我国有关承诺,进一步加强对保险业的监管,我国于 2002 年 10 月 28 日第九届全国人民代表大会常务委员会第三十次会议对《保险法》进行了修改,于 2003 年 1 月 1 日起施行。

9.1.2 保险法的体系

《保险法》分为 8 章,总计 158 条。其基本内容如下:

第 1 章总则,第 2 章保险合同,第 3 章保险公司,第 4 章保险经营规则,第 5 章保险业的监督管理,第 6 章保险代理人和保险经纪人,第 7 章法律责任,第 8 章附则。该法的实施,为规范保险活动,保护保险活动当事人的合法权益,加强对保险业的监督管理,促进保险事业的健康发展,提供了全面的法律依据,标志着我国保险法律体系的形成。

9.1.3 保险法的概念及调整对象

1) 保险法的概念

保险法是以保险关系为调整对象的一切法律规范的总称。狭义的保险法是指保险法典或在民商法中关于保险合同法和保险业法的内容。广义保险法不仅包括专门的保险立法,还包括其他法律中有关保险的规定,甚至还包括保险的习惯、有关保险的判例和法理,保险管理机关颁布的保险实施细则、办法、命令等。

【知识链接】

我国最早的保险立法始于清朝末年。1908 年《大清商律》草案包括总则、商行为、公司法、海商法、票据法等五编,在第二编商行为第 7 章中规定了损害保险和生命保险的内容。这是我国最早的保险立法草案,但是它随着清王朝的覆灭而破产。

1981 年 12 月,我国颁布了《经济合同法》,其中有财产保险合同的专门规定。

1983 年 9 月 1 日,国务院发布了《财产保险合同条例》。

1985 年 3 月 3 日,国务院公布了《保险企业管理暂行条例》。

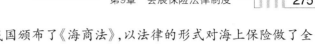

1992 年 11 月 7 日,我国颁布了《海商法》,以法律的形式对海上保险做了全面规定。

资料来源:沈同仙,黄涧秋. 新编保险法学[M]. 北京:学苑出版社,2003:37-39.

2)保险法的调整对象

保险活动涉及的社会关系包括:保险活动当事人之间的关系、保险当事人与保险中介人之间的关系、保险企业之间的关系,以及国家对保险业实施监督管理而形成的管理与被管理的关系。值得注意的是,保险法所规定的保险活动是有其明确的法律规定性的。根据《保险法》第 2 条的规定,保险法所调整的社会关系是指在商业保险活动中形成的保险关系。

商业保险和社会保险是两种不同性质的保险,需要有不同的保险法来加以调整。调整商业保险关系的法律为商业保险法,调整社会保险关系的法律为社会保险法。尽管两种法律的调整对象都是保险关系,但其内容却有着较大的差别。

9.1.4 保险法的立法目的和基本原则

1)保险法的立法目的

我国《保险法》第 1 条指出:"为了规范保险活动,保护保险活动当事人的合法权益,加强对保险业的监督管理,促进保险事业的健康发展,制定本法。"

2)保险法的立法原则

保险法的立法原则是进行保险活动,解释、执行保险法的基本依据。根据《保险法》第 4 条及其他相关条款的规定,从事保险活动应当遵循下列原则:

(1)遵守法律与行政法规的原则

保险活动的当事人,不但要遵守《保险法》及有关的行政法规,而且要遵守国家所有的法律和行政法规。这是从事保险活动应当遵循的最基本的原则。

(2)自愿原则

自愿原则是指民事主体在从事保险活动时应当充分表达真实的意思,根据自己的意愿在法律、行政法规允许的范围内订立、变更和终止保险法律关系。自愿是以当事人的地位平等为前提的,只有当事人的地位平等,不同的当事人在意志上具有独立性,才能不受其他当事人意志的支配。

(3)诚实信用原则

诚实信用原则在保险法中比在其他法律中的要求更高,被称为最大诚信原则或最大善意原则,因为:第一,保险事故的发生具有偶然性,保险的赔偿或给付被偶然性因素所支配;第二,在一般情况下,保险人在承保时,是根据投保人和被保险人对保险标的危险状况的陈述来决定是否承保;第三,保险标的在投保后一般仍由被保险人控制,因此要求被保险人应与未投保时一样尽到妥善管理的义务,以避免或减少危险事故发生的可能性;第四,保险合同的条款、费率是保险人单方面制订的,技术性很强,投保人难以了解。因此,保险人有必要如实向投保人说明保险主要条款和免责条款。当保险事故发生时,保险人应及时、准确、合理地向被保险人履行经济赔偿或给付的义务。

(4)境内投保的原则

为了保证我国保险业的健康发展,维护我国保险业的合法权益,《保险法》第7条规定:"在中华人民共和国境内的法人和其他组织需要办理境内保险的,应当向中华人民共和国境内的保险公司投保。"境内投保原则是约束投保人的,之所以要这样规定是因为:一方面便于保险标的一旦受损,可以及时得到赔付,迅速获得保险保障;另一方面可以减少保险费流往国外,限制不在我国注册设立的外国保险公司在我国境内进行业务活动,从而保护和发展中国的保险市场,扩大保险需求,刺激保险消费,促进民族保险业的繁荣。

(5)公平竞争原则

《保险法》第8条规定,"保险公司开展业务,应当遵循公平竞争的原则,不得从事不正当的竞争。"所谓公平竞争是指保险竞争主体之间在价格公正、手段合法、条件平等的前提下开展的竞争。公平竞争原则不但适用于保险人,也适用于保险代理人、保险经纪人等中介人。在保险市场制止不正当竞争、保护正当竞争的有效办法之一就是将"公平竞争原则"用法律形式固定下来,使之成为每一个保险当事人都必须严格遵守的法律法规,违反者将受到法律的制约。

(6)专业经营原则

我国《保险法》第6条指出:"经营商业保险业务,必须是依照本法设立的保险公司,其他单位和个人不得经营保险业务。"它包括三层意思:第一,只有依照《保险法》有关规定被批准设立的保险公司,才有资格从事保险活动;第二,依照《保险法》设立的保险公司以外的任何自然人、法人和其他组织都不准经营保险业务;除法律另有规定外,保险公司不准经营其他业务。

9.2　保险合同

9.2.1　保险合同的概念和特征

1）保险和保险合同的概念

生活中人们对"保险"一词并不陌生。例如，"我敢保险"，"保险没问题"，"这下保险了"等一类口语，就没少听说过。但是，这些场合使用的"保险"，不过是"很可靠"，"很安全"，"很稳妥"的借用词而已，并非法律意义上的保险。本书所言保险仅指保险法上规定的保险。

我国《保险法》第2条规定："本法所称保险，是指投保人根据合同约定，向保险人支付保险费，保险人对于合同约定的可能发生的事故因其发生所造成的财产损失承担赔偿保险金责任，或者当被保险人死亡、伤残、疾病或者达到合同约定的年龄、期限时承担给付保险金责任的商业保险行为。"

按照保险经营行为的性质分类，保险可分为商业保险和社会保险。商业保险又称营利保险、营业保险，指保险经营者以营利为目的而经营的保险。商业保险是属于双方当事人依合同履行其权利义务的任意保险。社会保险是国家为施行社会政策而举办的具有强制性的人身保险。我国《保险法》上规定的保险仅为商业保险。

保险是一种商业行为，而且这种商业行为的基础就是保险合同。根据《保险法》第10条的规定，"保险合同是投保人与保险人约定保险权利义务关系的协议。"其中，"保险权利义务关系"主要是指投保人为取得保险保障，与保险人协商约定的在保险合同保障期内双方之间的权利义务关系。

2）保险合同的法律特征

（1）保险合同是双务、有偿、诺成合同

双务合同是指双方当事人均向对方承担义务的合同。有偿合同是指双方当事人在获得某种利益的同时，必须付出相应代价。诺成合同是指双方当事人意思表示一致，无须交付实物即可成立的合同。

（2）保险合同是要式合同

要式合同是指应当具备法定形式的合同。保险合同应当具备的书面形式主要表现为投保单、暂保单、保险单、保险凭证等书面文件。

(3)保险合同是标准合同、附和合同

标准合同是指依照事先拟订的统一格式订立的合同。附和合同是指一方当事人对于另一方当事人事先已确定的合同条款只能表示同意或不同意的合同。绝大多数标准合同都属于附和合同。

(4)保险合同是射幸合同

射幸合同是指根据当事人的约定,一方对于未来有发生可能的事件的发生与否进行预断,以其预断得到验证而取得他方一定金钱或其他利益的合同。如有奖销售、赛马等。射幸合同具有"碰运气"的性质。保险合同的射幸性质是由保险事故发生的不确定性所决定的。

9.2.2 保险合同的种类

按照不同的标准来划分,保险合同可以分为不同的种类。

①以合同当事人订立合同的意愿为标准,划分为自愿保险合同和强制保险合同。自愿保险合同是保险合同当事人在自愿基础上订立的保险合同。投保人可以自由选择保险人,自主确定保险范围和保险标的,与保险人协商并约定保险金额、起保时间和保险期间等保险合同的内容。强制保险合同又称法定保险合同,是指保险合同当事人双方根据国家法律规定订立的保险合同。强制保险是国家为了给特定范围的人提供基本保险保障,或为了实行经济政策的需要,以法律、法规形式强制实施的保险。凡属于法定范围内的人,必须按规定办理保险事项。

②按照保险标的价值的确定与否,划分为定值保险合同、不定值保险合同和定额保险合同。定值保险合同是指以投保时保险标的的实际价值或估计价值作为保险价值,其保险金额按保险价值来确定的保险合同。不定值保险合同是指按照保险事故发生时保险标的实际价值确定保险价值的保险合同。定额保险合同是指在人身保险合同订立时,由双方约定保险金额,在被保险人死亡、伤残、疾病或者达到合同约定的年龄、期限时按照合同约定的保险金额给付保险金的保险合同。定额保险适用于人身保险。

③以保险标的类别为标准,划分为财产保险合同和人身保险合同。财产保险合同是以财产及其有关利益为保险标的的保险合同,人身保险合同是以人的寿命和身体为保险标的的保险合同。人身保险合同与财产保险合同在保险价值的确定标准、理论依据、合同主体上都有区别。

④以保险人的承保方式为标准,划分为原保险合同、再保险合同、重复保险合同、共同保险合同。原保险合同指直接保障对象是被保险人的保险合同。事实上,这是投保人直接与保险人订立的一般保险合同。再保险合同是保险人为将其承担的风险转移给其他保险人或专业再保险人,以及为接受其他保险人的分入业务而订立的保险合同。合同的保障对象是原保险合同的保险人。重复保险合同指投保人以同一保险标的、同一保险利益、同一风险事故分别与数个保险人订立保险合同,且保险金额总和超过保险价值的一种保险合同。共同保险合同是指几个保险人,就同一保险利益、同一风险事故共同缔结保险的一种保险合同。在实务中,数个保险人可能以某一家保险公司的名义签发保险单,然后每家保险公司对保险事故的损失按比例分担责任。

9.2.3　保险合同订立的原则

保险合同订立的原则是指订立保险合同必须遵守的准则。保险合同的订立原则应包括两个部分:第一部分为公平互利原则、协商一致原则、自愿订立原则;第二部分为保险利益原则、最大诚信原则这两项保险合同特有原则。我们重点讲述保险利益原则和最大诚信原则。

1) 保险利益原则

保险利益是指投保人对保险标的具有的法律上所承认的利益。保险利益原则包括两个方面的内容:一是在投保时,投保人对保险标的必须具有保险利益,否则合同无效;二是在索赔时,保险公司对被保险人的赔偿以保险利益为限,被保险人不可以获得保险利益以外的额外利益。保险利益原则是保险合同的特有原则,是保险合同必不可少的要素之一。无论是财产保险合同,还是人身保险合同,都需要以保险利益的存在为前提。

2) 最大诚信原则

我国《保险法》第 5 条规定:"保险活动当事人行使权利、履行义务应当遵循诚实信用原则。"保险合同对当事人诚实信用的要求,要比一般民事活动更为严格。不仅在保险合同订立时要遵循此项原则,而且在合同履行的整个期间也都要求当事人具有"最大诚信",即保险的最大诚信原则。此项原则贯穿于保险合同始终。

最大诚信原则包括两个方面的内容:一是告知义务。它要求当事人按照法律的要求,实事求是、尽自己所知、毫无保留地告知对方所应知道的情况。告知是保险活动当事人双方的义务,因其内容和形式对双方的要求各有不同。对投保人来说,通常称为如实告知义务;对保险人来说,可称为说明义务。二是保证。保证是指保险人和投保人在保险中约定,或投保人和被保险人承诺对某一投保事项的作为或不作为或担保某一事项的真实性。投保人或被保险人违反保证条款,其行为无论是否给保险人造成损害,保险人均可解除合同,并不承担赔偿或给付保险金的责任。

9.2.4 保险合同的主体

在保险合同中享有权利、承担义务的主体包括:保险人、投保人、被保险人、受益人。其中保险人与投保人为订立保险合同的当事人(或称缔约人)。被保险人和受益人虽与保险合同有着极为密切的利害关系,享有法律和保险合同所规定或约定的某些权利和义务,但他们不是保险合同的订立者,被称为保险合同的关系人。

1)保险人

保险人作为保险合同主体的一方在保险合同中享有按约定收取保险费的权利,同时在约定的保险事故发生并造成财产损失后或者当被保险人死亡、伤残、疾病或者达到合同约定的年龄、期限时,有赔偿或者给付保险的义务。我国《保险法》第10条明确规定:"保险人是指与投保人订立保险合同,并承担赔偿或者给付保险金责任的保险公司。"

保险公司是依法设立、登记,并经营保险业务的组织机构。在我国,除依法取得保险业务许可证和依法登记注册的保险公司之外,其他任何单位或个人均不得经营保险业务或类似保险的业务。我国《保险法》第70条规定:"保险公司应当采取下列组织形式:①股份有限公司;②国有独资公司。"第83条规定:"保险公司的组织机构,适用公司法的规定。"第156条规定:"本法规定的保险公司以外的其他性质的保险组织,由法律、行政法规另行规定。"

当今世界,保险机构名目繁多,组织形式多种多样。就其经营主体而言,可分为公营保险组织和民营保险组织;就其经营目的而言,可分为营利保险组织和非营利保险组织。目前,除英国等极少数国家和地区外,各国均已禁止个人经营保险业务,保险经营者必须是法人组织。一般而言,经营保险业务的组织可分为公司制和非公司制两大类。其中,公司制又可分为股份有限公司、有限责任公司、相互公司等;非公司制又可分为保险合作社和其他类型的互助团体。

2）投保人

投保人是在订立保险合同时，申请订立保险合同的一方。根据《保险法》第11条规定："投保人是指与保险人订立保险合同，并按照保险合同负有支付保险费义务的人。"投保人可以是自然人，也可以是法人和其他组织。

3）被保险人

被保险人是指其财产或人身受保险合同保障、享有保险金请求权的人。投保人也可以为被保险人。在财产保险合同中，对被保险人一般没有特殊的资格限制，基本上与对投保人的要求是一致的。人身保险合同是以人的身体和寿命为保险标的的保险，被保险人只能是有生命的自然人。已死亡的人、法人或其他民事法律主体不能成为人身保险的被保险人。在人身保险合同中，被保险人与投保人的关系通常有两种：第一，投保人为本人订立保险合同时，保险合同一经成立，投保人即为被保险人。第二，投保人为他人订立保险合同时，投保人与被保险人分属两人。在财产保险合同中，投保人与保险人往往是一个人，只是在合同订立与履行时由于其权利、地位不同而产生不同的称呼。

4）受益人

受益人是指在人身保险合同中，由被保险人或者投保人指定的享有保险金请求权的人。受益人可以是任何人，没有资格限制。自然人、法人及其他合法经济组织均可作为受益人。自然人中无民事行为能力的人、限制民事行为能力的人，甚至活体胎儿等，均可被指定为受益人。投保人、被保险人也可以为受益人。

9.2.5 保险合同的形式

我国《保险法》第12条规定，投保人提出投保要求，经保险人同意承保，并就合同的条款达成协议。保险人应当及时向投保人签发保险单或其他保险凭证，并在保险单或者其他保险凭证中载明当事人双方约定的合同内容。经投保人和保险人协商同意，也可以采取前款规定以外的其他协议形式订立保险合同。因此，保险合同为要式合同，应当具备一定的书面形式。我国保险合同的书面形式主要包括投保单、暂保单、保险单、保险凭证。

1）投保单

投保单又称"要保书"或"投保书"，它是投保人向保险人申请订立保险合同的书面要约。投保单通常是由保险人事先统一印制，投保人依其所列项目逐一据实填写后交付给保险人。投保单本身并非正式合同文本，但一经保险人接受后，即成为保险合同的一部分。如果投保单填写不实或者隐瞒、欺诈，都将影响合同的效力。

2）暂保单

暂保单又称临时保单，它是保险人或其他代理人在正式保险单签发之前出具给被保险人的临时保险凭证。它表明保险人或其代理人已接受了保险，等待出立正式保险单。暂保单的内容比较简单，只载明被保险人的姓名、承保危险的种类、保险标的等重要事项，凡未列明的，均以正式保险单的内容为准。暂保单的法律效力与正式保险单相同，但有效期较短，一般为30日。正式保险单发出后，暂保单自动失效。暂保单也可在保险单发出之前中止效力。但保险人必须提前通知投保人。

3）保险单

保险单简称保单，它是保险人与投保人之间订立的保险合同的正式书面凭证，由保险人制作、签章并交付给投保人。保险单应将保险人责任和双方当事人权利、义务在内的保险合同全部内容详尽载明其中。一旦发生保险事故，保险单是被保险人向保险人索赔的主要凭证，也是保险人向被保险人赔偿的主要依据。保险单的内容主要表现为保险合同的基本条款，因此，在实践中，保险单与保险合同往往相互通用。但严格来说，保险单并非保险合同本身，而是当事人经过口头或书面协商一致而成立的合同的正式凭证而已。在通常情况下，当事人双方只要就保险条件意思表示一致，保险合同即告成立，即使保险事故发生在正式保险单签发之前，也不影响保险合同的法律效力和保险人应负的赔偿责任。

4）保险凭证

保险凭证也称为小保单，它是保险人出立给被保险人以证明保险合同已有效成立的文件，它也是一种简化的保险单，与保险单有相同的效力。保险凭证未列明的内容均以正式保单为准。

保险凭证通常在以下几种情况下使用：①保险人承揽团体保险业务时，一般对团体中每个成员签发保险凭证，作为参加保险的证明；②在货物运输保险中，保险人与投保人订立保险合同明确总保险责任范围的时间，然后再对每笔运输货物单出具保险凭证；③在机动车辆及第三者责任保险中，为便于被保险人随身携带，保险人通常出具保险凭证。

9.2.6　保险合同的基本内容

保险合同的基本内容是指保险合同中所应包括的主要事项和合同中具体的当事人双方的权利与义务关系，是保险合同主体之间享有权利、承担义务的基础。由于保险合同种类较多，在内容上有较大差异。因此，这里着重介绍法律规定的保险合同不可缺少的基本内容。这些内容适用于所有保险种类的保险合同。保险合同的基本内容通常是指保险合同的主要事项、法律规定当事人双方的具体权利义务关系等方面的内容。保险合同的内容包括基本条款和特约条款。

1) 保险合同的主要事项

保险合同的主要事项即保险合同的基本条款，《保险法》第 19 条规定，保险合同应当包括下列事项：

①保险主体的名称和住所；
②保险标的；
③保险责任；
④责任免除；
⑤保险期间和保险责任开始时间；
⑥保险价值；
⑦保险金额；
⑧保险费及其支付办法；
⑨保险金额赔偿或给付办法；
⑩违约责任和争议处理；
⑪合同订立的年月日。

除了基本条款之外，保险合同还包括特约条款。《保险法》第 20 条规定："投保人和保险人在前条规定的保险合同之外，可以就与保险有关的其他事项做出约定。"即保险合同条款不限于法定条款，当事人也可自愿协商，约定其他条款。

2）投保方的基本义务

投保方是投保人、被保险人、受益人的总称。投保方的基本义务就是保险人的基本权利，而保险人的基本义务也是投保方的基本权利。

（1）如实告知的义务

如实告知义务是指投保人有义务如实回答保险人对保险标的情况的有关询问。这是保险合同应遵循最大诚信原则所决定的。在保险合同订立前，投保人是否将保险标的所存在的主要危险情况如实告知保险人，影响着保险人是否承保，并影响到保险人正确测定评估风险，正确计算费率。投保人或被保险人违反如实告知义务，保险人有权解除保险合同或不承担赔偿或给付责任。

（2）交付保险费义务

保险合同成立后，投保人应按合同约定的数额和方式，在合同约定的时间、地点向保险人交纳保险费。投保人无论为谁的利益投保，都负有交纳保险费的义务。投保人如不履行交纳保险费的义务，保险人可以解除保险合同，并有权要求补齐自保险合同成立之日起至保险合同解除之日止的保险费。

（3）保险事故发生后及时通知义务

在保险事故发生后，投保人、被保险人或者受益人有义务及时通知保险人。投保人、被保险人或受益人应及时履行通知义务的原因，一是便于保险人得以迅速调查事实真相，而不是拖延时间导致丧失证据，影响责任的确定；二是为保险人准备赔偿金提供必要的时间。

（4）提供单证义务

保险事故发生后，投保人、被保险人或者受益人在行使索赔权利的同时，负有提供所能提供的必要单证的义务。单证是指在与确认保险事故的性质、原因、损失程度等有关的证明和资料。这些证明和资料包括保险单、批单、检验报告等，是保险人判断责任范围和赔偿金额的依据。审核和认定有关证明资料是保险人更好地履行赔付义务的必要手段，投保方应予以积极配合。其具体要求在各险种保险合同中有所规定。

3）保险人的基本义务

（1）说明义务

说明义务是指保险人在保险合同订立时，有向投保人说明保险合同条款内容的义务。由于投保人对保险合同条款不熟悉,不能准确把握哪些是保险责任、哪些是责任免除等,故保险人有义务说明并解答有关问题,尤其是责任免除条款需要特别加以明确说明,否则,将导致该条款无效。

(2)及时签单义务

投保人提出投保要求,经保险人同意承保,并已就合同的条款达成协议,保险合同即告成立。保险人应当及时向投保人签发保险单或其他保险凭证,以作为书面合同的证明。

(3)保密义务

依据最大诚信原则,在保险合同订立时,投保人对保险人的询问应如实告知。在再保险合同签订时,再保险分出人应根据再保险接受人的要求,如实告知原保险的有关情况。为了保护被保险人的利益,保险人或者再保险接受人对在办理保险业务过程中获知的投保人、被保险人的业务和财政情况,负有保密义务。

(4)赔偿或给付保险金的义务

保险人最重要的义务就是承担赔偿或给付保险金。保险人应严格依照有关法律、法规及合同的约定,及时而充分地履行其承担的损失补偿或给付保险金的义务。

保险人承担保险合同载明的赔偿损失或给付保险金的责任需要符合以下3个要素:一是保险合同约定的保险事故发生;二是保险标的发生损失;三是保险事故与保险标的损失有因果关系。

《保险法》第24条第3款规定:"任何单位或者个人都不得非法干预保险人履行赔偿或者给付保险金的义务,也不得限制被保险人或者受益人取得保险金的权利。"这为保险赔偿或给付义务的履行提供了强有力的法律保障。

(5)支付其他必要特殊费用的义务

保险人除承担给付保险金的基本义务外,还需承担其他一些必要的特殊费用,包括施救费用、查勘检验费用、依法规定的仲裁或诉讼费用等。这也是补偿原则的直接体现。

9.2.7　保险的索赔和理赔

1)索赔

索赔就是被保险人、受益人向保险人请求赔偿或给付保险金的过程。索赔权是指被保险人和受益人请求赔偿或给付保险金的权利。索赔权的行使是获得保险金的必要前提和重要步骤。而索赔权的产生则基于保险合同约定的保险事故的发生,并造成保险标的损失或合同约定的被保险人死亡、伤残、疾病或达到合同约定的年龄、期限等种种情形的出现。

一般索赔过程应包括以下几个步骤:

①保险事故发生后,及时通知保险人,并保护现场;

②查勘检验;

③确定损失金额;

④在索赔时效内,提出索赔;

⑤领取保险金。

索赔必须在索赔时效内进行。保险合同的索赔时效是指被保险人、受益人有权向保险人请求赔偿或给付保险金的期限。超出期限权利人若不行使权利,则视为权利人放弃权利,该权利归于消灭,不再受法律保护。根据《保险法》的规定,人寿保险以外的其他保险的被保险人或者受益人,对保险人请求给付保险金的权利,自其知道发生保险事故之日起两年不行使而消灭;人寿保险的被保险人或者受益人对保险人请求给付保险金的权利,自其知道发生保险事故之日起5年内不行使而消灭。人寿保险以外的其他保险应包括财产保险全部险种及人身保险中的健康保险、意外伤害保险。

2) 理赔

保险理赔是指保险事故发生后,保险人以保险合同为依据,对被保险人、受益人的索赔请求进行审核,并按约定进行处理的行为。理赔是保险人履行合同义务的关键,是确定能否承担保险责任的重要标志。

保险人理赔的程序一般包括以下几个步骤:

①立案及出险检验;

②审核索赔单证;

③核定责任;

④支付保险金;

⑤如涉及第三者责任,应按法定程序进行代位追偿。

保险人在受到被保险人或者受益人的赔偿或者给付保险金的请求后,应当及时做出决定。

对于属于保险责任并能够确定保险金数额的,在与被保险人或受益人达成有关赔偿或者给付保险金的协议后10日内,履行赔偿或给付保险金义务。保险合同对保险金额或者给付期限有约定的,保险人应当依照保险合同的约定,履行赔偿或给付保险金义务。保险人未及时履行此项义务的,除支付保险金外,应当赔偿被保险人或者受益人因此受到的损失。

保险人自收到被保险人或者受益人的赔偿或者给付保险金的请求和有关证明、资料之日起 60 日内,对属于保险者责任但赔偿或者给付保险金的数额不能确定的,或者与被保险人或受益人不能达成有关赔偿或者给付保险金的协议的,应当根据已有的证明和资料可以确定的最低数额先予以支付;待保险人最终确定赔偿或给付保险金的数额后,再支付相应的数额。对于不属于保险责任的,应当向被保险人或受益人发出拒绝或者拒绝给付保险金的通知书。任何单位或者个人都不得干预保险人履行赔偿或者给付保险金的义务,也不得限制被保险人或受益人享有取得保险金的权利。

【典型案例】

相似情形,不同结果
——展览会亟须为展品上险

案例一:古镜粉身碎骨怎么办

2007 年初,中央电视台《艺术品投资》栏目和丹阳市联合举办的"2007 民间寻宝记——走进丹阳"。两天来好戏连台,但在压轴大戏——评选"十大宝物"刚刚登场之际,却出现了意外。专家们被请到台上,一位专家经过慎重目测和手感,选中一面战国青铜镜,并以极其专业的知识讲解这面古铜镜的价值。主持人当即请礼仪小姐上台,礼仪小姐以优雅的姿势手持这面古镜向在场观众展示,正当礼仪小姐调整展示角度移手之际,令现场惊愕万分的事情突然发生了,古镜从盒内摔落到地面上! 在人们还没有醒悟过来之际,工作人员、礼仪小姐和专家都赶紧在地面上捡拾碎片,但古镜已经粉身碎骨。

看到宝物瞬间消失,专家感到十分痛心。由于事出突然,主持人立即取消了接下来的展示。栏目负责人当场承诺将邀请国内最著名的青铜器修复专家将这一古镜尽全力修复完整。这面据称曾被出价 100 万美元的战国青铜镜能否重圆,自然是个疑问,破镜即使能够重圆,身价也不免贬值。

资料来源:2007 年 1 月 16 日《北京晚报》。

案例二:一屁股坐坏名车

无独有偶,在 F1 刚刚结束的 2006 赛季上,雷诺车队依靠车手阿隆索和性能优异的雷诺 R26 赛车,从法拉利车队的车王舒马赫的告别赛上夺取了车手和车队年度总冠军,这辆被封为"双冠王"的雷诺 R26 赛车风光无限。同款车型即于 2006 年 11 月底的北京国展中心的车展上展出,一时成为焦点。

25 日晚 7 时 40 分许,在当天的车展即将结束前 20 分钟,一名小伙子忽然兴奋地蹿上展台,欲与赛车合影。在赛车另一侧的模特伸手还来不及阻止,小伙子就一屁股坐在了赛车车身上,不料"喀嚓"一声,赛车进气口上方的车体应声而裂,小伙子和工作人员顿时都傻了眼。之后,小伙子胆战心惊地被警方带至派出所做了笔录,随后垂头丧气地回了家。有媒体称被坐坏的雷诺车价值 3 000 万美元,也有称是上千万人民币。小伙子算算自己打工一百年也未必赚得到这辆赛车的钱,将来的日子怎么过?

正当小伙子还在忧愁万分时,雷诺公司发言人宣布,该车的所有的赔付将由公司包揽。自然这个肇事的小伙子如释重负。

资料来源:2006 年 11 月 26 日《新京报》

请讨论:展会期间购买保险有何重要意义?

简要分析:

保险是转移风险的,而展品在展示期间出现意外是难以绝对避免的。一旦出现意外可能损失惨重。比较以上两个案例,古铜镜粉身碎骨,不仅使收藏人损失惨重,使各参与方感到狼狈,更是组织方缺乏风险防范意识的表现;而法国雷诺公司对坐坏的雷诺车最后的处理,以保险的方式来转移风险,这体现了现代企业管理基本模式和风险管理的基本精神。在会展业如火如荼发展之际,我国有关地方和部门应该加强风险防范与管理,健全会展保险制度。

9.3　财产保险合同

9.3.1　财产保险合同的概念和特征

1)财产保险合同的概念

根据《保险法》第 33 条规定:"财产保险合同是以财产以及有关利益为保险标的的保险合同。"这里所指的保险标的,包括以物质形态存在的、非物质形态存在的财产及其有关利益。保险标的以物质形态存在的财产保险,通常称为财产损失保险。比如,承运货物的运费、工商企业的经营利润等。财产损失保险的保险标的可以是财产现有利益,也可以是财产的预期利益,但都应以货币作为其价值的衡量标准。以非物质形态存在的财产及其有关利益作为保险标的的保险,通常是指责任保险、信用保险、保证保险等。比如,第三者责任保险、产品责任保险、出口信用保险、投资风险保险等。但是,并非所有的财产及其利益都可以作为财产保险合同的保险标的,只有根据法律规定,符合财产保险合同要求的财产及其有关利益,才可作为财产保险合同的保险标的。

2)财产保险合同的特征

(1)财产保险合同是补偿性合同

在财产保险所保财产遭遇到属于责任范围内的灾害事故而蒙受损失时,保险人应予以补偿。由于财产保险的标的是物质财产及其有关的利益,它的损失可以用价值形式表现,也可用货币进行衡量,赔偿以不超过其实际损失为原则。所以,财产保险合同是一种补偿性合同,以补偿为其基本特征。

(2)财产保险合同是具有代位追偿法律效力的合同

如果财产保险标的的损失是由第三者造成的,保险人在向被保险人支付赔偿款后可以获得代位追偿权,向责任方请求赔偿。

(3)财产保险合同为短期性合同

财产保险合同通常以1年为限,1年以上的长期性保险合同较少。

9.3.2 财产保险合同的种类

财产保险合同可分为财产损失保险合同、责任保险合同和信用保险合同。

1)财产损失保险合同

财产损失保险合同是指以补偿各种有形财产的损失为目的的保险合同。财产损失指因某一财产的损坏、灭失所导致的财产价值的减少或丧失,包括直接物质损失以及因采取措施而引起的必要、合理的费用支出。财产损失保险合同的标的必须是以特定的物质形式存在并能以一定的价值尺度予以衡量的财产。财产损失保险合同种类繁多,包括:财产保险合同、家庭财产保险合同、运输工具保险合同、船舶保险合同、飞机保险合同、货物运输保险合同等。

2)责任保险合同

责任保险合同是指以被保险人对第三者依法应承担的民事赔偿责任为保险标的的保险合同。与财产损失保险合同不同,构成责任保险合同的保险事故必须具备以下两个条件:一是被保险人对于第三者依法应当负有赔偿责任;二是受害人向致害人(被保险人)提出损失赔偿请求。两个条件缺一不可。

3)信用保险合同

信用保险是指随着商业信用的发展而产生的由保险人承担信用风险的一种保险。信用保险合同是承保权利人因义务人不履行合同义务而遭受经济损失的保险合同,如出口信用保险合同。

9.3.3 财产保险合同履行的原则

财产保险合同的当事人,除了应当遵循保险的最大诚信原则、保险利益原则外,还受损失补偿原则、代位追偿原则、分摊原则、近因原则的约束。它们是对财产保险合同当事人行为的规范,是当事人权利与义务的保障,是保险营运科学化的基本准则。

1)损失补偿原则

损失补偿原则是指在财产保险合同中,当保险事故发生导致被保险人经济损失时,保险人应给予被保险人损失赔偿,以恢复被保险人遭受保险事故前的经济状况为准。损失补偿原则包括两层涵义:一是"在责任范围内的损失,有损失,有补偿";二是"在保险金额范围内,损失多少,赔偿多少"。损失补偿原则是财产保险合同的首要原则。

2)代位原则

代位原则是指保险人根据法律或保险合同约定,在对被保险人因遭受保险事故而导致的损失予以赔偿后,依法取得向对财产损失负有责任的第三者进行追偿的权利或取得被保险人对保险标的的所有权。代位原则包括代位追偿与物上代位权。

3)分摊原则

分摊原则是由补偿原则派生出来的。当被保险人因重复保险发生保险事故,向数家保险公司提出索赔时,根据保险补偿原则,其损失必须在保险人之间进行分解,被保险人所得总赔偿金额不得超过其实际损失额。实际损失额超过保险金额的,超过部分不予赔偿。重复保险分摊原则的意义在于防止被保险人利用重复保险,在保险人之间进行多次索赔,以获得高于实际损失额的赔偿金;

坚持在保险人之间进行分摊,也在于维护保险人的利益。

4)近因原则

近因是指造成某一事件的最直接、最有效、起决定作用的原因,并非指在时间上、空间上最近的原因。保险损失的原因,是指在保险事故发生时最直接、最有效,起主导作用或支配作用的因素。近因原则是在保险理赔过程中必须遵循的原则。按照这一原则,只有当被保险人的损失是直接由于保险责任范围内的事故造成时,保险人才能给予赔偿。

9.3.4 财产保险合同的履行

保险合同是投保人与保险人约定保险权利义务关系的协议。作为财产保险合同的当事人双方,在财产保险合同中,都享有一定的权利,同时也应履行与权利相对应的义务。

1)保险人的权利和义务

(1)保险人的权利

①收取保险费。保险人可依保险合同约定,向投保人收取保险费。投保人在约定的时间内未交纳保险费的,保险人可以通过催交、诉讼的方式要求投保人交纳保险费。

②调查保险标的有关情况。保险人可以就保险标的有关情况提出询问,可以对保险标的安全状况进行检查,为维护保险标的的安全,经被保险人同意,可以采取安全预防措施。

③解约权与加费权。投保人未履行告知义务,足以影响保险人决定是否承保或提高保险费率的,保险人有权解除保险合同。被保险人谎称发生保险事故或故意制造保险事故的,保险人有权解除保险合同。投保方未按照约定履行应尽的安全责任时,保险人有权要求增加保险费或者解除合同。在合同有效期间内,保险标的危险程度增加时,被保险人应及时通知保险人,保险人有权要求增补承担赔偿责任权利的形式。

④加保险费或解除合同。在发生合同约定的责任免除事故时,保险人有权不予赔偿,除此情况外,在下列情况下保险人也有权不承担赔偿责任:投保人故意违反告知义务,对于解除保险合同前发生的保险事故,保险人有权不承担赔偿责任。发生保险事故后,被保险人以伪造、变造的有关证明、资料或其他证据

编造虚假的事故原因或夸大损失程度的,保险人对其虚报的部分,不承担赔偿责任。在保险人未赔偿保险金之前,被保险人放弃对第三者索赔权利的,保险人不承担赔偿责任。

⑤保险人物上代位权和代位追偿权的行使。当保险标的全损时,如果保险人按保险金额给予了全额赔付,保险人对保险标的具有所有权。当保险标的损害由第三者所致,保险人赔付被保险人之后,保险人在赔偿金额内具有代位追偿权。

（2）保险人的义务

①承担保险赔偿的责任。在发生保险责任事故时,保险人有承担赔偿保险金的责任。这是保险人的基本义务。

②明确说明条款。在订立保险合同时,保险人应当向投保人说明保险合同条款的内容,特别是对于责任免除条款,应当向投保人明确说明,未明确说明的,该条款不产生效力。

③不赔付的通知。对不属于保险责任的,保险人应向被保险人发出拒绝赔偿保险金通知书。

④为投保方保密。保险人对在办理保险业务中知道的投保方的业务、财产等情况,负有保密的义务。

⑤降低并退还保险费。据以确定保险费率的有关情况发生变化,保险标的的危险程度明显降低或保险标的的保险价值明显减少,保险人应当降低保险费,并退还相应的保险费。

⑥承担合理费用。保险人、被保险人为查明保险事故的性质、原因和保险标的的损失程度所支付的必要的合理费用,由保险人承担;在责任保险中,由被保险人支付的仲裁或者诉讼费用及其他必要的合理费用,由保险人承担。

2）投保方的权利和义务

（1）投保方的权利

投保方包括投保人和被保险人。

①解约权的行使。除保险法另有规定或保险合同另有约定外,保险合同成立后,投保人可以解除合同。但货物运输保险合同与运输工具航程保险合同,在保险责任开始后,不得解除保险合同。

②终止权的行使。保险标的在发生部分损失的情况下,在保险人赔偿后30天之内,投保人可以终止合同,并可得到未受损失部分的保险标的在终止合同

之后的剩余保险费。

③被保险人保险金请求权的行使。当发生保险事故时,被保险人是享有保险金请求权的人。任何单位或个人不得限制被保险人取得保险金的权利。财产保险的被保险人请求赔偿的权利,自其知道保险事故发生之日起两年内不行使而消灭。

(2)投保方的义务

①如实告知与通知。投保人应将保险标的或被保险人的有关情况,如实地告知保险人,不得隐瞒,否则保险人不承担赔付责任或有权解除合同;投保方在知道保险事故发生后,应及时通知保险人;如有重复保险、保险标的转让、保险标的在合同有效期内危险程度增加等情况出现,也应及时通知保险人,另有约定的除外。

②投保人有义务按照合同约定支付保险费。

③提供有关证明和资料。保险事故发生后,在向保险人索赔时,投保方应当依照保险合同的约定,向保险人提供其所能提供的与确认保险事故的性质、原因、损失程度等有关的证明和资料。

④遵守国家有关规定维护保险标的的安全。被保险人应当遵守国家有关消防、安全、生产操作、劳动保护等方面的规定,维护保险标的的安全,按照合同约定履行其对保险标的安全应尽的义务。

⑤施救。在保险事故发生时,被保险人有责任尽力采取必要的措施,防止或减少损失。

⑥协助保险人向有责任的第三方请求赔偿。被保险人应保留对保险事故责任方请求赔偿的权利,并协助保险人行使代位追偿权;被保险人应向保险人提供进行代位追偿所需的文件及其所知道的有关情况。

9.4 人身保险合同

9.4.1 人身保险合同的概念和特征

1)人身保险合同的概念

人身保险合同是指以人的寿命或身体为保险标的的保险合同。其合同基本内容是投保人按照约定向保险人交纳保险费,当被保险人在合同期限内发生死亡、伤残、疾病等事故或达到合同约定的年龄、期限时,保险人依照合同约定承担给付保险金的责任。

人们在日常生产、生活中,有时会面临生命安全、身体健康受到侵害,或因年老丧失劳动能力或因其他原因导致经济收入减少和生活困难等风险,为了消除或转移这些可能发生的风险,往往通过订立人身保险合同的方式来解决。这样,当合同约定的事件出现时,保险人负责给付保险金,从而既保障被保险人、受益人利益,又可以维护社会安定,满足人们的生活需要。

2)人身保险合同的特征

(1)人身保险合同的保险金额不以保险标的的价值为依据来确定

由于人的寿命或身体的价值不能用金钱来衡量,因此,人身保险合同就无法通过保险标的的价值来确定保险金额。在一般情况下,人身保险合同的保险金额由投保人根据被保险人对人身保险的需要和投保人的缴费能力,在法律允许的范围内,与保险人协商确定。人身保险合同属于定额保险合同。人身保险合同(医疗保险除外)中不存在超额保险,也不存在不足额保险,更不存在重复保险。另外,在很多人身保险合同中,只规定了保险人在一定时期内每次给付保险金的数额,而不规定保险金额,也就是说不确定最高给付限额。

(2)人身保险合同属于约定给付性合同

在发生人身保险合同约定的事件后,保险人按合同约定的金额给付保险金,而不按保险事故发生所造成的实际损失来计算,也不实行比例分摊和代位追偿。因为人的生、死、伤、残、病等情形是无法从经济上衡量其实际损失的。当然,在人身保险合同中也有例外,如人身保险中的医疗保险,不仅可以采取约定给付方式,也可采取补偿方式。因为医疗费用的发生是确定的,与一般的财产保险相似。

(3)人身保险合同中保险利益是根据人与人的关系来确定

根据我国《保险法》的规定,人身保险合同主要是采取限制家庭成员关系范围并结合被保险人统一的方式来对人身保险合同的保险利益加以确认。

(4)人身保险合同一般为长期合同

在人身保险合同中,有相当一部分属于长期合同,特别是人寿保险合同,其保险期间通常在5年以上,有的险种则贯穿人的一生。它是由具体险种、不同合同中的具体约定来确定的。

9.4.2 人身保险合同的种类

1）按照投保方式分类，人身保险合同可以分为个人人身保险合同和团体人身保险合同

在个人人身保险合同中，被保险人只能是单一的，一张保单只为一个人提供保障，如个人人身意外保险合同。团体人身保险是指一张保险单承保某一单位全体或大多数成员的人身保险合同，如团体人身意外伤害保险合同。

2）按照保险期间分类，人身保险合同可以分为长期人身保险合同和短期人身保险合同

长期人身保险合同是指保险期限在 1 年以上的人身保险合同，如终身人寿保险合同，保险期限持续到被保险人死亡。短期人身保险合同是指保险期限在 1 年以下（包括 1 年）的人身保险合同，如航空人身意外保险合同，保险期限只持续几小时甚至更短。

3）根据保障范围分类，人身保险合同可以分为人寿保险合同、健康保险合同及意外保险合同

人寿保险合同是以被保险人的寿命为保险标的，以人的生存、死亡作为给付保险金条件的人身保险合同。当保险合同约定的条件满足时，保险人对被保险人履行给付保险金的责任。人寿保险合同通常可以分为生存保险合同、死亡保险合同和生死两全保险合同 3 种。

健康保险合同也称疾病保险合同，是以被保险人在保险期间内患病或因疾病导致残疾、死亡作为保险人给付保险金条件的保险合同。它包括收入损失保险合同、疾病保险合同、医疗保险合同等。

意外伤害保险合同是以被保险人的身体作为保险标的，以被保险人遭受意外伤害或因伤害致残、致死作为保险人给付保险金条件的保险合同。它包括普通伤害保险、特种伤害保险、寿险附加伤害保险等。

9.4.3 人身保险合同的特定内容

由于人身保险合同的保险标的是人的寿命或身体，因此人身保险合同主体之间的权利、义务关系与其他保险合同有着很大的区别。人身保险合同的条款,有些法律规定的基本条款,适用于一般投保人与保险人之间;有些是保险合同当事人相互承认履行某种特定义务的条款即特约条款,仅适用于个别当事人之间。有些特约条款是保险人单方面制订的,由于保险公会的协议或者同业之间的竞争,这些虽然不是法律强行规定的条款,也有逐渐标准化的趋势。

人身保险合同在长期的发展过程中,逐步形成了一些文字固定、形式较为规范的常用条款,供当事人在订立合同时使用。这些常用条款系人身保险合同的通行条款,具有一定的普遍性。这些条款包括:

①不可争条款;

②年龄误告条款;

③宽限期条款;

④中止、复效条款;

⑤自杀条款;

⑥不丧失现金价值条款;

⑦保单贷款;

⑧保单转让条款;

⑨红利任选条款;

⑩保险金给付任选条款;

⑪不得用诉讼方式要求投保人支付保险费;

⑫保险人行使代位追偿权的限制;

⑬战争除外条款;

⑭共同灾难条款。

9.4.4　人身保险合同的履行

1)投保方的权利义务

投保方包括投保人、被保险人和受益人。虽然在合同中他们的权利义务各不相同,在某些情况下还相互制约,但都属于要求保障和接受保障的一方。

(1)投保人的权利

①投保人有解除保险合同的权利。除保险法规定或合同约定不得解除外,保险合同成立后,投保人可以解除保险合同。投保人要解除保险合同的,应当通知保险人。保险人应自接到通知之日停止该合同的效力,并于30天内,对已

交足两年以上保险费的,退还保险单的现金价值;对未交足两年保险费的,按合同约定,在扣除手续费后,退还保险费。

②以死亡作为给付保险金条件的合同,未经被保险人书面同意并认可保险金额的,合同无效。

③对以死亡作为给付保险金条件所签发的保险单,未经被保险人书面同意,不得转让或者质押。

④被保险人与投保人都有指定和变更受益人及受益顺序的权利,但投保人这一权利的行使须经被保险人同意;当无行为能力或限制行为能力人为被保险人时,可以由其监护人指定受益人。

⑤在合同约定的收益条件成立时,被保险人或投保人指定的受益人可享有受益权,即人身保险合同的保险金请求权。通常,除人身保险合同另有约定以外,享有此项权利的人为被保险人。只有在被保险人死亡的情况下,受益人才享有受益权。

(2)投保人的义务

①如实告知的义务。对保险人针对被保险人的有关情况提出的询问,投保人应当如实告知,不得隐瞒。投保人如实告知的重要事项一般包括:被保险人的自然情况,如姓名、年龄、性别、职业、工作单位、住址等;被保险人的身体健康状况或既往病史;被保险人的民事行为能力等。这些重要事项是影响保险人决定是否同意承保或者确定保险费率的重要因素。

②交付保险费义务。按照约定交纳保险费是投保人履行合同的最基本的义务。人身保险合同订立以后,投保人可以向保险人一次性支付全部保险费,也可以按照合同约定分期支付保险费。

③保险事故发生的通知义务。在投保人、受益人知道或应当知道被保险人死亡、伤残或疾病等保险合同约定事故发生后,应当及时通知保险人;投保人或被保险人在被保险人达到约定的年龄、期限时,有义务通知保险人,以便保险人及时履行给付保险金义务。

④提供有关证明或资料的义务。在依照保险合同请求给付保险金时,投保人、被保险人或受益人应当向保险人提供其所能提供的与确认保险事故或符合保险合同约定条件有关的证明和资料。通常,各险种所要求提供的证明和资料都不一样,投保人、被保险人或受益人应依据保险合同中的要求提供保险人所需要的证明和资料。

2）保险人的权利和义务

（1）保险人的权利

①中止合同和恢复合同效力。投保人在宽限期后仍不交保险费的,保险人可行使中止合同效力的权利。待投保人同意继续交纳保险费并补交合同中止前及中止期间的保险费后,保险人可根据保险人是否符合保险条件来决定是否恢复保险合同的效力。

②解除保险合同。投保人申报的被保险人年龄不真实,并且其真实年龄不符合合同约定的年龄限制的,保险人可以解除保险合同,但自合同成立起逾两年的除外。合同效力中止后两年内双方仍未达成协议的,保险人可解除保险合同。

③保险人法定责任免除。以死亡作为给付保险金条件的合同,被保险人在合同成立之日起两年内自杀的,保险人不承担给付保险金责任,但对投保人已支付的保险费,保险人应按照保险单退还其现金价值。被保险人故意犯罪导致其自身伤残或死亡的,保险人不承担给付保险金的责任。投保人已交足两年以上保险费的,保险人应当按照保险单退还其现金价值。

（2）保险人的义务

当被保险人在合同有效期内死亡、伤残、疾病,或者当被保险人达到合同约定的年龄、期限时,保险人应当依合同约定承担给付保险金的责任。这是保险人最基本的义务。

9.5　会展保险

9.5.1　会展业的特点

会展是一种新的经济形式,其发展状况不仅会直接影响城市经济的长足发展,还将关系到社会生活的诸多方面。会展经济具有巨大的发展潜力,这是由其自身的发展特点决定的。

会展经济主要表现为以下 5 个特点:

1）综合效益大

会展业是高收入、高赢利的行业,据有关专家测算,其利润一般在 20% ~

30%,它在带来巨额利润和城市繁荣的同时,也带来了强大的社会效益,表现为推进了市政建设、提供广大的就业机会、传播发展新观念等。

2）产品关联性强

会展活动涉及服务、交通、通信、建筑、广告、装饰的许多部门,不仅可以培育新的产业群,而且能直接或间接带动一系列相关产业的发展,其产业关联系数为1:9。

3）互动性能好

会展经济与运输、旅游、通讯等相关行业之间存在方方面面的联系,同时举办大型的会展活动能有效推动城市建设,提高城市知名度,促进社会服务水平提高,带动相关行业发展。

4）投资回收快

会展业是投入大、回收快的产业。从区域发展的角度来看,政府大都愿意投入巨额资金,并给予一系列优惠政策,以切实推进会展经济的迅速发展。

5）风险高度集中

会展业的风险具有较强的独特性,主要表现在单位时间内,风险来源多,风险高度集中,多种风险因素交错,在展会筹办、举办及撤展期间一旦发生事故,将给主办方、参展商等相关方带来巨大的经济损失。

9.5.2　我国保险公司的业务范围及与会展相关的险种

如今的大中型展览会一般都是参展人数众多,因而最容易发生参展单位的财产安全、参观者的人身和财产安全等问题,从而影响到主办者或承办者的经营。展会上因频频出现偷窃现象,导致财产损失,已成为展会组织者及参展商头痛不已的事情。由于主办者、承办者、参展商还没有找到有效的防范手段来应对,导致不少参展商在展会期间常常不愿再继续展示产品,最后不得不提前撤展的尴尬局面。展会上参观者的人身、财产安全缺少保障,也直接影响到展会的经营风险。在一些房产展会、人才招聘会的现场,有限的场地内前来参观者、购买者和应聘者络绎不绝,有时甚至到了寸步难移的地步。这类展会上,很容易发生人们相互拥挤、踩踏致伤、致残等事故。据悉,主办者或承办者每年为此要支付的大额赔偿费用。因此,会展保险是会展业经营过程中十分值得重视的问题。下面我们重点介绍我国保险公司的业务范围,并推荐与会展相关的主要险种。

1)我国保险公司的业务范围

我国《保险法》第 92 条规定,保险公司的业务范围主要有财产保险业务和人身保险业务。财产保险业务包括财产损失保险、责任保险、信用保险等保险业务;人身保险业务包括人寿保险、健康保险、意外伤害保险等保险业务。同一保险人不得同时兼营财产保险业务和人身保险业务;但是,经营财产保险业务的保险人经保险监督管理机构核定,可以经营短期健康保险业务和意外伤害保险业务。保险公司的业务范围由保险监督管理机构依法核定。保险公司只能在被核定的业务范围内经营活动。保险公司不得兼营本法及法律、行政法规规定以外的业务。

保险公司的业务范围具体界定如下:

①财产保险公司可以经营下列全部或部分业务:企业财产损失保险、家庭财产损失保险、建筑工程保险、安装工程保险、货物运输保险、机动车辆保险、船舶保险、飞机保险、航天保险、核电站保险、能源保险、法定责任保险、一般责任保险、保证保险、信用保险、种植业保险、养殖业保险、经中国保险监督管理委员会批准的其他财产保险业务以及上述保险业务的再保险业务。

②人身保险公司可以经营下列全部或部分业务:个人意外伤害保险、个人死亡保险、个人两全寿险、个人终身寿险、个人年金保险、个人短期健康保险、个人长期健康保险、团体意外伤害保险、团体定期寿险、团体终身保险、团体年金保险、团体短期健康保险、团体长期健康保险、经中国保险监督管理委员会批准的其他人身保险业务及上述保险业务的再保险业务。

③保险公司可以经营下列全部或部分业务:接受财产保险公司的再保险分出业务;接受人身保险公司的再保险分出业务;经中国保险监督管理委员会批准,接受境内保险公司的法定分保业务;办理转分保业务;经营国际再保险业务。

保险公司申请增加业务经营范围的,其资本金、经营年限、经营业绩等应符合中国保险监督委员会的有关要求。经中国保险监督管理委员会和国家外汇管理部门批准,保险公司可以经营外汇业务的,其范围仅限于总公司,保险公司分支机构如需经营外汇业务,应当另行报批。

2)与会展相关的险种介绍

会展业经营的风险来源有很多,按照危险发生的本体划分,主要有:

财产或财务上的危险。财产发生各种直接的或间接的损害的可能性,均可列入财产的危险范围。例如,建筑物有遭受火灾、地震、爆炸等损失的危险,船舶有遭受沉没、碰撞、搁浅、被劫夺等损失的危险。这些危险是财产的直接损失。间接损失是指不是因为危险事故直接引发而是因介入了其他因素造成的损失。在展会筹办、展览和撤展过程中,展品、道具或其他财物在运输、安装、展出、撤除以及在运输的整个过程中,由于自然灾害或意外事故引起的直接的或间接的损失,均可以列入保险责任范围。由于会展所在地发生诸如战争、恐怖袭击、环境污染、疾病爆发等灾难性事件等导致的会展中断、延迟或取消而给组织者或参展商造成的损失也可列入保险责任范围。

人身上的危险。人身上的危险指与个人的生命或健康有关的一切危险,包括死亡、疾病、伤害、残疾、失业等。例如,在展览会期间,组织者、参展方的员工或临时聘用人员、观众等由于自然灾害或者意外事故受到的人身伤害(非展览期间的风险不在此列)。生老病死虽为人类生命的必然现象,但在何时发生,仍具有不确定性。一旦发生,必须给本人和家属增加经济负担。

责任上的危险。此处的责任指民事责任而不包括刑事责任。自然人、法人违反合同或者为侵权行为的,应当承担不利的法律后果。民事责任在内容上是一种特别的债,主要为责任人向受害人承担损害赔偿的义务。例如,会展组织者、参展商在展览过程中由于疏忽或过失造成他方财产损失或人身伤亡时,依法应当承担的赔偿责任。这种赔偿对会展组织者、参展商来说造成财产的减少,属于责任上的危险。

保险制度建立的宗旨在于分散危险,消化损失。现代保险公司针对不同风险设计了相应的各类险种,并将保险责任的范围不断扩大而形成比较广泛的综合保险。对会展业而言,会展保险不仅涉及展品和运输,还涉及展台人员和参观者等,涉及的险种名目繁多,通常保险公司开发和设计的会展保险产品主要分为财产保险和人身保险两大类。

以下的会展险种,有些是国内保险公司已经开发的险种,有的是应当与展览期间将出现的各种风险相对应的,需要向国外借鉴并待创设的新险种。

(1)展品保险

展品不同于普通财产。有的展品是珍品或孤品,价值连城,如珠宝展;有的展品的价值有时效性,会展期间的价值与会展结束后的价值不同。因此,若能开发出符合展品特点的展品保险,广大参展商肯定会欢迎。展品保险属于特种财产保险,其保险金额宜采用定值保险的方式来确定,而其保险期限通常就是展览期限。另外,在保险合同条款的设计中,应适当减少附和性条款,同时增加协商性条款的比例,以适应不同展品的个性化保险需求。例如近年来珠宝、文物展被盗事件频繁曝光,就反映出展品盗窃险是一种十分重要的保险。

(2)运输保险

它是为安排展品在运输和展览过程中的保险。在展品发运和取得提单后,按清册价办理保险手续,并取得保险单。保险期从货物在国内仓库发运至运回国内仓库止。分保业务可交由承保行办理。其他险种根据强制性的保险要求以及实际需要视具体情况决定,如战争险。运输途中货物发生破损丢失,应设法向事故责任方取得理赔单证。若无法取得理赔单证,则要求责任方写证明书。受损方填好受损报告书,连同索赔清单交承保公司办理索赔手续。索赔期一般为一年。

(3)会展设备安装与拆卸工程保险

随着会展规模的不断扩大,会展设备的安装越来越复杂,其安装过程的风险也越来越大。但会展设备的安装与一般大型设备的安装有较大区别,它的工期较短,而且不久就要拆卸,其拆卸过程同样也包含风险。因此,可以借鉴普通安装工程保险的形式,设计出一个会展设备安装与拆卸工程保险,在一份保险合同中,同时承保会展设备的安装与拆卸,从而使办展方的安装会展设备过程和拆卸会展设备过程同时得到保障。

(4)会展中断(或取消、延迟)保险

专家建议保险公司借鉴国外经验,开发与会展联系密切的会展活动中断(或取消、延迟)保险。这种保险主要是针对由于恶劣天气或意外事故等原因,导致会展活动被迫中断,由此造成筹备会展和会展中断产生的费用承担赔偿责任。此种保险范围包括因天气恶劣,事故性停电,表演者无法演出,公共交通工具事故等意外事故导致会展活动被迫中断时予以赔偿;或者对已经预定举办日期,因举办日期推后而产生的额外费用予以赔偿;或者可根据不同会展活动特别设定赔偿条件。

(5)会展融资信用保险

办会展与其他经济活动一样,需要先投入一定的资金。而会展的规模越大,投入的资金将越多,因此,会展融资今后将越来越普遍。然而,会展融资的信用风险也是客观存在的,特别是今后会展的数量越多,办会展的单位越复杂,则会展融资的信用风险就会进一步显现。开办会展融资信用保险,将能为会展业的蓬勃发展助一臂之力。

（6）责任保险

根据《保险法》规定,保险人对责任保险的被保险人给第三者造成的损害,可以依照法律的规定或合同的约定,直接向该第三者赔偿保险金。责任保险是指以被保险人对第三者依法应负的赔偿责任为保险标的的保险。

责任保险发展十分看好会展市场。责任保险有很多种类,这里仅介绍几种与会展关系密切的责任保险:

产品责任保险。它是指以产品的生产者和销售者的产品造成产品使用者人身伤亡、疾病或财产损失而应当承担的损害赔偿责任为标的的责任保险。其目的在于保护产品的制造商或者生产商免受因其产品的使用而造成他人人身或财产损害而承担赔偿责任的损失。

公众责任保险。公众责任保险是指以被保险人因其违反法定义务造成公众人身伤亡或财产损失而应当承担的赔偿责任为标的的责任保险。公众责任保险所承保的危险,限于被保险人应为保险期间的事故对社会公众成员承担的赔偿责任。在国外,公众责任保险承保了个人和企业面临的大部分责任风险。

我国目前开办的公众责任保险以场所责任保险为主,会展责任保险就是其中之一。公众责任保险主要是承保被保险人在各固定场所进行生产、营业或其他各项活动中,由于疏忽或意外事件造成第三人人身伤害或财产损失后,依法应由被保险人承担的赔偿责任。在展会举办期间,由于人口集聚密度太高,责任隐患很大,在展览施工和展出期间,可能出现施工人员的事故、参观者的意外伤害、火灾、食品中毒等诸多危险。因此公众责任保险对于会展组织者和参展商而言是非常重要的。

在第九届中国北京国际科技产业博览会的最大亮点之一,就是首次出现了公众责任险。据了解,按照国务院发布的《国家突发公共事件总体应急预案》的指引,借鉴发达国家举办大型展会的成功经验,第九届北京科博会组委会委托中盛国际保险经纪公司对科博会的主会场以及场馆安全现状进行了全面查勘和评估,对可能出现的各类突发事件编制了紧急预案。在此基础上,组委会为本次科博会所有参观人员投保了高达 2 000 万元的公众责任险。本届科博会组委会办公室主任、北京贸促会会长周茂菲认为,由于科博会具有参展人数众多、海外来宾规格高、影响范围大、波及面广的特点,实施全面的风险管理,不仅可以对即将召开的 2008 年北京奥运会在防范风险、减少损失、确保安全以及赛事期间的风险管理工作提供一种全新的模式,而且对国内会展经济的可持续发展也将起到良好的示范作用。

(7)人身意外伤害保险

人身意外伤害保险是指被保险人在保险期间内,因遭受意外伤害或因此而导致残废或死亡时,保险人给付保险金的人身保险。现代会展的一个显著特点是观众多、参与性强。观众在参观展览时,不光用眼睛看,用耳朵听,而且往往还要亲自动手操作展品,以全方位地感受观展的效果。然而,这样做的负面效应就是有可能在操作过程中遭到意外伤害。因此,可设计出一种意外伤害保险。这是一种特种意外伤害保险,主要承保观众在操作展品时,因意外事故而遭到的人身伤害。由于其保险期限一般较短,所以保险费也会较低,这样,可由广大游客在购买参观票时自愿选购。

随着会展业的不断发展,会展险种呈现多样化且不断翻新,展出者没有必要投保所有险种,而应该根据规定和需要选择险种投保。展会组织者、运输公司、施工管理部门等会规定一些强制性的保险要求,这些规定应予以执行。另外,展出者可以根据自己的一些需要办理其他险种。展会组织者一般不负责展出者展品的丢失、损坏和人员伤亡事故,以及在展台内发生的第三者伤亡事故。因此,展出者应自行安排保险。在办理投保时需要注意保期要包括筹备、运输、展览和撤展的全过程。

【知识链接】

上海世博会有关保险的规定

第四条　强制保险和规定保险

1.根据中国法律和法规的规定,世博会的强制保险如下:

(1)机动车交通事故责任强制保险;

(2)工伤保险;

(3)医疗保险;

(4)上海市外来从业人员综合保险(仅包括工伤和住院医疗)。

2.根据《一般规章》和本特殊规章,世博会的规定保险如下:

(1)综合责任保险;

(2)财产保险;

(3)展品和艺术品保险;

(4)建筑与安装工程保险。

3.本条列明的险种,由组织者决定最低保险要求,各险种的具体内容,以保险合同的条款或组织者发布的公告为准。

资料来源:上海世博会特殊规章第 8 号《有关保险》(该规章于 2007 年 6 月 18 日经国际展览局第 141 次全体大会通过。)

9.5.3 会展保险发展现状及其存在的问题

相对于我国展览业的快速发展,国内会展保险的发展却非常落后。据了解,2005 年,上海会展业展会直接收入超过 20 亿元,可与展会相关的保险收入却仅有 80 万元,显得极不对称。原因有两方面:

一方面,会展主体保险意识弱,需求市场不足,是导致展会保险市场空缺的根本原因。许多展览馆、会展商的保险意识弱,对保险态度冷淡。尽管展会暗存风险,但不少主办者、承办者或参展商至今却尚未认识到保险对展览会的风险保障作用。有的人对会展保险表现为不理解,认为展会保险应该由展会主办方或者参展商购买,展览中心只是租借场地,没必要投保。有的人认为,依靠自身加强管理就能防范风险,保险是一种经济负担。多数人仍以侥幸心理对待可能发生的风险。一旦安全问题发生后,三者之间又常常会互相推诿责任,致使受害者的损失无法得到及时弥补。

然而,因为缺乏必要的风险保障,以往国内的会展业就“吃过亏”。例如,2003 年“非典”期间,北京取消或延期的会展占全年会展总数的 40% ~ 65%。展览场馆和主要经营会议场所的损失,占其全年收入的 40% 左右;主办单位和承办单位的损失,占其全年收入 50% 以上。而原定于当年春天举行的北京最大规模的会展活动——第六届科博会因为推迟到了秋天举办,导致规模只有计划的 1/3。

相比之下,国际上一些成熟的展览会市场,如法兰克福、多特蒙德等城市,展会主办者的风险管理意识明显较强,懂得怎样通过保险,转移财物损失、责任赔付及经营损失等各类风险。

另一方面,国内保险公司针对展会市场设计的保险产品非常少,缺乏与会展业相应的险种。据了解,目前财产保险公司有展览会保险的并不多。虽然个别公司涉及过展览方面的保险,但大多数局限于对展品本身进行“财产保险”,而对展会取消或延迟等不易计量的“责任风险”很少涉及。平安财险的展览会责任险虽然出现较早,但主要是责任险保障,在展览会期间,因被保险人管理不当或操作失误,导致游客人身伤害和财产损失的,由保险公司予以理赔。但这样的保障范围并不够。去年年底,大地财险推出展览会综合保险和展览会参展商综合保险,保障范围扩大不少,涵盖展览会过程中许多风险,包括财产损失、运输损失、公众责任、雇主责任等,就连高价值的金银珠宝和艺术品也囊括在承保范围之列。保障虽然齐全,但展会保险推出以后,市场反应冷淡,并没有随着展会市场一起火起来。

相同的市场,在国外则是另一番景象。国外的保险公司为展会活动提供的保险品种比较齐全。以美国为例,被称为"综合责任一般险"的年度保险是展会活动组织者最经常购买的险种,组织者只需支付一定数额的保险费(通常为2 000美元左右)就可以把与其责任有关的各种风险因素纳入保险范畴。当然,有些组织者希望针对具体一项展会活动进行投保,这些保险公司同样能够满足其要求,如提供经营中断险、重要人物险、未出席险、错误和疏忽险等一系列险种。

随着国内会展业与国际水平的不断接轨,展出者的风险意识正在逐步提高。因此,对于保险业来说,要想更多地开拓会展保险市场,就应当有针对性地创设与会展期间的各种风险相对应的会展险种,同时还要注意发挥自身的技术优势,帮助其建立科学、完善的风险管理机制,尽最大可能地把原有的事后补偿功能转变为事前预防,促进会展业创造出更好的综合效益。

【本章小结】

本章主要介绍保险法的概念、体系、调整对象和立法原则,重点阐述保险合同、财产保险合同和人身保险合同,包括合同的概念、特征、分类、订立原则、主体、基本内容及合同的履行等基础理论,最后分析我国会展公司的业务、目前会展保险的现状和会展保险的险种,呼吁开拓会展保险市场,有针对性地创设与会展期间的各种风险相对应的会展险种。

【测试题】

一、单选题

1.自愿保险合同和强制保险合同的分类标准是(　　　)。
　　A.保险标的价值确定与否　　　　B.保险标的类别
　　C.合同当事人订立合同的意愿　　D.保险人的承保方式
2.保险合同的关系人是(　　　)。

  A. 保险人   B. 投保人

  C. 保险人和投保人   D. 被保险人和受益人

3. 下列合同不属于财产保险合同的是( )。

  A. 财产损失保险合同   B. 意外伤害保险合同

  C. 责任保险合同   D. 信用保险合同

4. 不属于财产保险合同履行原则的是( )。

  A. 经济合理原则   B. 代位原则

  C. 分摊原则   D. 近因原则

5. 人身保险合同的通行条款不包括( )。

  A. 自杀条款   B. 年龄误告条款

  C. 一方灾难条款   D. 共同灾难条款

6. 财产保险合同的特征是( )。

  A. 短期合同   B. 中期合同   C. 长期合同   D. 中长期合同

二、判断题

1. 保险法的调整对象是保险企业和保险当事人。   (　　)

2. 商业保险和社会保险是性质相同的保险。   (　　)

3. 我国《保险法》上规定的保险仅为商业保险。   (　　)

4. 保险制度的建立在于分散风险,消化损失。   (　　)

三、简答题

1. 简述保险合同订立的原则。

2. 简述保险合同的分类。

3. 简述保险合同的索赔和理赔的程序。

4. 试比较财产保险合同和人身保险合同的概念和特征。

5. 简述财产保险合同和人身保险合同的分类。

四、实训题

请分组调查我国会展保险的现状和会展保险的险种。

第10章
经济纠纷解决的法律制度

【本章导读】

在经济活动中双方当事人对相关问题不同的看法会产生分歧，解决经济纠纷的途径有协商、调解、仲裁、诉讼。

【关键词汇】

经济纠纷　调解　仲裁　诉讼

【案例导入】

位于 A 市的甲公司与位于 B 市的乙公司订立了一份买卖水果的合同,合同约定如果发生纠纷,由位于 C 市的经济仲裁委员进行仲裁。后来在合同执行过程中发生了纠纷,并由 C 市仲裁委员会进行仲裁,鉴于该案的社会影响比较大,该仲裁委员会决定公开审理,但甲公司表示反对。该仲裁委员作出裁决后,甲公司不服,表示准备向法院起诉,乙公司则要求甲公司履行裁决书。由于甲公司很长时间不履行仲裁裁决书,乙公司便申请该仲裁委员会执行,但被仲裁委员会拒绝。

资料来源:21 世纪教育网 http://edu.21cn.com/kjs/g_156_15736-1.htm

问题:1.两公司约定由 C 市的经济仲裁委员会仲裁是否合法? 为什么?

2.甲公司反对仲裁委员会公开审理是否正确? 为什么?

3.甲公司能否向法院起诉? 为什么?

4.该仲裁委员会拒绝乙公司的执行申请是否正确? 为什么?

【案例分析】

1.约定是合法的。这里应该区别仲裁与诉讼。在诉讼中有级别管辖与地域管辖的限制,当事人一般不能另行选择管辖法院;而在仲裁中,没有级别管辖和地域管辖的限制,由当事人约定选择仲裁委员会。所以两公司约定由 C 市的经济仲裁委员会仲裁是合法的。

2.甲公司可以反对。因为仲裁原则上应当不公开进行,但如果当事人约定公开的,只要不涉及国家秘密,也可以公开进行,这与诉讼不同,诉讼原则上应公开进行。

3.不能起诉。这是仲裁与诉讼的重要区别,诉讼实行两审终审制,当事人对一审判决不服一般可以上诉。仲裁实行一裁终局原则,裁决书作出后即产生法律效力,既不能再向其他仲裁机构申请仲裁,也不能向法院起诉。

4.正确。一方当事人不履行仲裁裁决书的,另一方当事人只有向有管辖权的人民法院申请执行而不能向仲裁委员会申请执行。

10.1 经济纠纷及调解

10.1.1 经济纠纷

1)经济纠纷的概念及特点

（1）概念

经济纠纷是指在经济交往过程中当事人对相关问题产生分歧而向有关部门或司法机关提请处理所引起的争议。

（2）经济纠纷的成因

产生经济纠纷的情形是多种多样的,但究其原因,不外乎两个方面:

①主观方面。例如合同签订后,一方当事人可能会因为标的物的数量、质量、价格以及合同履行的时间、地点等原因,主观上不愿履行或不愿完全履行合同;也可能因为签订合同时考虑不周,致使合同在履行中出现履行地点不清,质量、价格不明确等情况,如双方当事人协商不能达成一致时,就会引起纠纷。

②客观方面。例如合同从订立到履行完毕,除即时清结的以外,往往要经过一个较长的过程,其间发生的客观原因可能导致合同无法履行。如因发生不可抗力,使合同不能全部或部分履行;因第三人的原因,无法如约按期、按时交付标的物等。

（3）经济纠纷的特点

①主体特定,经济纠纷通常只发生在经济交往的几方当事人之间。

②纠纷内容的多样化,几乎每一个与经济交往有关的方面都会引起纠纷。

③属于民事范畴,而不是行政和刑事责任。

④解决途径多样化,可通过协商、调解、仲裁、诉讼来解决。

2)经济纠纷的分类

①经济合同纠纷。包括购销合同、工程承包合同、中外合资、中外合作合同担保合同、人身保险合同等纠纷。

②经济损害赔偿纠纷。包括产品责任损害赔偿及其他损害赔偿纠纷。

③经济权属纠纷。包括专利权属纠纷、商标权属纠纷、其他权属纠纷等。

④企业破产纠纷。包括全民所有制企业破产纠纷及非全民所有制企业破产纠纷。

⑤其他经济纠纷。

3)经济纠纷的解决程序

经济纠纷产生后,当事人可以协商解决,或者请第三人调解解决。

当事人不愿通过协商、调解解决或者协商、调解不成的,可以依据双方约定的仲裁条款或者事后达成的书面仲裁协议,向仲裁机构申请仲裁。

当事人没有订立仲裁协议,或者仲裁协议无效的,可以向人民法院起诉。

10.1.2 经济纠纷的调解

1)调解的概念和分类

(1)调解的概念

调解是指经过第三者的排解疏导,说服教育,促使发生纠纷的双方当事人依法自愿达成协议,解决纠纷的一种活动。

(2)调解的种类

中国当代的调解制度是指人民政权的调解制度,它已形成了一个调解体系,主要有以下四种:

①人民调解。即民间调解,是人民调解委员会对民间纠纷的调解,属于诉讼外调解。

②法院调解。这是人民法院对受理的民事案件、经济纠纷案件进行的调解,是诉讼内调解。对于婚姻案件,诉讼内调解是必经的程序。至于其他民事案件是否进行调解,取决于当事人的自愿,调解不是必经程序。法院调解书与判决书有同等效力。

③行政调解。它分为两种:a.基层人民政府,即乡、镇人民政府对一般民间纠纷的调解,这是诉讼外调解。b.国家行政机关依照法律规定对某些特定民事纠纷或经济纠纷或劳动纠纷等进行的调解,这些都是诉讼外调解。

④仲裁调解。即仲裁机构对受理的仲裁案件进行的调解,调解不成即行裁决,这也是诉讼外调解。

2) 人民调解制度

（1）人民调解制度的性质和任务、原则

①人民调解制度的性质。《中华人民共和国宪法》第111条规定：人民调解委员会是基层群众自治组织——居民委员会、村民委员会下设的一个工作委员会，其专门职责是调解民间纠纷。人民调解制度的性质是一种司法辅助制度，是一种人民民主自治制度，是人民群众自己解决纠纷的法律制度。②人民调解的任务。《人民调解委员会组织条例》第5条规定：人民调解委员会的任务为调解民间纠纷，并通过调解工作宣传法律、法规、规章和政策，教育公民遵纪守法，尊重社会公德。③人民调解的基本原则。a.合理合法原则。b.自愿平等原则。c.尊重诉权原则。

（2）人民调解的组织形式

①人民调解委员会。人民调解的组织形式是人民调解委员会。人民调解委员会是村民委员会和居民委员会下设的调解民间纠纷的群众性组织，在基层人民政府和基层人民法院指导下工作。人民调解委员会由委员3～9人组成，设主任1人，必要时可设副主任。②人民调解员。人民调解员应当具备的基本条件是：a.为人公正；b.联系群众；c.热心调解工作；d.有一定的法律知识和政策水平；e.成年公民。③司法助理员。基层人民政府设司法助理员，具体指导人民调解工作，主要是帮助人民调解委员会进行组织建设，思想建设和业务建设。

（3）人民调解的工作程序和方法

①调解程序。人民调解应当遵循一定的程序，主要是：受理纠纷；调解准备；进行调解；达成协议；调解结束。②调解方法。调解方式有：直接调解，公开调解，共同调解，联合调解等。调解方法主要有：教之以行，动之以情，晓之以理，喻之以法。

人民调解委员会不应仅仅是消极被动地排解纠纷，而应注意调防结合，主动积极地预防、减少民间纠纷，防止民间纠纷的激化。

3) 法院调解

《民事诉讼法》第85条规定，人民法院审理民事案件，根据当事人自愿的原则，在事实清楚的基础上，分清是非，进行调解。

（1）调解方式

《民事诉讼法》第86条规定：人民法院进行调解，可以由审判员一人主持，也可以由合议庭主持，并尽可能就地进行。人民法院进行调解，可以用简便方式通知当事人，证人到庭。

《民事诉讼法》第87条规定：人民法院进行调解，可以邀请有关单位和个人协助。被邀请的单位和个人，应当协助人民法院进行调解。

（2）调解协议

《民事诉讼法》第88条规定：调解达成协议，必须双方自愿，不得强迫。调解协议的内容不得违反法律规定。

（3）调解书

①制作调解书。《民事诉讼法》第89条规定：调解达成协议，人民法院应当制作调解书。调解书应当写明诉讼请求、案件的事实和调解结果。调解书由审判员、书记员署名，加盖人民法院印章，送达双方当事人。调解书经双方当事人签收后，即具有法律效力。

②可以不制作调解书。《民事诉讼法》第90条规定：下列案件调解达成协议，人民法院可以不制作调解书。a. 调解和好的离婚案件；b. 调解维持收养关系的案件；c. 能够即时履行的案件；d. 其他不需要制作调解书的案件。

对不需要制作调解书的协议，应当记入笔录，由双方当事人、审判人员、书记员签名或者盖章后，即具有法律效力。

（4）调解不成的处理

《民事诉讼法》第91条规定：调解未达成协议或者调解书送达前一方反悔的，人民法院应当及时判决。

4）行政调解

（1）行政调解的概念和特征

行政调解指由行政机关以第三者的身份出面主持，以国家法律和政策为依据，以自愿为原则，通过说服教育等方法，促使双方当事人友好协商、互让互谅、达成协议，消除纠纷的诉讼外活动。

（2）行政调解的原则

①自愿原则。行政调解机关无权强迫任何一方当事人履行义务，更无权对当事人的人身或财产实行强制。②平等原则。行政调解中双方当事人地位完

全平等,自愿、充分、真实地表达自己的理由和意见。行政机关必须以平等的态度对待双方当事人。③明辨是非原则。调解活动必须在分清责任、明辨是非的基础上依法进行。④尊重当事人权利的原则。

（3）行政调解程序

①申请。受理纠纷的行政调解通常须有一方或双方当事人的申请。即由行政管理相对人主动要求行政机关出面调解解决纠纷。

②受理。有关行政机关在接到调解申请后,应就是否符合受理条件对案件进行审查。遇有如下情况,将不予受理。a.当事人一方已向仲裁机关申请仲裁。b.当事人一方已向人民法院提起诉讼。c.其他行政机关正在主持调解。d.已经经调解处理,又没有提出新的事实和理由。

若无上述情况,经审查符合法定受理条件的,行政机关应予以受理。在法定期限内立案。立案后,有在法定期限内通知或将申请书副本发送被申请人,被申请人在法定期限内应答复是否同意调解。被申请人逾期不作答复的被视为不同意调解。行政机关可以据此不作调解。

③回避制度。参加调解的人员如有下列情形之一,应主动回避,当事人也可以申请他们回避:a.是本案当事人的近亲属;b.与本案有利害关系;c.与本案有其他关系可能影响案件公正处理的。

④调查取证。对案件事实清楚、情节简单的,在调解前可以不作调查。但对案件事实不清、情节又较复杂的,应进行调查核实及必要的取证。

⑤核定调解方案。在查明真相、掌握实情、认定性质的基础上,可通过对各方面因素的综合分析研究,拟订调解方案。进一步统一思想认识、明确调解的方向与重点,确定采取哪些具体的方法、步骤等。

⑥实施调解,具体的调解方式有:a.当面调解。即以行政机关为居中调解人,把双方当事人召集一块,面对面互相协商,当即达成调解协议。b.背对背调解。指行政机关分别对当事人作调解工作。从中协调斡旋、疏通说和,必要时可几经反复,最后达到使双方当事人形成协议。c.召开调解会。即在一定的时间、地点、场合,由行政机关负责主持,要求双方当事人出席,同时允许与纠纷相关的人或受之影响的人参加,公开的调解会。

⑦达成调解协议。经过行政调解,双方自愿协商同意,调解成立的,可达成调解协议。达成之后,需要制作调解书。调解书以行政机关的名义制作。调解书要由行政机关存留一至二份归档。同时,分别发送纠纷或争议双方当事人各一份。

⑧调解不成的处理。如果行政调解未达成协议,或者达成调解协议后当事

人反悔的,一当事人可以申请仲裁,或向人民法院起诉。

5) 仲裁调解

仲裁调解是由仲裁机构对受理的仲裁案件进行的调解。仲裁中,当事人愿意调解的,仲裁庭应予调解,调解不成的,仲裁庭应依法及时作出裁决。仲裁调解属于诉讼外的调解,不是必经的法定程序,但如果调解达成协议的,仲裁庭应当制作调解书或根据调解的结果制作裁决书,仲裁调解书与仲裁裁决书具有同等的法律效力。

10.2 经济仲裁

10.2.1 经济仲裁的概念和原则

1) 经济仲裁的概念

仲裁亦称为公断,是指双方当事人之间发生纠纷时,由第三人作出对双方当事人都具有约束力裁决的活动。

经济仲裁是指公民、法人和其他组织之间因合同或其他财产权益发生纠纷,由仲裁机构为解决当事人双方的争议而作出裁决的活动。

经济仲裁在我国首先是为了适应对外贸易的发展需要,1956 年中国国际贸易促进委员会制定了对外贸易仲裁程序规则,并同时成立了对外贸易仲裁委员会。在此之后,我国又相继出台了有关海事、经济合同、技术合同等有关的仲裁法律法规。1994 年 8 月 31 日,第八届全国人大常委会第九次会议通过了《仲裁法》,于 1995 年 9 月 1 日起施行。

2) 仲裁的原则

按照《仲裁法》的规定,当事人采用仲裁方式解决纠纷应当遵循以下原则:

(1) 自愿原则

经济仲裁实行自愿原则。当事人采用仲裁方式解决纠纷,应当双方自愿,达成仲裁协议。没有仲裁协议,一方申请仲裁的,仲裁委员会不予受理。当事人达成仲裁协议,一方向人民法院起诉的,人民法院不予受理,但仲裁协议无效的除外。

(2)以事实为依据、以法律为准绳原则

仲裁机构对受理的经济纠纷案件,应当在查清事实的基础上,按照法律,公平合理地解决纠纷,以使裁决具有法律效力。

(3)仲裁独立原则

仲裁机构的仲裁依法独立进行,不受行政机关、社会团体和个人的干涉。

(4)一裁终局制原则

仲裁实行一裁终局制度。裁决作出后,当事人就同一纠纷再申请仲裁或者向人民法院起诉的,仲裁委员会或者人民法院不予受理。裁决被人民法院依法裁定撤销或者不予执行的,当事人就该纠纷可以根据双方重新达成的仲裁协议申请仲裁,也可以向人民法院起诉。

仲裁不实行级别管辖和地域管辖。

10.2.2　仲裁机构和仲裁协议

1)仲裁机构

仲裁机构包括仲裁委员会和仲裁协会。

(1)仲裁委员会

设立仲裁委员会,应当经省、自治区、直辖市的司法行政部门登记。仲裁委员会不按行政区划层层设立,由设立仲裁委员会的市人民政府组织有关部门和商会统一组建。

仲裁委员会应具备的条件是:有自己的名称、住所和章程;有必要的财产;有该委员会的组成人员;有聘任的仲裁员。

仲裁委员会由主任1人、副主任2人至4人和委员7人至11人组成。仲裁委员会组成人员中,法律、经济贸易专家不得少于2/3。仲裁员应从公道正派并具有8年以上仲裁、律师、审判员工作的人员中,或者是从事法律教学科研工作并具有高级职称的人员中,以及具有法律知识、从事经贸工作并具有高级职称的人员中聘任。

仲裁委员会独立于行政机关,与行政机关没有隶属关系。仲裁委员会之间也没有隶属关系。

(2)仲裁协会

中国仲裁协会是社会团体法人。仲裁委员会是中国仲裁协会的会员。中国仲裁协会是仲裁委员会的自律性组织。中国仲裁协会的章程由全国会员大会制定。根据章程,中国仲裁协会对仲裁委员会及其组成人员、仲裁员的违纪行为进行监督。

2)仲裁协议

仲裁协议是指合同中订立的仲裁条款和以其他书面方式在纠纷发生前或者纠纷发生后达成的请求仲裁的协议。根据《仲裁法》规定,仲裁协议必须采用书面形式,口头的仲裁协议无效。

(1)仲裁协议的效力

仲裁协议应当具有下列内容:请求仲裁的意思表示;仲裁事项;选定的仲裁委员会。

有下列情形之一的,仲裁协议无效:①约定的仲裁事项超出法律规定的仲裁范围的。②无民事行为能力人或者限制民事行为能力人订立的仲裁协议。③一方采取胁迫手段,迫使对方订立仲裁协议的。

仲裁协议对仲裁事项或者仲裁委员会没有约定或者约定不明确的,当事人可以补充协议;达不成补充协议的,仲裁协议无效。

仲裁协议具有相对独立性,合同的变更、解除、终止或者无效,不影响仲裁协议的效力。当事人对仲裁协议的效力有异议的,可以请求仲裁委员会作出决定或者请求人民法院作出裁定。一方请求仲裁委员会作出决定,另一方请求人民法院作出裁定的,由人民法院裁定。当事人对仲裁协议的效力有异议的,应当在仲裁庭首次开庭前提出。

(2)仲裁协议的作用

仲裁协议的作用,主要是指其法律效力。

①约束各方当事人的行为。仲裁协议之所以对各方当事人具有法律的效力,是因为国家通过立法和缔结国际条约赋予了仲裁协议应有的法律效力。不然,除非仲裁协议的各方当事人能够自觉履行协议,否则仲裁协议无任何作用。仲裁协议的这种法律效力对当事人的约束主要体现在各方当事人依法签订仲裁协议后,就表示放弃了将特定争议事项向法院提起诉讼解决的权利。协议的任何一方在发生争议时都不得向法院提起诉讼,而必须用仲裁的方式解决争议。如果一方向法院提起诉讼,另一方则可依仲裁协议,要求法院终止司法诉讼程序;首先申请仲裁的一方如果没有按仲裁协议的规定事项、指定的仲裁机构、地区申请仲裁,另一方可依仲裁协议要求已受理的仲裁机构撤销受理,由仲

裁协议中指定的仲裁机构和事项、地点进行仲裁。

②授予仲裁机构管辖权。仲裁协议是仲裁机构受理争议案件的依据,如没有仲裁协议或仲裁协议无效,仲裁机构就没有权力受理该项争议。仲裁协议予以仲裁机构的管辖权体现在两方面:一是仲裁协议规定了仲裁机构的受案范围,仲裁机构只能受理当事人在仲裁协议中约定提出的争议事项。对于任何超出仲裁协议范围的事项,仲裁机构无权过问,如果仲裁机构就这些事项作出裁决,当事人有权拒绝执行,或向法院申请撤销裁决。二是发生了争议,任何一方当事人提请仲裁后,另一方在规定的期限内不指定仲裁员、不答辩或不出庭应诉的,仲裁机构有权代为指定仲裁员,仲裁庭有权进行缺席审理并作出缺席裁决。

③排除法院的管辖权。由于法律赋予仲裁协议具有排除法院司法管辖的效力,因此有一方当事人不遵照仲裁协议中的约定,拒不参与仲裁,而是向法院提出司法诉讼时,另一方当事人可以根据仲裁协议予以抗辩,请求法院予以撤案。法院必须撤案。而且仲裁机构根据当事人的约定或适用的仲裁规则的规定,作出的裁决是终局裁决,任何一方当事人不得向法院提出上诉、申诉,不得要求变更管辖。除非裁决出现了《仲裁法》第58条规定的情况,法院才能撤销裁决。

④使仲裁裁决具有强制执行力。一项有效的仲裁协议是强制执行仲裁裁决的前提。《仲裁法》第62条规定:"一方当事人不履行的,另一方当事人可以依照民事诉讼法的有关规定向人民法院申请执行。"这就是说,当一方当事人不履行仲裁裁决时,另一方当事人凭有效的仲裁协议、仲裁裁决向法院申请强制执行。而《仲裁法》第17条规定的无效仲裁协议,则是法院拒绝承认和执行裁决的理由之一。此外,当事人也有权以不存在有效的仲裁协议为由拒绝执行裁决,并对法院的强制执行程序提出抗辩。可见仲裁裁决能否执行,前提是仲裁协议是否有效。

通过对仲裁协议的法律作用,可以看到仲裁协议的重要性,仲裁机构解决纠纷的权力来源于当事人的协议。在仲裁制度的发展过程中,在仲裁机构、仲裁程序上有不少改进,但协议仲裁作为仲裁制度的基石一直延续至今。正因为如此,有人把仲裁协议比作是现代国际商事仲裁的基石。

10.2.3 仲裁程序

我国《仲裁法》对程序问题除规定其必不可少的环节外,其他细节问题,均留给仲裁委员会自行规定。

1）申请和受理

当事人申请仲裁的条件是：有仲裁协议；有具体的仲裁请求和事实、理由；属于仲裁委员会的受理范围。

当事人申请仲裁，应当向仲裁委员会递交仲裁协议、仲裁申请书及副本。仲裁委员会收到仲裁申请书之日起5日内，认为符合受理条件的，应当受理，并通知当事人；认为不符合受理条件的，应当书面通知当事人不予受理，并说明理由。

仲裁委员会受理仲裁申请后，应当在仲裁规则规定的期限内将仲裁规则和仲裁员名册送达申请人，并将仲裁申请书副本和仲裁规则、仲裁员名册送达被申请人。被申请人收到仲裁申请书副本后，应当在仲裁规则规定的期限内向仲裁委员会提交答辩书。仲裁委员会收到答辩书后，应当在仲裁规则规定的期限内将答辩书副本送达申请人。被申请人未提交答辩书的，不影响仲裁程序的进行。

申请人可以放弃或者变更仲裁请求。被申请人可以承认或者反驳仲裁请求，有权提出反请求。

一方当事人因另一方当事人的行为或者其他原因，可能使裁决不能执行或者难以执行的，可以申请财产保全。当事人申请财产保全的，仲裁委员会应当将当事人的申请依照《民事诉讼法》的有关规定提交人民法院。申请有错误的，申请人应当赔偿被申请人因财产保全所遭受的损失。

2）仲裁庭的组成

仲裁庭由当事人约定组成，可以由3名或1名仲裁员组成。当事人约定由3名仲裁员组成仲裁庭的，应当各自选定或者各自委托仲裁委员会主任指定一名仲裁员，第2名仲裁员由当事人共同选定或者共同委托仲裁委员会主任指定。第3名仲裁员是首席仲裁员。当事人约定由一名仲裁员成立仲裁庭的，应当由当事人共同选定或者共同委托仲裁委员会主任指定仲裁员。

当事人没有在仲裁规则规定的期限内约定仲裁庭的组成方式或选定仲裁员的，由仲裁委员会主任指定。

仲裁庭组成后，仲裁委员会应当将仲裁庭的组成情况书面通知当事人。

仲裁员有下列情形之一的，必须回避，当事人也有权提出回避申请：本案当事人或者当事人、代理人的近亲属；与本案有利害关系；与本案当事人、代理人有其他关系，可能影响公正仲裁的；私自会见当事人、代理人，或者接受当事人、代理人的请客送礼的。

当事人提出回避申请,应当在首次开庭前提出并说明理由。回避事由在首次开庭后知道的,可以在最后一次开庭终结前提出。仲裁员是否回避,由仲裁委员会主任决定;仲裁委员会主任担任仲裁员时,由仲裁委员会集体决定。

3)开庭和裁决

（1）开庭

仲裁应当开庭进行。如果当事人协议不开庭的,仲裁庭可以根据仲裁申请书、答辩书以及其他证据材料作出裁决,仲裁不公开进行。如当事人协议公开的,可以公开进行,但涉及国家机密的除外。

仲裁委员会应当在仲裁规则规定的期限内将开庭日期通知双方当事人。当事人有正当理由,可以在规定期限内要求延期开庭。是否延期,由仲裁庭决定。

申请人经过书面通知,无正当理由不到庭或者未经仲裁庭许可中途退庭的,可以视为撤回申请。被申请人经书面通知,无正当理由不到庭或者未经仲裁庭许可中途退庭的,可以缺席裁决。

当事人应当对自己的主张提供证据。仲裁庭认为有必要搜集证据的,可以自行搜集。专门性问题认为需要鉴定的,可以交由当事人约定或仲裁庭指定的鉴定部门鉴定。鉴定部门应派鉴定人参加开庭。在证据可能灭失或者以后难以取得的情况下,当事人可以申请证据保全。当事人在仲裁过程中有权进行辩论。辩论终结时,首席仲裁员或者独任仲裁员应当征询当事人的最后意见。

仲裁庭应当将开庭情况记入笔录。笔录由仲裁员、记录人员签名或者盖章。

（2）和解、调解与裁决

当事人申请仲裁后,可以自行和解。达成和解协议的,可以请求仲裁庭根据和解协议作出裁决书,也可以撤回仲裁申请。和解撤回仲裁申请后又反悔的,当事人可以根据仲裁协议申请仲裁。

仲裁庭开庭后,可以先行调解,调解不成的,应及时作出裁决。调解达成协议的,仲裁庭应制作调解书或根据协议结果制作裁决书。调解书经双方当事人签收后,即发生法律效力。在调解书未签收前,当事人反悔的,仲裁庭应及时作出裁决。

裁决应当按多数仲裁员的意见作出,少数仲裁员的不同意见可以记入笔录。当仲裁庭不能形成多数意见时,裁决应当按照首席仲裁员的意见作出,裁决书自作出之日起发生法律效力。

4) 申请撤销裁决

当事人提出证据证明裁决有下列情形之一的,可以向仲裁委员会所在地的中级人民法院申请撤销裁决:没有仲裁协议的;裁决的事项不属于仲裁协议的范围或者仲裁委员会无权仲裁的;仲裁庭的组成或者仲裁的程序违反法定程序的;裁决所根据的证据是伪造的;对方当事人隐瞒了足以影响公正裁决的证据的;仲裁员在仲裁该案时有索贿受贿、徇私舞弊、枉法裁决行为的。

人民法院组成合议庭审查核实有以上情形之一的,应裁定撤销裁决。凡裁决违背社会公共利益的,也应当裁定撤销。

当事人申请撤销裁决的,应当自收到裁决书之日起 6 个月内提出。人民法院应当在受理撤销裁决申请之日起 2 个月内作出撤销裁决或者驳回申请的裁定。

人民法院受理申请后,认为可以由仲裁庭重新仲裁的,通知仲裁庭在一定期限内重新仲裁,并裁定中止撤销程序。仲裁庭拒绝重新仲裁的,人民法院应裁定恢复撤销程序。

5) 仲裁裁决的执行

当事人应当履行裁决。一方当事人不履行的,另一方当事人可依照《民事诉讼法》的有关规定向人民法院申请执行。受申请的人民法院应当执行。

被申请人提出证据证明裁决有下列情形之一的,经人民法院组成合议庭审查核实,裁定不予执行:当事人在合同中没有订立仲裁条款或者事后没有达成书面仲裁协议的;裁决的事项不属于仲裁协议的范围或者仲裁机关无权仲裁的;仲裁庭的组成或者仲裁的程序违反法定程序的;认定事实的主要证据不足的;适用法律确有错误的;仲裁员在仲裁该案时有索贿受贿、徇私舞弊、枉法裁决行为的。

一方当事人申请执行裁决,另一方当事人申请撤销裁决的,应当裁定中止执行。人民法院裁定撤销裁决的,应当裁定终结执行。撤销裁决的申请被裁定驳回的,人民法院应当裁定恢复执行。

10.2.4　涉外仲裁的特别规定

涉外经济仲裁是指中国的公民、法人或其他经济组织与外国的公民、法人或其他经济组织在经济交往中发生合同纠纷和其他财产权益纠纷时,根据双方当事人依据合同中的仲裁条款或者争议发生后达成的书面仲裁协议,自愿提交中国仲裁机构或者其他仲裁机构仲裁,从而解决双方经济争议的一种法律形式。

我国《仲裁法》规定,涉外经济贸易、运输和海事中发生纠纷的仲裁适用该法有关规定。

我国涉外仲裁委员会可以由中国国际商会组织设立。涉外仲裁委员会由主任一人、副主任若干人和委员若干人组成,均可由中国国际商会聘任。涉外仲裁委员会可以从具有法律、经济贸易、科学技术等专门知识的中、外籍人士中聘任仲裁员。

涉外仲裁的证据保全,法律明确规定涉外仲裁委员会应将当事人的申请提交证据所在地的中级人民法院。涉外仲裁的仲裁庭可以将开庭情况记入笔录或者作出笔录要点,笔录要点可以由当事人和其他仲裁参与人签字或盖章。

如果当事人提出证据证明涉外仲裁裁决有以下情形之一的,经人民法院组成合议庭审查核实,裁定撤销;如果是被申请人提出的,人民法院可裁定不予执行。这些情况是:当事人在合同中没有订立仲裁条款或事后没有达成书面仲裁协议的;仲裁员行为不当或越权作出裁决的;交付仲裁裁决的事项是属于法律规定不得提交仲裁处理的问题;仲裁裁决违反该国的公共秩序;仲裁程序不当或仲裁裁决不符合法定的要求。

涉外仲裁作出的有效裁决,当事人请求执行的,如被执行人或其财产不在我国领域内,应当由当事人直接向有管辖权的外国法院申请承认和执行。

10.3 经济诉讼

10.3.1 经济诉讼的概念与原则

1) 经济诉讼的概念

经济诉讼也称为经济审判,是指人民法院在当事人和其他诉讼参与人的参加下,按照法定程序审理经济纠纷案件并作出裁判的活动。我国依法行使国家经济审判权的专门机关,是按照《人民法院组织法》建立的各级人民法院和专门人民法院。审理经济纠纷案件所适用的法律,包括我国国内法,也可以根据我国法律规定,适用外国法律和我国缔结或参加的国际条约、国际惯例。经济诉讼是运用司法方式解决经济纠纷。它有助于稳定社会经济秩序,维护当事人的合法权益,促进经济健康有序发展,为改革开放服务,为发展社会生产力服务。

2)经济诉讼的原则

经济诉讼的原则是指人民法院与当事人以及其他诉讼参与人在经济诉讼活动中所必须遵循的基本准则。

(1)以事实为依据,以法律为准绳原则

人民法院审理各类案件,都必须从实际出发,实事求是,查清案件的事实真相,并以此作为定案的依据。以法律为准绳指人民法院在查清事实的基础上,必须严格按照法律的规定分清是非,确定当事人的法律责任。

(2)公开审判原则

除合议庭评议案件外,人民法院审理案件和宣告判决,都必须公开进行,允许公民旁听,允许新闻记者采访和报道。但涉及国家秘密的案件不公开审理。涉及商业秘密的案件,当事人申请不公开审理的,也可以不公开审理。

(3)当事人诉讼权利平等原则

当事人不论其社会地位、经济状况如何,不论是公民、法人还是其他经济组织,也不论是原告还是被告,在诉讼中都享有平等的诉讼权利,同时人民法院有义务保障当事人在诉讼中平等行使一切诉讼权利。

(4)回避原则

审判人员、书记员、翻译人员、鉴定人和勘验人与案件有利害关系或其他关系,可能影响案件公正处理时,应当退出对案件的审理,以保证人民法院裁判结果的公正性。

(5)辩论原则

在人民法院主持下,当事人可以就案件事实和所争议的问题,各自陈述自己的主张和根据,互相进行反驳和答辩,以维护自己的合法权益。

(6)合议原则

人民法院审理经济纠纷案件,除简单的案件由审判员一人独任审判外,应当组成合议。

(7)两审终审原则

(8)处分原则

10.3.2　受案范围

1)人民法院民事审判庭的受案范围

从审判机构的设置看,我国没有设立专门的商事法院,经济纠纷主要由设在普通法院内的民事审判庭审理。民事审判庭的受案范围大致包括如下几类案件:

(1)经济合同纠纷案件

包括合同法规定的各类合同纠纷案件以及其他合同纠纷案件。

(2)商标专利纠纷案件

包括因转让注册商标和商标使用许可合同纠纷案件。

(3)股票、债券、票据、期货交易纠纷案件

(4)农村承包合同纠纷案件

包括农村承包经营户与农村集体经济组织之间的土地承包、林牧副渔业承包等合同纠纷。

(5)企业承包经营合同、企业承租经营合同纠纷案件

(6)企业破产案件

(7)经济损害赔偿纠纷案件

(8)涉外和涉港、澳、台经济纠纷案件

此类案件又包括以下几种情况:①中国当事人同外国当事人之间发生的经济贸易纠纷;②外国企业、组织之间在中国领域内发生的经济贸易纠纷;③外国企业、组织之间在中国领域外发生的经济贸易纠纷,而事先订有书面协议向中国法院起诉的;④涉及港、澳、台的上述经济纠纷案件。

2)铁路运输法院和海事法院的受案范围

为了明确铁路运输法院与地方人民法院对案件管辖的分工,及时审理与铁路运输有关的经济合同纠纷和侵权纠纷案件,维护铁路运输经济秩序,保护公

民、法人的合法权益,1990 年 6 月 16 日,最高人民法院作出了《关于铁路运输法院对经济纠纷案件管辖范围的规定》。据此规定,铁路运输法院受理的经济纠纷案件包括:

①铁路货物运输合同纠纷案件。

②铁路旅客和行李、包裹运输合同纠纷案件。

③由铁路处理的多式联运合同纠纷案件。

④国际铁路联运合同纠纷案件。

⑤铁路货物运输保险合同纠纷案件。

⑥代办托运、包装整理、仓储保管、接取送达等铁路运输延伸服务合同纠纷案件。

⑦铁路与地方铁路、专用铁路、专用线在修建、管理和运输方面发生的合同纠纷案件。

⑧铁路在装卸作业、线路维修等方面发生的委外劳务合同纠纷案件。

⑨铁路系统内部的经济纠纷案件。

⑩违反铁路安全保护法律、法规,对铁路造成损害的侵权纠纷案件。

⑪铁路行车、调车作业造成人身、财产损害,原告选择向铁路运输法院起诉的侵权纠纷案件。

⑫上级人民法院指定铁路运输法院受理的其他经济纠纷案件。

3)海事法院的受案范围

海事法院是审理海事、海商案件的专门人民法院。海事法院的受案范围是:海事法院受理我国法人、公民之间,我国法人,公民同外国或地区法人、公民之间,外国或者地区法人、公民之间的五类案件:①海事侵权纠纷案件;②海商合同纠纷案件;③其他海事海商案件;④海事执行案件;⑤海事请求保全案件。

10.3.3 经济纠纷案件的管辖

经济纠纷案件的管辖,是指各级人民法院之间和同级人民法院之间受理第一审经济纠纷案件的分工和权限范围。经济诉讼的管辖适用《民事诉讼法》的规定。

1)级别管辖

经济纠纷案件的级别管辖,是指各级人民法院之间受理第一审案件的分工和权限。基层人民法院(即各区、县人民法院)管辖一般的案件,即法律没有特别规定的第一审案件。中级人民法院管辖以下三类经济纠纷案件：

①重大涉外案件；

②在本辖区有重大影响的案件；

③最高人民法院确定由中级人民法院管辖的案件。

高级人民法院管辖在本辖区有重大影响的第一审民事案件。

2）地域管辖

地域管辖，是指同级人民法院之间受理第一审案件的分工和权限。根据不同情况，地域管辖又分为一般地域管辖、特殊地域管辖、专属管辖、共同管辖和协议管辖等。

（1）一般地域管辖

一般经济纠纷案件，由被告住所地人民法院管辖。被告住所地与经常居住地不一致的，由经常居住地人民法院管辖。住所地，指公民的户籍所在地；经常居住地，指公民离开住所地连续居住1年以上的地方。

（2）特殊地域管辖

①因合同纠纷引起的案件，由被告住所地或者合同履行地人民法院管辖。②因票据纠纷提起的诉讼，由票据支付地或者被告住所地人民法院管辖。③因铁路、公路、水上、航空运输和联合运输合同纠纷提起的诉讼，由运输始发地、目的地或者被告住所地人民法院管辖。④因侵权行为提起的诉讼，由侵权行为地或者被告住所地人民法院管辖。其中侵权行为地包括侵权行为实施地和侵权结果发生地。⑤因铁路、公路、水上、航空事故请求损害赔偿提起的诉讼，由事故发生地或者车辆、船舶最先到达地、航空器最先降落地或者被告住所地人民法院管辖。⑥因船舶碰撞或者其他海事损害事故请求赔偿提起的诉讼，由碰撞发生地、碰撞船舶最先到达地、加害船舶被扣留地或者被告住所地人民法院管辖。⑦因海难救助费提起的诉讼，由救助地或者被救助船舶最先到达地法院管辖。⑧因共同海损提起的诉讼，由船舶最先到达地、共同海损理算地或者航程终止地法院管辖。

（3）专属管辖

根据某些经济纠纷案件的特点，法律规定某些案件必须由特定的人民法院管辖，其他法院无权管辖，也不许当事人协议变更管辖，这就是专属管辖。

以下两类经济纠纷案件按专属管辖办理：因不动产纠纷提起的诉讼，由不动产所在地人民法院管辖；因继承遗产纠纷提起的诉讼，由被继承人死亡时住所地或者主要遗产所在地人民法院管辖。

（4）共同管辖

对于某些经济纠纷案件，两个或两个以上的人民法院都有管辖权，为了防止几个法院同时受理同一案件，《民事诉讼法》规定，原告可以选择其中一个人民法院起诉；原告向两个以上有管辖权的人民法院起诉的，由最先立案的人民法院受理。

（5）协议管辖

合同的双方当事人可以在书面合同中协议选择被告住所地、合同履行地、合同签订地、原告住所地、标的物所在地人民法院管辖，但不得违反对级别管辖和专属管辖的规定。

（6）指定管辖、移送管辖和管辖权的转移

指定管辖是指上级人民法院将某一案件指定下级人民法院管辖。主要适用于以下两种情况：一是有管辖权的人民法院由于特殊原因而不能行使管辖权，如该法院辖区内发生了战争、水灾、地震等不可抗力事件，使人民法院无法进行正常的审判工作，而必须由上级人民法院指定管辖。二是人民法院之间因管辖权发生争议，由争议双方协商解决，协商解决不了的，报请它们共同的上级人民法院指定管辖。

移送管辖是指人民法院发现受理的案件不属于本院管辖时，应当移送有管辖权的人民法院，受移送的人民法院应当受理。但如受移送的人民法院认为移送来的案件依照规定也不属于本院管辖的，应当报请上级人民法院指定管辖，不得再自行移送。

管辖权的转移是指民事诉讼法所规定的上级人民法院有权审理下级人民法院管辖的第一审经济纠纷案件，也可以把本院管辖的第一审经济纠纷案件交下级人民法院审理的情况。

10.3.4　经济纠纷的诉讼程序

1）第一审普通程序

人民法院审理第一审经济纠纷案件通常适用普通程序。它包括起诉、受理和审理前的准备、开庭审理和判决等。

（1）起诉

起诉，是指公民、法人或者其他组织因其合法权益受到侵害或者与他人发

生财产权益争议,以原告身份请求法院保护其经济权益的诉讼活动。提起经济诉讼,要符合下列条件:

①原告是与本案有直接利害关系的公民、法人和其他组织。

②有明确的被告。

③有具体的诉讼请求和事实、理由。

④属于人民法院受理民事诉讼的范围和受诉人民法院管辖。

公民、法人或者其他组织向人民法院起诉,一般应当递交书面起诉状,并按被告人数提交起诉状副本。起诉状应当记明以下事项:

①当事人的姓名、年龄、民族、职业、工作单位和住所,法人或者其他组织的名称、住所和法定代表人的姓名、职务。

②诉讼请求和所依据的事实和理由。

③证据和证据来源,证人的姓名和住所。

(2)人民法院受理和审理前的准备

人民法院对起诉进行审查并决定受理案件后,审理前的准备工作包括:

①依法发送起诉状、答辩状。人民法院立案之日起5日内向被告发送起诉状副本;被告收到起诉状副本后15日内提出答辩状,被告不提交答辩状的,不影响法院的审理;人民法院收到答辩状5日内将答辩状副本发送原告。

②告知当事人有关诉讼权利和义务。人民法院决定受理的案件,应当在受理案件通知书和应诉通知书中告知当事人有关的诉讼权利和义务。

③依法组成合议庭。合议庭组成人员确定后,应当在3日内告知当事人,如果在受理、立案后就已确定了合议庭组成人员的,也可以将合议庭组成人员在受理案件通知书和应诉通知书中连同当事人诉讼权利义务一并告知当事人。

④审核诉讼材料,调查、收集必要的证据。合议庭组成人员要认真审核诉讼材料。通过阅卷,找出双方当事人争议的焦点,明确下一步需要收集哪些必要的证据和需要进一步查证的内容,以便做好其他准备工作。

⑤依法追加当事人。根据《民事诉讼法》第119条规定,必须共同进行诉讼的当事人没有参加诉讼的,人民法院应当通知其参加诉讼,追加为当事人。追加当事人既可以由当事人提出申请,也可以由人民法院依职权主动追加。

(3)开庭审理和判决

开庭审理,是指人民法院在当事人和其他诉讼参与人员参与下,对案件进行实体审理的诉讼活动过程。这包括准备开庭、法庭调查、法庭辩论、法庭调解、合议庭评议、宣判等程序。

（4）举证责任、证据和鉴定

①举证责任。当事人对自己提出的主张,有责任提供证据,这就是"谁主张谁举证"的原则。

②证据种类。证据有以下七种:书证;物证;视听资料;证人证言;当事人的陈述;鉴定结论;勘验笔录。

③证据的质证。证据应当在法庭上出示,并由当事人互相质证。但对涉及国家秘密、商业秘密和个人隐私的证据应当保密,需要在法庭出示的,不得在公开开庭时出示。

④专门问题,需要专门的部门作鉴定。人民法院对专门性问题认为需要鉴定的,应当交由法定鉴定部门鉴定;没有法定鉴定部门的,由人民法院指定的鉴定部门鉴定。

⑤证据保全。在证据可能灭失或者以后难以取得的情况下,诉讼参加人可以向人民法院申请保全证据,人民法院也可以主动采取保全措施。

2）第二审程序

当事人不服一审人民法院的民事判决或者裁定,可以依法向上一级人民法院提出上诉。不服判决的上诉期是 15 日,不服裁定的上诉期是 10 日。当事人提起上诉,应当向做出一审裁判的法院递交上诉状;当事人直接向二审法院递交上诉状的,二审法院应当在 5 日内将上诉状移交原审人民法院。上诉人应按对方当事人的人数提交上诉状副本。第一审法院收到上诉状后,应当在 5 日内将上诉状副本送达对方当事人,对方当事人在收到上诉状之日起 15 日内提交答辩状。第一审法院收到上诉状、答辩状后,应当在 5 日内连同全部案卷和证据,报送第二审法院。

对于上诉案件,第二审法院应当组成合议庭审理。经过审理,根据不同情形,分别作出处理。

3）再审程序

当事人对已经发生法律效力的民事判决、裁定,认为确有错误的,可以向原审人民法院或者上一级人民法院申请再审。当事人申请再审,应当在判决、裁定发生法律效力后的 2 年内提出。申请再审,应当提交再审申请书,并附原裁决文书;有新证据的,应当一并提交。当事人申请再审不影响原判决的执行。

10.3.5 执行程序

判决、裁定发生法律效力后,债务人未按照判决或裁定所确定的期间履行债务的,债权人可以申请人民法院强制执行。

1)执行案件的管辖

发生法律效力的民事判决、裁定,以及刑事判决、裁定中的财产部分,由第一审人民法院执行。法律规定由人民法院执行的其他法律文书,由被执行人住所地或者被执行的财产所在地人民法院执行。

2)申请执行的期限

申请执行的期限,双方或者一方当事人是公民的为 1 年,双方是法人或者其他组织的为 6 个月。

【典型案例】

侵犯"管路接头装置"实用新型专利权案

1993 年 3 月 18 日,开泰公司向中国专利局申请"管路接头装置"实用新型专利,并于同年 10 月 10 日获得授权,1998 年 3 月 27 日,开泰公司认为金徽公司在湖北武汉全国建材展会上未经专利权人许可,公开展示、销售其专利产品,其行为严重地侵害了原告的合法权利,向一审法院提起专利侵权诉讼。应开泰公司的请求,一审法院对金徽公司在武汉建材展会上展示、销售的产品进行了证据保全。被告金徽公司辩称:该公司从未生产、制造过被控侵权产品,一审法院证据保全的用于连接的金属管件是由金徽公司通过购销关系从其他生产企业购进的,作为连接管材所必需的连接装置,在国内外,有大量的研究制造和使用,属于已有公知技术。法院经审理查明,开泰公司将"管路接头装置"实用新型专利独家许可在中国大陆生产、销售。一审法院认为:开泰公司的专利合法、有效,依法应当予以保护。金徽公司生产制造的管路接头装置的技术特征均落入开泰公司的专利权保护范围。金徽公司未经专利权人的许可,以生产经营为目的,制造并销售与该专利技术方案相同的产品,构成了对开泰公司依法享有的专利权的侵犯,应当承担民事责任。依法判决:1.金徽公司立即停止侵权行为;2.赔偿开泰公司经济损失;3.向开泰公司赔礼道歉,消除影响。金徽公司不服一审判决,向二审法院提起上诉,认为一审判决认定事实不清,没有任何证据表明金徽公司以生产经营为目的,制造、销售了原告的专利产品,该公司的行为不构成侵权。该上诉请求被二审法院驳回。

资料来源: http://www. motorip. com. cn/html/zstd/aljx/06/03/3295. html

问题:1. 解决经济纠纷有哪些途径?

2. 如果金徽公司不服一、二审法院的判决,是否可以上诉?

【案例分析】

1. 在经济活动中双方当事人对相关问题不同的看法会产生分歧,解决经济纠纷的途径有协商、调解、仲裁、诉讼。开泰公司认为金徽公司在湖北武汉全国建材展会上未经专利权人许可,公开展示、销售其专利产品,其行为严重地侵害了原告的合法权利,依法向一审法院提起了专利侵权诉讼。

2. 当事人对已经发生法律效力的民事判决、裁定,认为确有错误的,可以向原审人民法院或者上一级人民法院申请再审,即再审程序。

当事人申请再审,应当在判决、裁定发生法律效力后的 2 年内提出。申请再审,应当提交再审申请书,并附原裁决文书;有新证据的,应当一并提交。当事人申请再审不影响原判决的执行。金徽公司不服原审法院的判决,可以向最高人民法院申请再审。

【本章小结】

本章主要对经济纠纷的解决方式进行了介绍。经济纠纷的解决方式有协商、调解、仲裁诉讼。经济纠纷产生后,当事人应当及时协商解决。协商不成,可以申请第三人调解解决。经济调解包括人民调解、法院调解、行政调解及仲裁调解四种类型。当事人不愿调解或者调解不成的,可以向仲裁机构申请仲裁。当事人没有订立仲裁条款,事后又没有达成书面仲裁协议的,可以向人民法院起诉。

【测试题】

一、单选题

1. 仲裁协议必须具备(　　　　)内容,才为有效。

A. 仲裁程序 　　　　　　　　B. 仲裁事项

C. 选定的仲裁委员会 　　　　D. 有请求仲裁的意思表示

2. 李某在 2005 年 3 月 12 日接到法院的民事判决书,其如果上诉,则应当在（　　）提出。

A. 3 月 22 日前 　　B. 4 月 12 日前 　　C. 3 月 27 日 　　D. 2 个月内

3. 住所地,指公民的户籍所在地;经常居住地,指公民离开住所地连续居住（　　）以上的地方。

A. 1 年 　　　　B. 3 年 　　　　C. 4 年 　　　　D. 5 年

4. （　　）是诉讼内调解。

A. 人民调解 　　B. 法院调解 　　C. 行政调解 　　D. 仲裁调解

5. 当事人申请仲裁,应当向仲裁委员会递交仲裁协议、仲裁申请书及副本。仲裁委员会收到仲裁申请书之日起（　　）日内,认为符合受理条件的,应当受理,并通知当事人;认为不符合受理条件的,应当书面通知当事人不予受理,并说明理由。

A. 3 　　　　B. 5 　　　　C. 7 　　　　D. 15

6. 仲裁实行（　　）。

A. 一审终审原则 　　　　　　B. 两审终审原则

C. 一裁终局制度 　　　　　　D. 两裁终局制度

二、判断题

1. 仲裁委员会与行政机关之间、仲裁委员会相互之间均无隶属关系。

（　　）

2. 仲裁裁决书自送达之日起产生法律效力。 （　　）

3. 为了保护原告的合法权益,我国的民事诉讼一般地域管辖实行被告就原告原则,由原告住所地法院管辖。 （　　）

4. 《民事诉讼法》规定,原告可以选择其中一个人民法院起诉;原告向两个以上有管辖权的人民法院起诉的,由最先立案的人民法院受理。 （　　）

三、简答题

1. 什么是经济纠纷? 解决经济纠纷有哪些途径?

2. 行政调解的原则有哪些?

3. 仲裁协议有什么作用?

4. 经济诉讼的管辖是如何规定的?

5.当事人提起经济诉讼,需要满足什么条件?

四、实训题

模拟处理经济纠纷案件。学生自愿组成小组,每组 6~8 人。组织一次课堂交流与讨论,时间为一节课。讨论问题:在经济纠纷处理过程中,如何区分调解的种类和效力?

附 录

附录1　国际博览会联盟章程

第一章　总　则

第一条　组织和宗旨

为了扩大国际贸易博览会在世界经济中的影响,促进国际经济交流,特建立国际博览会联盟这一非政治协会,其宗旨是研究这一机构的有关问题以及发展出其会员所主办的贸易博览会和展览会的有效方法,促进出口会员之间的关系。本联盟建立在无限期的基础上。

联盟的职责范围如下:

1. 根据本章程第八条款规定,授予综合性和专业性贸易博览会以"国际"资格。

2. 采取一切必要措施协助会员在发展的世界经济中更加有效地开展活动。

3. 就对国际贸易博览会所共同关心的问题开展国际范围的研究。

4. 代表会员参加相应的其他国际组织。

5. 保护会员利益,并为此采取一切必要措施使有关国家政府当局注意并同意这一点。

6. 在互相尊重对方利益的基础上,通过有关会员之间的对话,尽可能地协调获本联盟认可的博览会的日程安排。

7. 根据有关方面的要求,成立仲裁委员会,解决会员之间的纠纷。

8.努力寻求并使用一切合适的方法加强国际博览会联盟的国际地位,并为此目的开展宣传和信息工作。

9.为维护会员利益,对一切阻挠自由参加国际博览会的不公平行为采取一切其他必要的行动。

10.采取一切措施限制国际贸易博览会激增的趋势,即通过干预各国负责机构,使这些机构授予只有符合本章程第八条规定的贸易博览会和展览会以"国际"资格。

11.向贸易博览会组织者,尤其是发展中国家的组织者提供其要求的技术帮助。

国际博览会联盟不干涉会员的内部事务,但是会员均给予国际博览会联盟为保证会员之间良好关系的行事权。

第二条 机构

为达到上述目标,国际博览会联盟的组织机构设置如下:

1.高层管理机构

——国际博览会联盟会员大会(国际博览会联盟最重要的机构,其职责见本章程第十三条);

——主席(其职责范围见第十九条);

——事务局和指导委员会(其职责见第二十一条和第二十五条)。

2.行政管理机构

——秘书长(其职责见第二十七条)。

3.顾问机构

——技术委员会(受委托研究关于博览会和展览会的组织和作用等各方面问题);

——合作委员会(受委托研究并提供技术合作、委派专家、培训人员、组织会议、向发展中国家的博览会和展览会组织者提供技术合作);

——由指导委员会设立的各种工作组。

指导委员会成员和上述顾问机构成员必须在国际博览会联盟的一个会员机构中行使主要管理职能。

第三条 总部

国际博览会联盟总部设在巴黎。

国际博览会联盟章程符合法国于1901年7月1日颁布的法国社团法。

第四条 标志

经1948年大会批准,国际博览会联盟(以下简称联盟)的标志为UFI,并在国际保护工业产权局注册,编号为161.659。经联盟批准,符合本章程第八条规定的博览会应在其起草的文件和印刷品上印有联盟标志。无论会员组织者使用何种语言,只能使用"UFI"编写名称。

第五条　内部管理

联盟内部章程由指导委员会制定并实施。

第二章　联盟会员

第六条　定义

根据本章程第八条规定,举办同一国际贸易博览会3次以上,并使用合适的永久性设施的法人(私营公司、官方机构或半官方机构)或自然人具备联盟会员条件。

根据本章程第十四条关于大会期间选举权的条款,所有会员享有同等权利。

第七条　接纳会员的条件

一个组织者至少有一个展览会符合本章程第八条款的规定方可被接纳为联盟会员。

在会员组织者场地上举行的但是由第三者组织的展览会,在任何情况下都不能由会员组织者向联盟申报批准。

联盟成员必须完全无保留地接受本章程、联盟可能制定的任何规定以及联盟所做的符合这些章程规定的修改。

第八条　认可展览会的条件

联盟依据下列条件认可展览会

1. 必须是符合本条第3款规定标准的国际性展览会。

2. 如有规定,展览会必须由该国有关当局正式承认并认定为国际性。

3. 必须具备以下条件之一(并给予证明):

——(直接的或间接的)外国展出者数量不少于展出者总数的20%;

——(直接的或间接的)外国展览者的展出净面积不少于展览会净展出面积总数的20%;

——外国参观者人数不少于参观者总人数的4%。

以上条件需经专业审计机构或联盟批准的检查员核实。

4. 展览会应使用适当的永久性设施,并向用户提供所需的一切服务,尤其是向展出者和外国参观者提供接待、协助和信息服务;申请表、广告材料,博览会目录不仅需要用本国文字外,还应使用其他外国文字(法文、英文或德文)编印。

5.在展览会举行地点或在展览会期间不能进行任何非商业性活动。在展览会期间举办的与展览会内容一致的科学、技术和教育大会和会议,不受本条款制约。

6.展览会只允许生产者、独家代理、批发商参展,不允许任何其他商人或代理商人参展。

7.原则上禁止现金交易,即展出者在展台直接出售商品。

8.展览会应定期举办,展期不超过两星期。

9.作为国际性的展览会定期举办过至少3次。

不同的经济结构、地理位置以及展品性质造成了种类繁多的展览会,一些展览会不能完全符合上述条件。指导委员会可以例外推荐。

第九条　歧视条款

联盟会员不得对展出者施加任何限制,阻止其参加联盟认可的其他展览会或博览会。

第十条　接纳和认可的程序以及撤销

接纳新会员和认可展览会的申请必须尽早提交联盟备案,并且不得迟于前一年12月底向秘书长提供需要的有关文件进行审查。审查由一名或数名指导委员会委派的代表进行,检查人员的费用需由申请人负担。

大会以简单多数的方式决定指导委员会根据本章程第八条款做出的关于接纳会员的提议和关于认可展览会的提议。在这之后若发现会员、展览会不具备或者不再具备有关条件,可以撤销对其的认可。

大会由出席或代表出席人数2/3多数对撤销接纳或者认可做出决定。有关会员可以对此决定提出异议,经大会投票表决,若以同样多数票通过,该决定可以收回。

第十一条　退出和撤销

任何会员均可退出联盟。只需于在当年9月30日之前用挂号信通知联盟并付清应付款和认缴款。

如果展览会不再符合上述第八条款规定的条件,联盟会员可以要求撤销联盟认可的展览会。会员只需于当年9月30日前用挂号信通知秘书长,说明原因,并付清有关应付款。会员有关撤销展览会认可的要求将交由指导委员会做出决定,并相应地要通知大会。

第十二条　开除

大会根据指导委员会提议,以2/3多数通过,可以因为下列原因开除会员:

1.不遵守本章程,特别是不遵守本章程第八条款的会员。

2.对其他会员组织者或者第三者的博览会业务采取作对行为的会员。

大会召开两个月前将开除的提议通知会员。该会员可以并可以在裁决日期之前书面向联盟总部提出申述。经司库或秘书长两次催促,两年不缴纳会费者,即自动脱离联盟。

第三章　联盟大会

第十三条　大会任务

联盟会员大会期间至少每年举行一次会议。会议的时间和地点由上届大会确定。

大会在联盟主席领导下。大会是联盟的最高权力机构。大会讨论指导委员会提交的一切议案。并对下列问题进行投票表决:

——批准上一财政年度的账目;

——批准下一年度的预算和认缴款;

——选举主席、指导委员会和审计员;

——授予前任主席荣誉称号;

——如有必要,开除会员、撤销对展览会的认可。

第十四条　大会的会员代表

根据本章程第二十九条款的规定,按会员出租的展览总面积并考虑其认缴款额,确定各会员的投票数。根据下表,各会员的投票数为1~6票:

——至 20 000 平方米 1 票

——自 20 001 平方米至 50 000 平方米 2 票

——自 50 001 平方米至 100 000 平方米 3 票

——自 100 001 平方米至 150 000 平方米 4 票

——自 150 001 平方米至 200 000 平方米 5 票

——自 200 000 平方米以上 6 票

每个会员派一名代表出席大会,如果派几名代表出席,必须在大会开幕之前指定其中一名代表参加投票,并通知秘书长。如果会员不能派代表出席大会,可以委托其他会员代表出席,委托书必须在会议开始前送交主席。

第十五条　投票条件

出席或由代表出席大会的人数达联盟会员 2/3 法定数,大会的表决方有效。

选举大会主席、指导委会成员、审计员,接纳新会员,认可新展览会,开除会员,撤销展览会认可将以无记名投票方式进行。对于大会的所有辩论,将采取记名投票方式或者采取举手表决方式进行表决,但是经大多数代表要求也可以采取无记名投票方式表决。

除根据第十六条款规定选举联盟主席和指导委员会成员,根据第十条款规定撤销接纳会员和撤销认可展览会,以及根据第三十一条款规定更改章程以外,其他大会表决只需简单多数即获通过。本届大会决议只能由下届大会修改或撤销。

第十六条　选举

大会代表的选举

1. 联盟主席

主席一届任期为三年,不能连任。主席无偿提供服务。若因故不履行职责,下届大会将选举本届续任主席。

指导委员会在主席选举年六月召开大会,推荐主席候选人,此外,任何会员也可以推荐一名候选人,条件是在选举年的六月一日前将候选人姓名报给联盟秘书长。

合法的联盟主席候选人必须具有以下条件:

①必须有 5 年以上的经营管理经历,而且必须属于联盟的一个会员;必须在联盟指导委员会或者联盟工作组中从事过两年的工作,必须是出席过五届联盟大会的代表,必须至少会使用联盟三种正式用语中的一种;选举时不得超过 66 周岁。

②必须属于联盟的一个会员,而该会员应当加入联盟至少 5 年。

在第一轮或者第二轮投票中获得有效选票绝对多数者即当选为主席。

在有几名候选人的情况下,如均未获得绝对多数,第二轮投票将在第一轮投票中获有效票最多的两名候选人之间进行。

2. 指导委员会成员和审计

指导委员会成员和审计员也是无偿为联盟服务。他们可以再次当选。

指导委员会的 30 个席位分配如下:

4 个席位　联邦德国

4 个席位　法国

4 个席位　意大利

4 个席位　经互会国家

2 个席位　比荷卢经济联盟

2 个席位　英国和斯堪的纳维亚国家

1 个席位　西班牙

1 个席位　南斯拉夫

2 个席位　其他国家

2 个席位　阿拉伯国家

1 个席位　非洲

1 个席位　亚洲、澳大利亚和大洋洲

2 个席位　美洲

一个国家或者一个集团国家在指导委员会中最多可以有 4 名顾问代表。指导委员会的候选人必须符合下列条件：

①必须在联盟的一个会员中负责经营管理工作 5 年以上，并将继续负责经营管理，必须至少会使用联盟三种正式用语中的一种。

②必须在联盟机构内至少工作 5 年。

③候选人名单按国家或按集团国家顺序以及按字母顺序排列。再次候选的离任成员名单将单独排列。

④候选人如果在第一轮投票中获得有效选票的绝对多数，即按候选人所在国家或集团国家所分配到的席位数被选入指导委员会。

⑤如果应获一个席位的候选人在第一轮投票中未获绝对多数有效投票，则将进入第二轮投票，但是候选人仍需获得绝对多数选票才能当选。

⑥获得最多选票的候选人按席位当选，如果两名候选人的选票相等，在联盟机构中资格长者当选。

⑦投票的全部结果应向全体会员公布。

⑧监票人可以属于候选人的会员组织。

第十七条　召集会议

联盟主席根据指导委员会的提议召集大会。提议必须在大会会期 3 个月前做出。会议日程由指导委员会安排，必须随会议通知发给会员。

第十八条　特别大会

遇下列情况之一可以于 1 个月后在联盟总部召集特别大会：

①根据会员法定代表的书面要求，并按第十四条款规定获得联盟绝对多数票的支持。

②根据第二十四条款规定，当指导委员会成员 1/3 以上缺席时，需要选举新的指导委员会。

③指导委员会或者事务局遇紧急情况或者意外需要而做出决定。

特别大会的各项表决必须获得联盟投票的绝对多数为有效。

第四章　联盟主席

第十九条　主席的职责

主席是联盟的法定代表和正式代表,他主持事务局,指导委员会和大会的会议,他控制秘书长的行政工作,并监督联盟的开支。主席可以长期地部分授予或者临时地全部授予事务局成员以行事权。

第五章　事务局

第二十条　事务局的组成

指导委员会内部设事务局。包括大会选举的主席以及:

——3～6 名副主席,各副主席必须不同国籍并具有在指导委员会工作 5 年的资历;

——司库,也必须具有在指导委员会任职 5 年的资历;

——秘书长。

指导委员会大会之后的第一次会议上用不记名投票方式(最多两轮),以 20 票多数选举产生副主席、司库和秘书长(如果后者是指导委员会的成员)。

如果秘书长不在指导委员会成员中选举产生,则由指导委员会以 20 票多数通过任命,本方式同样适用于副秘书长的任命。

任命的秘书长以顾问身份出席事务局和指导委员会的会议。

第二十一条　事务局的职责

事务局负责制定联盟的总政策,并研究有关问题,做出结论后提交指导委员会决定。

事务局在紧急情况下采取的任何必要措施必须事后报经指导委员会批准。

第二十二条　副主席的职责

副主席除主席授予他的权力外,在主席缺席或不能行使职权的情况下,可以行使主席的职权并享受主席的特权。

主席因故不能履行其职责时,将由资格最深的副主席代行职责直至下届大会。如果接任的副主席不能履行其职责时,资格仅次于他的副主席将履行主席职责。如果各位副主席的资格相同,则由在指导委员会中资格最深的主席代行主席职责。

第二十三条　司库的职责

司库负责联盟的财产安全,检查账目,执行大会和指导委员会的财务决定,监督收支并向指导委员会和大会报告财政状况。

每一财政年度(10 月 1 日至下一年 9 月 30 日)结束时,司库做出上一年度的决算,并准备下一年度的预算,预、决算经指导委员会核准后,提交大会批准。

第六章　指导委员会

第二十四条　指导委员会的组成

指导委员会最多由 30 人组成,设有顾问办公室。离任的主席在选举下届指导委员会之前将例外作为顾问继续任职,不受规定的顾问人数的限制,在一个或几个席位空缺的情况下,委员会现有成员有权按第十六条款分配的席位数进行补缺,任期不变。如果席位空缺数超过 1/3,将召集特别大会重新选举指导委员会。

第二十五条　指导委员会的任务

指导委员会负责将大会各项决议付诸实施,根据大会决定的路线制定联盟政策,从会员的利益出发,对有关国际贸易博览会和国际商业的问题进行研究并提出有关议案,使大会能有根据地通过有关议策。

主要活动有:

——选举副主席、司库,选举或任命秘书长,必要时可以任命一名副秘书长;

——审查会员提交的议案;

——筹备和组织会议;

——向大会提交议案;

——审查入会申请和展览会认可申请,并对申请进行调查;

——制定并实施内部规定;

——通过合适的辩论和决议,解决可能发生在本章程之外的问题,但是必须向下一届大会报告。

第二十六条　会议

指导委员会从联盟利益出发,根据需要召开会议,并根据主席的书面通知至少一年召开两次会议,通知包括会议日程,在会议日期 15 日以前发出。如有可能,会议日程应随附有关报告和材料。

如果有 1/3 以上成员的书面要求,指导委员会也可以召开会议。书面要求必须列明他们认为确需召开会议的理由。指导委员会成员或者委托代表成员的人数达到半数,会议表决方为有效。

除根据第二十条款规定投票选举副主席、司库,选举或任命秘书长或副秘书长外,会议表决多数通过即形成决议,如果赞成票和反对票相等,由主席投决定性的一票。

如果指导委员会的成员不能出席会议,可以委托代表出席,代表具有全权:

——委托同一组织的代表,或者;

——委托同一国家或集团国家的另一成员组织的代表,或者;

——委托指导委员会成员,但是每一成员只有一次代表权。

代表权只有在会议前书面通知主席方为有效。如果会议议题涉及某一委员会权限内的事务或者问题,联盟主席可以邀请该委员会主席或者这个问题的指定研究报告人以顾问身份出席会议。

第七章 秘书长

第二十七条 秘书长的职责

秘书长受委托准备并实施联盟的决议,履行下列职责:

——联盟的行政管理;

——核实递交的各贸易博览会的所有资料并分发已认可的展览会日程表;

——组建一个供会员使用的资料室;

——为会员提供所需的有关联盟活动范围之内的各种信息;

——监督组织并保管联盟档案。

联盟为有效地开展工作而雇佣职员,秘书长领导这些职员并对其负责。秘书长负责整理指导委员会的会议记录,经各有关部门核准后由主席签发。

第八章 财务规定

第二十八条 财务委员会

财务委员会由3名审计员组成,负责检查司库的账目和有关单据。财务委员会向大会提交审查报告。

第二十九条 认缴款

为了满足联盟开支需要,会员应缴纳认缴款。认缴款根据会员在上一年度举办经认可的国际展览会所出租的总净面积计算。室外场地按室内场地33%计算。会员不得迟于新年1月31日报告这些统计数据。

根据指导委员会的建议,大会就认缴款做以下实施原则:

——基本认缴款额,根据第十四条款规定,按所租出面积决定。

——最低认缴款额,不按所租出面积计算,也不论上一年是否举办了展览,联盟会员每年必须缴纳。

——最高认缴款额,联盟规定的会员应缴的最高额,认缴款的标准和金额只有大会可以更改。

——联盟会员应承担缴纳会费的义务。

——联盟新会员第一年除缴纳正常的认缴款外,还应缴纳与认缴款相等的入会费,该款将直接计入特别储备金账。

第三十条 储备金

建立储备金,每个财政年度结束时,将收支盈余部分划入储备金,储备金由联盟指导委员会管理。

第九章 法律规定

第三十一条 修改章程

章程须经出席大会的绝对多数通过方可修改。

第三十二条 解散

只有大会或者为此专门召集的特别大会可以宣布联盟解散,这一提案必须获得至少 2/3 的多数票方可通过。

联盟一旦解散,联盟资产将折成现金,按会员在过去 5 年里缴纳的数额按比例分还,但是这笔款项不会超过 5 年的认缴额。

第三十三条 仲裁条款

任何需要法律裁决的提案必须交由巴黎大法院处理。

附录 2 设立外商投资会议展览公司暂行规定

(中华人民共和国商务部令〔2004〕第 1 号)

(2004 年 1 月 12 日中华人民共和国商务部第一次部务会议审议通过,自公布之日起 30 日后施行。)

第一条 为鼓励外国公司、企业和其他经济组织(以下简称外国投资者)在中国境内设立外商投资会议展览公司,举办具有国际规模和影响的对外经济技术展览会和会议,根据《中华人民共和国中外合资经营企业法》《中华人民共和国中外合作经营企业法》《中华人民共和国外资企业法》及其他相关法律法规,特制定本规定。

第二条 国家鼓励引进国际上先进的组织会议展览和专业交流方面的专有技术设立外商投资会议展览公司,促进我国会展业的发展,创造良好的社会和经济效益。外商投资会议展览公司在中国境内的正当经营活动和合法权益受中国法律的保护。

第三条 中华人民共和国商务部(以下简称商务部)及其授权商务主管部门是外商投资会议展览公司的审批和管理机关。

第四条 经批准设立的外商投资会议展览公司可以按规定经营以下业务:

(一)在中国境内主办、承办各类经济技术展览会和会议;

(二)在境外举办会议。在境内外举办展览、会议,国家另有规定的,从其规定。

第五条 允许外国投资者根据本规定,在中国境内以外商独资的形式设立外商投资会议展览公司或与中国的公司、企业或其他经济组织(以下简称中国投资者)按照平等互利的原则在中国境内以合资、合作的形式设立外商投资会议展览公司。

第六条　申请设立外商投资会议展览公司的外国投资者应有主办国际博览会、专业展览会或国际会议的经历和业绩。

第七条　申请设立外商投资会议展览公司,申请者应向拟设立公司所在地省级商务主管部门报送以下文件:

(一)投资者签署的设立外商投资会议展览公司申请书;

(二)投资者签署的外商投资会议展览公司合同和章程(以独资形式设立外商投资会议展览公司的仅需报送章程);

(三)投资者的注册登记证明(复印件)、法定代表人证明(复印件)、董事会成员委派书和银行资信证明;

(四)工商行政管理机构出具的拟设立外商投资会议展览公司名称预先核准通知书(复印件);

(五)外国投资者已主办过国际博览会、国际专业展览会或国际会议的证明文件。

第八条　省级商务主管部门应当自收到本规定第七条规定的全部文件之日起30日内决定批准或不批准。决定批准的,向申请者颁发《外商投资企业批准证书》;决定不批准的,应当说明理由,并告知申请人享有依法申请行政复议或者提起行政诉讼的权利。

第九条　申请人应自收到颁发的《外商投资企业批准证书》之后起一个月内,按照国家有关规定,向工商行政管理机关申请办理登记手续。

第十条　外商投资会议展览公司申请在中国境内主办对外经济技术展览会,按照国家有关规定办理。

外商投资会议展览公司在中国境内招展参加境外举行的国际经济贸易展览会或在境外举办国际经济贸易展览会的管理办法另行规定。

第十一条　外商投资会议展览公司中外投资者变更、股权变更或设立分支机构,应按本规定报省级商务主管部门批准后,到工商行政管理机构办理营业执照变更登记手续。

第十二条　外商投资会议展览公司进口展览品,按照海关对进口展览品有关监管办法办理进口手续并进行监管。

第十三条　香港特别行政区、澳门特别行政区、台湾地区的公司、企业和其他经济组织在大陆设立会议展览公司,参照本规定执行。

第十四条　本规定由商务部负责解释。

第十五条　本规定自颁布之日起30日后生效。

附录3　在境内举办对外经济技术展览会管理暂行办法

(1998年9月22日,对外贸易经济合作部印发,自1998年10月1日起实行)

第一章　总　则

第一条　为使举办对外经济技术展览会有秩序进行,保障展览业的健康发展,根据《中华人民共和国对外贸易法》及《国务院办公厅关于对在我国境内举办对外经济技术展览会加强管理的通知》,特制定本办法。

第二条　本办法适用于在中华人民共和国境内举办的对外经济技术展览会。包括:

(一)国际展览会和国际博览会,境外民用经济技术来华展览会(以下统称国际展览会)。

(二)对外经济贸易洽谈会和出口商品交易会。包括综合性或专业性的出口商品、投资贸易(利用外资)、技术出口、对外经济合作洽谈会或交易会。

第三条　举办对外经济技术展览会,由对外贸易经济合作部(以下简称外经贸部)负责协调和管理。

第二章　举办单位

第四条　对外经济技术展览会的举办单位,包括主办单位和承办单位。

主办单位主要负责制订并实施举办对外经济技术展览会的方案和计划,组织招商招展,负责财务管理,并承担举办展览的民事责任。

承办单位主要负责布展、展览施工、安全保卫及会务事项。

第五条　境内主办单位和承办单位,必须具有主办和承办资格。

(一)经外经贸部或其授权部门批准,以下单位具有主办资格并可主办相应的对外经济技术展览会:

1.省级经济贸易促进机构或行业(专业)协会、商会;

2.展览公司,外经贸公司。

(二)省级及副省级市人民政府或外经贸主管部门可以主办对外经济贸易洽谈会和出口商品交易会。

(三)国务院部门可以部门名义主办与其业务相关的国际展览会;省级人民政府可以其名义主办有关的国际展览会。

　　以国务院部门或省级人民政府名义主办国际展览会,应由具有主办资格的单位(指本条第(一)款所列单位或省级及副省级市外经贸主管部门)承办,并由其承担办展民事责任及主办单位有关职责。

　　(四)凡具有主办资格的单位均具有相应的承办资格。受主办单位委托,有关公司可以承办展览的单项业务(包括设计、布展、展览施工、广告)。

　　第六条　境外(指外国和中国港澳台地区,以下均同)机构举办对外经济技术展览会,必须联合或委托境内具有主办资格的单位举办。境内招商招展由境内主办单位负责。

　　属境外机构的主办单位,应是具有相当规模和办展实力,在国际上影响和信誉良好的展览机构、大型跨国公司、经济团体或组织(包括经济贸易促进机构、商会、行业协会等)。

　　第七条　国家间双边、多边及国内外友好省市间的展览(含交流展),按对等原则和实际需要由相应的单位主办和承办。

　　第八条　主办单位和承办单位的展览行为必须规范,维护参展单位的合法权益。

　　(一)主办单位与承办单位之间,以及主办单位之间(即有两个或两个以上的单位联合主办),必须签订规范的办展协议,明确职责分工及承担办展民事责任单位等事项。

　　(二)招商招展由主办单位负责。

　　除以国务院部门和省级人民政府名义主办的国际展览会,其他均不得以组委会或筹委会名义招展。

　　(三)招商招展必须以企业自愿为原则,不得进行行政干预。

　　(四)招展文件或招展(参展)合同必须明确主办单位和参展单位的权利与义务,明确承担办展民事责任的单位。

　　(五)举办以国际展为名称的对外经济技术展览会,境外参展商(不包括境内外商投资企业)比例必须达到20%以上。

　　(六)举办对外经济技术展览会的广告、宣传材料必须真实可靠。未经同意不得将其他单位列为支持(赞助)单位。

　　(七)主办单位在办展结束后1个月之内,向审批部门报送举办展览总结。对由境外机构主办并境内单位承办的展览,由承办单位报送。

　　第三章　审　批

　　第九条　举办展览面积在1 000平方米(指展位总面积)以上的对外经济技术展览会必须经批准,并实行分级审批。

（一）以国务院部门或省级人民政府名义主办的国际展览会，以及由省级或副省级市人民政府主办的对外经济贸易洽谈会和出口商品交易会，须报国务院批准。

省级及副省级市外经贸主管部门和多省（自治区、直辖市）联合主办的对外经济贸易洽谈会和出口商品交易会，由外经贸部审批。

（二）国务院部门所属单位主办的对外经济技术展览会，以及境外机构主办的国际展览会，报外经贸部审批。对在北京以外地区举办的，主办单位需事先征得举办地外经贸主管部门同意。

（三）地方其他单位主办的对外经济技术展览会，由所在省、自治区、直辖市外经贸主管部门审批，并报外经贸部备案。

（四）以科研、技术交流、研讨为内容的展览会，由科学技术部负责审批。

（五）中国国际贸易促进委员会（以下简称贸促会）系统单位主办的对外经济技术展览会，由贸促会审批并报外经贸部备案。对在北京以外地区举办的，主办单位应事先征得举办地外经贸主管部门同意。

（六）对外经济技术展览会凡涉及台湾地区厂商或机构参展事项，另行专项报外经贸部审批，报国务院台湾事务办公室备案。海峡两岸的经济技术展览会，由外经贸部会同国务院台湾事务办公室审批。

（七）举办为期在 6 个月以上的长期展览，主办单位须事先报海关总署审核，经海关总署同意后，报外经贸部审批。

第十条　举办对外经济技术展览会由主办单位申请报批。

属于两个或两个以上单位联合主办的，由承担办展民事责任的主办单位申请报批。

境外机构联合或委托境内有主办资格的单位举办国际展览会，由境内单位申请报批。

第十一条　审批对外经济技术展览会需审查的主要内容：

（一）主办单位和承办单位资格。

境外机构主办或与境内单位联合主办的，需审查境外机构资信及有关情况。

（二）展览会名称、内容、规模、时间、地点，组织招商招展的方案和计划，办展的可行性报告，主办单位与承办单位的协议。

两个或两个以上单位联合主办的，需审查联合主办的协议（包括各主办单位的职责分工，承担办展民事责任的单位等）。

境外机构联合或委托境内单位举办的，需审查其联合或委托办展协议。

（三）国务院部门所属单位及贸促会系统单位在北京以外地区主办的，需审查是否征得当地外经贸主管部门的同意。

第十二条　申请报批的单位按审批对外经济技术展览会需审查的内容和要求，向审批部门申报并提交有关文件和资料。

申请报批时间原则上应提前 12 个月。

第十三条　对外经济技术展览会批准文件的主要内容：

（一）展览会名称。

（二）主办单位（主办单位如有境外机构应注明国别或地区）。

（三）展览会的主要业务内容、规模、举办地点、时间。

（四）其他需要批准或备注事项。

以上内容变更，应办理批准手续。

第十四条　批准文件抄送办展地外经贸主管部门和海关。

第十五条　具有对外经济技术展览会主办资格的单位，可自行举办面积在 1 000 平方米以下的对外经济技术展览会，但应报有关审批部门备案。

第四章　协调管理

第十六条　严格控制同类展览的数量。鼓励和推动联合办展，鼓励举办专业性展览会。

对申请举办较多的同类展览，审批部门要加强协调，并对照《对外经济技术展览会分类目录》按以下原则审批：

（一）同类展览，原则上在同一省、自治区、直辖市及副省级市，每年不超过 2 个。

（二）优先批准规模大、影响大、定期举办的展览。

（三）优先批准具有行业优势和办展经验的单位举办的展览。

第十七条　审批部门负责对主办单位、承办单位办展活动进行管理和监督，检查办展质量，维护正常的办展秩序。

对国务院部门所属单位及贸促会系统单位在北京以外地区主办的展览，由当地外经贸主管部门进行管理和监督检查。

第十八条　由外经贸部牵头，会同科学技术部、贸促会等单位，以召开联席会议的形式，定期通报审批和举办对外经济技术展览会情况，调整和公布《对外经济技术展览会分类目录》，对外发布展览信息；研究对外展览业发展过程中出现的情况和问题，及时采取有效措施，加强协调管理；维护办展单位和参展单位的合法权益，保障对外展览业的健康发展；推动和扶持举办有特色、有规模、有影响的对外经济技术展览会。

第五章　境外展览品监管

第十九条　境外展览品监管由海关按照《中华人民共和国海关对进口展览品监管办法》执行。

对 1 000 平方米以上展览的境外展览品监管及留购,由办展地海关凭本办法规定的审批单位的批准文件按规定办理;对 1 000 平方米以下的,海关凭主办单位申请按规定办理。

第二十条　对外经济技术展览会的境外展览品不得擅自零售。对确需零售的,须事先报外经贸部批准,海关凭外经贸部批件按规定办理,并照章征收进口关税和其他税费。

第六章　法律责任

第二十一条　对违反本办法规定举办对外经济技术展览会,以及在办展过程中有乱摊派、损害参展单位合法权益等违反法律法规行为的,由外经贸部依据《国务院办公厅关于对在我国境内举办对外经济技术展览会加强管理的通知》有关规定,取消其主办资格,并由有关部门依法查处。

对不具备主办或承办对外经济技术展览会资格而擅自办展的,盗用其他单位名称办展的,或转让、转卖展览批准文件的,由各级外经贸主管部门和工商行政管理机关依法查处。

对违反海关规定的,由海关依法处理。

第七章　附　则

第二十二条　未经外经贸部批准,任何对外经济技术展览会不得使用"中国出口商品交易会"或"广交会"名称及其他接近名称(包括英文名称 THE CHINESE EXPORT COMMODITIES FAIR,简称 CANTON FAIR,缩写 CECF)。

第二十三条　举办对外经济技术展览会的审批管理,国家法规和国务院另有规定的,从其规定。

第二十四条　本办法自 1998 年 10 月 1 日起实行。凡过去规定与本办法不一致的,以本办法为准。本办法由外经贸部负责解释。涉及海关业务的,由海关总署负责解释。

附录4　出国举办经济贸易展览会审批管理办法

(2001 年 2 月 15 日中国国际贸易促进委员会、中华人民共和国对外贸易经济合作部贸促展管〔2001〕3 号文件公布,2006 年 5 月 14 日中国国际贸易促进委员会、中华人民共和国商务部贸促展管〔2006〕28号文件修订并重新公布。)

目 录

第一章 总 则

第一条 为了加强对出国举办经济贸易展览会(以下称"出国办展")的管理,规范出国办展市场秩序,维护参展单位的合法权益,促进出国办展健康有序进行,根据《中华人民共和国行政许可法》、中华人民共和国国务院令第412号《国务院对确需保留的行政审批项目设定行政许可的决定》和相关法律法规,制定本办法。

第二条 出国办展是指符合本办法规定的境内法人(以下称"组展单位")向国外经济贸易展览会主办者或展场地经营者租赁展览场地,并按已签租赁协议有组织地招收其他境内企业和组织(以下称"参展企业")派出人员在该展览场地上展出商品和服务的经营活动。

境内企业和其他组织独自赴国外参加经济贸易展览会,赴我国香港(特别行政区)、澳门(特别行政区)、台湾地区举办、参加经济贸易展览会等活动,不适用本办法。

第三条 出国办展须经中国国际贸易促进委员会审批(会签商务部)。组展单位应当向中国国际贸易促进委员会(以下简称"贸促会")提出出国办展项目(以下称"项目")申请,项目经批准后方可组织实施。

第四条 贸促会负责协调、监督、检查组展单位实施经批准的项目,制止企业和其他组织未经批准开展出国办展活动,并提请有关行政管理部门依法查处。商务部负责对出国办展进行宏观管理和监督检查。

第二章 审批的条件和依据

第五条 组展单位应当具备以下条件:

(一)依法登记注册的企业、事业单位、社会团体、基金会、民办非企业单位法人,注册3年以上,具有与组办出国办展活动相适应的经营(业务)范围;

(二)具有相应的经营能力,净资产不低于300万元人民币,资产负债率不高于 50%；

（三）具有向参展企业发出因公临时出国任务通知书的条件；

（四）法律、法规规定的其他条件。

第六条　以地方人民政府名义出国办展，由有关省、自治区、直辖市、计划单列市、副省级市、经济特区人民政府商务主管部门提出项目申请。除非友好省州、友好城市庆祝活动所必需，同一地方商务主管部门申请的项目一年内不应超过 2 个。

第七条　以商务部名义出国办展，由受商务部委托的组展单位或商务部委派的机构提出项目申请。

第八条　项目审批的依据是：我国外交、外经贸工作需要，赴展国政治、经济情况，我国驻赴展国使领馆商务机构意见，赴某一国家、城市、展览会项目集中程度，展览会实际效果，组展单位上年度项目实施情况，对本办法的遵守情况以及组展单位的资质等。

关于组展单位的资质及评定办法，由贸促会会同商务部另行制定。

第三章　项目申请的受理与审查程序

第九条　组展单位应以书面形式逐个提出项目申请。项目申请包括以下材料：

（一）项目申请报告；

（二）按规定填写的《出国举办经济贸易展览会申请表》原件及电子文本；

（三）我国驻赴展国使领馆商务机构同意函复印件。

首次提出项目申请的组展单位，除应提供前款规定的项目申请材料外，还应提供以下材料：

1. 项目可行性报告及与国外展览会主办者或展览场地经营者联系的往来函件复印件；

2. 法人登记证书复印件（验证原件）；

3. 会计师事务所出具的验资报告、财务年度报告、资产负债表复印件；

4. 税务机关出具的完税证明原件；

5. 事业单位批准成立机关或社会团体、基金会、民办非企业单位业务主管单位出具的同意事业单位或社会团体、基金会、民间非企业单位出国办展的批准件原件；

6. 有因公出国任务审批权的部门和单位出具的同意向参展企业发出因公临时出国任务通知书的证明函原件。

第十条　组展单位可在每年 2 月、5 月、8 月、11 月的最后一个工作日前向贸促会递交项目申请。每年 3 月、6 月、9 月、12 月的第一个工作日为贸促会受理的起算日。项目开幕日期距受理起算日不足 6 个月的,不予受理。

对于连续举办五届以上的或因展览会筹备周期长需提前审批的项目,贸促会可提前予以批准并核发《出国举办经济贸易展览会批件》。

第十一条　贸促会自受理起算日起,原则上只对 6 至 12 个月以后开幕的项目集中审核,并在 20 个工作日内做出是否批准的决定。符合条件的,核发《出国举办经济贸易展览会批件》,抄送相关部门;不符合条件的,说明理由并告知申请人享有依法申请行政复议或者提起行政诉讼的权利。

第十二条　贸促会在核发《出国举办经济贸易展览会批件》前,将拟批准的项目送商务部会签。商务部在收到会签函后 10 个工作日内回复会签意见。

对于赴未建交国家的项目,贸促会同时送外交部会签。外交部在收到会签函后 10 个工作日内回复会签意见。

第十三条　对于经批准的项目,组展单位还须至迟在展览会开幕前 2 个月向贸促会提出出国办展人员复核申请,包括以下材料:

（一）人员复核申请报告;

（二）按规定填写的《出国举办经济贸易展览会人员复核申请表》原件及电子文本;

（三）国外展览会主办者或展览场地经营者出具的展览场地使用权确认函复印件;

（四）保护知识产权工作方案和国外突发事件应急处理预案。

贸促会在收到申请后 10 个工作日内做出是否复核的决定。符合规定的,核发《出国举办经济贸易展览会人员复核批件》,抄送相关部门;不符合规定的,说明理由。

第十四条　项目一经批准,组展单位不得随意变更、取消;如确需变动,组展单位须在展览会开幕日期 3 个月前连同变动理由通报贸促会和有关驻外使领馆商务机构。

第十五条　贸促会及时公示已经批准的项目,并依法通报有关行政管理部门。

第四章　展品和人员出境监管

第十六条　有关监管部门凭贸促会核发的《出国举办经济贸易展览会批件》,核发展品出境所需单证。

出入境检验检疫机构凭贸促会核发的《出国举办经济贸易展览会批件》,办理展品查验手续。

海关根据出口展览品监管的有关规定,凭贸促会核发的《出国举办经济贸易展览会批件》及有关监管部门核发的展品出境所需单证,办理展品查验放行手续。

各级外汇管理部门和外汇指定银行凭贸促会核发的《出国举办经济贸易展览会批件》办理场地租用和展品运输外汇使用手续。

第十七条 各级商务、外事、外汇管理部门和外汇指定银行凭贸促会核发的《出国举办经济贸易展览会人员复核批件》,办理参展人员出国、外汇使用手续。

第五章 展览团的管理

第十八条 组展单位应向相关企业提供准确、全面的展览会信息,与参展企业签订正式参展合同,严格遵守我国法律、法规,信守承诺,合理收费。

第十九条 展览团人员按照每个标准展位(9平方米)2人计算,在外天数按照实际展出天数前后最长各加4天计算,不得擅自增加人员和延长在外天数;与参展业务无关的人员不得参加展览团;如有省部级人员参加展览,须按照有关规定履行报批程序。

第二十条 组展单位应鼓励参展企业选择高新技术、高附加值和适销对路的商品参加展出,严禁假冒伪劣、侵犯知识产权的商品参展。

第二十一条 组展单位应制定严格的展览团管理方案和保护知识产权工作方案,组织出国前外事纪律、保密制度、知识产权保护、涉外礼仪等方面的学习,组织参展企业做好布展工作并积极开展市场调研和贸易洽谈。展出期间,参展人员不得擅离展位。

第二十二条 组展单位必须协调展览团接受我驻展出国使领馆的领导,遵守展出国法律、法规,及时向使领馆汇报办展情况。

第二十三条 对参加同一展览会组展单位多、展出规模大的展览团,由贸促会会同商务部制定相应管理办法。

第二十四条 组展单位须在展览会结束后1个月内向贸促会提交出国办展总结和按规定填写的《出国举办经济贸易展览会情况调查表》原件及电子文本。

出国办展总结中须专题汇报组展单位实施保护知识产权工作方案的情况,如实提供展出过程中涉及知识产权争议的参展公司名称,描述有关争议情节。贸促会将经过司法程序判定为侵犯知识产权的参展公司名称及相关信息向社会公示,被公示的企业在3年内不得参加出国展览团。

第二十五条 贸促会汇总出国办展有关情况,定期向商务部、外交部等部门通报,并于每年3月底以前会同商务部向国务院报送上一年度出国办展审批管理工作总结。

第六章　法律责任

第二十六条　境内个人不得从事出国办展活动,企业和其他组织未经批准不得从事出国办展活动。境外个人、企业和其他组织不得在中国从事出国办展活动。

境内企业和其他组织在代表国外展览会主办者或展览场地经营者与境内其他企业和组织联系过程中,应遵守国家有关法律、法规,不得扰乱市场秩序,包括强迫境内其他企业和组织接受展位搭建、人员食宿行安排等服务,接受超出场地和展位国际通行定价的销售价格等。

第二十七条　贸促会应将境内个人、企业和其他组织以及境外个人、企业和其他组织违反本办法第二十六条规定的有关情况通报有关行政管理部门,由有关行政管理部门依法予以查处。

第二十八条　组展单位有如下行为之一的,贸促会予以警告,同时,提请有关行政管理部门依法查处:

(一)涂改、倒卖、出租、出借批件,或者以其他形式转让批件的;

(二)违反本办法第十八条、第十九条规定,或者未严格执行保护知识产权工作方案和国外突发事件应急处理预案,在外造成严重影响的;

(三)隐瞒有关情况、提供虚假材料或者拒绝提供反映其活动情况的真实材料的;

(四)其他违反本办法的行为。

第二十九条　组展单位有提供虚假材料,涂改、倒卖、出租、出借或以其他形式转让批件,或者严重违反本办法规定的行为,一经发现,贸促会可撤销批件。

第三十条　组展单位工作人员在出国办展中构成犯罪的,由有关部门依法追究刑事责任。

第三十一条　主管或经办出国办展审批和管理的工作人员未履行法律、法规、规章规定义务的,依法给予行政处分;构成犯罪的,由有关部门依法追究刑事责任。

第七章　附　则

第三十二条　贸促会代表国家的出国办展项目,由外交部、商务部、财政部会签后报国务院审批。

第三十三条　本办法中有关期限的规定,未指明为工作日的,均为自然天数或月数。本办法第十一条规定的期限,不涵盖本办法第十二条规定的会签时间。

第三十四条　本办法自公布之日起 30 日后施行。贸促会会同原外经贸部于 2001 年 2 月 15 日印发的《出国举办经济贸易展览会审批管理办法》同时废止。

附录 5　关于举办来华经济技术展览会审批规定

（对外经济贸易合作部,1998 年 4 月 29 日公布）

第一条　定义

凡展示国外技术、设备、制成品并对展品进行留购或为配合进口而举办的国外来华展览会均属国外来华经济技术展览会,均应按本规定办理。

第二条　举办展览原则

举办国外来华经济技术展览会的宗旨是为了引进国外先进技术设备和样品,促进国内生产、工艺、技术的发展;加快出口产品的升级换代;发展对外贸易。展出内容原则上应是国外先进技术、设备和制品。展品留购应由有外贸进口经营范围的公司办理。

第三条　举办展览单位

国外来华经济技术展览会应由各级国际贸易促进委员会及其所属展览公司(中心)及经对外经济贸易部及其授权单位批准有举办国外来华经济技术展览会经营范围的公司主办。各类学会、协会,无外贸经营权的企业、事业,均不得自行举办国外来华经济技术展览会。国家级双边经济技术展会原则上由中国国际展览中心主办。

第四条　审批程序

由中国国际展览中心举办的国外来华经济技术展览会报中国国际贸易促进委员会批准,并报对外经济贸易部备案。其他有举办国外来华经济技术展览经营范围的企业、事业单位及各外贸总公司、工贸总公司举办国外来华经济技术展览会报对外经济贸易部批准。各外贸总公司、工贸总公司为配合进口订货举办的展出场地面积在 500 平方米以下的小型技术交流会、国外样品展示会,由公司自主办理,免办批准手续。

各省、自治区、直辖市、计划单列市国际贸易促进委员会及所属展览公司,以及有举办国外来华经济技术展览经营权的企业、事业单位举办展览会,报各省、自治区、直辖市、计划单列市人民政府或其授权单位批准,并报对外经济贸易部备案。

第五条 海关监管

海关凭本文第四条规定的审批单位批准举办来华经济技术展览文件及主办单位对外签订的办展协议办理展品、卖品及宣传品的监管和通关手续。对于外贸总公司、工贸总公司举办的展出场地面积在500平方米以下的小型技术交流会、国外样品展示会,海关凭主办公司的对外协议办理展品、卖品及宣传品的监管和通关手续。

第六条 其他

各中央办展单位及各地方经贸厅(委、局)应于每年终将本单位本地方当年办展情况报对外经济贸易部。本办法自公布之日起实行。

附录6 在祖国大陆举办对台湾经济技术展览会暂行管理办法

(1998 年 12 月 1 日,对外贸易经济合作部发布)

第一章 总 则

第一条 为使举办对台湾经济技术展览会规范有序地进行,促进海峡两岸经贸关系的发展,根据《国务院办公厅关于对在我国境内举办对外经济技术展览会加强管理的通知》和对外贸易经济合作部《在境内举办对外经济技术展览会管理暂行办法》,特制定本办法。

第二条 本办法适用于在祖国大陆举办的对台湾经济技术展览会,包括:

(一)海峡两岸的经济技术展览会;

(二)对台湾出口商品交易会;

(三)台湾商品展览会;

(四)台湾厂商参展的国际性展览会、博览会;

(五)台湾厂商参展的全国性展览会。

第二章 举办单位

第三条 对台湾经济技术展览会的举办单位(包括主办单位和承办单位)的责任、资格和展览行为按照对外贸易经济合作部《在境内举办对外经济技术展览会管理暂行办法》的规定执行。

第四条 台湾民间机构在祖国大陆举办对台湾经济技术展览会,须联合或委托大陆具有主办资格的单位举办,在大陆的招商招展由大陆主办单位负责。

台湾的主办单位,应是具有相当规模和办展实力、信誉良好的展览机构、大型公司、经济团体或组织(包括经济贸易促进机构、同业公会、行业协会等)。

第三章 审批和管理

第五条 举办海峡两岸的经济技术展览会,由外经贸部会同国务院台湾事务办公室审批。

第六条 除第五条规定之外,举办其他对台湾经济技术展览会,由对外贸易经济合作部(以下简称外经贸部)负责审批,报国务院台湾事务办公室备案。

第七条 审批举办对台湾经济技术展览会需审查的主要内容:

(一)政治内容。

举办对台湾经济技术展览会,不得出现"台湾独立""两个中国""一中一台"等政治问题。台湾厂商参展的宣传品、杂志、电子出版物等资料中不得有代表"中华民国"的字样、图片、音乐等。

(二)展览会名称、展品内容、展出面积、时间、地点、筹组方案和计划等。

祖国大陆与台湾联合举办的经济技术展览会,应冠以"海峡两岸"的名称;各省(市、区)与台湾省联合举办的经济技术展览会,则应分别冠以该省(市、区)与台湾省之名(如:"闽台××展览会""沪台××展览会"等)。

展品应符合国家知识产权保护法和国家产业政策,具有先进水平,有利于扩大海峡两岸经贸交流与合作。

第八条 申请报批的单位应按要求向外经贸部提交有关文件和资料。邀请台湾厂商参展的国际性及全国性展览会、博览会,应提交有关主管单位的批件、参展台湾厂商的名单(中文)、展品内容、展出面积等详细清单。并提前一个月申请报批;举办海峡两岸的经济技术展览会、对台湾出口商品交易会、台湾商品展览会,应提交展览会的筹组计划和方案、可行性研究报告、参展企业及其展品的有关情况等,并提前六个月申请报批。

第四章 海关监管

第九条 海关凭外经贸部批件,根据《中华人民共和国海关对进口展览品监管办法》,办理进出境手续。

第五章 附 则

第十条 祖国大陆台资企业参加在大陆举办的对台湾经济技术展览会应以大陆台资企业名义参展。以台湾厂商名义参展,展出从台湾进口商品的,适用本办法。

第十一条 本办法从公布之日起实行并由外经贸部负责解释。本办法未尽事宜,适用对外贸易经济合作部《在境内举办对外经济技术展览会管理暂行办法》的有关规定。

附录7   商品展销会管理办法

（国家工商行政管理局制定,自1998年1月1日起施行。）

第一条   为加强对商品展销会的监督管理,维护市场秩序,规范市场行为,保护生产者、经营者、消费者的合法权益,根据国家有关法律法规的规定,制定本办法。

第二条   本办法所称商品展销会,是指由一个或者若干个单位举办,具有相应资格的若干经营者参加,在固定场所和一定期限内,用展销的形式,以现货或者订货的方式销售商品的集中交易活动。

第三条   举办商品展销会的单位(以下简称举办单位)、参加商品展销会展销商品的生产者或者经营者(以下简称参展经营者),均应当遵守本办法。

第四条   各级工商行政管理机关对商品展销会进行登记和监督管理。

第五条   举办商品展销会,应当经工商行政管理机关核发《商品展销会登记证》后,方可进行。未经登记,不得举办商品展销会。

第六条   举办单位应当具备下列条件:

（一）具有法人资格、能够独立承担民事责任;

（二）具有与展销规模相适应的资金、场地和设施;

（三）具有相应的管理机构、人员、措施和制度。

第七条   参展经营者必须具有合法的经营资格,其经营活动应当符合国家法律、法规、规章的规定。

第八条   举办单位应当向举办地工商行政管理机关申请办理登记。

若干个单位联合举办的,应当由其中一个具体承担商品展销会组织活动的单位向举办地工商行政管理机关申请办理登记。

县级人民政府举办的商品展销会,应当向举办地地级工商行政管理机关申请办理登记;地、省级人民政府举办的商品展销会,应当向举办地省级工商行政管理机关申请办理登记。上一级工商行政管理机关可以委托举办地工商行政管理机关对商品展销会进行监督管理。

第九条   异地举办商品展销会的,经申请举办单位所在地工商行政管理机关核准,依照本办法第八条规定向工商行政管理机关申请办理登记。

第十条　申请办理商品展销会登记手续时,应当提交下列文件:

(一)证明举办单位具备法人资格的有效证件;

(二)举办商品展销会的申请书,内容包括:商品展销会名称,起止日期、地点、参展商品类别,举办单位银行账号,举办单位会务负责人员名单,商品展销会筹备办公室地址、联系电话等;

(三)商品展销会场地使用证明;

(四)商品展销会组织实施方案;

(五)其他需要提交的文件。

依照国家有关规定需要经政府或者有关部门批准方可举办的商品展销会,应当提交相应的批准文件。

两个以上单位联合举办商品展销会的,还应当提交联合举办的协议书。

第十一条　工商行政管理机关应当自接到申请之日起15日内,做出准予登记或者不予登记的决定。准予登记的,发给《商品展销会登记证》。不准予登记的,书面通知申请人并说明理由。

《商品展销会登记证》应当载明商品展销会名称、举办单位名称、商品展销会负责人、参展商品类别、商品展销会地点及起止日期等内容。

第十二条　举办单位领取《商品展销会登记证》后,方可发布广告,进行招商。

第十三条　举办单位负责商品展销会的内部组织管理工作,对参展经营者的参展资格,按照本办法第七条的规定进行审查,并将审查情况报告该商品展销会的登记机关备案。

第十四条　举办单位应当与参展经营者签订书面合同,明确双方的权利和义务。

第十五条　参展经营者的经营行为损害消费者合法权益的,消费者可以依照《消费者权益保护法》第三十八条的规定,向参展经营者或者举办单位要求赔偿。

举办单位为两个以上的,消费者可以向具体承担商品展销会组织活动的举办单位要求赔偿,其他举办单位承担连带责任。

第十六条　未经国务院有关行政主管部门批准,商品展销会名称不得使用"中国""全国"等字词。

第十七条　举办单位、参展经营者有下列行为之一的,由工商行政管理机关予以处罚:

(一)举办单位违反本办法第五条规定,未经登记擅自举办商品展销会,或者在登记中隐瞒真实情况、弄虚作假的,责令其改正,并视情节处以 3 万元以下罚款。

(二)举办单位违反本办法第十二条规定,未领取《商品展销会登记证》,擅自发布广告,进行招商的,责令改正,并处以五千元以下罚款。广告经营者违反规定,为举办单位刊播广告的,处以五千元以下罚款。

(三)举办单位伪造、涂改、出租、出借、转让《商品展销会登记证》的,视情节处以 3 万元以下罚款。

(四)举办单位违反本办法第十三条规定的,视情节处以 1 万元以下罚款。

(五)参展经营者违反本办法第七条规定,依据国家有关法律、法规、规章予以处罚。

第十八条 《商品展销会登记证》由国家工商行政管理局统一格式。

第十九条 本办法由国家工商行政管理局负责解释。

第二十条 本办法自 1998 年 1 月 1 日起施行。

附录8 文物出国(境)展览管理规定

(国家文物局文物办发〔2002〕13 号)

第一章 总 则

第一条 为加强文物出国(境)展览的管理,保护祖国历史文化遗产,根据《中华人民共和国文物保护法》和有关法规,制定本管理规定。

第二条 本规定所指文物出国(境)展览是指我国在外国及香港、澳门特别行政区和台湾地区举办的各类文物展览:

1. 我国政府与外国政府间文化交流协定确定的文化交流项目。

2. 我国各省、自治区、直辖市与外国相关地方间的友好交流项目。

3. 我国有关博物馆与国外博物馆之间的交流项目。

第三条 出国(境)展览的文物必须是经过收藏单位注册、登记、确定级别,并已在国内发表或正式展出。

第四条 为确保出国(境)展览文物的安全,易损文物、一级文物中的孤品及元代以前(含元代)绘画等,不得出国(境)展览。

第五条 国家文物局负责全国文物出国(境)展览的归口管理,其职责是:

1. 组织协调大型文物出国(境)展览。

2. 审核各省、自治区、直辖市的文物出国(境)展览计划。

3. 审定各省、自治区、直辖市举办文物出国(境)展览的资格。

4. 制定禁止文物出国(境)展览的清单。

5. 监督和检查文物出国(境)展览的情况。

6. 查处文物出国(境)展览中严重违纪、违规事件。

第六条 文物出国(境)展览可以采取有偿展出的方式,但不采取租赁方式。

第二章 文物出国(境)展览组织者的资格

第七条 下列部门和机构经国家文物局审定后,可取得承办文物出国(境)展览资格:

1. 国家文物局直属博物馆。

2. 省、自治区、直辖市文物行政主管部门。

3. 省、自治区、直辖市级博物馆。

4. 经国家文物局指定专门或临时从事文物出国(境)展览的单位。

第三章 文物出国(境)展览项目的审批

第八条 审批权限:

1. 展品在80件(套)以内(含80件)、一级文物不超过20%(含20%)的文物出国(境)展览由国家文物局审批并报文化部备案。

2. 展品在81～120件(套)之间(含120件、套)、一级文物不超过20%(含20%)的文物出国(境)展览由文化部审批。

3. 展品超过120件(套)或展品中一级文物不超过20%的文物出国(境)展览由国务院审批。

第九条 项目报批程序:

1. 由展览举办单位向所在省、自治区、直辖市文物行政主管部门提出项目申请并附有关资料。

2. 各省、自治区、直辖市文物行政管理部门对项目申请及有关文件进行审核,认定后在每一年的五月底前向国家文物局预报下一年度本省(区、市)外展计划。经国家文物局核准的下一年度外展计划项目,在具体实施时应提前六个月正式报国家文物局审核。

3. 国家文物局直属博物馆的外展计划和展览项目直接向国家文物局提出申请。

第十条 申报项目必须包括下列内容:

1. 合作各方的有关背景资料、资信证明、邀请信。

2. 经过草签的展览协议书草案。内容包括:

(1)展览举办单位、机构、所在地及国别；

(2)展览的名称、时间、出展场地；

(3)展品的安全、运输、保险、赔偿的责任和费用；

(4)展品的点交方式及地点；

(5)展览代表团、工作人员的安排及其所需费用；

(6)展览费用的支付方式；

(7)涉及有关知识产权资料的提供及利益分配。

3.展品目录和经核准的展品估价。

展品目录按国家文物局印发的统一表格填写，并附清单，填写内容包括：

(1)文物的名称、年代、级别、尺寸、质地、来源；

(2)展品展出和发表情况；

(3)展品照片；

(4)展品的状况。

展品估价必须由国家文物局认定的单位按文物自身的价值进行估算，不得根据对方的要求随意更改、降低估价。

第十一条　下列文物禁止出国展览：

1.历代出土古尸；

2.宗教场所的主尊造像；

3.质地为象牙、犀角的；

4.元以前书画、缂丝作品；

5.宋、元有代表性的孤品瓷器。

第十二条　下列文物为限制性出国展览文物：

1.简牍、帛书；

2.唐写本、宋刻本古籍；

3.宋以前的较大幅完整丝织品；

4.大幅壁画和重要壁画；

5.陵墓石刻。

第十三条　未经批准，任何单位和个人不得对外做出有关文物出国（境）展览的承诺或擅自签订有关文物出国（境）展览的正式协议书。

第十四条　文物出国（境）展览协议书、展品目录、展品估价等，一经批准，不得随意更改。确需更改须重新报国家文物局批准。

第十五条　文物出国（境）展览展期（包括延期）不应超过一年。

第四章　文物出国（境）展览工作人员的派出及其他

第十六条　文物出国（境）展览代表团人员的组成应以文物部门人员为主，

必须有熟悉文物展览的专业人员参加。

第十七条 文物出国(境)展览,必须配备工作组参与展品的点交、布陈、撤陈并监督协议执行情况。工作组人员应选派热爱祖国,忠于职守,有强烈的责任心,熟悉展品情况的博物馆馆员以上人员(或从事文物保管工作五年以上的人员)。大型文物展览工作组组长应由具有副研以上职称的业务人员担任。外展工作人员必须维护国家的主权和利益,维护民族尊严,严格遵守外事纪律。

第十八条 为确保文物安全,各出展单位必须对出展文物进行严格的安全检查,保护状况不好的文物一律不准出展。出展文物包装工作必须严格按照《出国(境)文物展览包装工作规范》执行。

第十九条 制作展览图录的照片原则上由我方提供,不得允许对方自行摄制。重要文物展览的电视宣传和广告需要摄录展品的,应经我方主办单位的同意后,严格按《文物拍摄管理办法》执行。

第二十条 各主办单位应在展览结束后一个月内,向国家文物局写出有关文物安全及展出情况的正式报告。

第五章 罚 则

第二十一条 对违反本规定,未经批准擅自与对方签定展览协议书的,国家文物局有权终止展览项目,并对有关单位和个人处以警告、通报、暂停或取消举办文物出国(境)展览资格的处罚。

第二十二条 对违反本规定,在申报展览项目过程中弄虚作假的,一经查实,国家文物局有权立即停止其举办文物出国(境)展览活动,并追究当事人和有关领导者的责任。

第二十三条 对文物出国(境)展览活动中,玩忽职守,徇私舞弊,使文物受到损害,给国家造成损失的,国家文物局有权给予取消其参与文物出国(境)展览资格的处罚,由其主管部门视其情节轻重,给予当事人和直接领导者以相应的行政处分。构成犯罪的,由司法机关追究刑事责任。

第六章 附 则

第二十四条 凡非文物系统举办对外展览涉及文物的,均参照本规定执行。

第二十五条 原发布的有关规定凡有与本规定相抵触的内容,以本规定为准。

第二十六条 本规定由国家文物局负责解释。

第二十七条 本规定自颁布之日起施行。

附录9 中华人民共和国海关对进出口展览品监管办法

第一条 为了促进我国对外贸易和国际间经济、科技、文化和体育交流,便利外国和港、澳、台地区的公司、贸易团体、民间组织及政府机构等来华举办展览会,根据《中华人民共和国海关法》特制定本办法。

第二条 本办法所称进口展览品(以下简称展览品)包括下列货物、物品:

(一)在展览会中展示或示范用的货物、物品。

(二)为示范展出的机器或器具所需用的物品。

(三)展览者设置临时展台的建筑材料及装饰材料。

(四)供展览品做示范宣传用的电影片、幻灯片、录像带、录音带、说明书、广告等。

第三条 展览品属海关同意的暂时进口货物,进口时免领进口许可证,免交进口关税和其他税费。进口展览品应当接受海关监管,按照本办法的规定办理海关手续。

第四条 接待来华举办展览会的单位,应当将有关批准文件,事先抄送展出地海关,并向展出地海关办理备案手续。

第五条 海关派员进驻展览场所执行监管任务时,展览会的主办单位或承办单位应当提供办公场所和必需的办公设备,并向海关支付规费。

第六条 展览品应自进境之日起六个月内复运出境。如需延长出境期限应报经主管海关批准,延长期限最长不超过一个月。

举办为期半年以上的展览会,应由主办单位或其代理人事先报海关总署审核。

第七条 展览品进境时,展览会主办单位,参展商或其代理人,应向海关提供担保。担保形式可为相当于税款金额的保证金,银行或其他金融机构的担保书,以及经海关认可的其他方式的担保。

在海关指定场所或海关派专人监管的场所举办展览会,可免于向海关提供担保。

第八条 展览会的主办单位或其代理人应在展出地海关办理展览品进口申报手续。从非展出地海关进口的展览品,应当在进境地海关办理转关手续。

主办单位或其代理人申报进口展览品时,应向海关提交展览品清单,清单内容填写应完整、准确,并译成中文。

第九条 展览品中如果有根据我国有关法律、法规应受除本办法第三条规定之外的进口限制的物品,主办单位或其代理人应当按照有关规定办理检验和批准手续。

第十条 展览会主办单位或其代理人应当于展览品开箱前通知海关,以备海关到场查验,展览品所有人或其代理人应当在场,并负责搬移,开拆,重新封货包装等协助查验的工作。

第十一条 展览会期间展出或使用的印刷品、音像制品及其他海关认为需要审查的物品,不得展出或使用,并由海关根据同意后,方能展出或使用。

对我国政治、经济、文化、道德的以及侵犯知识产权的印刷品和音像制品,不得展出或使用,并由海关根据情况予以没收,退运出境或责令展出单位更改后使用。

第十二条 未经海关许可,展览品不得移出展览品监管场所,因故需要移出的,应当报经海关核准。

第十三条 展览会闭幕后,展览会主办单位或其代理人应及时向展出地主管海关交验展览品核销清单一份。对于未及时复运出境的展览品,应存放在海关指定的监管场所或监管仓库,并接受海关监管。

第十四条 对于转为正式进口的展览品,海关按照有关规定办理进口手续。

展览会主办单位应及时向海关办理转为正式进口的展览品进口结关手续,负责向海关缴纳参展商或其代理人拖欠未缴的各项税费。

第十五条 展览会期间出售的小卖品,其主办单位或其代理人应当向海关交验我国对外贸易管理部门的批准文件,并向海关缴纳进口关税和其他税费。

第十六条 对于经海关许可,展览品所有人予以放弃和赠送的货物,由海关按照有关规定处理。

展览品因毁坏、丢失或被窃而不能复运出境的,展览会主办单位或其代理人应及时向海关报告,并办理有关手续。对于毁坏的展览品,海关根据毁坏程度估价征税,对于丢失或被窃的展览品按照进口同类产品照章征税。

展览品因不可抗力遭受损坏或灭失的海关根据其受损状况,减征或免征关税和进口环节税。

第十七条 海关根据展览会的性质,参展商的规模,观众人数等情况,在数量和总值合理的范围内,对下列进口后不复运出境的货物,免征进口关税和进口环节税:

(一)在展出活动中能够代表国外货物的小件样品,包括原装进口的或在参

展期间用进口的散装原料制成的仪器或饮料(不含酒精)的样品,但应符合以下条件:

1. 由参展商免费提供并在展出期间专供免费分送给观众个人使用或消费的。

2. 显系单价很小作广告样品用的。

3. 不适用于商业用途,且单位容量明显小于最小的零售包装容量的。

4. 食品及饮料的样品虽未按本项 3 规定的包装分发,但确系在活动中消耗掉的。

(二)在展览会中专为展出的机器或器件进行操作示范所进口的并在示范过程中被消耗或损坏的物料。

(三)展出者为修建、布置或装饰展出台而进口的一次性廉价物品,如油漆、涂料及壁纸。

(四)参展商免费提供并在展出期间专门用于向观众免费散发的于活动有关的宣传性印刷品、商业目录、说明书、价目单、广告招贴、广告日历及未装框照片等。

(五)进口供各种国际会议使用或与其有关的档案、记录、表格及其他文件。

本条不适用于含酒精饮料、烟叶制品及燃料。

第十八条 上条第(一)项所述货物,需超出限量进口的,超出部分应照章纳税。上述第(二)、(三)项所述物料,其未使用或尚未被消耗的部分,如不复运出境,应按规定办理进口手续并照章纳税。上条第(四)项所述物品如未在展览会期间分送完,展览会结束后需留在国内的,主办单位或其代理人应按照我国对有关印刷品进口的管理规定办理进口手续并照章纳税。

第十九条 为举办展览会而进口第十七条规定以外的货物、物品,一律照章征税。

第二十条 对批准在我国境内两个以上设关地点举办展览会的展览品,展览会的主办单位或其代理人应按海关要求,转至下一设关地点继续展览,并接受展出地海关监管。

展览会结束后,部分展览品需运至另外一设关地点参加其他相关展览会的,经海关同意后,按照海关对转关运输的有关规定办理转关手续。

对在原批准展出计划外,需临时增加展出地点或参加另一展览会的展览品,展览会的主办单位或其代理人应持原批准单位同意增加展出地点或参加另一展览会的批准文件,经海关同意后,按海关对转关运输的有关规定办理转关手续。

第二十一条　展览会结束后,应向展出地海关办理海关核销手续。展览品实际复运出境时,展览会的主办单位或其代理人应向海关递交有关的核销清单和运输单据,办理展览品出境手续。

对需运至其他设关地点复运出境的展览品,经海关同意后,按照海关对转关运输的有关规定办理转关手续。

第二十二条　对于为举办技术交流会,商品展示会或类似活动而进境的货物,海关按本办法的有关规定进行监管。

第二十三条　对于违反本办法规定的,海关将依据《中华人民共和国海关法》《中华人民共和国海关法行政处罚实施细则》和国家其他有关法律、法规的规定予以处罚。

第二十四条　本办法由海关总署负责解释。

第二十五条　本办法自1997年4月1日起实施。

附录10　展会知识产权保护办法

(商务部、国家工商行政管理总局、国家版权局、国家知识产权局令2006年第1号)

(《展会知识产权保护办法》已经商务部、国家工商总局、国家版权局、国家知识产权局审议通过,现予公布,自二〇〇六年三月一日起施行。)

第一章　总　则

第一条　为加强展会期间知识产权保护,维护会展业秩序,推动会展业的健康发展,根据《中华人民共和国对外贸易法》《中华人民共和国专利法》《中华人民共和国商标法》和《中华人民共和国著作权法》及相关行政法规等制定本办法。

第二条　本办法适用于在中华人民共和国境内举办的各类经济技术贸易展览会、展销会、博览会、交易会、展示会等活动中有关专利、商标、版权的保护。

第三条　展会管理部门应加强对展会期间知识产权保护的协调、监督、检查,维护展会的正常交易秩序。

第四条　展会主办方应当依法维护知识产权权利人的合法权益。展会主办方在招商招展时,应加强对参展方有关知识产权的保护和对参展项目(包括展品、展板及相关宣传资料等)的知识产权状况的审查。在展会期间,展会主办方应当积极配合知识产权行政管理部门的知识产权保护工作。

展会主办方可通过与参展方签订参展期间知识产权保护条款或合同的形式,加强展会知识产权保护工作。

第五条　参展方应当合法参展,不得侵犯他人知识产权,并应对知识产权行政管理部门或司法部门的调查予以配合。

第二章　投诉处理

第六条　展会时间在三天以上(含三天),展会管理部门认为有必要的,展会主办方应在展会期间设立知识产权投诉机构。设立投诉机构的,展会举办地知识产权行政管理部门应当派员进驻,并依法对侵权案件进行处理。

未设立投诉机构的,展会举办地知识产权行政管理部门应当加强对展会知识产权保护的指导、监督和有关案件的处理,展会主办方应当将展会举办地的相关知识产权行政管理部门的联系人、联系方式等在展会场馆的显著位置予以公示。

第七条　展会知识产权投诉机构应由展会主办方、展会管理部门、专利、商标、版权等知识产权行政管理部门的人员组成,其职责包括:(一)接受知识产权权利人的投诉,暂停涉嫌侵犯知识产权的展品在展会期间展出;(二)将有关投诉材料移交相关知识产权行政管理部门;(三)协调和督促投诉的处理;(四)对展会知识产权保护信息进行统计和分析;(五)其他相关事项。

第八条　知识产权权利人可以向展会知识产权投诉机构投诉,也可直接向知识产权行政管理部门投诉。权利人向投诉机构投诉的,应当提交以下材料:(一)合法有效的知识产权权属证明:涉及专利的,应当提交专利证书、专利公告文本、专利权人的身份证明、专利法律状态证明;涉及商标的,应当提交商标注册证明文件,并由投诉人签章确认,商标权利人身份证明;涉及著作权的,应当提交著作权权利证明、著作权人身份证明;(二)涉嫌侵权当事人的基本信息;(三)涉嫌侵权的理由和证据;(四)委托代理人投诉的,应提交授权委托书。

第九条　不符合本办法第八条规定的,展会知识产权投诉机构应当及时通知投诉人或者请求人补充有关材料。未予补充的,不予接受。

第十条　投诉人提交虚假投诉材料或其他因投诉不实给被投诉人带来损失的,应当承担相应法律责任。

第十一条　展会知识产权投诉机构在收到符合本办法第八条规定的投诉材料后,应于24小时内将其移交有关知识产权行政管理部门。

第十二条　地方知识产权行政管理部门受理投诉或者处理请求的,应当通知展会主办方,并及时通知被投诉人或者被请求人。

第十三条　在处理侵犯知识产权的投诉或者请求程序中,地方知识产权行政管理部门可以根据展会的展期指定被投诉人或者被请求人的答辩期限。

第十四条 被投诉人或者被请求人提交答辩书后,除非有必要作进一步调查,地方知识产权行政管理部门应当及时做出决定并送交双方当事人。

被投诉人或者被请求人逾期未提交答辩书的,不影响地方知识产权行政管理部门做出决定。

第十五条 展会结束后,相关知识产权行政管理部门应当及时将有关处理结果通告展会主办方。展会主办方应当做好展会知识产权保护的统计分析工作,并将有关情况及时报展会管理部门。

第三章 展会期间专利保护

第十六条 展会投诉机构需要地方知识产权局协助的,地方知识产权局应当积极配合,参与展会知识产权保护工作。地方知识产权局在展会期间的工作可以包括:(一)接受展会投诉机构移交的关于涉嫌侵犯专利权的投诉,依照专利法律法规的有关规定进行处理;(二)受理展出项目涉嫌侵犯专利权的专利侵权纠纷处理请求,依照专利法第五十七条的规定进行处理;(三)受理展出项目涉嫌假冒他人专利和冒充专利的举报,或者依职权查处展出项目中假冒他人专利和冒充专利的行为,依据专利法第五十八条和第五十九条的规定进行处罚。

第十七条 有下列情形之一的,地方知识产权局对侵犯专利权的投诉或者处理请求不予受理:(一)投诉人或者请求人已经向人民法院提起专利侵权诉讼的;(二)专利权正处于无效宣告请求程序之中的;(三)专利权存在权属纠纷,正处于人民法院的审理程序或者管理专利工作的部门的调解程序之中的;(四)专利权已经终止,专利权人正在办理权利恢复的。

第十八条 地方知识产权局在通知被投诉人或者被请求人时,可以即行调查取证,查阅、复制与案件有关的文件,询问当事人,采用拍照、摄像等方式进行现场勘验,也可以抽样取证。

地方知识产权局收集证据应当制作笔录,由承办人员、被调查取证的当事人签名盖章。被调查取证的当事人拒绝签名盖章的,应当在笔录上注明原因;有其他人在现场的,也可同时由其他人签名。

第四章 展会期间商标保护

第十九条 展会投诉机构需要地方工商行政管理部门协助的,地方工商行政管理部门应当积极配合,参与展会知识产权保护工作。地方工商行政管理部门在展会期间的工作可以包括:(一)接受展会投诉机构移交的关于涉嫌侵犯商标权的投诉,依照商标法律法规的有关规定进行处理;(二)受理符合商标法第五十二条规定的侵犯商标专用权的投诉;(三)依职权查处商标违法案件。

第二十条　有下列情形之一的,地方工商行政管理部门对侵犯商标专用权的投诉或者处理请求不予受理:(一)投诉人或者请求人已经向人民法院提起商标侵权诉讼的;(二)商标权已经无效或者被撤销的。

第二十一条　地方工商行政管理部门决定受理后,可以根据商标法律法规等相关规定进行调查和处理。

第五章　展会期间著作权保护

第二十二条　展会投诉机构需要地方著作权行政管理部门协助的,地方著作权行政管理部门应当积极配合,参与展会知识产权保护工作。地方著作权行政管理部门在展会期间的工作可以包括:(一)接受展会投诉机构移交的关于涉嫌侵犯著作权的投诉,依照著作权法律法规的有关规定进行处理;(二)受理符合著作权法第四十七条规定的侵犯著作权的投诉,根据著作权法的有关规定进行处罚。

第二十三条　地方著作权行政管理部门在受理投诉或请求后,可以采取以下手段收集证据:(一)查阅、复制与涉嫌侵权行为有关的文件档案、账簿和其他书面材料;(二)对涉嫌侵权复制品进行抽样取证;(三)对涉嫌侵权复制品进行登记保存。

第六章　法律责任

第二十四条　对涉嫌侵犯知识产权的投诉,地方知识产权行政管理部门认定侵权成立的,应会同会展管理部门依法对参展方进行处理。

第二十五条　对涉嫌侵犯发明或者实用新型专利权的处理请求,地方知识产权局认定侵权成立的,应当依据专利法第十一条第一款关于禁止许诺销售行为的规定以及专利法第五十七条关于责令侵权人立即停止侵权行为的规定做出处理决定,责令被请求人从展会上撤出侵权展品,销毁介绍侵权展品的宣传材料,更换介绍侵权项目的展板。

对涉嫌侵犯外观设计专利权的处理请求,被请求人在展会上销售其展品,地方知识产权局认定侵权成立的,应当依据专利法第十一条第二款关于禁止销售行为的规定以及第五十七条关于责令侵权人立即停止侵权行为的规定做出处理决定,责令被请求人从展会上撤出侵权展品。

第二十六条　在展会期间假冒他人专利或以非专利产品冒充专利产品,以非专利方法冒充专利方法的,地方知识产权局应当依据专利法第五十八条和第五十九条规定进行处罚。

第二十七条　对有关商标案件的处理请求,地方工商行政管理部门认定侵权成立的,应当根据《商标法》《商标法实施条例》等相关规定进行处罚。

第二十八条　对侵犯著作权及相关权利的处理请求,地方著作权行政管理部门认定侵权成立的,应当根据著作权法第四十七条的规定进行处罚,没收、销毁侵权展品及介绍侵权展品的宣传材料,更换介绍展出项目的展板。

第二十九条　经调查,被投诉或者被请求的展出项目已经由人民法院或者知识产权行政管理部门做出判定侵权成立的判决或者决定并发生法律效力的,地方知识产权行政管理部门可以直接做出第二十六条、第二十七条、第二十八条和第二十九条所述的处理决定。

第三十条　请求人除请求制止被请求人的侵权展出行为之外,还请求制止同一被请求人的其他侵犯知识产权行为的,地方知识产权行政管理部门对发生在其管辖地域之内的涉嫌侵权行为,可以依照相关知识产权法律法规以及规章的规定进行处理。

第三十一条　参展方侵权成立的,展会管理部门可依法对有关参展方予以公告;参展方连续两次以上侵权行为成立的,展会主办方应禁止有关参展方参加下一届展会。

第三十二条　主办方对展会知识产权保护不力的,展会管理部门应对主办方给予警告,并视情节依法对其再次举办相关展会的申请不予批准。

第七章　附　则

第三十三条　展会结束时案件尚未处理完毕的,案件的有关事实和证据可经展会主办方确认,由展会举办地知识产权行政管理部门在 15 个工作日内移交有管辖权的知识产权行政管理部门依法处理。

第三十四条　本办法中的知识产权行政管理部门是指专利、商标和版权行政管理部门;本办法中的展会管理部门是指展会的审批或者登记部门。

第三十五条　本办法自 2006 年 3 月 1 日起实施。

参考文献

[1] 韩福文,夏学英.会展政策与法规[M].北京:中国商务出版社,2004.

[2] 王玉松.会展业法律规则[M].上海:上海人民出版社,2005.

[3] 朱立文.中国会展城市备忘录[M].北京:中国海关出版社,2003.

[4] 朱立文.中国会展业法规资讯实用手册[M].北京:中国海关出版社,2003.

[5] 过聚荣.会展导论[M].上海:上海交通大学出版社,2006.

[6] 魏中龙,段炳德.我为会展狂[M].北京:机械工业出版社,2003.

[7] 胡平.会展旅游概论[M].上海:立信会计出版社,2003.

[8] 马勇,王春雷.会展管理的理论·方法与案例[M].北京:高等教育出版社,2003.

[9] 刘大可,陈刚,王起敬.会展经济理论与实务[M].北京:首都经济贸易大学出版社,2006.

[10] 孙明贵.会展经济学[M].北京:机械工业出版社,2006.

[11] 彼得·塔洛.会展与节事的风险和安全管理[M].李巧兰,译.北京:电子工业出版社,2004.

[12] 潘静成,刘文华.经济法[M].北京:中国人民大学出版社,2005.

[13] 孟建华.新编实用经济法[M].北京:清华大学出版社,2005.

[14] 彭爽,李茂华.经济法律教程[M].长沙:湖南大学出版社,2004.

[15] 佟占军.经济法学[M].北京:知识产权出版社,2006.

[16] 陶一鸣,张英.经济法[M].北京:人民法院出版社,2005.

[17] 郑俊田,张红.海关实务[M].北京:对外经济贸易大学出版社,2006.

[18] 陶明,等.现代海关实务[M].上海:复旦大学出版社,2001.

[19] 张援越.报关原理与实务[M].天津:天津大学出版社,2007.

[20] 杨树明,邓瑞平.国际贸易法学[M].北京:法律出版社,2003.

[21] 王利明,崔建远.合同法新论·总则[M].北京:中国政法大学出版社,2000.

[22] 王家福,等.合同法[M].北京:中国社会科学出版社,1986.

[23] 苏惠祥.中国当代合同法论[M].长春:吉林大学出版社,1992.

[24] 吴汉东.知识产权法[M].北京:中国政法大学出版社,2004.

[25] 郑成思.知识产权论[M].北京:法律出版社,1998.

[26] 刘春田.知识产权法教程[M].北京:法律出版社,1995.

[27] 卞耀武.中华人民共和国产品质量法释义[M].北京:法律出版社,2000.

[28] 孔祥俊.反不正当竞争法新论[M].北京:人民法院出版社,2001.

[29] 黄绮,曹群进,屠天峰.反不正当竞争法实例说[M].长沙:湖南人民出版社,2000.

[30] 褚霓霓.广告法实例说[M].长沙:湖南人民出版社,2000.

[31] 刘连生.保险法教程[M].成都:西南财经大学出版社,2005.

[32] 沈同仙.新编保险法学[M].北京:学苑出版社,2003.

[33] 丁凤楚.保险法案例评析[M].上海:汉语大词典出版社,2003.

[34] 向三久.旅游管理法规教程[M].广州:暨南大学出版社,2003.

[35] 樊英,刘冰.会展法规与实务[M].天津:南开大学出版社,2010.

[36] 法律出版社法规中心.中华人民共和国公司法(注释本)[M]北京:法律出版社, 2010.

[37] 刘继峰.反不正当竞争法案例评析[M].北京:对外经济贸易大学出版社,2009.

[38] 法规应用研究中心.中华人民共和国产品质量法——消费者权益保护费一本通[M].北京:中国法制出版社,2011.